Squeeze-out in Deutschland

Deutsches und Europäisches Wirtschaftsrecht

Herausgegeben von Jürgen F. Baur

Band 13

PETER LANG

Frankfurt am Main · Berlin · Bern · Bruxelles · New York · Oxford · Wien

Christopher Quandt

Squeeze-out in Deutschland

Eine Diskussion der §§ 327a-f AktG unter besonderer Berücksichtigung der Barabfindung ausgeschlossener Minderheitsaktionäre

PETER LANG
Europäischer Verlag der Wissenschaften

Bibliografische Information Der Deutschen Bibliothek
Die Deutsche Bibliothek verzeichnet diese Publikation in der Deutschen Nationalbibliografie; detaillierte bibliografische Daten sind im Internet über <http://dnb.ddb.de> abrufbar.

Zugl.: Freiburg (Breisgau), Univ., Diss., 2004

Gedruckt auf alterungsbeständigem,
säurefreiem Papier.

D 25
ISSN 1617-352X
ISBN 3-631-52686-5

Printed in Germany 1 2 3 4 5 7

www.peterlang.de

Meinen Eltern

Vorwort

Die vorliegende Arbeit wurde im Wintersemester 2003/2004 von der Rechtswissenschaftlichen Fakultät der Albert-Ludwigs-Universität Freiburg als Dissertation angenommen. Die mündliche Prüfung fand am 3. und 4. Februar 2004 statt.

Meinem Doktorvater, Herrn Prof. Dr. Hanno Merkt, danke ich herzlich für die Betreuung der Arbeit und für den gewährten Freiraum.

Ebenso danke ich Herrn Prof. Dr. Peter Sester für die rasche Erstellung des Zweitgutachtens.

Hamburg, im Februar 2004 Christopher Quandt

Inhaltsverzeichnis

Abkürzungsverzeichnis

ABA	American Bar Association
ALI	American Law Institute
APV	Adjusted Present Value
BAFin	Bundesanstalt für Finanzdienstleistungsaufsicht
BAKred	Bundesaufsichtsamt für das Kreditwesen
BAV	Bundesaufsichtsamt für das Versicherungswesen
BAWe	Bundesaufsichtsamt für den Wertpapierhandel
BewG	Bewertungsgesetz
BSK	Börsensachverständigenkommission
CA	Companies Act aus dem Jahre 1985
CAPM	Capital Asset Pricing Model
DAX	Deutscher Aktien Index
ECMH	Efficient Capital Market Hypothesis
EU	Europäische Union
FSA	Financial Service Act
IDW	Institut der Wirtschaftsprüfer
IDW S1	Standard 1 des Hauptfachausschusses des IDW
IPO	Initial Private Offering
LBO	Leveraged Buyout
MBCA	Model Business Corporation Act
NASDAQ	National Association of Securities Dealers Automated Quotation
NCCUSL	National Conference of Commissioners on Uniform State Law
NYSE	New York Stock Exchange
OTC	Over-the-counter
RMBCA	Revised Model Business Corporation Act
SdK	Schutzgemeinschaft der Kleinaktionäre
SEC	Securities and Exchange Commission
SpruchG	Spruchverfahrensgesetz
UMAG	Gesetz zur Unternehmensintegrität und Modernisierung des Anfechtungsrechts
WACC	Weighted Average Cost of Capital
WpHG	Wertpapierhandelsgesetz
WpÜG	Wertpapiererwerbs- und Übernahmegesetz
XETRA	Exchange Electronic Trading

Einleitung

Das Aktiengesetz kannte bislang keine Regelung zum zwangsweisen Ausschluss von Minderheitsaktionären aus einer Aktiengesellschaft gegen Barabfindung („Squeeze-out“). Insbesondere von Seiten der Unternehmenspraxis war ein solches Verfahren, das in den USA sowie in vielen europäischen Nachbarländern bereits seit langem existiert, gefordert worden. Im Zuge des am 1. Januar 2002 in Kraft getretenen Gesetzes zur Regelung von öffentlichen Angeboten zum Erwerb von Wertpapieren und von Unternehmensübernahmen wurde nun mit den §§ 327a-f AktG eine entsprechende Regelung erstmalig in das Aktiengesetz aufgenommen. Bereits jetzt zeichnet sich ab, dass dieses neue Ausschlussverfahren sowohl für die Unternehmenslandschaft in Deutschland im Allgemeinen, als auch für die Minderheitsaktionäre im Besonderen weitreichende Folgen hat[1]. Allein in dem Zeitraum vom 1. Januar 2003 bis zum 28. November 2003 hat es in Deutschland 154 Squeeze-out-Verfahren bei Aktiengesellschaften gegeben[2]. Darunter befanden sich beispielsweise so bekannte Unternehmen wie die Dresdner Bank AG, die Ford-Werke AG, die Nestlé Deutschland AG, die Viktoria Versicherung AG, die Vodafone AG (vormals Mannesmann AG) und die Volksfürsorge Holding AG.

Diese neue Squeeze-out-Regelung ist Gegenstand der vorliegenden Arbeit.

I. Überblick

Begonnen wird mit der Erläuterung der Legitimation der Squeeze-out-Regelung (§ 1). Im Anschluss werden einige spezifische Squeeze-out-Situationen vorgestellt (§ 2). Es folgt eine Darstellung der bereits etablierten Ausschluss-Verfahren in den USA und in Großbritannien (§ 3 und § 4). Gefolgt von einer kurzen Betrachtung der Regelungsvorhaben auf EU-Ebene (§ 5). Daran schließt sich eine Diskussion der bisherigen rechtlichen Möglichkeiten in Deutschland an, Minderheitsaktionäre aus der Gesellschaft zu entfernen (§ 6). Danach wird das neue Squeeze-out-Verfahren im Einzelnen erörtert (§ 7). Der letzte und ausführlichste Teil der Arbeit beschäftigt sich mit der Entschädigung der ausscheidenden Minderheitsaktionäre (§ 8). Dabei wird umfassend die Einordnung der neuen Squeeze-out-Regeln in die Systematik des Abfindungsrechts diskutiert.

II. Der Begriff des Squeeze-out

Zunächst soll aber auf den Begriff des Squeeze-out eingegangen werden. Wie bereits der Terminus Squeeze-out deutlich macht, hat der Ausschluss von Minderheitsaktionären seinen Ursprung im US-amerikanischen Recht. Im US-amerikanischen Recht unterscheidet man jedoch hinsichtlich des unfreiwilligen

---

[1] Vgl. *Krieger*, BB **2002**, 53 Fn.5; *Vetter*, ZIP **2000**, 1817.

[2] *Marktwardt*, BB **2004**, 277 Fn.3. Vgl. auch *Fleischer*, ZGR **2002**, 757/758; *Sellmann*, WM **2003**, 1545; *Wirth/Arnold*, AG **2002**, 503.

Ausscheidens von Aktionären terminologisch zwischen einem „freeze-out“ und einem „squeeze-out“: Beim freeze-out (wörtlich: hinausfrieren) werden die Minderheitsgesellschafter vom Mehrheitsgesellschafter rechtlich aus der Gesellschaft herausgedrängt[3]. Beim squeeze-out (wörtlich: hinausquetschen) wird das gleiche Ziel nicht durch rechtliche Maßnahmen, sondern rein faktisch erreicht, indem die Beteiligung der Minderheitsgesellschafter so unattraktiv gemacht wird, dass den Minderheitsgesellschaftern bei wirtschaftlicher Betrachtung nur der Verkauf bleibt[4]. Die neu eingeführte Regelung in Deutschland beschäftigt sich allein mit dem rechtlichen Ausschluss von Minderheitsaktionären. Gleichwohl ist zu berücksichtigen, dass in Deutschland nicht in derartiger Weise differenziert wird. Vielmehr hat es sich eingebürgert, generell den Terminus Squeeze-out für alle Fälle zu benutzen, bei denen Minderheitsaktionäre gegen ihren Willen aus der Gesellschaft hinausgedrängt werden[5]. Daher wird im folgenden der Begriff freeze-out nur für das entsprechende US-Verfahren verwendet, während für die deutschen Regelungen der Einfachheit halber der gebräuchlichere Terminus Squeeze-out benutzt wird.

---

[3] *Clark*, 499; *Eisenberg*, 1109.

[4] Allerdings wird auch in den USA diese Differenzierung nicht immer konsequent beibehalten. Oftmals wird ein freeze-out mit einem squeeze-out gleichgesetzt. Siehe z.B. *Black*, 1403; *Clark*, 500; *Hamilton, Nutshell*, 290; *Oesterle*, 47; *Oran*, 183 und 401.

[5] Siehe *Beschlussempfehlung und Bericht des Finanzausschuss*, BT-Drucksache 14/7477, 2f.; *Angerer*, BKR **2002**, 260; *Geibel/Süßmann-Grzimek*, § 327a Rn.1; *Halm*, NZG **2000**, 1162; *Hanau*, NZG **2002**, 1040/1041; *Hommelhoff/Witt*, RIW **2001**, 561/568; *Land/ Hasselbach*, DB **2000**, 557/561; *dies.*, DB **2000**, 1747; *Pötzsch/Möller*, WM **2000**, Sonderbeil. Nr.2, 3/29; *Schiessl*, AG **1999**, 442/451; *Schüppen*, WPg, **2001**, 958/959 und 973; *Vetter*, ZIP **2000**, 1817; *ders.*, DB **2001**, 743. Anders nur *Kossmann*, NZG **1999**, 1198/1199; *Peters*, BB **1999**, 801, die den eigentlich korrekten Terminus Freeze-out verwenden.

§ 1 Legitimation eines Squeeze-out-Verfahrens

Dieser Abschnitt legt dar, inwiefern die Einführung des Squeeze-out gerechtfertigt ist. Zunächst sollen die Gründe dargestellt werden, die die Einführung eines Squeeze-out erfordern. Dabei wird auch erörtert, welche Rechte den Minderheitsaktionären in einer Aktiengesellschaft zustehen. Danach wird ausgeführt, wie die Einführung eines Squeeze-out Abhilfe schaffen kann. Abschließend wird auf die Verfassungsmäßigkeit der Neuregelung eingegangen.

I. Gründe für eine Squeeze-out-Regelung

Bei der Darstellung der Ursachen, die die Einführung eines Squeeze-out notwendig machen, empfiehlt es sich danach zu differenzieren, ob ein Zusammenhang mit Minderheitenrechten besteht.

1. Squeeze-out-Gründe im Zusammenhang mit Minderheitenrechten

Kennzeichnend für den deutschen Kapitalmarkt ist die starke Einbindung von Aktiengesellschaften in Konzerne. Zur Zeit sind ungefähr drei Viertel der deutschen Aktiengesellschaften mit über 90 Prozent des Kapitals in Konzerne eingebunden[6]. In der Konzernpraxis finden sich dabei oftmals Konzerngesellschaften, bei denen nur ein kleiner Kreis außenstehender Aktionäre[7] vorhanden ist. Teilweise handelt es sich dabei um kleine Aktiengesellschaften, bei denen neben einem mit annähernd 100 Prozent beteiligten Großaktionär noch eine Handvoll weitere Minderheitsaktionäre beteiligt ist; teilweise können aber auch Großunternehmen betroffen sein, an den ein Großaktionär mit 99 Prozent beteiligt ist, daneben aber noch Millionen anderer Aktien umlaufen[8]. In allen diesen Fällen sind grundsätzlich sämtliche Bestimmungen des Aktiengesetzes, vor allem die zugunsten der Aktionäre bestehenden Schutzvorschriften, zu beachten. Den Minderheitsaktionären stehen dieselben Rechte zu wie den Aktionären einer Gesellschaft, die zum Beispiel zur Gruppe der DAX-Werte zählt und deren Aktien breit gestreut sind. Dies kann bei zahlreichen Konstellationen zu Problemen für das Unternehmen und dessen Mehrheitsgesellschafter führen. Diese Schwierigkeiten werden im folgenden dargestellt. Zunächst soll jedoch kurz auf die Rechte eingegangen werden, die Minderheitsaktionären in einer Aktiengesellschaft zustehen.

---

[6] Vgl. dazu die Nachweise bei *Emmerich/Sonnenschein/Habersack*, § 1 II 1; *Vetter* AG **2002**, 176/177; *ders.*, DB **2001**, 743; *ders.*, ZIP **2000**, 1817.

[7] Bei außenstehenden Aktionären handelt es sich um sämtliche Aktionäre mit Ausnahme desjenigen, der die jeweilige Konzernierungsmaßnahme initiiert hat. *Siehe Emmerich/Sonnenschein/Habersack*, § 21 II 1 a); *Naraschewski*, DB **1997**, 1653 m.w.N..

[8] *Krieger*, BB **2002**, 53.

a) Minderheitenrechte

In einer Aktiengesellschaft sind grundlegenden Entscheidungen, die die Kontrolle der Verwaltung betreffen[9] oder die Grundlagen des Investments der Eigenkapitalgeber verändern[10], der Hauptversammlung vorbehalten. Einstimmigkeit ist hierfür nicht erforderlich. Vielmehr gilt aus Gründen der Praktikabilität und der Vermeidung der Obstruktion durch einzelne Aktionäre das Mehrheitsprinzip. Beschlüsse setzen grundsätzlich eine einfache Mehrheit, satzungsändernde Beschlüsse eine qualifizierte Mehrheit voraus. Eingeschränkt wird das Mehrheitsprinzip aber durch einen gesetzlich verankerten und von der Rechtsprechung entwickelten Minderheitenschutz[11]. Der Minderheitenschutz kann dabei in unterschiedlicher Form auftreten.

aa) Klassische Minderheitenrechte

Minderheitenrechte sind im technischen Sinne Rechte, die das Gesetz einer Minderheit als solcher gekoppelt an ein bestimmtes Anteilsquorum zugesteht[12]. Diese werden unterteilt in unmittelbar aktive Einwirkungsrechte und in passive Blockierungs- oder Sperrminoritätsrechte[13].

Einwirkungsrechte geben dem Minderheitsaktionär die Möglichkeit, etwas gegen den Willen der Mehrheit durchzusetzen. So kann ein Quorum von 5 Prozent des Grundkapitals beispielsweise die Einberufung einer Hauptversammlung erreichen (§ 122 I AktG) und die Aufnahme von Tagesordnungspunkten zur Beschlussfassung der Hauptversammlung bewirken (§ 122 II AktG). Ein Quorum von 10 Prozent des Grundkapitals kann unter anderem eine Sonderprüfung von Vorgängen bei der Geschäftsführung beantragen (§ 142 II AktG).

Sperrminoritätsrechte hingegen geben dem Minderheitsaktionär die Möglichkeit, etwas zu verhindern, was andere wollen[14]. So kann beispielsweise ein Quorum von 10 Prozent des Grundkapitals unter anderem einen Verzicht der Gesellschaft auf Ersatzansprüche gegenüber Vorstandsmitgliedern und Aufsichtsratsmitgliedern wegen Verletzung von Sorgfaltspflichten (§§ 93 IV 3, 116 AktG) und gegenüber Dritten wegen missbräuchlicher Einflussnahme auf die Gesellschaft (§§ 93 IV 3, 117 AktG) verhindern.

---

[9] Insbesondere: Wahl der Anteilseignervertreter in den Aufsichtsrat, Bestellung des Abschlussprüfers, Entlastungsbeschlüsse, Beschlüsse zur Verfolgung von Schadensersatzansprüchen gegen die Mitglieder der Verwaltung, Bestellung von Sonderprüfern.

[10] Insbesondere: Satzungsänderungen, Maßnahmen der Eigenkapitalbeschaffung und Kapitalherabsetzung, Auflösung der Gesellschaft, sonstige strukturändernde Maßnahmen.

[11] *Schmidt*, § 16 III 1 a).

[12] *Schmidt*, § 16 III 2 c).

[13] *Lehmann*, AG **1983**, 113.

[14] *Lehmann*, a.a.O..

bb) Unechte Minderheitenrechte

Manche Mitgliedschaftsrechte werden auch typischerweise als Minderheitsrechte angesehen, obwohl sie jedem Aktionär zustehen. So wird das Auskunftsrecht gemäß § 131 AktG regelmäßig von Minderheitsaktionären genutzt. Es zwingt die Gesellschaft dazu, die Hauptversammlung mit Berichten und mündlichen Erläuterungen umfassend vorzubereiten.

Wichtigstes Beispiel dieser unechten Minderheitenrechte ist aber das Anfechtungsrecht gemäß § 243 AktG[15]. Die Anfechtungsklage beruht auf dem Grundsatz, dass sich jeder Gesellschafter gegen rechtswidrige Mehrheitsbeschlüsse der Gesellschafterversammlung gerichtlich zu Wehr setzen kann, weil jeder rechtswidrige Beschluss ihn per se in seinem Mitgliedschaftsrecht verletzt. Sie ist Korrelat des Mehrheitsprinzips und als Korrektiv nachteiliger Wirkungen dieses Prinzips vorgesehen[16]. Anfechtungsgrund und damit formaler Prüfungsmaßstab ist nach § 243 I AktG der Verstoß des Hauptversammlungsbeschlusses gegen Gesetz oder Satzung. Dem hat das Aktiengesetz 1937 in § 243 II AktG den Fall gleichgestellt, dass ein Aktionär mit der Ausübung des Stimmrechts entweder für sich oder einen Dritten Sondervorteile zum Schaden der Gesellschaft oder der anderen Aktionäre zu erlangen suchte und der Beschluss geeignet ist, diesem Zweck zu dienen. Das Anfechtungsrecht ist nach der gesetzlichen Regelung auf die Beseitigung von Hauptversammlungsbeschlüssen beschränkt. Eine Anfechtung von Beschlüssen oder Maßnahmen des Vorstands oder Aufsichtsrats sieht das Gesetz nicht vor. Allerdings wurde die formale Begrenzung auf Anfechtungsgründe nach § 243 I und II AktG inzwischen zugunsten einer weitgehenden „materiellen Beschlusskontrolle“ aufgegeben[17].

Zur Anfechtung ist jeder Aktionär befugt, der Widerspruch zu Protokoll erklärt hat oder gar nicht erst zur Hauptversammlung eingeladen worden war (§ 245 Nr. 1, 2 AktG). Darüber hinaus braucht er nicht darzutun, er sei persönlich durch den behaupteten Gesetzes- oder Satzungsverstoß in seinen Mitgliedschaftsrech-

---

15 Zur Bedeutung der Anfechtungsklage sieh auch *Henze*, ZIP **2002**, 97ff..

16 *Baums*, DJT-Gutachten, F 41.

17 *Baums*, DJT-Gutachten, F 43; *Henze*, ZIP **2002**, 97. Bahnbrechend war in diesem Zusammenhang die Kali und Salz-Entscheidung des Bundesgerichtshofes (*BGHZ* 71, 40/43, 49), die ungeschriebene materielle Prüfkriterien für den Bezugsrechtsausschluss formuliert und deren Verletzung den Anfechtungsgründen des § 243 I AktG gleichgestellt hat. Neben diese spezielle Inhaltskontrolle, die nach der Rechtsprechung allerdings auf bestimmte Beschlüsse beschränkt ist, hat die Entscheidung des Bundesgerichtshofes im Linotype-Fall (*BGHZ* 103, 184/193) die Anfechtung von Hauptversammlungsbeschlüssen „entsprechend § 243 II AktG“ gestellt, wenn der Mehrheitsgesellschafter unter Verletzung seiner Treuepflicht abgestimmt hat.

ten verletzt[18]. Es genügt ein allgemeines Interesse daran, dass Hauptversammlungsbeschlüsse mit Gesetz und Satzung im Einklang stehen[19]. Die Anfechtungsklage setzt keinen Mindestanteilsbesitz voraus. Zur Anfechtung genügt eine einzige Aktie im Nennbetrag von einem Euro (vgl. § 8 II AktG). Die Anfechtungsfrist beträgt nach § 246 I AktG einen Monat. Das Kostenrisiko ist zudem durch die Streitwertregeln des § 247 AktG begrenzt. Wird der Beschluss durch rechtskräftiges Urteil für nichtig erklärt, so wirkt das Urteil gemäß § 248 I AktG für und gegen alle Aktionäre sowie die Mitglieder des Vorstands und des Aufsichtsrats.

cc) Zustimmung zu Strukturentscheidungen nach Holzmüller

Gemäß § 119 II AktG hat die Hauptversammlung nur das Recht, über Fragen der Geschäftsführung zu entscheiden, wenn der Vorstand es verlangt. In der sogenannten Holzmüller-Entscheidung aus dem Jahr 1982 hat der Bundesgerichtshof jedoch den Inhalt des § 119 II AktG erheblich erweitert[20]. Nach Ansicht des Bundesgerichtshofes gibt es grundlegende Entscheidungen, die durch die Außenvertretungsmacht des Vorstands, seine nach § 82 II AktG begrenzte Geschäftsführungsbefugnis wie auch durch den Wortlaut der Satzung formal noch gedeckt seien, gleichwohl aber so tief in die Mitgliedsrechte der Aktionäre und deren im Anteilseigentum verkörpertes Vermögensinteresse eingriffen, dass der Vorstand vernünftigerweise nicht annehmen könne, er dürfe sie in ausschließlich eigener Verantwortung treffen, ohne die Hauptversammlung zu beteiligen[21]. In derartigen Fällen werde das im Ermessen des Vorstands liegende Vorlagerecht aus § 119 II AktG ausnahmsweise zur Vorlagepflicht, so dass dann die Hauptversammlung der Maßnahme zuzustimmen habe. In dem zu entscheidenden Fall hat der Bundesgerichtshof eine derartige Vorlagepflicht für die Ausgliederung eines wesentlichen Betriebsteils auf eine Tochtergesellschaft angenommen[22].
Geht man davon aus, dass es sich bei diesem Urteil nicht nur um eine Einzelfallentscheidung handelt, sondern um ein Grundsatzurteil[23], so hat die Holzmüller-Entscheidung die Position der Minderheitsaktionäre erheblich gestärkt.

---

[18] *BGHZ* 43, 261/265 m.w.N.; 70, 117/118; hierzu kritisch: *Baums*, DJT-Gutachten, F 102, 196.

[19] *BGHZ* 70, 117/118.

[20] *BGHZ* 83, 122 – Holzmüller.

[21] *BGHZ* 83, 122/131 – Holzmüller.

[22] Für den Bereich der Ausgliederung von Betriebsteilen hat die Entscheidung ihre Bedeutung durch die Regelung im Umwandlungsrecht verloren. Nach § 123 III; 13 UmwG bedarf es jetzt ausdrücklich der Zustimmung der Hauptversammlung.

[23] *Dimke/Heiser*, NZG **2001**, 241/250; *Henze*, BB **2000**, 209/212.

b) Schwierigkeiten

Im folgenden sollen nun die Schwierigkeiten erläutert werden, die aus diesen Minderheitsrechten resultieren.

aa) Allgemeine Lästigkeit

In Fällen eines sehr geringen Streubesitzes kann das Vorhandensein von Minderheitsaktionären die Unternehmens- bzw. Konzernführung im Übermaß belasten. Formelle Hauptversammlungen der Gesellschaft, die ihren eigentlichen Zweck der Beratung und Entscheidungsfindung unter den Anteilseignern längst verloren haben, müssen über Jahre hinweg stets mit einigen wenigen Minderheitsaktionären stattfinden. Bei Grundlagenentscheidungen und Strukturmaßnahmen ist in vielen Fällen ungeachtet der Tatsache, dass ein Mehrheitsaktionär vorhanden ist, der weit über die notwendige Stimmenmehrheit von 75 Prozent des Grundkapitals verfügt, die Zustimmung der Hauptversammlung erforderlich, in der die Minderheitsaktionäre ihre Individualrechte geltend machen können[24]. Der Vorstand der Gesellschaft ist daher gezwungen, vor der Durchführung solcher Maßnahmen umfangreiche schriftliche Berichte und mündliche Erläuterungen für die Hauptversammlung vorzubereiten, um hierdurch den wenigen Minderheitsaktionären, die ihre Rechte ausüben wollen, gerecht zu werden.

bb) Gefahr von Anfechtungsklagen

Wie oben dargestellt, kann jeder Aktionär, der gegen den Hauptversammlungsbeschluss Widerspruch zur Niederschrift der Hauptversammlung erklärt hat, Hauptversammlungsbeschlüsse anfechten (§ 245 Nr.1 AktG). Diese ständige Gefahr von Anfechtungsklagen kann die Leitung eines Unternehmens in erheblicher Weise beeinträchtigen. In diesem Zusammenhang kommt den registerrechtlichen Folgen der erhobenen Anfechtungsklage wesentliche Bedeutung zu. Mehrere Fallgruppen sind insoweit zu unterscheiden:

(1) Verschmelzung, sonstige Umwandlungen und Eingliederung

Gemäß § 16 I UmwG ist die Verschmelzung zur Eintragung in das Handelsregister jeder der an der Verschmelzung beteiligten Gesellschaften anzumelden. Nach § 16 II UmwG haben die Vertretungsorgane der beteiligten Gesellschaften dabei zu erklären, dass eine Klage gegen die Wirksamkeit eines Verschmelzungsbeschlusses nicht oder nicht fristgemäß erhoben oder eine solche Klage rechtskräftig abgewiesen oder zurückgenommen worden ist. Diese sogenannte Negativerklärung bzw. Negativattest gehört zu den formalen Eintragungsvoraussetzungen[25]. Ohne Negativerklärung darf die Verschmelzung gemäß § 16 II 2 UmwG grundsätzlich nicht eingetragen werden. Es besteht eine Registersperre.

---

[24] *Vetter*, AG **2002**, 176/177; *ders.* DB **2001**, 743. Anders *Hanau*, NZG **2002**, 1040/1044, wonach die daraus resultierende Last hinzunehmen sei.

[25] *Lutter-Bork*, § 16 Rn.9.

Kraft Verweisung gilt dies auch für die Spaltung (§ 125 UmwG), bei der Vermögensübertragung für den übertragenden Rechtsträger (§ 176 I UmwG) und für den Formwechsel (§ 198 III UmwG). Eine identische Vorschrift besteht für die Eingliederung (§ 319 V AktG). In allen diesen Fällen steht dem opponierenden Aktionär mit der Anfechtungsklage ein Druckmittel zur Verfügung, dessen Einsatz er allein steuern kann[26]. Besondere Brisanz erhalten Anfechtungsklagen dann, wenn Beschlüsse angegriffen werden, denen die Hauptversammlung – was der Regelfall ist - mit überwältigender Mehrheit zugestimmt hat. Dies ist hinsichtlich des Zeit- und Kostenaufwands sehr unbefriedigend, wenn die Anfechtungsklage keinerlei Erfolgsaussichten hat.

Ist eine Anfechtungsklage erhoben worden, so kommt es für die Gesellschaft darauf an, ob und wie schnell sie einen Freigabebeschluss (§§ 16 III UmwG, § 319 VI AktG) erwirken kann. Gelingt es der Gesellschaft nicht, einen solchen Freigabebeschluss zu erwirken, weil das Prozessgericht die Klage nicht für „offensichtlich unbegründet" hält und auch ein vorrangiges Eintragungsinteresse der Gesellschaft verneint, dann tritt wegen der konstitutiven Wirkung der Eintragung ein Schwebezustand ein. Dieser kann sich über die Dauer des gesamten Anfechtungsverfahrens hinziehen und fatale wirtschaftliche Folgen für die beteiligten Rechtsträger und die hinter den Beschlüssen stehenden Aktionäre haben. Bei einer geplanten Fusion zweier Gesellschaften können beispielsweise nicht nur die auf Unternehmensebene geplanten Umstrukturierungen nicht vorgenommen und die daraus erhofften Synergieeffekte vorerst nicht realisiert werden[27]. Es ist auch für die Aktionäre unklar, ob es letzten Endes zu dem von ihnen beschlossenen Umtausch ihrer Anteile kommt, obwohl sich alle Beteiligten sowie etwaige Geschäftspartner bereits auf die Fusion eingestellt haben. In der Realität wird in einem solchen Falle wohl immer versucht werden, den Anfechtungskläger durch das Angebot einer Abfindung oder sonstiger Sondervorteile zur Rücknahme der Anfechtungsklage zu bewegen.

Gelingt es der Gesellschaft einen Freigabebeschluss nach § 16 III UmwG bzw. § 319 VI AktG zu erwirken, so steht die Anfechtungsklage der Eintragung der angefochtenen Maßnahme und damit ihrem Wirksamwerden nicht mehr im Wege. In der Praxis gewährleistet diese Vorkehrung indes, wie die Erfahrungen seit Erlass des Umwandlungsgesetzes gezeigt haben, keinen ausreichenden Schutz der Gesellschaft und der hinter dem Verschmelzungsbeschluss stehenden Mehr-

---

[26] Nach dem alten Verschmelzungsrecht, das noch keine Aufhebung der Registersperre durch einen Freigabebeschluss kannte (§§ 319 III, 345 II 1 AktG a.F.; § 24 II KapErhG), befanden sich die Gesellschaften in einer nahezu ausweglosen Situation, aus der sie erst die Hypothekenbank Schwestern-Entscheidung des Bundesgerichtshofes befreit hat (*BGHZ* 112, 9ff.).
[27] *Baums*, DJT-Gutachten, F 156.

hert[28]. Nach § 16 III 2 UmwG setzt der Freistellungsbeschluss voraus, dass die Anfechtungsklage unzulässig oder offensichtlich unbegründet ist. Wann eine Klage offensichtlich unbegründet ist, wird unterschiedlich beurteilt. Nach einer Auffassung ist die Unbegründetheit „offensichtlich", wenn sie für das Prozessgericht ohne weiteres erkennbar ist, wenn das Gericht also auf der Grundlage der unstreitigen oder glaubhaft gemachten Tatsachen ohne weitere sachliche Ermittlungen und ohne schwierige rechtliche Überlegungen zu der Überzeugung kommt, dass die Klage zweifelsfrei unbegründet ist[29]. Nach anderer Auffassung soll die Eindeutigkeit der Sach- und Rechtslage oder die Unvertretbarkeit anderer Beurteilung den Ausschlag geben[30]. Nach dieser Ansicht ist eine volle rechtliche Würdigung notwendig. In jedem Fall liegt die Beweislast bei der antragstellenden Gesellschaft. Nur in seltenen Ausnahmefällen wird das Gericht überzeugt werden können, dass die geltend gemachten Anfechtungsgründe allesamt auf keinen Fall durchgreifen.

Aufgrund dessen wird es daher regelmäßig auf die Frage ankommen, ob die Gesellschaft gegenüber dem Vorbringen des Klägers ein vorrangiges Eintragungsinteresse geltend machen kann (§§ 16 III 2 UmwG, 319 VI 2 AktG)[31]. Hierbei kommt es nicht auf die Erfolgsaussichten der Klage an. Vielmehr ist zu unterstellen, dass die vom Kläger behaupteten und vom Gericht nicht ohne weiteres zu klärenden Beschlussmängel vorliegen. Anschließend ist zu prüfen, ob trotz dieser Beschlussmängel ein vorrangiges Eintragungsinteresse der Gesellschaft besteht. Das ist zu bejahen, wenn die mit weiterem Aufschub verbundenen Nachteile so schwer wiegen, dass es gerechtfertigt erscheint, über den unterstellten Mangel hinwegzusehen, d.h. die beschlossenen Maßnahme also trotzdem einzutragen und die Kläger auf Schadensersatzansprüche zu verweisen[32]. Wann die vom Kläger geltend gemachten Rechtsverletzungen aber hinter dem Eintragungsinteresse der Gesellschaft zurückzutreten haben, bleibt letztlich dem Ermessen der Gerichte überlassen. Aus der Sicht der betroffenen Gesellschaft bedeutet dies, dass kaum verlässlich vorhergesagt werden kann, ob ein Freigabebeschluss erlassen werden wird und die Registersperre beseitigt werden kann[33].

---

[28] *Baums*, DJT-Gutachten, F 157.
[29] *OLG Stuttgart*, AG **1997**, 138/139; *LG Freiburg*, AG **1998**, 536/537; *LG Hanau*, AG **1996**, 90/91; *Decher*, AG **1997**, 388/390; *Lutter-Bork*, § 16 Rn.19a.
[30] *OLG Frankfurt a.M.*, AG **1998**, 428/429; *OLG Hamm*, ZIP **1999**, 798/799; *Hüffer*, § 319 Rn.18; *E/H-Habersack*, § 319 Rn.35; *Münchener Kommentar-Grunewald*, § 319 Rn.35.
[31] *Baums*, DJT-Gutachten, F 158.
[32] *Decher*, AG **1997**, 388/391ff.; *Lutter-Bork*, § 16 Rn.20ff..
[33] *Baums*, a.a.O..

Ein weiteres Problem stellt die erhebliche Dauer derartiger Beschlussverfahren dar. Eine Schwäche des Freigabeverfahrens nach § 16 III UmwG liegt darin, dass es nicht als Eilverfahren ausgestaltet ist[34]. Eine Dauer von einem halben Jahr und länger ab Eingang des Antrags ist keine Seltenheit[35]. Auch bei einem erfolgreichen Vorabverfahren nach § 16 III UmwG führt somit die Anfechtungsklage regelmäßig zu einem Zeitverlust von einigen Monaten[36]. Gerade bei wichtigen Strukturmaßnahmen ist die zeitnahe Umsetzung für den Erfolg jedoch entscheidend[37]. Der Kapitalmarkt belohnt eine zügige und sichere Implementierung, während Verzögerungen und Unsicherheiten durch Kursabschläge bestraft werden.

Es überrascht daher nicht, dass in der Vergangenheit bei bedeutenden Verschmelzungsfällen Zahlungen an Anfechtungskläger erfolgt sind, um die Registersperre durch Rücknahme der Anfechtungsklage möglichst bald zu beseitigen und nicht auf einen rechtskräftigen Freigabebeschluss warten zu müssen[38].

(2) Sonstige eintragungsbedürftige Maßnahmen

Auch Satzungsänderungen, Unternehmensverträge sowie Maßnahmen zur Kapitalbeschaffung und –herabsetzung bedürfen zu ihrer Wirksamkeit der Eintragung ins Handelsregister[39]. Eine Registersperre besteht hier zwar nicht. Allerdings setzen in der Praxis die Registergerichte in der Regel, gestützt auf § 127 FGG, das Eintragungsverfahren aus, wenn entweder bereits Anfechtungsklage erhoben worden ist oder ein Aktionär, der in der Hauptversammlung Widerspruch gegen den Beschluss erhoben hat, dies und die Absicht der Anfechtung mitteilt[40]. Nach § 127 FGG kann das Registergericht eine von ihm zu erlassende Verfügung, die von der Beurteilung eines streitigen Rechtsverhältnisses abhängt, aussetzen, bis über das Verhältnis im Wege des Rechtsstreits entschieden ist. Nach herrschender Meinung hängt die vom Registerrichter zu treffende Eintra-

---

34 *Marsch-Barner*, Referat anlässlich der Sitzung der Abteilung Wirtschaftsrecht des 63. Deutschen Juristentages am 27. September 2000,O 55/60.

35 *Baums*, DJT-Gutachten, F 179. Die Registersperre wird erst dann beseitigt, wenn der Freigabebeschluss rechtskräftig ist, §§ 16 III 1 UmwG, 319 VI 1 AktG.

36 Nach Karsten Schmidt wirken die auf der Anfechtungsklage beruhende Registersperre und das Freigabeverfahren als einstweiliger Rechtsschutz für den Kläger mit einer partiellen Verschiebung der in § 945 ZPO vorgesehenen Haftungslast; *Schmidt*, Referat anlässlich der Sitzung der Abteilung Wirtschaftsrecht des 63. Deutschen Juristentages am 27. September 2000, O 11/ O 17.

37 *Schiessl*, AG **1999**, 442/444.

38 *Baums*, DJT-Gutachten, F 158.

39 Lediglich die Eintragung der Auflösung einer Aktiengesellschaft gemäß § 262 I Nr.2, 263 1 AktG sowie der Beendigung der Eingliederung nach § 327 I Nr.1 und III AktG haben deklaratorischen Charakter.

40 *Baums*, DJT-Gutachten, F 159.

gungsverfügung, wenn eine Anfechtungsklage rechtshängig ist oder droht, von derselben Vorfrage ab, über die auch das Prozessgericht im Anfechtungsprozess zu entscheiden hat[41]. Das Registergericht entscheidet nach pflichtgemäßen Ermessen, ob es die Eintragung verfügt oder aussetzt. Ist Anfechtungsklage erhoben, soll der Registerrichter die Erfolgsaussichten der Klage prüfen und sie gegen das Interesse der Gesellschaft an baldiger Eintragung abwägen[42]. In Zweifelsfällen wird sich jedoch eher die Aussetzung als die Eintragung empfehlen, da der Registerrichter nicht der Entscheidung des Prozessgerichts vorgreifen soll. In der Realität führt somit eine erhobene Anfechtungsklage auch hier zur Aussetzung. Für die betroffene Gesellschaft kommt dies praktisch der Ablehnung der Eintragung gleich. Gegen die Aussetzungsbefugnis steht der Gesellschaft zwar das Rechtsmittel der Beschwerde zu[43]. Für die Beschwerdeinstanzen gelten aber dieselben Entscheidungsgrundsätze.

Das Prozessgericht hat hier, anders als in den Fällen der §§ 16 III UmwG, 319 VI AktG, auch keine Möglichkeit, die faktische Registersperre auf Antrag der Gesellschaft beiseite zu räumen. Dies gilt selbst dann, wenn das Gericht zu der Auffassung gelangt, dass die Rechtsverfolgung des Klägers offenbar wenig Aussicht auf Erfolg hat oder ein vorrangiges Eintragungsinteresse der Gesellschaft bejaht werden könnte[44].

Somit bleibt festzuhalten, dass trotz des Fehlens einer formellen Registersperre in der hier betrachteten Fallgruppe das Erfordernis der konstitutiv wirkenden Registereintragung in Verbindung mit der Praxis, diese Eintragung regelmäßig bis zur Entscheidung des Prozessgerichts aufzuschieben, zu erheblichen Schwierigkeiten führt. Auch bei Kapitalmaßnahmen und sonstigen Änderungen ist aber eine zeitnahe Umsetzung für den Erfolg unverzichtbar[45].

(3) Nicht eintragungsfähige Beschlüsse

Auch mit einer Anfechtungsklage gegen nicht eintragungsbedürftige Beschlüsse lässt sich erheblicher Druck auf eine Gesellschaft ausüben. So verursacht die Anfechtung einer Aufsichtsratswahl nach § 251 I AktG wegen der Rückwirkung eines stattgebenden Aufhebungsurteils[46] Schwierigkeiten und beeinträchtigt schon vorher die Legitimation des betreffenden Aufsichtsratsmitglieds. Eine erfolgreiche Anfechtung der Feststellung des Jahresabschlusses nach §§ 257 I, 243 AktG stellt nicht nur den darauf beruhenden Gewinnverwendungsbeschluss,

---

[41] *BGHZ* 112, 9/13; *Keidel/Kuntze/Winkler*, § 127 Rn.34.
[42] *Hüffer*, § 243 Rn.53.
[43] *Keidel/Kuntze/Winkler*, § 127 Rn.44.
[44] *Baums*, DJT-Gutachten, F 160f. m.w.N..
[45] *Schiessl*, AG **1999**, 442/444.
[46] Herrschende Meinung: *Hüffer*, § 252 Rn.8 m.w.N..

sondern eventuell auch die nachfolgenden Jahresabschlüsse in Frage[47]. Auch in diesen Fällen stellt die Anfechtungsklage für das Unternehmen eine erheblichen Belastung dar.

Bei ausführungsbedürftigen Beschlüssen i.S.d. § 83 II AktG, z.B. einem Beschluss über eine Ausgliederung im Wege der Einzelrechtsnachfolge (Holzmüller-Beschluss), kommt das Haftungsrisiko für den Vorstand hinzu. Der Vorstand, der ohne Zustimmung der Hauptversammlung Maßnahmen durchführt, zu denen er im Innenverhältnis die Hauptversammlung um Zustimmung hätte bitten müssen, handelt nach der Holzmüller-Entscheidung des Bundesgerichtshofs pflichtwidrig[48]. Hat er die Hauptversammlung um Zustimmung ersucht, entfällt seine Haftung der Gesellschaft gegenüber für von ihm veranlasste Schäden grundsätzlich nur, wenn dieser Beschluss „gesetzmäßig" ist (§ 93 IV 1 AktG). Noch anfechtbare Beschlüsse sind aber keine „gesetzmäßigen" Beschlüsse. Das Problem besteht meistens darin festzustellen, ob der Beschluss tatsächlich mit Erfolg angefochten werden kann. Bei Strukturveränderungen im Sinne der Holzmüller-Entscheidung des Bundesgerichtshofs steht der Vorstand daher vor dem Dilemma, entweder die beabsichtigte Maßnahme trotz Anfechtungsklage im Interesse des Unternehmens auszuführen und das Risiko in Kauf zu nehmen, im Falle des Unterliegens im gerichtlichen Anfechtungsverfahren später von der Gesellschaft persönlich in Regress genommen zu werden, oder aber die Maßnahme bis zum rechtskräftigen Abschluss des Anfechtungsprozesses zu unterlassen. In Zweifelsfällen neigt dann ein Vorstand im eigenen Interesse meist dazu, die Maßnahme entweder aufzuschieben oder aber den Anfechtungskläger zur Rücknahme der Klage zu bewegen[49].

(4) Zwischenergebnis

Es bleibt somit festzustellen, dass Anfechtungsklagen von Minderheitsaktionären die Leitung einer Aktiengesellschaft oder eines Aktienkonzerns in einem ganz erheblichen Maße beeinträchtigen können[50]. Gegen den Willen einzelner Kleinaktionäre lassen sich notwendige Umstrukturierungen oft nicht oder nur mit großer zeitlicher Verzögerung durchsetzen.

---

[47] Siehe hierzu *Hüffer*, § 256 Rn.34.

[48] *BGHZ* 83, 122/131 - Holzmüller.

[49] *DAV-Handelsrechtsausschuß-Vorschlag*, 1536; *Pötzsch/Möller*, WM **2000**, Sonderbeil. Nr.2, 3/29; *Vetter*, DB **2001**, 743; *ders.*, ZIP **2000**, 1817/1818.

[50] Siehe auch *Kallmeyer*, AG **2000**, 59; *KK-WpÜG-Hasselbach*, § 327a Rn.7; *Kühn*, BB **1992**, 291; *Schwichtenberg*, DStR **2001**, 2075/2076; *Steinmeyer/Häger*, § 327a Rn.4ff.; *Than*, FS Claussen, 408. Zu Reformvorschlägen des Anfechtungsrechts ausführlich: *Baums*, DJT-Gutachten, F 163ff..

cc) Missbrauch von Anfechtungsklagen

Aufgrund ihrer schwerwiegenden Auswirkungen bergen Anfechtungsklagen ein erhebliches Erpressungspotential für sogenannte räuberische Kleinaktionäre in sich. Diese erwerben Kleinstbeteiligungen an der Gesellschaft allein mit der Absicht, später Anfechtungsklagen gegen Beschlüsse der Hauptversammlung zu erheben. Ziel der räuberischen Kleinaktionäre ist es, den Mehrheitsaktionär bei der Unternehmensführung massiv zu behindern und ihn so letztlich zu finanziellen Zugeständnissen zu veranlassen. Die Erfolgschancen eines räuberischen Kleinaktionärs hängen dabei in erster Linie von der Erpressbarkeit der Gesellschaft ab. Entscheidend ist, ob der Gesellschaft glaubwürdig mit der Zufügung erheblicher Nachteile, vor allem hinsichtlich der registerrechtlichen Folgen einer Anfechtungsklage, gedroht werden kann. Aus diesem Grund sind Klagen gegen Beschlüsse der Hauptversammlung, die zu ihrer Wirksamkeit in das Handelsregister eingetragen werden müssen, geradezu prädestiniert für einen Rechtsmissbrauch[51].

(1) Anstieg der Anfechtungsklagen

Ein erstes Indiz für einen massiven Missbrauch des Anfechtungsrechts in der Praxis ist die erhebliche Zunahme der Zahl der Anfechtungs- und Nichtigkeitsklagen gegen Hauptversammlungsbeschlüsse. Wie eine neuere empirische Untersuchung verdeutlicht, hat sich die Zahl der durchschnittlich pro Kalenderjahr erhobenen Klagen in den vergangenen 20 Jahren nahezu verzehnfacht[52]. Allein 1999 wurden 45 Anfechtungs- und Nichtigkeitsklagen erhoben[53]. Demgegenüber stieg die Zahl der Aktiengesellschaften und Kommanditgesellschaften auf Aktien selbst in weitaus geringerem Umfang an. Sie hat sich lediglich um das 4,3–fache erhöht, nämlich von 2.147 Ende 1980 auf 9.279 Ende 2000[54]. Die Gesamtzahl der börsennotierten Gesellschaften hat sich sogar nur verdreifacht. So betrug deren Zahl Ende 1980 459 und Ende 2000 1.423[55].

---

[51] Vgl. *DAV-Handelsrechtsausschuß-Vorschlag*, 1537; *Henze*, ZIP **2002**, 97/100; *Martens*, AG **1992**, 209. Die Befürchtung, dass die Anfechtungsklage missbraucht werden könne, ist nicht neu. Bereits nach Auffassung der Gesetzgeber der Aktienrechtsreform 1884 war die Anfechtungsklage „ein zweischneidiges Mittel, welches Chikanen und Erpressungen Thür und Thor öffnet.“. Siehe *Allgemeine Begründung zum Entwurf eines Gesetzes, betreffend die KGaA und AG (1884)*, abgedruckt bei *Schubert/Hommelhoff*, 404,/467.

[52] Siehe ausführlich: *Baums/Vogel/Tacheva*, ZIP **2000**, 1649/1650.

[53] *Baums/Vogel/Tacheva*, ZIP **2000**, 1649/1650.

[54] Zahlen aus DAI-Factbook **2000**. Hierbei ist freilich zu berücksichtigen, dass das Jahr 2000 ein in jeder Hinsicht außergewöhnliches Börsenjahr war.

[55] Siehe *Gerke/Steiner*, 357.

Trotz dieses massiven Anstiegs von Anfechtungsklagen gibt es Stimmen, die nicht von einem missbräuchlichen Verhalten ausgehen[56]. So wird darauf hingewiesen, dass eine reine Addition der erhobenen Klagen dem gegenüber früheren Zeiten völlig veränderten Interessenkonflikt zwischen Mehrheiten und Minderheiten nicht gerecht werden würde. Die Unternehmenskultur hätte sich in letzter Zeit zu einer Plünderungskultur der Mehrheiten und Verwaltungen fortentwickelt. Die neuere Rechtsprechung und die jüngste Gesetzgebung würden Mehrheitsaktionären und Verwaltungen erhebliche Möglichkeiten für Zugriffe auf das Ertragspotential und das Vermögen einer Gesellschaft eröffnen[57]. Daher liege es auf der Hand, dass sich Gegenkräfte vermehrt zu Wort melden. Bereits die Befürchtung, es könne Anfechtungsklage erhoben werden, könne Plünderungszugriffe von Mehrheitsaktionären und Verwaltungen verhindern[58].
Allerdings wäre es verfehlt, den Anfechtungskläger zum alleinigen Wahrer der Rechtsordnung zu stilisieren, dessen Aufgabe die Vertretung der Minderheitsinteressen ist. Der Anfechtungsprozess ist gerade kein Verfahren einer objektiven Rechtskontrolle, zu dem der Anfechtungskläger nur den Anstoß gibt, sondern ein Verfahren zur Durchsetzung einer mitgliedschaftlichen Rechtsposition, das für eine missbräuchliche Ausnutzung nicht zur Verfügung steht[59]. Die Klagemöglichkeiten sind dem Aktionär allein zum Schutz seiner Interessen an die Hand gegeben[60]. Die allgemeine Rechtskontrolle ist nur ein Reflex dieser Funktion. Auch das Bundesverfassungsgericht hat in seinem Beschluss zur Redezeitbeschränkung ausdrücklich festgestellt, dass Aktionäre gegenüber der Geschäftsführung keine Kontrollfunktion haben[61].

Des weiteren wird eingewandt, dass das geltende Recht alle anderen Instrumente der Konfliktvermeidung und Konfliktlösung hintanstellen oder überhaupt unterdrücken würde[62]. Nur für die Anfechtungsklage biete das Gesetz eindeutige Klagegrundlagen an. Für die Minderheit stünde kein anderes effektives Instru-

---

[56] *Götz*, Referat anlässlich der Sitzung der Abteilung Wirtschaftsrecht des 63. Deutschen Juristentages am 27. September 2000, O 39/ O 46; *Wenger/Kaserer/Hecker*, ZBB **2001**, 317/326.

[57] *Götz*, Referat anlässlich der Sitzung der Abteilung Wirtschaftsrecht des 63. Deutschen Juristentages am 27. September 2000, O 39/ O 49. Als Beispiel werden unter anderem die Beschränkungen des Bezugsrechts der Aktionäre bei Kapitalerhöhungen auf dem Wege des Genehmigten Kapitals genannt.

[58] *Götz*, Referat anlässlich der Sitzung der Abteilung Wirtschaftsrecht des 63. Deutschen Juristentages am 27. September 2000, O 39/ O 51.

[59] Vgl. *Baums*, DJT-Gutachten, F 150f..

[60] *Marsch-Barner*, Referat anlässlich der Sitzung der Abteilung Wirtschaftsrecht des 63. Deutschen Juristentages am 27. September 2000, O 55 m.w.N..

[61] *BVerfG*, WM **1999**, 2160/2162.

[62] *Götz*, Referat anlässlich der Sitzung der Abteilung Wirtschaftsrecht des 63. Deutschen Juristentages am 27. September 2000, O 39/ O 46.

ment zur Verfügung, um ihre Rechte zu wahren. Auf die Beschlussmängelklage als „wirksamste Waffe des Aktionärs" sei somit nicht zu verzichten.
Hierzu ist anzumerken, dass der Aktionär einer börsennotierten Gesellschaft heute mehr denn je Teilnehmer am Kapitalmarkt und immer weniger Mitglied einer Körperschaft ist. Die großen Publikumsgesellschaften haben mehrere hunderttausend, teilweise über eine Million Aktionäre, die ständig wechseln und von denen nur ein kleiner Bruchteil die Hauptversammlung besucht. Viele halten Aktien bei mehreren Gesellschaften und sind der jeweiligen Gesellschaft nur als anonymer Anleger verbunden. Das Anfechtungsrecht dürfte vor diesem Hintergrund aus der Sicht des durchschnittlichen Anlegers kein allzu bedeutendes Merkmal der Kapitalanlage Aktie sein. Eine Erklärung für den starken Anstieg der Anfechtungsklagen vermag der Verweis auf die Umrissenheit des Anfechtungsverfahrens somit nicht zu liefern.

Die vorgebrachten Einwendungen können daher nicht als Rechtfertigung für einen so extensiver Gebrauch der Anfechtungsklage dienen.

(2) Andere Indizien für Rechtsmissbrauch

Darüber hinaus gibt es noch weitere Anzeichen, dass Anfechtungsklagen missbraucht werden. So werden Verstöße gegen Berichts- und Informationspflichten sowie die Auskunftspflicht nach § 131 AktG – unabhängig vom jeweiligen Beschlussgegenstand – besonders häufig behauptet[63]. Dabei hat es sich in der Vergangenheit gezeigt, dass räuberische Kleinaktionäre ihr Auskunftsrecht auf der Hauptversammlung gezielt dazu einsetzen, Anfechtungsgründe zu provozieren[64]. Diese Vorgehensweise wird durch die bestehenden Beweiserleichterungen begünstigt. So muss bei Informationsmängeln die Gesellschaft darlegen und beweisen, dass zwischen der Verletzung der Informationspflicht und der Beschlussfassung kein Kausalzusammenhang besteht[65]. Dies ist aber kaum möglich, da die Rechtsprechung auf den objektiv urteilenden Aktionär abstellt, für den nahezu jede Auskunft wichtig ist. Auf das Abstimmungsverhalten aller übrigen Aktionäre kommt es dabei nicht an. Dies gilt nach § 243 IV AktG selbst dann, wenn der Informationsmangel für die Mehrheit nachweislich irrelevant war.

---

[63] *Baums/Vogel/Tacheva*, ZIP **2000**, 1649/1652..

[64] *Baums*, DJT-Gutachten, F 129, hinsichtlich der genauen Vorgehensweise von sogenannten Berufsaktionären siehe F 152ff.; *Marsch-Barner*, Referat anlässlich der Sitzung der Abteilung Wirtschaftsrecht des 63. Deutschen Juristentages am 27. September 2000, O 55/63; sehr anschaulich auch: *Schiessl*, AG **1999**, 442/445, 447.

[65] *Hüffer*, § 243 Rn.12.

Bemerkenswert ist aber vor allem, dass bestimmte Einzelpersonen immer wieder als Opponenten gegen Hauptversammlungsbeschlüsse auftreten[66]. Diese Kläger sind allesamt nur mit wenigen Aktien an der Gesellschaft beteiligt. Zumeist haben sie dabei die Aktien zielgerichtet zur Erhebung der Anfechtungsklage kurz vor der Hauptversammlung erworben[67].

(3) Verteidigung gegen Rechtsmissbrauch

Die beklagten Gesellschaften versuchen sich häufig mit den Einwand des Rechtsmissbrauchs zu verteidigen[68]. Dabei führen sie zumeist als Beleg das in der Vergangenheit liegende Verhalten des Klägers gegenüber anderen Gesellschaften an.

Allerdings hat dieser Einwand in der Vergangenheit nur selten zum Erfolg geführt. Zwar hat seit der Kochs-Adler-Entscheidung aus dem Jahre 1990 auch der Bundesgerichtshof die Gefahr des Missbrauchs der Anfechtungsklage erkannt[69]. Danach würde in einem Fall des „individuellen Missbrauchs" die Anfechtungsklage funktionswidrig dazu eingesetzt, dem Anfechtungskläger zu einem Vorteil zu verhelfen, auf den er keinen Anspruch hat. Allerdings vermochte auch diese Entscheidung kein wirksames Mittel gegen einen Missbrauch zu schaffen. Nach der Formel der Rechtsprechung handelt ein Aktionär nämlich nur dann rechtsmissbräuchlich, wenn er mit seiner Klage die Gesellschaft in grob eigennütziger Weise zu Leistungen veranlassen will, auf die er keinen Anspruch hat und billigerweise auch nicht erheben kann[70]. Der Rechtsmissbrauch wird damit im wesentlichen durch ein subjektives Element, nämlich die Absichten des Klägers, gekennzeichnet. Diese Absichten kann die Gesellschaft im Regelfall nicht beweisen[71].

Im übrigen sind die räuberischen Kleinaktionäre mittlerweile vorsichtiger geworden. Um den Einwand des individuellen Rechtsmissbrauchs i.S.d. Kochs-Adler-Entscheidung auszuschalten, werden mittlerweile keine unmittelbaren Abfindungszahlungen, sei es in direkter, sei es in verdeckter Form z.B. mit Hilfe

---

[66] Siehe hierzu detailliert: *Baums/Vogel/Tacheva*, ZIP **2000**, 1649/1651; vgl. auch *Schiessl*, AG **1999**, 442/445.

[67] Seitdem wird diskutiert, ob die Anfechtungsklage am ein Quorum und/oder an eine Mindestbesitzzeit gebunden werde soll. Dafür: *Marsch-Barner*, Referat anlässlich der Sitzung der Abteilung Wirtschaftsrecht des 63. Deutschen Juristentages am 27. September 2000, O 55/56ff., der sich für ein Quorum von 1000 Euro und eine Mindestbesitzzeit von drei Monaten ausspricht. Dagegen: *Baums*, DJT-Gutachten, F 108; *Schmidt*, Referat anlässlich der Sitzung der Abteilung Wirtschaftsrecht des 63. Deutschen Juristentages am 27. September 2000, O 11/ O 20.

[68] *Baums/Vogel/Tacheva*, ZIP **2000**, 1649/1655.

[69] *BGHZ* 107, 296/308ff..Vgl. auch *OLG Stuttgart*, AG **2003**, 165f..

[70] *BGHZ* 107, 296/311; *OLG Stuttgart*, AG **2003**, 165/166.

[71] Vgl. z.B. *OLG Köln*, BB **2003**, 2307ff..

von Beraterverträgen, mehr gefordert[72]. Stattdessen wird die Abfindung in der Einigung über einen hohen Streitwert und der Erstattung angeblich angefallener hoher Verfahrenskosten versteckt[73]. Der Vergleich kann mit der betreffenden Gesellschaft oder auch, um Einwendungen aus §§ 57, 62 AktG zu entgehen, mit einem Mehrheitsaktionär geschlossen werden[74]. Die Gesellschaft, die die Beweislast trägt, kann den Rechtsmissbrauch daher in aller Regel nicht beweisen und ist gezwungen, sich mit dem Kläger kaufmännisch, d.h. durch Geldzahlungen, zu arrangieren

(4) Zwischenergebnis

Nach alledem bleibt festzustellen, dass zum gegenwärtigen Zeitpunkt Anfechtungsklagen in einem erheblichen Maße missbraucht werden[75]. Kleinstbeteiligungen werden nur zu dem Zweck erworben, Anfechtungsklagen gegen eintragungspflichtige Beschlüsse zu erheben. Betroffene Unternehmen haben damit praktisch keine andere Wahl als die räuberischen Kleinaktionäre finanziell abzufinden, um störende Klagen zu vermeiden. Missbräuchliche Anfechtungsklagen sind jedoch nicht nur langwierig und kostspielig, sondern nehmen auch die Arbeitskraft von Führungskräften der Aktiengesellschaft über Gebühr in Anspruch.
Zwar macht Habersack in diesem Zusammenhang auf die in den letzten Jahren intensiv geführte Debatte über die Zukunft der Individualrechte des Aktionärs aufmerksam[76]. Nach seiner Ansicht ist die Problematik eines Missbrauchs von Informations- und Anfechtungsrechten ohne weiteres lösbar. Allerdings sind konkrete Maßnahmen, die spürbar Abhilfe schaffen könnten, bisher nicht ersichtlich. Die Zukunft wird zeigen, ob durch gesetzgeberische Maßnahmen wie dem geplanten Gesetz zur Unternehmensintegrität und Modernisierung des Anfechtungsrechts (UMAG) das Anfechtungsrecht so modifiziert werden kann, dass allen gegensätzlichen Interessen angemessen Rechnung getragen wird[77].
Zum jetzigen Zeitpunkt ist das Missbrauchsproblem aber noch ungelöst. Die Rechtsordnung biete keinen ausreichenden Schutz. Leidtragende sind die betroffenen Unternehmen und die Mitaktionäre.

---

[72] *Baums*, DJT-Gutachten, F 154.

[73] *Baums*, DJT-Gutachten, F 180.

[74] Zur Zulässigkeit solcher Vergleiche: *Hommelhoff/Timm*, AG **1989**, 168ff.; *Martens*, AG **1988**, 118ff.; *Schlaus*, AG **1988**, 113ff..

[75] Siehe auch *Allgemeiner Teil der Begründung des Regierungsentwurfs*, BT-Drucksache 14/7034, 31; *Baumann*, WM **1999**, 1968; *Fuhrmann/Simon*, WM **2002**, 1211; *Henze*, ZIP **2002**, 97/100; *Land/Hasselbach*, DB **2000**, 557/562; *KK-WpÜG-Hasselbach*, § 327a Rn.7; *Kühn*, BB **1992**, 291; *Pötzsch/Möller*, WM **2000**, Sonderbeil. Nr.2, 3/29; *Schiessl*, AG **1999**, 442/445, 447 und 451; *Steinmeyer/Häger*, § 327a Rn.5.

[76] *Habersack*, ZIP **2001**, 1230/1233. Ähnlich *Hanau*, NZG **2002**, 1040/1045.

[77] Zu Reformvorschlägen des Anfechtungsrechts ausführlich: *Baums*, DJT-Gutachten, F 163ff.; daneben *Schiessl*, AG **1999**, 442/447. Zum UMAG siehe unten, § 8 III. 3. b) bb).

2. Andere Squeeze-out-Gründe

Aber nicht nur die Auswirkungen des Minderheitenschutzes verursachen Probleme. Neben den bisher genannten Gründen gibt es aber auch andere Ursachen, die die Einführung eines Squeeze-out erforderlich macht.

a) Öffentliches Übernahmeangebot

Unbefriedigend sind diejenigen Fälle, in denen ein Mehrheitsaktionär einerseits bei Überschreitung einer bestimmten Schwelle gemäß § 35 WpÜG zu einem öffentlichen Übernahmeangebot verpflichtet ist, andererseits nach der Durchführung des Angebots zwar mit nahezu 100 Prozent an der Zielgesellschaft beteiligt, jedoch nicht in der Lage ist, die wenigen verbleibende Aktien zu erwerben. Naheliegend ist es hier, Squeeze-out-Regelungen als Kehrseite zum Pflichtangebot einzuführen[78].

b) Unbekannte Aktieninhaber

Zudem gibt es Fälle, in denen eine gewisse Anzahl von Aktien nicht erworben werden kann, weil die Inhaber der Aktien nicht ausfindig zu machen sind und/oder von ihrem vielleicht ererbten Aktienbesitz selbst nichts wissen[79]. Bei älteren und den in Deutschland ganz überwiegend ausgegebenen Inhaberaktien sind schon die Namen der verbliebenen Aktionäre oder deren Erben nicht ohne weiteres feststellbar[80].

c) Rechtsvergleich

Aus rechtsvergleichender Sicht erscheint die Einführung einer Squeeze-out-Regelung ebenfalls geboten[81]. Die USA sowie die meisten Mitgliedsstaaten der EU verfügen über entsprechende Regelungen[82]. Im internationalen Wettbewerb stellt es für ausländische Investoren ein abschreckendes Hindernis dar, zwar Aktien einer deutschen Aktiengesellschaft in einem solchen Umfang erwerben zu können, dass die satzungsändernde Mehrheit gesichert oder sogar weit übertrof-

---

[78] *Allgemeiner Teil der Begründung des Regierungsentwurfs*, BT-Drucksachen, 14/7034, 32; *Baumann*, WM **1999**, 1968; *Forum Euopaeum Konzernrecht*, ZGR **1998**, 673/733; *Geibel/Süßmann-Grzimek*, § 327a Rn.24; *Hanau*, NZG **2002**, 1040/1046; *Kallmeyer*, AG **2000**, 59; *KK-WpÜG-Hasselbach*, § 327a Rn.8; *Kossmann*, NZG **1999**, 1198/1199; *Vetter*, AG **2002**, 176/181. Kritisch hierzu: *Steinmeyer/Häger*, § 327a Rn.7. Sehr kritisch zum Pflichtangebot: *Altmeppen*, ZIP **2001**, 1073/1082f..

[79] *Allgemeiner Teil der Begründung des Regierungsentwurfs*, a.a.O.; *Pötzsch/Möller*, WM **2000**, Sonderbeil. Nr.2, 3/29.

[80] *DAV-Handelsrechtsausschuß-Vorschlag*, 1537.

[81] Vgl. auch *Dimke/Heiser*, NZG **2001**, 241/256. Zurückhaltender allerdings *Angerer*, BKR **2002**, 260/261.

[82] *Allgemeiner Teil der Begründung des Regierungsentwurfs*, BT-Drucksachen, 14/7034, 32; *KK-WpÜG-Hasselbach*, § 327a Rn.8; *Pötzsch/Möller*, WM **2000**, Sonderbeil. Nr.2, 3/29. Siehe hierzu ausführlich § 3, § 4 und § 5.

fen wird, aber gleichwohl nicht alle Aktien übernehmen zu können und damit auf die gesetzlichen Schutzrechte der Minderheitsaktionäre bei allen künftigen Maßnahmen Rücksicht nehmen zu müssen[83].

Aber auch deutsche Unternehmen sehen sich im internationalen Vergleich generell benachteiligt, wenn strukturändernde Maßnahmen der Gesellschaft, die aus strategischen, wirtschaftlichen oder geschäftspolitischen Gründen angestrebt werden, wegen des Vorhandenseins von einigen wenigen Minderheitsaktionären mit geringem Aktienbesitz nicht oder nur mit erheblichem zeitlichen und finanziellen Aufwand und dem Risiko zeitlicher Verzögerungen umgesetzt werden können, was in Bezug auf die Höhe des Anteilbesitzes der Restminderheit in keinem Verhältnis steht[84].

Mit dem internationalen Wettbewerb der Unternehmen geht mehr und mehr auch ein Systemwettbewerb im Gesellschafts- und Kapitalmarktrecht einher. Die Möglichkeit eines Squeeze-out stellt in diesem Zusammenhang einen wettbewerbsrelevanten Faktor dar. Die fehlende Ausschlussmöglichkeit führte infolgedessen bisher zu einer Einschränkung der Wettbewerbsfähigkeit des Finanzplatzes Deutschland und der hier agierenden Unternehmen.

Zwar wird vereinzelt darauf hingewiesen, dass von einem internationalen Squeeze-out-Standard keine Rede sein könne, da in den einzelnen Rechtsordnungen jeweils spezielle Voraussetzungen wie z.B. die Beschränkung auf börsennotierte Unternehmen oder ein vorhergegangenes Übernahmeangebot existieren, die die Wirkung des Ausschlusses relativieren würden[85]. Dennoch bleibt aber festzustellen, dass in nahezu allen wichtigen Finanzplätzen außerhalb Deutschlands ein Ausschluss von Minderheitsaktionären möglich ist. Dass dabei im einzelnen unterschiedliche Anforderungen bestehen, die den Besonderheiten der jeweiligen Rechtsordnung Rechnung tragen, ist nur allzu selbstverständlich. An der Notwendigkeit der Einführung eines Squeeze-out hierzulande vermag dies jedoch nichts zu ändern.

3. Ergebnis

Somit wird deutlich, dass das Vorhandensein von Minderheitsaktionären mit einem erheblichen Formalaufwand und Missbrauchsrisiko verbunden und unverhältnismäßig kostspielig ist[86]. Angesichts dieser Ausgangssituation wurde

---

[83] *Vetter*, AG **2002**, 176/178; *ders.* in ZIP **2000**, 1817/1818.
[84] *Vetter*, AG **2002**, 176/184; *ders.* ZIP **2000**, 1817/1818.
[85] *Habersack*, ZIP **2001**, 1230/1233; *Hanau*, NZG **2002**, 1040/1045.
[86] *Allgemeiner Teil der Begründung des Regierungsentwurfs*, BT-Drucksachen, 14/7034, 31; *Baumann*, WM **1999**, 1968; *Forum Euopaeum Konzernrecht*, ZGR **1998**, 673/732; *Kallmey-*

von Seiten der Wirtschaft, insbesondere von Seiten international operierender Investmentgesellschaften, vom rechtswissenschaftlichen Schrifttum[87] sowie von interessierten Kreisen[88] seit längerem ein Verfahren zum zwangsweisen Ausschluss von Restminderheiten aus der Aktiengesellschaft gefordert. Ziel des Squeeze-out sollte es dabei vor allem sein, eine reibungslose Führung der Gesellschaft zu ermöglichen[89].

II. Vorteile eines Squeeze-out

Im folgenden sollen nun die Vorteile einer Squeeze-out-Regelung dargestellt werden.

1. Fortfall von Informations- und Ausgleichspflichten

Nach einem Squeeze-out gibt es in der Aktiengesellschaft keine Minderheitsaktionäre mehr. Da aber ein Minderheitenschutz in einer Gesellschaft, die nur einen Aktionär hat, überflüssig ist, lässt das Gesetz gewisse Pflichten der Gesellschaft entfallen. Nach § 121 VI AktG kann auf die Vorschriften über die Einberufung der Hauptversammlung verzichtet werden, wenn alle Aktionäre erschienen oder vertreten sind (Vollversammlung). Somit kann ein Alleinaktionär über die Einhaltung von Bekanntmachungsvorschriften, Ladungsvorschriften und Informationsvorschriften im Vorfeld der Hauptversammlung hinwegsehen und Beschlüsse allein vor einem Notar treffen.

Beim Abschluss eines Unternehmensvertrags kann auf die gesetzlich vorgeschriebenen Berichte sowie auf die Prüfung des Unternehmensvertrages verzichtet werden (§§ 293a III, 293b I und II, 293e II, 296 II AktG). Bei einem Gewinnabführungsvertrag entfallen Ausgleichszahlungen an außenstehende Aktionäre (§ 304 I 3 AktG). Im Umwandlungsrecht entfallen ebenfalls Berichts- und Prüfungspflichten (§§ 5 I und II, 8 III, 9 II und III, 127 2, 135 I, 192 III 1 UmwG). Außerdem wird ein Abfindungsangebot bei einem Formwechsel obsolet (§ 194 I Nr.6 UmwG).

Ein Squeeze-out führt somit zu erheblichen Erleichterungen im Hinblick auf die Informations- und Ausgleichspflichten der betreffenden Gesellschaft.

---

er, AG **2000**, 59 m.w.N.; *Kossmann*, NZG **1999**, 1198/1200; *Pötzsch/Möller*, WM **2000**, Sonderbeil. Nr.2, 3/29; *Than*, FS Claussen, 408.

[87] *Baums*, DJT-Gutachten, F 194; *Forum Euopaeum Konzernrecht*, ZGR **1998**, 673/732ff.; *Kallmeyer*, AG **1999**, 59; *Kossmann*, NZG **1999**, 1198; *Land/Hasselbach*, DB **2000**, 562; *Schiessl*, AG **1999**, 442/451; *Than*, FS Claussen, 421f.; kritisch nur *Habersack*, ZIP **2001**, 1230/1232ff. Zurückhaltend *Altmeppen*, ZIP **2001**, 1073/1084.

[88] Vgl. *DAV-Handelsrechtsausschuß-Vorschlag*, 1537.

[89] *Baums*, DJT-Gutachten, F 116; *Forum Euopaeum Konzernrecht*, ZGR **1998**, 673/735.

2. Ausschluss von Anfechtungsklagen

Ein weiterer großer Vorteil einer im Alleinbesitz stehenden Gesellschaft ist, dass Anfechtungsklagen von Minderheitsaktionären ausgeschlossen sind. Damit lassen sich Struktur- und Konzernierungsmaßnahmen, die einer Eintragung ins Handelsregister bedürfen, ohne Verzögerung realisieren.

3. Verhinderung eines Missbrauchs

Aus denselben Gründen scheidet auch ein Missbrauch aus. Das unsägliche Abkaufen von Anfechtungsklagen dürfte damit in Squeeze-out-Fällen ein Ende finden.

4. Delisting

Wird nach dem Ausschluss der Minderheitsaktionäre eine eventuell bestehende Notierung an der Börse eingestellt, fallen selbstverständlich auch die Zulassungsfolgepflichten des Unternehmens weg[90].

5. Förderung unternehmerischer Entscheidungen

Ein Ausschluss von Minderheitsaktionären ermöglicht eine große Anzahl von Strategien und unternehmerische Entscheidungen, die sich ansonsten gegen den Willen von Minderheitsaktionären nicht oder nur schwer verwirklichen ließen. Zu denken ist z.B. an die Durchführung risikoreicher Investitionen, die der Vorstand bei Vorhandensein von Minderheitsaktionären nicht wagen möchte oder an denen der Hauptaktionär zu 100 Prozent partizipieren will, weil er beispielsweise Patronatserklärungen abzugeben hat[91].

6. Förderung von Unternehmensübernahmen

Die Möglichkeit eines Squeeze-out fördert auch freundliche und feindliche Unternehmensübernahmen[92]. Unternehmensübernahmen sind aber im allgemeinen nützlich für die Aktionäre der beteiligten Gesellschaften. Sie bieten nämlich jedem Aktionär die Möglichkeit, seine Aktien zu einem Preis zu verkaufen, der über dem gegenwärtigen Aktienkurs liegt. Diese Möglichkeit hat ein Aktionär aber oftmals nur, wenn ein Übernehmer ein entsprechendes öffentliches Kaufangebot abgibt. Dies wird ein Übernehmer in einer Fallsituation, in der die

---

[90] Es handelt sich hierbei vor allem um Publikations-, Mitteilungs- und Mitwirkungspflichten, z.B. §§ 44 – 44c BörsG, §§ 53ff., 63ff. BörsenZulVO, §§ 15, 25f. WpHG. Alle diese Pflichten sind zeitaufwendig und kostenintensiv. Zudem erfordern sie eine Transparenz, die im Einzelfall negative Auswirkungen für das Unternehmen haben kann.

[91] *Fossmann*, NZG **1999**, 1198/1199. Kritisch hierzu *Hanau*, NZG **2002**, 1040/1044. Hinsichtlich der Auswirkung eines Squeeze-out auf Abfindungs- und Ausgleichansprüche sowie damit zusammenhängende Spruchstellenverfahren, die anlässlich eines früheren Unternehmensvertrages entstanden sind, siehe *Bredow/Tribulowsky*, NZG **2002**, 841/844ff..

[92] *Land*, DB **2001**, 1707/1708.

Verwirklichung seines Gesamtplans einen 100 prozentigen Anteilsbesitz erfordert, nur tun, wenn er auf der Grundlage der gesetzlichen Möglichkeiten eine reelle Chance hat, diesen Gesamtplan zu verwirklichen. Durch eine gesetzliche Squeeze-out-Regelung wird somit die Möglichkeit erleichtert, ein börsennotiertes Unternehmen freundlich oder feindlich zu 100 Prozent zu erwerben.

7. Positive Synergieeffekte

Kommt es zu einer Unternehmensübernahme, so führt dies regelmäßig zu Synergieeffekten bei den beteiligten Parteien. Es kommt zu einer Reduzierung des Verwaltungs- und Organisationsaufwandes der ehemals getrennten Gesellschaften. Die aufwendigen börsenrechtlichen Publizierungspflichten entfallen zumindest für den Teil, der im Zuge des Zusammenschlusses untergegangen ist. Hinzu kommen die Vorteile der Kapazitätserweiterung und der Rationalisierung des Managements, des Marketing, der Produktion und der Ressourcennutzung. Diese positiven Synergieeffekte werden durch ein Squeeze-out zumindest mittelbar gefördert.

8. Ergebnis

Die Ermöglichung eines Squeeze-out ist ökonomisch sinnvoll und geeignet den gegenwärtigen Missständen beizukommen. Mit der Einführung kann den Anforderungen der Globalisierung und der Finanzmärkte angemessen Rechnung getragen werden, was eine Stärkung des Wirtschaftsstandortes und Finanzplatzes Deutschland im internationalen Wettbewerb zur Folge hat.

III. Verfassungsmäßigkeit

Nachdem nun die Notwendigkeit der Einführung eines Squeeze-out dargestellt wurde, stellt sich als nächstes die Frage, ob ein solches Verfahren überhaupt verfassungsgemäß ist. Hierbei ist insbesondere eine potentielle Verletzung von Art. 14 GG zu erörtern.

1. Schutzbereich

In Art. 14 GG wollte das Grundgesetz das Rechtsinstitut des Eigentums schützen, so wie es das bürgerliche Recht und die gesellschaftlichen Anschauungen geformt haben[93]. Im Bereich des Privatrechts schützt Art. 14 I 1 GG grundsätzlich alle vermögenswerten Rechte, die dem Berechtigten von der Rechtsordnung in der Weise zugeordnet sind, dass er die damit verbundenen Befugnisse nach eigenverantwortlicher Entscheidung zu seinem privaten Nutzen ausüben darf. Das Bundesverfassungsgericht hat jüngst bestätigt, dass zu dem aus Artikel 14 I GG gewährleisteten Eigentum auch das in der Aktie verkörperte Anteilseigentum gehört, das im Rahmen seiner gesellschaftsrechtlichen Ausgestaltung durch

---

[93] *BVerfGE* 1, 264/278; 65, 196/209.

Privatnützigkeit und Verfügungsbefugnis gekennzeichnet ist[94]. Der Schutz erstreckt sich auf die mitgliedschaftliche Stellung in einer Aktiengesellschaft, die das Aktieneigentum vermittelt[95].

Es ist unstreitig, dass dem Aktionär aus seiner mitgliedschaftlichen Stellung vermögensrechtliche Ansprüche erwachsen[96]. Für den Regelfall einer auf Gewinnerzielung ausgerichteten Gesellschaft orientieren die Aktionäre ihre im Anteilseigentum verkörperten Vermögensinteressen im Wesentlichen an drei Kriterien: Zum einen haben die Aktionäre ein Interesse an der Wahrung ihres investierten und über die Vermögenswerte der Gesellschaft abgesicherten Kapitals, vom Bundesverfassungsgericht verstanden als ein Recht auf Teilnahme an dem Liquidationserlös[97]. Zum zweiten verkörpert sich ihr Vermögensinteresse in der Ausübung des Bezugsrechts im Rahmen einer Kapitalerhöhung. Zum dritten richtet sich das Vermögensinteresse der Anteilseigner auf die regelmäßige Beteiligung an dem von der Gesellschaft erwirtschafteten Gewinnen. Gerade die sich aus diesen Rechten zusammensetzende Vermögenskomponente des Mitgliedschaftsrechts steht vielfach im Vordergrund für Kleinaktionäre, deren Einfluss auf die Unternehmenspolitik gering ist. Der individuelle Freiraum eines jeden Aktionärs in finanzieller Hinsicht, nämlich des Rechts, seinen Kapitalanteil jederzeit zum jeweiligen Marktwert veräußern zu können, bildet dabei ein wesentliches Kriterium des Aktionärsinteresses in einer börsennotierten Aktiengesellschaft. Die rechtlich relevanten Vermögensinteressen eines Aktionärs sind mithin nicht nur als Bestands- und Mehrungsinteressen zu verstehen, sondern umfassen unmittelbar auch das Interesse, den Marktwert seiner Beteiligung im Wege der Veräußerung zu realisieren.

Aus der mitgliedschaftlichen Stellung des Aktionärs erwachsen aber nicht nur vermögensrechtliche Ansprüche, sondern auch unter Beachtung der gesetzlichen Vorschriften und der Gesellschaftssatzung Leitungsbefugnisse. Die Leitungsbefugnis beruht darauf, dass das Aktienrecht die Aktionärsversammlung als zentrales Organ der Gesellschaft vorsieht. Derartige Mitverwaltungsrechte zählen zu den grundlegenden Mitgliedschaftsrechten eines jeden Aktionärs. Das Interesse der Aktionäre, durch Ausübung der Mitverwaltungsrechte den Vorstand mittelbar zu kontrollieren, ist somit ein unmittelbar mitgliedschaftlich geschütztes Rechtsgut eines jeden Aktionärs.

---

[94] Vgl. *BVerfGE* 100, 289/ 301; *BVerfG*, DNotZ **2000,** 868/870 – Moto Meter; DB **1999**, 575; WM **1999**, 435/436.
[95] Zum Schutzbereich der Eigentumsfreiheit im Aktienrecht vgl. auch *Stumpf*, NJW **2003**, 9/10ff..
[96] *BVerfGE* 14, 263/276; 100, 289/301; *Pötzsch/Möller*, WM **2000**, Sonderbeil. Nr.2, 3/30.
[97] *BVerfG*, NJW **1999**, 3769/3770.

2. Eingriff

a) Enteignung

Obwohl die Minderheitsaktionäre durch den Squeeze-out ihre in der Aktie verkörperte Rechtsposition verlieren, stellt die Schaffung einer Ausschlussmöglichkeit von Minderheitsaktionären keine Enteignung im Sinn des Art. 14 III GG dar, da ein möglicher Rechtsverlust nicht vom Staat oder von einem mit staatlichen Zwangsrechten beliehenen Unternehmer ausgeht. Der Gesetzgeber verleiht der Hauptversammlung auch keine Enteignungsbefugnis, sondern ermächtigt sie zu einer Umgestaltung der privatrechtlichen Beziehungen zwischen den Aktionären[98].

b) Regulärer Eingriff

Verliert der Minderheitsaktionär das Eigentum an der Aktie gemeinsam mit den daraus resultierenden Rechten (Mitgliedschaftsrechte, vermögensrechtliche Ansprüche, Leitungsbefugnisse), so stellt dies aber einen (normalen) Eingriff dar.

3. Verfassungsrechtliche Rechtfertigung

Zu prüfen bleibt nun, ob dieser Eingriff verfassungsrechtlich gerechtfertigt ist. Gemäß Art. 14 I 2 GG legt der Gesetzgeber Inhalt und Schranken des Eigentums fest. Der Eingriff ist also gerechtfertigt, wenn es sich bei der betreffenden Regelung um eine Inhalts- und Schrankenbestimmung handelt und diese rechtmäßig ist.

a) Inhalts- und Schrankenbestimmung

Eine gesetzliche Möglichkeit zum Ausschluss von Minderheitsaktionären stellt immer eine Inhalts- und Schrankenbestimmung dar, da jedenfalls generell und abstrakt die Rechte und Pflichten des Eigentümers festgelegt werden[99].

b) Rechtmäßigkeit der Inhalts- und Schrankenbestimmung

Dem Gesetzgeber kommt bei der Regelung von Inhalt und Schranken des Eigentums ein weiter Gestaltungsspielraum zu. Allerdings hat er als grundlegende Ausgestaltungsprinzipien einerseits das Sozialgebot gemäß Art. 14 II GG zu beachten, andererseits aber auch die in Art. 14 I 1 GG zum Ausdruck kommende Anerkennung der Privatnützigkeit des Eigentums zu berücksichtigen. Zwischen diesen beiden, zum Teil gegenläufigen Ausgestaltungskriterien hat der Gesetzgeber einen gerechten Ausgleich zu schaffen. Das Bundesverfassungsgericht hat in diesem Zusammenhang die Rechte von Aktionärsminderheiten in drei zentralen Entscheidungen erörtert.

---

[98] *Allgemeiner Teil der Begründung des Regierungsentwurfs*, BT-Drucksachen, 14/7034, 32; *Pötzsch/Möller*, WM **2000**, Sonderbeil. Nr.2, 3/30.
[99] Vgl. *BVerfGE* 58, 300/330; 72, 66/70.

aa) Feldmühle-Entscheidung

§ 15 UmwG 1956 sah vor, dass das Vermögen einer Aktiengesellschaft auf eine andere Aktiengesellschaft, die an der ersten Aktiengesellschaft mit mehr als 75 Prozent beteiligt ist, unter Ausschluss der Liquidation übertragen werden konnte, was zur Folge hatte, dass die Minderheitsaktionäre gegen Abfindung ausschieden. In der dem Bundesverfassungsgericht vorgelegten Entscheidung brachten zwei Großaktionäre ihre Gesellschaftsanteile an der Feldmühle AG in eine Holding-Aktiengesellschaft ein, die damit 79 Prozent der Aktien besaß[100]. Die Feldmühle AG beschloss daraufhin gemäß § 15 UmwG 1956 die Umwandlung auf den Hauptgesellschafter, d.h. auf die Holdinggesellschaft. Die Minderheitsaktionäre schieden aus.

Fraglich war, ob die Wertentscheidung des Grundgesetzes zugunsten des Eigentums von § 15 UmwG 1956 verletzt wird, wenn der Gesetzgeber dem Hauptgesellschafter das Recht gibt, ohne sachliche Voraussetzungen, lediglich aufgrund einer qualifizierten Mehrheit die Minderheit auszuschließen und sich ihren Anteil am Gesellschaftsvermögen gegen Entschädigung in Geld anzueignen.

Nach Ansicht des Bundesverfassungsgericht wird Art. 14 I GG jedenfalls nicht dadurch verletzt, dass das Quorum, dessen es für eine derartige Maßnahme bedarf, nicht angemessen ist. Das Quorum von 75 Prozent des Grundkapitals stehe nicht außer Verhältnis zur Intensität des Eingriffs.

Fraglich sei allerdings, ob der Gesetzgeber den Interessen des Konzerns den Vorrang geben darf vor den Interessen der einzelnen Gesellschaft und damit dem Interesse des Mehrheitsaktionärs den Vorrang vor dem Interesse des Minderheitsaktionärs. Im Konzern finde nicht mehr, wie sonst im Gesellschaftsrecht vorgesehen, die Konkretisierung des Interesses der Aktionäre auf einen gemeinsamen Gesellschaftszweck und die dahingehende wirtschaftliche Betätigung des Unternehmens statt. Vielmehr würde der Gesellschaftszweck von außen durch das herrschende Unternehmen bestimmt, weshalb ein Ausgleich der Bestrebungen von Mehrheit und Minderheit nicht mehr möglich ist[101]. Dennoch sei es nicht zutreffend, dass der Wesensgehalt des Aktieneigentums verletzt wird, wenn der Gesetzgeber der Minderheit nach Belieben der Mehrheit einseitige Opfer auferlegt. Vielmehr könne es der Gesetzgeber aus gewichtigen Gründen des Allgemeinwohls für angebracht halten, den Schutz des Eigentums der Minderheitsaktionäre hinter die Interessen der freien Entfaltung der unternehmerischen Initiative im Konzern zurücktreten zu lassen[102]. Der Konzern sei ein typisches und notwendiges Konstrukt einer modernen Wirtschaft, weshalb der Gesetzge-

[100] *BVerfGE* 14, 263 - Feldmühle
[101] *BVerfGE* 14, 263/281 – Feldmühle.
[102] *BVerfGE* 14, 263/282 – Feldmühle.

ber seine unternehmerische Freiheit anerkennt. Zur unternehmerischen Freiheit der Konzernleitung gehöre auch die Strukturierung des Konzerns, was einen umfassenden Überblick voraussetzt, der dem Minderheitsaktionär in der Regel fehlt. Dessen Interesse beschränke sich typischerweise auf den Wert der Beteiligungen als Kapitalanlage. Es sei deshalb unter Umständen vertretbar, dass sich das unternehmerische Interesse der Konzernleitung gegenüber dem Anlageinteresse eines Minderheitsaktionärs durchsetzt.

Dies sei jedoch nur zulässig, wenn die Interessen der zum Ausscheiden gezwungenen Minderheit gewahrt bleiben. Dies sei der Fall, wenn ihr wirksame Rechtsbehelfe gegen den Missbrauch wirtschaftlicher Macht zur Verfügung stehen und wenn sichergestellt ist, dass sie für den Verlust ihrer Rechtsposition wirtschaftlich voll entschädigt wird[103]. Anders als bei Enteignungen zum Wohl der Allgemeinheit komme als Entschädigung hier, wo der Hauptaktionär den Nutzen aus der Konzernierungsmaßnahme zieht, aber nur eine volle Abfindung in Betracht. Der Ausscheidende müsse erhalten, was seine Beteiligung an dem arbeitenden Unternehmen wert ist.

bb) DAT/Altana-Entscheidung

Die DAT/Altana-Entscheidung hat vor allem Bedeutung im Hinblick auf die Festlegung einer angemessenen Abfindung für ausscheidende Minderheitsaktionäre erlangt[104]. Daher wird sie umfassend in § 8 diskutiert[105]. Darüber hinaus gibt sie jedoch auch Auskunft über die Verfassungsmäßigkeit von Konzernierungsmaßnahmen. Somit ist es sinnvoll, auf die DAT/Altana-Entscheidung bereits hier einzugehen.

Im DAT/Altana-Urteil überprüfte das Bundesverfassungsgericht den Unternehmensvertrag und die Mehrheitseingliederung auf ihre Vereinbarkeit mit Art. 14 I GG.

Dabei stellte das Bundesverfassungsgericht unter Verweis auf die im Feldmühle-Urteil aufgestellten Grundsätze fest, dass Art. 14 I GG die Eingliederung einer Aktiengesellschaft in einen Konzern gegen den Willen einer Aktionärsminderheit nicht ausschließt, obwohl diese dadurch eine erhebliche Minderung oder sogar einen Verlust ihrer in der Aktie verkörperten Rechtsposition erleidet[106]. Bei der Eingliederung handele es sich um die gleiche Sachverhaltskonstellation, die dem Feldmühle-Urteil zugrunde liegt. Beim Unternehmensvertrag würden die außenstehenden Aktionäre zwar nicht aus ihrer Gesellschaft gedrängt, müss-

---

[103] *BVerfGE* 14, 263/283 – Feldmühle.
[104] *BVerfG*, WM **1999**, 1666 – DAT/Altana.
[105] Siehe unten, § 8 III. 2. b).
[106] *BVerfG*, WM **1999**, 1666/1668 – DAT/Altana.

ten aber doch eine erhebliche Beeinträchtigung ihrer grundrechtlich geschützten Gesellschafterbeteiligung hinnehmen, die einem Verlust jedenfalls wirtschaftlich gleichsteht.

Außerdem stellte das Bundesverfassungsgericht klar, dass der Bedarf an Konzernierungsmaßnahmen angestiegen sei. Mit veränderten Rahmen- und Wettbewerbsbedingungen sähen sich Unternehmen gezwungen, ihren Tätigkeitsbereich zu erweitern. Dies brächte einen gesteigerten Bedarf nach Ausgliederung, Koordination und Zusammenführung von Unternehmenseinheiten mit sich. Dies sei nur durch Konzernierungsmaßnahmen möglich. Daher dürfe der Gesetzgeber auch weiterhin davon ausgehen, dass es ein beachtenswertes unternehmerisches Interesse an Konzernierungs- und Strukturmaßnahmen gibt[107]. Seit dem Feldmühle-Urteil habe sich dieses Interesse sogar noch verstärkt.
Bei der Regelung des Unternehmensvertrags und der Mehrheitseingliederung habe der Gesetzgeber zudem die Vorgaben der Feldmühle-Entscheidung berücksichtigt und ausreichende Schutzvorkehrungen für die außenstehenden oder die ausgeschiedenen Aktionäre getroffen. So bestehe die Möglichkeit Anfechtungsklage gemäß §§ 243ff. AktG gegen den Zustimmungsbeschluss der Hauptversammlung zu dem Unternehmensvertrag oder der Eingliederung zu erheben. Vor allem erhielten die Aktionäre aber nach § 304 AktG einen angemessenen Ausgleich und hätten gemäß § 305 AktG die Möglichkeit, ihre Aktien der herrschenden Gesellschaft gegen eine angemessene Abfindung anzudienen oder sich nach § 320b AktG abfinden zu lassen. Für den Verlust ihrer Rechtsposition würden sie damit wirtschaftlich voll entschädigt[108]. Die materiell-rechtliche Position sei durch die Möglichkeit, ein Spruchstellenverfahren nach §§ 306 und 320b AktG zu betreiben, auch verfahrensrechtlich abgesichert.

Somit ließe sich also feststellen, dass sowohl der Unternehmensvertrag, wie auch die Mehrheitseingliederung den Interessen der Minderheit in ausreichender Weise Rechnung tragen[109]. Bei beiden Maßnahmen handele es sich deshalb um rechtmäßige Inhalts- und Schrankenbestimmungen, die mit Art. 14 I GG vereinbar sind.

cc) Moto Meter-Entscheidung

In der Moto Meter-Entscheidung entschied das Bundesverfassungsgericht über ein Verfahren, das abkürzend als „übertragende Auflösung" bezeichnet wird[110].

---

[107] *BVerfG*, a.a.O..
[108] *BVerfG*, a.a.O..
[109] *BVerfG*, a.a.O..
[110] *BVerfG*, DNotZ **2000,** 868 – Moto Meter. Zur übertragende Auflösung siehe unten, § 6 IV..

Zugrunde lag folgende Situation: 99 Prozent der Anteile der Moto Meter AG wurden von der Bosch GmbH gehalten. Letztere entschied sich die Moto Meter AG vollständig in ihren Konzern einzugliedern und dazu die Aktien der verbliebenen Minderheitsaktionäre zu übernehmen. Nachdem ihr das durch ein Kaufangebot nicht gelungen war, beschloss die Hauptversammlung der Moto Meter AG gemäß § 179a III AktG (§ 361 AktG a.F.) den Verkauf ihres gesamten Vermögens an eine andere 100 prozentige Tochtergesellschaft des Hauptaktionärs Bosch sowie ihre eigene Liquidation gemäß § 262 I Nr.2 AktG. Die erforderlichen Beschlüsse zur Vermögensübertragung gemäß § 361 AktG a.F. sowie zur Liquidation nach § 262 I Nr.2 AktG wurden auf der Hauptversammlung mit den Stimmen der Muttergesellschaft gegen die Stimmen der Minderheitsaktionäre mit einer Mehrheit von mehr als 99 Prozent getroffen. Die Minderheitsaktionäre erhielten im Rahmen des Liquidationsverfahrens den ihnen zustehenden Anteil am Liquidationserlös.

Die Schutzgemeinschaft der Kleinaktionäre (SdK), die mit zwei Aktien an der Moto Meter AG beteiligt war, vertrat die Auffassung, die Großaktionärin habe die Gesellschaft gar nicht liquidieren, sondern lediglich die Minderheitsaktionäre unter Umgehung der gesetzlichen Schutzvorkehrungen herausdrängen wollen. Sie ging gegen die zustimmenden Beschlüsse der Hauptversammlung mit einer Anfechtungsklage vor. Verlangt wurde die übertragende Auflösung zu verbieten oder das Verhalten der Bosch GmbH auf eine sachliche Rechtfertigung hin zu überprüfen. Daneben beantragte sie die Festsetzung einer angemessenen Abfindung für die Minderheitsaktionäre. Es müsse zumindest eine entsprechende Wertkontrolle des Kaufpreises und damit mittelbar des Liquidationserlöses vorgenommen werden. Diese Begehren blieben vor den angerufenen Zivilgerichten erfolglos. Anschließend erhob die SdK in beiden Verfahren Verfassungsbeschwerde und rügte insbesondere eine Verletzung von Art. 14 I GG.

Das Bundesverfassungsgericht entschied, dass die Voraussetzungen für eine Annahme der Verfassungsbeschwerden nicht vorlagen, da ihnen weder grundsätzliche verfassungsrechtliche Bedeutung zukam, noch - angesichts der geringen Beteiligung der SdK – eine existentielle Betroffenheit des Beschwerdeführers erkennbar war. Ungeachtet dessen enthält die Begründung jedoch wichtige und weitreichende Ausführungen zu der konzeptionellen Einordnung der Aktionärsstellung und den daraus zu ziehenden Folgerungen für das Spannungsverhältnis zwischen Mehrheitsherrschaft und Minderheitenschutz.

Das Bundesverfassungsgericht nahm Bezug auf die Feldmühle- und DAT/Altana-Entscheidung. Es bestätigte erneut, dass Art. 14 GG es auch im Hinblick auf eine übertragende Auflösung nicht generell ausschließe, eine Minderheit gegen ihren Willen aus der Gesellschaft zu drängen. Allerdings stellte das Gericht nicht mehr allein auf den Bedarf nach Konzernierungsmaßnahmen ab. Das Anliegen, eine kleine Zahl von Minderheitsaktionären aus der Gesellschaft auszuschließen, habe der Gesetzgeber – etwa in den Bestimmungen der Eingliederung – als grundsätzlich berechtigt anerkannt. Dies beruhe auf der Einschätzung, dass bereits die bloße Existenz von Minderheitsaktionären zu einer erheblichen „Lästigkeit" für den Großaktionär führt[111].

Das Bundesverfassungsgericht stellte klar, dass es mit Art. 14 GG vereinbar ist, die Interessen der Kleinaktionäre gegenüber den Interessen des Hauptaktionärs zurückzustellen, wenn dies mit hinreichenden Schutzrechten auch für die Minderheitsaktionäre verbunden ist. Diese dürften sich allerdings auf die Vermögenskomponente der Beteiligung konzentrieren. Die herrschaftsrechtliche Seite des Aktieneigentums sei für Kleinaktionäre ohnehin begrenzt, da sie auf die Unternehmenspolitik regelmäßig keinen relevanten Einfluss nehmen können. Der Leitungs- und Herrschaftskomponente käme daher für Minderheitsaktionäre nur eine sehr eingeschränkte Bedeutung zu. Der Interessenschwerpunkt läge bei Kleinaktionären regelmäßig auf der Vermögenskomponente der Anlage. Die hohe Verkehrsfähigkeit der Aktie erlaube es den Aktionären, sich mit dem Kapital nicht langfristig zu binden, sondern nach Belieben neu zu investieren. In diesem Zusammenhang sei es verfassungsrechtlich nicht zu beanstanden, wenn die Beeinträchtigung der Minderheitsaktionäre hinsichtlich ihrer Kapitalanlage im Lichte des Art. 14 I GG nicht als besonders schwer bewertet wird, sofern die Aktionäre eine dem Wert ihrer Aktien entsprechende Entschädigung erhalten[112]. In aller Regel sei es ihnen möglich, eine alternative Kapitalanlage in einem Unternehmen gleicher oder ähnlicher Ausrichtung zu finden. Eventuelle besonders gute Renditeaussichten der betreffenden Gesellschaft lägen außerhalb des Schutzbereiches der Eigentumsgarantie.

Somit lägen keine verfassungsrechtlichen Bedenken gegen eine übertragende Auflösung vor. Die entsprechenden gesetzlichen Vorschriften hielten sich innerhalb der dem Gesetzgeber durch Art. 14 I 2 GG eingeräumten Befugnis, Inhalt und Schranken des Eigentums zu bestimmen. Es sei zulässig, dem Mehrheitsaktionär die Möglichkeit einzuräumen, den Minderheitsaktionär aus der Gesellschaft zu drängen, solange der Minderheitsaktionär gegen den Missbrauch wirtschaftlicher Macht geschützt ist und eine angemessene Entschädigung für den Verlust der Rechtsposition erhält.

---

[111] *BVerfG*, DNotZ **2000** 868/871 – Moto Meter.
[112] *BVerfG*, DNotZ **2000** 868/872 – Moto Meter.

dd) Situation beim Squeeze-out

Fraglich ist nun, ob die vom Bundesverfassungsgericht aufgestellten Grundsätze auch für das Squeeze-out gelten. Einige Autoren gehen dabei sogar so weit zu behaupten, dass mit der Moto Meter-Entscheidung dem Squeeze-out bereits die verfassungsrechtliche „Unbedenklichkeitsbescheinigung" ausgestellt worden ist[113].

(1) Kritik an der Rechtsprechung des Bundesverfassungsgerichts

Allerdings sind auch die Entscheidungen des Bundesverfassungsgericht nicht frei von jeder Kritik geblieben.

So wird darauf hingewiesen, dass, auch wenn das Bundesverfassungsgericht Regelungen, die ein unfreiwilliges Ausscheiden von Minderheitsaktionären zur Folge haben, seit jeher als Inhalts- und Schrankenbestimmung des Eigentums ansieht, untechnisch stets eine Enteignung vorliegen würde. Auch die klassische Enteignung nach Art. 14 III GG sei dadurch gekennzeichnet, dass das Eigentum gegen Entschädigung entzogen wird[114].
Dem ist aber entgegenzuhalten, dass Kennzeichen einer Enteignung i.S.d. Art. 14 III GG ein Tätigwerden des Staates oder eines mit staatlichen Zwangsrechten beliehenen Unternehmers ist. Betroffen sind hier nur die privatrechtlichen Beziehungen zwischen den Aktionären. Schon aus Gründen der Rechtssicherheit und -klarheit ist eine Differenzierung notwendig. Auch wenn der Rechtsverlust für die Aktionäre erheblich ist, ist dies nicht mit einer Enteignung gleichzusetzen.

Des weiteren werden in der Literatur die Ausführungen des Bundesverfassungsgerichts zur Fungibilität der Aktie und den Umschichtungsmöglichkeiten der Anteilseigner kritisiert[115]. Der Hinweis des Bundesverfassungsgerichts in der Moto Meter-Entscheidung, es sei den zwangsweise ausgeschiedenen Anlegern in aller Regel möglich, eine Kapitalanlage in einem Unternehmen gleicher oder ähnlicher Ausrichtung zu finden, verkenne, dass Aktionäre keine Wertanteile an einem abstrakten Kapitalmarktsegment, sondern Mitgliedschaftsrechte an einer konkreten Kapitalgesellschaft innehaben.

---

[113] *DAV-Stellungnahme zum Referentenentwurf*, 420/430; *Fleischer*, ZGR **2002**, 757/764; *ders.*, DNotZ **2000**, 876/879; *Neye*, EWiR **2000**, 14/913; *Schmidt*, Referat anlässlich der Sitzung der Abteilung Wirtschaftsrecht des 63. Deutschen Juristentages am 27. September 2000, O 11/ O 17. Ähnlich *von Morgen*, WM **2003**, 1553/1554; *Stumpf*, NJW **2003**, 9/12 und 15; *Wirth/Arnold*, AG **2002**, 503ff.. Zurückhaltender: *Keul*, DB **2003**, 708/709.

[114] *Canaris*, AcP 184 **(1984)**, 201/220; *Rodloff*, DB **1999**, 1149/1150.

[115] *Fleischer*, DNotZ **2000**, 876/877. Ebenso *Hanau*, NZG **2002**, 1040/1042f., der die Moto Meter-Entscheidung als „Sündenfall" bezeichnet.

Diesem Argument ist zugute zu halten, dass es Kleinaktionäre gibt, die ihre Aktien schon lange halten und daher emotional an die Gesellschaft gebunden sind. Die US-amerikanische Rechtsprechung honoriert bisweilen solche nicht lediglich finanziell motivierten Interessen[116]. Zudem ist es möglich, dass der Minderheitsaktionär besondere Erwartungen in die Gesellschaft, in ihr Management oder in das von ihr betriebene Geschäft setzen.
Andererseits ist aber dem Bundesverfassungsgericht dahingehend zuzustimmen, dass sich das Interesse der Kleinaktionäre typischerweise auf den Wert der Beteiligungen als Kapitalanlage beschränkt. Die Vermögenskomponente steht bei diesem Aktionärskreis regelmäßig im Vordergrund. Ziel der meisten Anleger ist es, sich finanziell nicht langfristig zu binden, sondern das Kapital möglichst effektiv einzusetzen. Dies schließt die Bereitschaft ein, Beteiligungen abzustoßen, wenn anderswo aussichtsreichere Investitionen möglich sind. Somit dürfte in den meisten Fällen die Beteiligung an einer bestimmten Gesellschaft um ihrer selbst willen nicht der tragende Grund für den Anteilserwerb sein. Vielmehr erfreut sich der Aktienbesitz zunehmender Beliebtheit, weil aufgrund der hohen Verkehrsfähigkeit der Aktien eine Umschichtung der Investitionen ohne weiteres möglich ist. Emotionale Interessen stellen in diesem Zusammenhang einen Fremdkörper dar.
Auch ist eine Bestandsgarantie im Aktienrecht gerade nicht vorgesehen. Betrachtet man die gesetzlichen Regelungen des Aktiengesetzes näher, so ist festzustellen, dass der Aktionär trotz emotionaler Interessen oder spezifischer Unternehmenserwartungen vor dem Verlust seiner Mitgliedschaft gegen seinen Willen nicht geschützt wird. Bereits die allgemeine Regel des § 262 I Nr.2 AktG, wonach ein Auflösungsbeschluss einer 75 prozentigen Mehrheit des vertretenen Kapitals bedarf, macht deutlich, dass die Mitgliedschaft nur finanziell geschützt wird. Es gehört zu den Risiken einer Investition auf dem Aktienmarkt, dass Aktionäre mit für sie negativen Entwicklungen konfrontiert werden. Jeder, dessen Aktien bar abgefunden werden, kann mit den ihm zufließenden Mitteln über die Börse Aktien von einer Vielzahl von Unternehmen erwerben. Zwar kann man nun wiederum einwenden, dass den Kleinaktionären dann Reinvestitionskosten entstehen. Doch sind diese Kosten zum einen in aller Regel nur von sekundärer Bedeutung, zum anderen können sie bei der Entschädigung berücksichtigt werden.
Zudem ist eine lange Verbindung der Aktionäre zu dem Unternehmen bei nicht börsennotierten Gesellschaften eher die Regel als die Ausnahme[117]. Hinsichtlich dieser Unternehmen würde jedwede Form des Ausschluss unterbunden werden, wenn man derartige emotionale Interessen anerkennen würde. Dies würde be-

[116] Siehe *Singer v. Magnavox Co.*, 380 A.2d 969/977 – 978 (Del. **1977**); allerdings gibt es auch anderslautende Entscheidungen: *Valuation of Common Stock of Libby, McNeil & Libby*, 406 A.2d 54 (Me. **1979**).
[117] *Krieger*, BB **2002**, 53/55.

deuten, dass ein Anwendungsbereich von vornherein ausgeklammert wird, bei dem der Ausschlussbedarf besonders groß ist.

Ferner wird bei den Entscheidungen des Bundesverfassungsgerichts eine nähere Auseinandersetzung mit der Bürgschaftsrechtsprechung, die den Grundrechtsschutz gerade in Fällen struktureller Unterlegenheit einer Partei zu Geltung bringt, vermisst[118]. Der Gedanke, dass außenstehende Aktionäre eine solche strukturell unterlegene Gruppe bilden, sei jedenfalls nicht ganz fernliegend und deshalb erörterungsbedürftig[119].
Hierzu ist aber anzumerken, dass das Bundesverfassungsgericht durchaus die schwächere Position der Minderheitsaktionäre sowie die weitreichenden Folgen des Ausschlusses wahrgenommen hat. Beide Punkte bildeten sogar den Ausgangspunkt für die jeweils folgenden Abwägungen. Dass dabei schließlich dem Ausschlussinteresse der Vorrang vor dem Interesse der Minderheit, in der Gesellschaft zu verbleiben, gegeben wurde, vermag daran nichts zu ändern. Auch wenn also das Bundesverfassungsgericht nicht ausdrücklich auf die Bürgschaftsrechtsprechung eingegangen ist, so kann ihm nicht der Vorwurf gemacht werden, die Position der Minderheitsaktionäre ignoriert zu haben.

Insgesamt können nach alledem die Einwände, die gegen die Rechtsprechung des Bundesverfassungsgericht vorgebracht werden, nicht überzeugen.

(2) Anwendung der Grundsätze beim Squeeze-out
Somit bilden die Entscheidungen des Bundesverfassungsgerichts die wesentliche Grundlage für die Beurteilung der Verfassungsmäßigkeit des Squeeze-out. Hierbei kommt es vor allem auf dessen Verhältnismäßigkeit an. Diese ist dann gegeben, wenn der Gesetzgeber mit der Einführung des Squeeze-out einen legitimen Zweck verfolgt hat, und die Regelung geeignet, erforderlich und verhältnismäßig im engeren Sinne ist.

(a) Legitimer Zweck
Zunächst muss ein legitimer Zweck vorliegen, der durch den Squeeze-out verwirklicht werden soll. Mit dem Squeeze-out wurde die gesetzlich geregelte Möglichkeit geschaffen, Minderheitsaktionäre aus einer Aktiengesellschaft gegen Gewährung einer Barabfindung auszuschließen. Dadurch soll eine effizientere und ungestörte Geschäftsführung der betroffenen Unternehmen erreicht werden. Daneben soll die Einführung des Squeeze-out einen wesentlichen Beitrag zur Stärkung und Weiterentwicklung des deutschen Kapitalmarktrechts leisten. Als Folge hiervon soll insgesamt die Wettbewerbsfähigkeit des Finanzplat-

---

[118] *Fleischer*, DNotZ **2000**, 876/878. Vgl. *BVerfGE* 89, 214.
[119] Vgl. *Wiedemann*, JZ **1994**, 411/412.

zes Deutschland und der hier agierenden Unternehmen verbessert werden. Ein legitimer Zweck ist also gegeben.

(b) Geeignetheit

Des weiteren muss der Squeeze-out geeignet sein, den legitimen Zweck zu erreichen. Wie die obigen Ausführungen deutlich gemacht haben, besteht in der Unternehmenspraxis ein Bedarf an einer Ausschlussmöglichkeit. Die Belastungen, die aus dem Vorhandensein einiger weniger Minderheitsaktionäre für die Gesellschaft resultieren, sind erheblich. Der Squeeze-out führt dazu, dass die Minderheitsaktionäre die Aktiengesellschaft verlassen müssen. Die Ermöglichung eines Squeeze-out ist somit geeignet, den gegenwärtigen Missständen beizukommen. Das Erfordernis der Geeignetheit ist damit erfüllt.

(c) Erforderlichkeit

Weiterhin muss der Squeeze-out auch erforderlich sein. Dies setzt voraus, dass kein milderes Mittel verfügbar ist, mit dem der Zweck ebenso effektiv erreicht werden kann. Die Schwierigkeiten bei der Unternehmens- und Konzernführung, die Gefahr von Anfechtungsklagen sowie die Missbrauchsmöglichkeiten beruhen einzig und allein auf dem Vorhandensein von Minderheitsaktionären. Aus diesem Grund kommt auch ein weniger einschneidendes Mittel als ein Ausschluss nicht in Betracht. Alternativen, die den Minderheitsaktionären ein Verbleiben in der Gesellschaft ermöglichen, aber gleichsam alle aufgeführten Probleme beseitigen können, sind schlechthin nicht denkbar. Somit kann im vorliegenden Fall davon ausgegangen werden, dass kein milderes Mittel als der vollständige Ausschluss von Minderheitsaktionären zur Verfügung steht. Die Erforderlichkeit ist daher zu bejahen.

(d) Verhältnismäßigkeit im engeren Sinn

Letztlich stellt sich noch die Frage nach der Verhältnismäßigkeit des Squeeze-out im engeren Sinne.

Zunächst ist festzustellen, dass ein Squeeze-out dem Mehrheitsaktionär die Möglichkeit einräumt, die Minderheitsaktionäre gegen ihren Willen aus der Aktiengesellschaft auszuschließen, ohne dass dafür irgendein sachlicher Grund nachzuweisen ist. Insoweit beeinträchtigt ein Squeeze-out die Privatautonomie der Minderheitsaktionäre in nicht unerheblicher Weise[120].

Andererseits gibt es bei einer eindeutigen Dominanz eines Mehrheitsaktionärs ein beachtenswertes unternehmerisches Interesse an einer effizienten und ungestörten Geschäftsführung. Hinzu kommt in diesem Zusammenhang ein klares

---

[120] *Hüffer*, § 327a Rn.4, bezeichnet den Squeeze-out als eine „Radikallösung des Kapitalmarktrechts".

Bedürfnis nach einer Beschränkung von Missbrauchsmöglichkeiten. Ein anerkennenswertes Interesse liegt zudem auch darin, Konzernierungs- und Strukturmaßnahmen schnell und ohne Blockademöglichkeit opponierender Minderheitsaktionäre durchzuführen.

In den oben genannten Entscheidungen stellte das Bundesverfassungsgericht vor allem auf das Konzernierungsinteresse der Gesellschaft ab. Es wurde klargestellt, dass es keine verfassungsrechtliche Bedenken auslöst, wenn der Gesetzgeber es aus gewichtigen Gründen des Allgemeinwohls für angebracht hält, den Schutz des Eigentums der Minderheitsaktionäre hinter die Interessen der freien Entfaltung der unternehmerischen Initiative im Konzern zurücktreten zu lassen. Dies muss aber erst recht dann gelten, wenn – wie beim Squeeze-out - neben dem Konzernierungsinteresse noch andere Gründe hinzutreten, die den Ausschluss der Minderheitsaktionäre erforderlich machen.

Die Nachteile, denen die Minderheitsaktionäre durch den Squeeze-out ausgesetzt sind, d.h. also vor allem der Verlust ihrer Aktionärsstellung, wiegen auch nicht schwerer als die, die bei einer übertragenden Auflösung auftreten. Auch aus diesem Grund ist eine unterschiedliche Behandlung nicht gerechtfertigt.

Des weiteren ist noch zu berücksichtigen, dass der Markt nicht nur aus Anlegern, sondern auch aus Gesellschaften besteht, die ihre Anteile zum Handel an die Börse geben. Auch für sie muss der Markt attraktiv bleiben. Unternehmen sind aber auch wirtschaftliche Machtzentren. Ihre Entscheidungen haben nicht nur Bedeutung für ihre Aktionäre, sondern auch für die Mitarbeiter und die Arbeitsplätze der Beschäftigten. Häufig haben sie auch Auswirkungen für das örtliche Umfeld der Betriebe sowie die Zulieferer und Kunden. Unternehmen müssen deshalb nicht nur im Interesse ihrer Aktionäre, sondern auch im Interesse der weiten Öffentlichkeit gut geleitet werden. Hierfür ist es aber notwendig, der Gesellschaft ein großes Maß an Flexibilität zu belassen. Nur dann wird sich das Unternehmen in einer Marktwirtschaft gegenüber seinen Konkurrenten behaupten können. Der notwendige Ausgleich der unterschiedlichen Interessen würde außer acht gelassen, wenn eine einseitige Privilegierung der Minderheitsaktionäre diese Flexibilität verhindert[121]. Somit dürfen individuelle Minderheitenrechte nicht zu einer unumkehrbaren Verfestigung einer bestehenden Unternehmensstruktur führen.

Zudem ist dem Allgemeinwohl nicht nur dadurch gedient, dass durch den Squeeze-out die gegenwärtigen Missstände beseitigt werden. Mit seiner Einführung kann den Anforderungen der Globalisierung und der Finanzmärkte ange-

---

[121] Vgl. *Kühn*, BB **1992**, 291.

messen Rechnung getragen werden, was wiederum eine Stärkung des Wirtschaftsstandortes und Finanzplatzes Deutschland im internationalen Wettbewerb zur Folge hat.

Teilweise wird der Squeeze-out aber kritisiert, weil hier allgemein von einer abstrakten Lästigkeit der Minderheit ausgegangen werde[122]. Es sei aber falsch pauschal davon auszugehen, dass die Lästigkeit bei einer nur geringen Quote der Minderheitsaktionäre stärker sei als bei einer höheren Quote.
Diese Kritik verkennt jedoch, dass es gerade die unverhältnismäßige Relation zwischen Anteilsbesitz der Minderheitsaktionäre und ihrem Einfluss auf die Geschäftsführung der Gesellschaft ist, was die Einführung eines Squeeze-out-Verfahrens dringend erforderlich macht. Gerade das Vorhandensein der „letzten" Minderheitsaktionäre verursacht die oben dargestellten Probleme in der Praxis, denen man nur mittels eines völligen Ausschlusses begegnen kann.

Im übrigen wird man gerade bei einer Squeeze-out-Situation, in der die kumulierten Anteile der Minderheitsaktionäre an einer ansonsten im Alleineigentum eines oder weniger Mehrheitsaktionäre stehenden Gesellschaft die Marginalitätsschwelle nicht übersteigen, die verbleibenden Minderheitsaktionäre nicht mehr als „Mitglieder" der Gesellschaft im klassisch-korporativen Sinne, sondern in der Regel nur noch als ertragsorientierte Anleger anzusehen haben[123]. Mehr noch als in den vom Bundesverfassungsgericht entschiedenen Fällen dürften Minderheitsaktionäre bei einer derart dominierenden Beteiligung des Mehrheitsaktionärs ihre Aktien hauptsächlich als Kapitalanlage betrachten[124]. Eine konstruktive Ausübung von Leitungsbefugnissen durch Minderheitsaktionäre ist nicht möglich. Der Interessenschwerpunkt der Minderheitsaktionäre liegt vor diesem Hintergrund einzig auf der Vermögenskomponente ihrer Rechtsposition. Ihnen ist es im Gesamtinteresse der Gesellschaft daher zuzumuten, gegen eine angemessene Barabfindung aus der Gesellschaft auszuscheiden.

Als problematisch könnte man in diesem Zusammenhang aber eventuell die Tatsache ansehen, dass bei einem Squeeze-out der Mehrheitsaktionär allein über den Zeitpunkt des Entzuges der Mitgliedschaftsrechte und der hierdurch vermittelten Vermögensrechte der Minderheitsaktionäre entscheiden kann. Es besteht insofern eine gewisse Gefahr, dass gezielt eine wirtschaftlich ungünstige Situation des Unternehmens ausgenutzt wird, um sich der Minderheitsaktionäre kostengünstig zu entledigen.

---

122 *Kallmeyer*, AG **2000**, 59.

123 Vgl. *Kossmann*, NZG **1999**, 1198/1200; *Land/Hasselbach*, DB **2000**, 557/562; *Schiessl*, AG **1999**, 442/446.

124 Vgl. auch *Pötzsch/Möller*, WM **2000**, Sonderbeil. Nr.2, 3/30; *Vetter*, AG **2002**, 176/182; *ders.*, DB **2001**, 743/746.

Hiergegen ist aber zunächst einmal einzuwenden, dass dieselbe Gefahr auch bei der Mehrheitseingliederung und bei der übertragenden Auflösung besteht und auch dort nicht zu einer anderen Bewertung geführt hat. Zudem gibt es genug Möglichkeiten die Barabfindung so festzulegen, dass derartige Risiken weitestgehend ausgeglichen werden[125].

Gelegentlich werden gegen einen Squeeze-out-Regelung kapitalmarktpolitische Argumente geltend gemacht. So könnte das Risiko, aus der Gesellschaft gedrängt zu werden und dabei einen Verlust zu machen, sich auf die Zeichnungsbereitschaft der Kleinanleger durchschlagen und im weiteren die Beschaffung von Eigenkapital über den Kapitalmarkt verteuern[126]. Durch einen derartigen partiellen Rückzug der Kleinanleger aus dem Aktienmarkt könnte die Funktionsfähigkeit des ohnehin traditionell fremdkapitalorientierten Kapitalmarkts Deutschland beeinträchtigt werden.
Dem kann man entgegnen, dass ein Verlustrisiko zum einen vollkommen normal für eine Investition auf dem Kapitalmarkt ist. Zum anderen kann man diesem Risiko durch Festsetzung einer angemessenen Entschädigung verbunden mit der Möglichkeit einer gerichtlichen Kontrolle begegnen. Im übrigen kann ein Squeeze-out auch durchaus einmal eine Chance für die Minderheitsaktionäre darstellen. Dies gilt zumindest dann, wenn er ihnen die Möglichkeit gibt, ihre Anteile zu einem Preis zu veräußern, den sie selber z.B. wegen fehlender Nachfrage niemals hätten realisieren können[127].

Somit ist nach alledem davon auszugehen, dass auch beim Squeeze-out gewichtige Gründe des Gemeinwohls vorliegen, die es gerechtfertigt erscheinen lassen, die Interessen der Minderheitsaktionäre an der Erhaltung ihrer Vermögenssubstanz hinter die Interessen an einer freien Entfaltung der unternehmerischen Initiative zurücktreten zu lassen.

Voraussetzung für die verfassungsrechtliche Zulässigkeit eines Ausschlusses ist jedoch, dass neben wirksamen Rechtsbehelfen gegen einen Missbrauch wirtschaftlicher Macht vor allem eine volle wirtschaftliche Entschädigung für den Verlust der Rechtsposition gewährt wird[128].

---

[125] Siehe dazu ausführlich unten, § 8 III. 5. und 6..

[126] *Rühland*, WM **1998**, 1884/1888; *Hecker/Wenger, ZBB* **1995**, 321/323; *Wenger/Kaserer/Hecker*, ZBB **2001**, 317/312 und 324.

[127] *Vetter*, AG **2002**, 176/185

[128] Vgl. *BVerfGE* 14, 263/281f.; 100, 289/305f.; *BVerfG*, ZIP **2000**, 1670/1672; DNotZ **2000** 868/872 – Moto Meter. A.A.: *Hanau*, NZG **2002**, 1040/1043, der bezweifelt, dass der Wert einer solchen Rechtsposition überhaupt bestimmt werden kann.

Die vom Bundesverfassungsgericht bejahte Pflicht zur vollen Entschädigung hat ihre Ursache im sogenannten Konzernkonflikt zwischen Mehrheitsaktionär und den Minderheitsaktionären[129]. Dieser Konflikt, der zu einer Bevorzugung des Mehrheitsaktionärs in Abweichung vom Grundsatz der Gleichbehandlung führt, ist schon in der Feldmühle-Entscheidung der tragende Gesichtspunkt für die Entschädigungspflicht. Die Pflicht zur vollen Entschädigung ist die Kompensation dafür, dass der Mehrheitsaktionär das Recht erhält, zu seinem einseitigen Vorteil in die Rechtsposition der Minderheitsaktionäre einzugreifen. Dieser Konzernkonflikt ist auch der Ausgangspunkt der Überlegungen in der DAT/Altana- und Moto Meter-Entscheidung. Eine Bevorzugung des Mehrheitsaktionärs war auch hier jeweils gegeben. Genauso verhält es sich beim Squeeze-out. Beim Squeeze-out erlangt der Hauptaktionär die alleinige Kontrolle über die Gesellschaft bei gleichzeitigem Ausscheiden der Minderheitsaktionäre. Dies ist ein einseitiger Vorteil für den Hauptaktionär zu Lasten der Minderheitsaktionäre, der im Gegenzug einer Kompensation durch „volle Entschädigung" bedarf.

Durch die in den neuen § 327a Abs. 1 Satz 1 letzter Halbsatz und 327b AktG vorgesehene Entschädigung wird sichergestellt, dass die ausscheidenden Minderheitsaktionäre eine Abfindung erhalten, die dem Wert ihrer gesellschaftsrechtlichen Beteiligung an dem Unternehmen entspricht. Es besteht ferner die Möglichkeit, Anfechtungsklage nach §§ 243ff. AktG gegen den Übertragungsbeschluss der Hauptversammlung zu erheben und die Höhe der Barabfindung gemäß § 327f AktG durch ein Spruchstellenverfahren überprüfen zu lassen. Damit ist der Gesetzgeber in vollem Umfang den verfassungsrechtlichen Anforderungen, die an eine „volle Entschädigung" zu stellen sind, gerecht geworden. Dies gilt umso mehr, wenn man sich die Moto Meter-Entscheidung noch einmal vor Augen führt. Dort erklärte das Bundesverfassungsgericht die Vorschrift des § 179a AktG verfassungsrechtlich für unbedenklich, obwohl sie keine Ansprüche auf Abfindung oder eine gerichtliche Kontrolle des erzielten Veräußerungserlöses bei einer Vermögensübertragung vorsieht[130]. Beim Squeeze-out sind dagegen sowohl der Abfindungsanspruch, als auch zur Verfügung stehende Rechtsbehelfe explizit kodifiziert. An der Verfassungsmäßigkeit der Entschädigungsregel des Squeeze-out besteht daher keine Zweifel.

Somit ist beim Squeeze-out auch die Verhältnismäßigkeit im engeren Sinne gegeben.

---

[129] Vgl. *Wilm*, NZG **2000**, 234/235.
[130] Vgl. *Neye*, EWiR **2000**, 914/913.

ee) Beurteilung durch die Rechtsprechung

Mittlerweile sind auch die ersten Gerichtsentscheidungen ergangen, die sich mit der Frage der Verfassungsmäßigkeit des Squeeze-out befassen. Alle diese Entscheidungen stimmen darin überein, dass die Verfassungsmäßigkeit bejaht wird. Dabei deckt sich die Argumentation der Gerichte weitestgehend mit der gerade vorgenommenen Bewertung.

Das LG Berlin stellte zunächst fest, dass der Squeeze-out keine Enteignung i.S.d. Art. 14 III GG sei, da der Rechtsverlust weder vom Staat, noch von einem mit staatlichen Zwangsrechten beliehenen Unternehmer ausgeht[131]. Zudem diene der Squeeze-out nicht der Erfüllung öffentlicher Aufgaben. Im übrigen nahm das Gericht Bezug auf die oben dargestellte Moto Meter-Entscheidung. Die dort vorgenommene verfassungsrechtliche Bewertung gelte auch für das Squeeze-out-Verfahren. Den vom Bundesverfassungsgericht geforderten Kriterien, insbesondere dem Schutz vor Missbrauch und einer angemessenen Entschädigung, würden die §§ 327a ff. AktG vollauf genügen.

Das LG Hamburg ging davon aus, dass die §§ 327a ff. AktG in zulässiger Weise gemäß Art. 14 I 2 GG Inhalt und Schranken des in der Aktie verkörperten Anteilseigentums bestimmen[132]. Der Squeeze-out diene dazu Verzögerungen, Kostenaufwand und weitere Schwierigkeiten, die das Vorhandensein von Minderheitsaktionären mit sich bringt, zu verhindern. Daneben sollen Investments ausländischer Kapitalgeber erleichtert werden. Diese Beweggründe seien verfassungsrechtlich beachtlich, unabhängig wie sie rechtspolitisch zu würdigen sind, ob sie in Nachbarländern in gleicher Form existieren und ob sie auf anderen Wege hätten erreicht werden können.

Auch das LG Osnabrück kam zu dem Ergebnis, dass die Eigentumsgarantie gewahrt und folglich das Squeeze-out-Verfahren mit dem Grundgesetz vereinbar sei[133]. Das mitgliedschaftliche Bestandsinteresse sei durch Art. 14 GG nicht geschützt, wenn, was beim Squeeze-out der Fall sei, der vermögensrechtliche Bestand der Beteiligung ausreichend gewahrt ist.

Das OLG Oldenburg bejahte ebenfalls die Verfassungsmäßigkeit des Ausschlussverfahrens[134]. Zur Begründung verwies das Gericht auf die Ausführungen des LG Osnabrück. Die Zahlung angemessener Abfindungen sei durch die gesetzlichen Regelungen gewährleistet. Die Dauer potentieller Spruchverfahren ändere hieran nichts.

---

131 *LG Berlin*, DB **2003**, 707/708.
132 *LG Hamburg*, ZIP **2003**, 947/950f.
133 *LG Osnabrück*, AG **2002**, 527.
134 *OLG Oldenburg*, ZIP **2003**, 1351f.; AG **2002**, 682.

Auch das OLG Hamburg bestätigte die Verfassungsmäßigkeit des Squeeze-out-Verfahrens in mehreren Entscheidungen[135]. Die gesetzliche Ausgestaltung des Vermögensschutzes in den §§ 327a ff. AktG trage den Interessen der Minderheitsaktionäre ausreichend Rechnung.

Schließlich wies auch das OLG Stuttgart eine Anfechtungsklage ab, mit der die Verfassungswidrigkeit des Squeeze-outs geltend gemacht wurde[136]. Die Schutzrechte der Minderheitsaktionäre dürften auf die Vermögenskomponente der Beteiligung konzentriert werden, weil die herrschaftliche Seite des Aktieneigentums für Kleinaktionäre ohnehin begrenzt sei, da sie auf die Unternehmenspolitik regelmäßig keine relevanten Einfluss nehmen können. Daher sei die Ausschließung der Minderheitsaktionäre nach den §§ 327a ff. AktG verfassungsgemäß, weil es ausreichende Sicherungen dafür gebe, dass der ausscheidende Aktionär erhält, was seine gesellschaftliche Beteiligung an dem arbeitenden Unternehmen wert ist.

ff) Zwischenergebnis

Der durch den Squeeze-out hervorgerufene Verlust der in der Aktie verkörperten Rechtsposition ist im Hinblick auf die ausschlussbedingten Vorteile und die vorgeschriebene wirtschaftlich volle Entschädigung verhältnismäßig. Eine solche Regelung hält sich daher innerhalb der dem Gesetzgeber durch Art. 14 I 2 GG eingeräumten Befugnis, Inhalt und Schranken des Eigentums zu bestimmen. Eine verfassungsrechtliche Rechtfertigung liegt damit vor.

4. Ergebnis

Der Ausschluss von Minderheitsaktionären im Zuge eines Squeeze-out-Verfahrens stellt einen Eingriff in deren Rechte aus Art. 14 I GG dar. Der Squeeze-out seinerseits ist jedoch eine rechtmäßige Inhalts- und Schrankenbestimmung des Art. 14 I GG. Daher liegt eine verfassungsrechtliche Rechtfertigung des Eingriffs vor. Die Einführung eines Squeeze-out begegnet somit keinen verfassungsrechtlichen Bedenken.

---

[135] *OLG Hamburg*, ZIP **2003**, 2076ff.; NZG **2003**, 539/542f.; 978/979; AG **2003**, 698f..

[136] *OLG Stuttgart*, DB **2004**, 60/63f..

§ 2 Typische Squeeze-out-Situationen

Ein Squeeze-out kann immer dann vollzogen werden, wenn seine Verfahrensvoraussetzungen gegeben sind. Nichtsdestotrotz gibt es Situationen, in denen ein Ausschluss von Minderheitsaktionären besonders wahrscheinlich ist. Bei den im folgenden dargestellten Fällen ist davon auszugehen, dass ein Squeeze-out häufig stattfinden wird.

I. Zweistufige Unternehmensübernahme

Ein Squeeze-out findet häufig auf der zweiten Stufe einer zweistufigen Unternehmensübernahme statt[137]. Bei einer solchen zweistufigen Unternehmensübernahme unterbreitet der Übernahmeinteressent der zu übernehmenden Gesellschaft ein Angebot, das auf die Übernahme der Anteile an der Gesellschaft zu einem deutlich über dem aktuellen Kurs liegenden Preis gerichtet ist. Hat der Übernahmeinteressent auf diese Weise eine Mehrheitsbeteiligung erworben, dann ist die erste Stufe abgeschlossen, und es stellt sich auf der zweiten Stufe die Frage, wie die verbleibende Minderheitsbeteiligung zu einem günstigeren Preis pro Anteil erworben werden kann. Beabsichtigt der Übernahmeinteressent, Alleinaktionär zu werden, oder handelt es sich bei dem Übernahmeinteressenten um eine natürliche Person, dann kommt ein Tausch von Anteilen der zu übernehmenden Gesellschaft gegen Anteile der übernehmenden Gesellschaft nicht in Betracht. Alleinaktionär kann er aber durch einen Squeeze-out werden. Dadurch werden die Minderheitsaktionäre gezwungen, ihre Anteile gegen Barleistung zu veräußern.

II. Management Buyouts

Unter einem management buyout versteht man die Neu- bzw. Restrukturierung der Eigentumsverhältnisse eines Unternehmens, bei der die alten Eigentümer durch das amtierende Management sowie institutionelle und private Anleger substituiert werden[138]. Juristische Besonderheit von management buyouts ist es, dass sich beim Gesellschaftskauf Unternehmenskäufer und –vertreter nicht gegenüberstehen, sondern identisch sind (non-arm's-length-acquisition). Eine solche Konstellation birgt die Gefahr von Interessenkonflikten: Einerseits ist es das Interesse des Managements, als neuer Eigentümer das Zielunternehmen zu einem möglichst geringen Kaufpreis und vorteilhaften Bedingungen zu erwerben, andererseits hat das Management gemäß seinen vertraglichen Verpflichtungen die Interessen der Aktionäre zu wahren[139]. Ziel der Neueigentümer ist es häufig das Unternehmen vollständig zu erwerben, um die eigenen Vorstellungen unge-

---

[137] Zur Frage, ob bei einem nachfolgenden Squeeze-out eine Befreiung vom Pflichtangebotsverfahren eintritt, siehe *Kiesewetter*, ZIP **2003**, 1638ff..

[138] *Richard/Weinheimer*, BB **1999**, 1613/1614.

[139] Vgl. hierzu *Richard/Weinheimer*, a.a.O..

stört realisieren zu können. Daher wird ein Squeeze-out auch hier oftmals zu Anwendung kommen.

III. Umstrukturierungen

Auch bei Umstrukturierungen wird ein Squeeze-out häufig stattfinden, da er zu erheblichen Erleichterungen im Hinblick auf die Informations- und Ausgleichspflichten führt[140]. Hierbei kann es sich um Umstrukturierungen im Rahmen einer Konzernierung oder um sonstige Strukturmaßnahmen handeln.

IV. Parent-subsidiary Merger

Ein Squeeze-out kann ferner dazu verwendet werden, Mutter- und Tochtergesellschaft zusammenzuschließen. Auch bei der Übernahme der Tochter- durch die Muttergesellschaft (parent-subsidiary merger) wird es häufig darum gehen, die bisherigen Minderheitsaktionäre der Tochtergesellschaft zum Verkauf ihrer Anteile an die Muttergesellschaft zu zwingen. Ist die Muttergesellschaft nicht bereit, eigene Anteile gegen solche der Tochter zu tauschen, dann bleibt ihr nur der Squeeze-out.

V. Going Private

Verwendung findet ein Squeeze-out schließlich auch dann, wenn sich eine Aktiengesellschaft aus dem Publikumsgeschäft zurückziehen und die Börse verlassen will (going private). Der Begriff des going private bezeichnet die Überführung einer öffentlichen, börsennotierten Gesellschaft[141] (public company) in ein privates, nicht an der Börse gehandeltes Unternehmen (private company)[142]. Da beim going private die Einstellung der Börsennotiz erfolgt, wird hierfür teilweise auch der Ausdruck delisting verwendet[143].

---

[140] Siehe oben, § 1 II. 1..

[141] Der Begriff „Börsennotierung" ist dabei umfassend zu verstehen. Er bezieht sich auf Notierungen im amtlichen Handel, im geregelten Markt und auch im Freiverkehr.

[142] *Mülbert*, ZHR **2001**, 104/105; *Land/Hasselbach*, DB **2000**, 557; *Richard/Weinheimer*, BB **1999**, 1613. Darüber hinaus wird die Bezeichnung going private auch für die Herauslösung einer selbständigen oder unselbständigen Teileinheit (z.B. einer Tochtergesellschaft) aus einem börsennotierten Unternehmen und ihre Einbringung in eine nicht an der Börse notierte Gesellschaft verwendet. Diese Variante des going private kann sowohl nach den Regeln des Unwandlungsgesetzes (Ausgliederung bzw. Abspaltung), als auch über einen Verkauf von Anteilen (share deal) oder Einzelwirtschaftsgütern (asset deal) durchgeführt werden.

[143] Ein delisting ist aber nicht mit einem going private gleichzusetzen. Ein delisting kann sich auch nur auf einzelne nationale Börsenplätze beziehen oder auf Börsen bestimmter Länder. Going private in diesem Sinne wäre eine besondere Form des delisting, bei dem das Ziel verfolgt wird, dass künftig überhaupt keine Aktien dieses Unternehmens an irgendeinem Finanzplatz mehr notiert werden sollen. Nach § 43 IV 1 BörsG erfolgt das delisting im Rahmen eines Widerrufverfahrens. Eine einfache Verzichtserklärung mit dem Inhalt, dass das von der Börsennotiz begünstigte Unternehmen auf die weitere Börsennotiz verzichtet, reicht nicht aus.

In letzter Zeit hat das going private zunehmend an Bedeutung gewonnen[144]. Interessant ist es insbesondere für solche Gesellschaften, bei denen die wirtschaftliche und operativen Nachteile der bestehenden Börsennotierung gegenüber den damit verbundenen Vorteilen überwiegen[145]. In einem derartigen Fall hat die Börsennotiz ihre Funktion verloren. Weitere Gründe für ein going private sind unausgeschöpfte Wertpotentiale sowie die Gefahr einer feindlichen Übernahme[146].

Eine börsennotierte Gesellschaft kann durch verschiedene going private-Techniken in eine private company umgewandelt werden. Die am häufigsten angewandte Technik ist der going private merger. Bei dieser Technik wird eine öffentliche gehandelte Aktiengesellschaft mit einer privaten, nicht öffentlich gehandelten Gesellschaft fusioniert. Im Vorfeld der Verschmelzung erfolgt in der Regel eine Auszahlung (cash-out) der Altaktionäre der früheren börsennotierten Gesellschaft gegen Hingabe ihrer Aktien, so dass die neue, fusionierte Gesellschaft voll in den Besitz der nicht börsennotierten Gesellschaft übergeht. Hierbei wird man sich häufig eines Squeeze-out-Verfahrens bedienen. Eine weitere Variante ist der Verkauf von Aktiva (asset sale) einer börsennotierten an eine nicht börsennotierte Gesellschaft. Diesem Verkauf folgt in der Regel die Liquidation der Altgesellschaft. Eine weitere Technik ist die Zusammenlegung von Aktien (reverse-stock-split)[147] sowie ein Wechsel der Rechtsform. Auch bei diesen Techniken macht es für die das going private betreibenden neuen Mehrheitseigentümer Sinn, die Minderheitsaktionäre vorher auszuschließen und die uneingeschränkte Kontrolle über das Unternehmen zu erlangen, da dies erhebliche Erleichterungen hinsichtlich der formalen Anforderungen der jeweiligen Maßnahme mit sich bringt.

Erforderlich ist vielmehr – als actus contrarius zu der Zulassung zum Börsenhandel – ein entsprechender Verwaltungsakt, in dem der Widerruf der Zulassung eines Wertpapiers zum Börsenhandel ausgesprochen wird. Zum genauen Verfahren siehe: *Richard/Weinheimer*, BB **1999**, 1613/1618f.. Zu den rechtlichen Voraussetzungen eines delistings siehe *BGH*, ZIP **2003**, 387/389ff. – Macrotron; *Streit*, ZIP **2003**, 392ff..

[144] Siehe *von Braunschweig*, M & A Review **1999**, 165ff.; *Eickhoff*, WM **1988**, 1713ff.; *Klenke*, WM **1995**, 1089ff.; *Steck*, AG **1998**, 460ff.; *Vollmer/Grupp*, ZGR **1995**, 459/471f..

[145] Vgl. *Land/Hasselbach*, a.a.O.. Von Bedeutung sind insbesondere die Kosten einer Börsennotierung. Diese Kosten resultieren aus Zulassungsfolgepflichten, die ein Unternehmen ab Zulassung im amtlichen Handel bzw. im geregelten Markt treffen.

[146] *Steck*, AG **1998**, 460; *Vollmer/Grupp*, ZGR **1995**, 459/473f..

[147] Siehe dazu unten, § 3 III. 3. und § 6 V..

§ 3 Regelungen in den USA

Kein anderes Land verfügt über eine so kapitalmarkttaugliche Rechtsordnung wie die USA. Das US-amerikanische Recht hat viele Instrumente entwickelt, die später von anderen Ländern übernommen wurden. Hinzu kommt, dass ein großer Teil des Kapitalmarktgeschäftes von US-amerikanischen Investoren und Investmentbanken und damit auch von US-amerikanischen Produkten, Vorstellungen, Erwartungen und Usancen geprägt ist. Ein gezieltes Herausdrängen von Minderheitsaktionären aus dem Unternehmen ist in den USA schon seit längerem möglich. Somit ist es sinnvoll, einen Blick auf die dortigen Regeln zu werfen.

I. Einführung

Das US-amerikanische Recht leitet sich aus dem englischen Recht ab. Grundlage ist daher das common law, d.h. die richterliche Rechtsfortbildung im Einzelfall[148]. Allerdings ist gerade das Gesellschaftsrecht in einem hohen Maße in entsprechenden corporation statutes kodifiziert. Jeder der 50 Einzelstaaten in den USA verfügt dabei grundsätzlich über sein eigenes Gesellschaftsrecht. Aufgrund seiner überragenden Bedeutung wird hier jedoch – wie auch in der US-amerikanischen Literatur – vor allem auf das Recht des Staates Delaware und daneben noch auf die Gesellschaftsrechte der Staaten New York und Kalifornien abgestellt[149]. Darüber hinaus wird noch auf den staatenübergreifenden Revised

[148] Ausführlich zum common law: *Byrd*, 4ff.. Im anglo-amerikanischen Rechtskreis stehen die Entscheidungen der Gerichte im Vordergrund, die als case law über den Einzelfall hinausgehende bindende Wirkung entfalten. Will der Gesetzgeber selbst Regelungen treffen, ist er genötigt, sehr ins einzelne gehende Vorschriften zu erlassen.

[149] Der Großteil der US-amerikanischen Unternehmen ist in diesen Staaten inkorporiert. Im Jahre 1996 waren 62 Prozent der an der New York Stock Exchange (NYSE) notierten Unternehmen in Delaware gegründet worden. Siehe *Eisenberg*, 101 m.w.N.. Der Grund liegt darin, dass in den USA hinsichtlich des anzuwendenden Rechts die Gründungstheorie gilt. Im Gegensatz zu der in Deutschland (noch) geltenden Sitztheorie, nach der ein Unternehmen dem Recht des Staates unterliegt, in dem es seinen Hauptverwaltungssitz hat, ist bei der Gründungstheorie ein Unternehmen dem Recht des Staates unterworfen, in dem es gegründet wurde. Ob das Unternehmen später seinen Hauptsitz verlegt bzw. wo das Unternehmen tatsächlich tätig ist, spielt keine Rolle. Die konsequente Anwendung der Gründungstheorie hat in den USA zu einem Wettbewerb zwischen den Einzelstaaten hinsichtlich der Anzahl der Inkorporationen von Unternehmen geführt, da jede Inkorporation Einnahmen (sog. franchise tax) für den betreffenden Staat garantiert. In der US-amerikanischen Literatur ist bis heute sehr umstritten, ob es als Folge hiervon, zu einer stetigen Deregulierung und Abschwächung (sog. race-to-the-bottom) oder aber zu einer permanenten Weiterentwicklung und Verfeinerung der Gesellschaftsrechte der Einzelstaaten (sog. race-to-the-top) kommt. Vgl. hierzu ausführlich *Eisenberg*, 102ff. m.w.N.. In der Realität hat jedoch der Staat Delaware den Wettbewerb für sich entscheiden können.

Model Business Corporation Act (RMBCA)[150] sowie auf die Principles of Corporate Governance des American Law Institute (ALI)[151] eingegangen.

II. Ältere Freeze-out-Techniken

In den USA bezeichnet man als freeze-out ganz allgemein eine Strategie, der sich die Mehrheitsaktionäre bedienen, um die Minderheitsaktionäre mit rechtlichen Mitteln aus der Gesellschaft hinauszudrängen[152]. Ziel des freeze-out ist es, den Mehrheitsaktionär zum Alleinaktionär zu machen. Früher waren in den USA im wesentlichen drei freeze-out-Techniken verbreitet. Da diese älteren Techniken in der Rechtsprechung zum freeze-out auch heute immer noch eine gewisse Rolle spielen, seien sie hier kurz vorgestellt.

1. Dissolution Freeze-out

Beim dissolution freeze-out wird das betreffende Unternehmen zunächst aufgelöst und liquidiert[153]. Dabei ist es zum einen denkbar, dass der Mehrheitsaktionär die interessanten Teile des Gesellschaftsvermögens, etwa bestimmte Produktionsstätten und –anlagen, Grundstücke, Warenzeichen etc. erhält, während die Minderheitengesellschafter Forderungen, Beteiligungen an anderen Gesell-

---

150 Der Revised Model Business Corporation Act (RMBCA) stellt die 1984 und 1999 revidierte Fassung des Model Business Corporation Act (MBCA) dar. Dieser wurde als Modellgesetz für das Recht der Kapitalgesellschaften von der National Conference of Commissioners on Uniform State Law (NCCUSL) geschaffen. Die NCCUSL ist eine von der American Bar Association (ABA) ins Leben gerufene Institution, die das Ziel hat Regelungen mit Modellcharakter (uniform law) zu entwickeln, um so eine Rechtsangleichung in den einzelnen Staaten zu erreichen. Allerdings war die Schaffung eines uniform law im Kapitalgesellschaftsrechts mit Schwierigkeiten verbunden, da in den USA ein reger Wettbewerb zwischen den Einzelstaaten hinsichtlich der Anzahl der Inkorporationen von Unternehmen herrscht. Vgl. hierzu die vorhergehende Fußnote. Dennoch wurde mittlerweile der RMBCA von vielen Staaten in seiner ursprünglichen Form aus dem Jahre 1984 oder in seiner im Jahre 1999 erneut revidierten Fassung übernommen.

151 Das American Law Institute (ALI) setzt sich aus einer Gruppe namhafter US-amerikanischer Rechtswissenschafter zusammen, die es sich zur Aufgabe gemacht haben das Recht weiterzuentwickeln. Darüber hinaus fördert das ALI zusammen mit dem NCCUSL die Standardisierung des Rechts der Einzelstaaten. Bekannt geworden ist das ALI vor allem durch die restatements of law. In diesen wird jeweils das Recht eines bestimmten Gebietes definiert, Veränderungen aufgezeigt und entsprechende Empfehlungen abgegeben. Die verschiedenen restatements haben in der Vergangenheit einen starken Einfluss auf die Entwicklung des Rechts ausgeübt. Siehe *Black*, 82; *Lynton*, 32 Die Principles of Corporate Governance dienen dazu das Kapitalgesellschaftsrecht zusammenzufassen und fortzuentwickeln.

152 Zum Begriff des Freeze-out siehe oben Einleitung II..

153 *Eisenberg*, 1109; *Lipton/Steinberger*, 424; siehe auch *Borden*, 49 N.Y.U. L. Rev. 987/990 **(1974)**.

schaften oder etwa bonds[154] bekommen. Zum anderen kann, falls sich das Vermögen nicht problemlos zwischen Mehrheits- und Minderheitsaktionär in dem eben beschriebenen Sinn verteilen lässt, der interessante Teil an einen Dritten veräußert werden, wobei der Veräußerungserlös an alle Aktionäre verhältnismäßig verteilt wird. Der Mehrheitsaktionär kann dann anschließend die ihn interessierenden Teile des liquidierten Unternehmens von der dritten Partei zurückerwerben. In beiden Fällen hat der Mehrheitsaktionär die Minderheitsaktionäre zur Deinvestition gezwungen. In der Rechtsprechung wurde diese Form des freeze-out wiederholt für unzulässig erklärt, wobei meist zur Begründung auf das Gebot strikter Gleichbehandlung aller Aktionäre derselben Aktiengattung im Fall der Auflösung und Liquidation verwiesen wurde[155].

2. Sale-of-assets Freeze-out

Verwandt mit dem dissolution freeze-out ist der sale-of-assets freeze-out. Hier gründet der Mehrheitsgesellschafter zunächst eine neue Gesellschaft. Dieser werden alle interessanten Teile des Gesellschaftsvermögens gegen Barleistung oder bonds übertragen[156]. Anschließend kann das Unternehmen aufgelöst und liquidiert werden. Ein freeze-out liegt de facto freilich auch dann vor, wenn die Gesellschaft bestehen bleibt. Auch diese Form des freeze-out wurde von den Gerichten wegen Verstoßes gegen das Gebot der Gleichbehandlung der Aktionäre mehrheitlich für unzulässig erklärt[157].

3. Debt-merger Freeze-out

Bei der dritten freeze-out-Variante wird zunächst wiederum durch den Mehrheitsaktionär eine neue Gesellschaft errichtet. Im Unterschied zum sale-of-assets freeze-out bleiben die beiden Gesellschaften allerdings nicht getrennt voneinander, sondern werden miteinander verschmolzen. Nach der Verschmelzung erhalten die Minderheitsgesellschafter von der neuen Gesellschaft anstelle von Stammaktien lediglich bonds mit kurzer Laufzeit (short-term debt) oder rück-

[154] Bonds sind langfristige Unternehmensanleihen, bei denen die Gesellschaft das Geld auf dem freien Markt (im Gegensatz zu bank loans) aufnimmt. Siehe ausführlich *Kaen*, 117ff.; *McDermott*, 2; *Ross/Westerfield/Jordan*, 165.

[155] *Kellogg v. Georgia-Pacific Paper Co.*, 227 F. Supp. 719/724f. (W.D. Ark. **1964**); *Zimmermann v. Tide Water Associated Oil Co.*, 61 Cal. App. 2d 585, 143 P.2d 409 (**1943**); *In re San Joaquin Light & Power Corp.*, 52 Cal. App. 2d 814/823f., 127 P.2d 29/35f. (Cal. App. **1942**); *Lebold v. Inland S.S. Co.*, 82 F.2d 351 (7th Cir. **1936**); *Paine v. Saulsbury*, 200 Mich. 58/65f., 166 N.W. 1036/1038f. (**1913**); *William B. Riker & Son Co. v. United Drug Co.*, 79 N.J.Eq. 580/583, 82 A. 930/931 (Ct. Err. & App. **1912**); *Theis v. Spokane Falls Gas Light Co.*, 34 Wash. 23/30, 74 P. 1004/1006 (**1904**).

[156] *Borden*, 49 N.Y.U. L. Rev. 987/997 (**1974**); *Clark*, 501; *Eisenberg*, 1109.

[157] *Cathedral Estates, Inc. v. Taft Realty Corp.*, 157 F. Supp. 895 (D. Conn. **1954**); bestätigt in 251 F.2d 340 (2d Cir. **1957**); *Cardiff v. Johnson*, 218 P. 269 (Wash. **1923**); zurückhaltender *Alcott v. Hyman*, 16 Misc.2d 192/193f., 183 N.Y.S.2d 359/362f. (Sup. Ct. **1958**).

kaufbare Vorzugsaktien (redeemable preferred stock)[158]. Mit Fälligkeit der bonds oder Ausübung der Rückkaufoption ist der freeze-out abgeschlossen. Der Unterschied zu den beiden bereits skizzierten freeze-out-Techniken besteht darin, dass die Minderheitsaktionäre nicht sofort, sondern erst nach Ablauf einer gewissen Frist aus der Gesellschaft herausgedrängt werden. In der Vergangenheit hat die Rechtsprechung einen solchen debt-merger freeze-out teilweise für zulässig befunden, wobei allerdings der billigenswerte Zweck, der mit dem Ausschluss verfolgt wurde, von entscheidender Bedeutung gewesen sein dürfte[159].

III. Moderne Techniken

Die soeben vorgestellten älteren freeze-out-Techniken verdankten ihre Verbreitung der Tatsache, dass der einfache cash-out merger lange Zeit unzulässig war[160]. Die Minderheitsaktionäre durften beim freeze-out für ihre Beteiligung kein Bargeld, sondern nur Vorzugs- bzw. normale Aktien, bonds oder irgendeine sonstige unbare Gegenleistung empfangen.

Mittlerweile erlauben jedoch die meisten corporation statutes in den einzelnen US-Bundesstaaten, dass die Minderheitsaktionäre beim freeze-out ausschließlich Bargeld erhalten[161]. Ausgehend von diesem Grundsatz hat die Praxis in den USA drei moderne freeze-out-Techniken entwickelt.

1. Cash-out Merger

Die heute gebräuchlichste freeze-out-Technik ist der cash-out merger[162]. Beim einfachen cash-out merger wird zunächst eine Tochtergesellschaft mit hinreichender Kapitalausstattung gegründet. Anschließend wird die Zielgesellschaft von der Tochtergesellschaft im Wege der Verschmelzung übernommen[163]. Die Minderheitsaktionäre der Zielgesellschaft erhalten hierbei für ihre Anteile Bargeld. Dieses freeze-out-Verfahren ist heute in nahezu allen Bundesstaaten zuläs-

---

[158] *Clark*, a.a.O.; *Eisenberg*, 1109f.; siehe auch *Borden*, 49 N.Y.U. L. Rev. 987/994ff. (**1974**).

[159] *Matteson v. Ziebarth*, 40 Wash.2d 286/301, 242 P.2d 1025/1034 (**1952**); ablehnend dagegen *Outwater v. Public Service Corp.*, 103 N.J.Eq. 461/466, 143 A. 729/731 (Ch. **1928**).

[160] Siehe *Clark*, 501f. m.w.N..

[161] *Clark*, 502 m.w.N.; *Eisenberg*, 1110; *Merkt*, Rn. 1038. Der MBCA als Vorgänger des RMBCA erlaubte seit 1969 eine entsprechende Vorgehensweise.

[162] *Clark*, 502; *Klein/Coffee*, 203.

[163] Siehe Weinberger v. UOP, Inc., 457 A.2d 701 (Delaware). Anschaulich auch *Lipton/Steinberger*, 422, die von einem *long-form merger* sprechen; *Oesterle*, 47; *Soderquist*, 244. Voraussetzung ist freilich eine Zustimmung der Aktionäre der Zielgesellschaft. In New York erfordert eine Verschmelzung eine Zustimmung von 2/3 der Aktionäre (supermajority). In Delaware und den meisten anderen Staaten reicht dagegen grundsätzlich eine einfache Mehrheit. Die Minderheitsaktionäre haben daher keine Möglichkeit die Verschmelzung zu verhindern.

sig[164]. In vielen Bundesstaaten wird es im corporation statute sogar ausdrücklich geregelt[165].

Zielt der freeze-out darauf ab, die Minderheitsaktionäre im eigenen Unternehmen loszuwerden, so gründet man eine Tochtergesellschaft und lässt diese dann die Muttergesellschaft übernehmen. Die Mehrheitsaktionäre der Muttergesellschaft erhalten dann Anteile an der übernehmenden Gesellschaft, während die Minderheitsaktionäre mit Bargeld entschädigt werden[166].

2. Short-form Merger

Die zweite moderne freeze-out-Technik verdankt ihre Entwicklung den in zahlreichen Bundesstaaten geltenden gesetzlichen short-form merger Regelungen[167]. Danach bedarf die Übernahme einer mindestens 90-prozentigen Tochtergesellschaft durch die Muttergesellschaft nicht der Zustimmung der Minderheitsaktionäre der Tochtergesellschaft. Da die Minderheitsaktionäre nach den modernen short-form merger statutes für ihre Anteile sowohl mit Anteilen an der Muttergesellschaft als auch mit bonds oder in bar abgefunden werden können, ist der short-form merger ebenfalls eine beliebte freeze-out-Technik[168].

Ein short-form merger ist im Regelfall zugleich ein parent-subsidiary merger[169]. Allerdings kann ein short-form merger auch dann durchgeführt werden, wenn das von den gesetzlichen Bestimmungen vorausgesetzte Mutter-Tochtergesellschaftsverhältnis noch gar nicht besteht. Möglich ist beispielsweise, dass mehrere Aktionäre zum Zwecke des freeze-out ihre Beteiligungen zunächst poolen und auf eine neu zu gründende Gesellschaft übertragen[170]. Diese Neugründung wird dann zur Holdinggesellschaft. Sobald diese Holding die erforderliche 90-prozentige Beteiligung erlangt hat, übernimmt sie im Wege des short-form merger die Gesellschaft, deren Anteile sie hält. Auf diese Weise können die Minderheitsaktionäre hinausgedrängt werden.

---

164 *Clark*, a.a.O.; *Merkt*, Rn.1039.

165 § 251 (b) (5) Delaware General Corporation Law; § 1101 (d) California Corporations Code; § 902 (a) (3) N.Y Bus. Corp. Law; § 11.02 (c) (3) RMBCA; § 11.01 (b) (3) RMBCA [Prior Version] aus dem Jahre 1984.

166 *Oesterle*, 48.

167 § 253 (a) Delaware General Corporation Law; § 1201 (b) California Corporations Code; § 11.05 (a) RMBCA; § 11.04 (a) RMBCA [Prior Version] aus dem Jahre 1984.

168 *Bloomenthal/Wolff*, § 22:25; *Lipton/Steinberger*, 423.

169 Vgl. oben, § 2 IV..

170 Siehe *Clark*, a.a.O..

3. Reverse Stock Split

Schließlich kann der Freeze-out im Wege des reverse stock split abgewickelt werden[171]. Nach dem Recht der meisten Bundesstaaten kann die Gesellschaft beschließen, dass ausstehende shares einer bestimmten Gattung in ein Vielfaches ihrer Zahl geteilt werden (stock split) oder dass umgekehrt in einer Gattung eine Vielzahl alter Anteile in einen neuen Anteil umgewandelt wird (reverse stock split)[172]. Wird beispielsweise bei einem reverse stock split je 500 alte Anteile ein neuer Anteil ausgegeben, dann erhalten Aktionäre, die vorher weniger als 500 Anteile hielten, nur den Bruchteil eines neuen Anteils. Eine Zustimmung der Inhaber der betroffenen Aktien ist dafür nicht erforderlich. Mit dieser Regelung soll es der Gesellschaft ermöglicht werden, die Zahl der Aktionäre je Gattung und die Struktur der Anteilseignerschaft zu regulieren. Dabei ist es möglich, dass Inhaber ganzer Anteile nach dem Umtausch nur mehr Inhaber einer Bruchteilsbeteiligung (fractional share) sind. Um den mit der Ausgabe und Verwaltung solcher Aktiensplits verbundenen Aufwand zu begrenzen, gestatten es zahlreiche Bundesstaaten, dass an die betroffenen Aktionäre nicht ein Aktiensplit, sondern eine entsprechende Barabfindung ausbezahlt wird[173]. Allerdings herrscht in der Rechtsprechung Uneinigkeit darüber, ob der reverse stock split zulässig ist, wenn alleiniger Zweck die Eliminierung einer Minderheitsbeteiligung, also ein freeze-out ist[174].

IV. Zulässigkeitsgrenzen und Rechtsschutz

Die Zulässigkeitsgrenzen eines freeze-out wurden in langwierigen Rechtsbildungsprozessen herausgebildet. Wie gerade dargestellt wurde, gibt es in den USA verschiedene Möglichkeiten einen freeze-out durchzuführen. Einige Stimmen in der Literatur vertreten deswegen die Ansicht, dass auch bei der rechtlichen Würdigung zwischen diesen verschiedenen Techniken differenziert werden müsse[175]. Dem sind allerdings die Gerichte nicht gefolgt. Vielmehr haben sie es vorgezogen, allgemein gültige Standards für die Beurteilung heranzuziehen[176].

---

[171] *Borden*, 49 N.Y.U. L. Rev. 987/999f. **(1974)**; *Clark*, 502f.; *Eisenberg*, 1128ff; *Lipton/Steinberger*, 423f..

[172] § 155 Delaware General Corporation Law, § 407 California Corporations Code; § 6.04 (a) RMBCA.

[173] § 155 Delaware General Corporation Law, § 407 California Corporations Code; § 6.04 (a) (1) RMBCA.

[174] Die Zulässigkeit bejahend *Teschner v. Chicago Title & Trust Co.*, 322 N.E.2d 54/56 (Ill. **1974**); *Leader v. Hycor, Inc.*, 395 Mass. 215, 479 N.E.2d 173 (**1985**). Dagegen verneinend: *Clark v. Pattern Analysis & Recognition Corp.*, 87 Misc.2d 385, 384 N.Y.S.2d 660 (**1976**).

[175] *Brudney/Chirelstein*, 87 Yale L.J. 1354/1356 (**1978**); *Greene*, 28 Stan. L. Rev. 487/491 und 508ff. (**1976**).

[176] Vgl. z.B. *Roland International Corp. v. Najjar*, 407 A.2d 1032/1034 n.4 (Del. **1979**): „Some commentators have suggested that the standard of review should vary according to the type of merger involved. ... While such a pragmatic approach has much to commend it in

1. Entire Fairness

Da alle freeze-out-Techniken durch eine direkte Beteiligung des Mehrheitsaktionärs gekennzeichnet sind, wird allgemein davon ausgegangen, dass bei einem freeze-out eine sogenannte interested transaction vorliegt[177]. Aufgrund dessen überprüfen US-amerikanische Gerichte bei einem freeze-out stets die allgemeine Fairness des Vorgangs (entire fairness)[178]. Dieser Standard ist Ausdruck der Treuepflichten in der Gesellschaft (fiduciary duties) und stellt eine Verschärfung der ansonsten geltenden business judgment rule dar. Der Hauptunterschied liegt vor allem darin, dass bei dem entire fairness-Standard die Beweislast (burden of proof) für die Angemessenheit der jeweiligen Maßnahme bei dem Mehrheitsaktionär bzw. dem Management liegt[179], während die business judgment rule stets von einer Vermutung der Angemessenheit ausgeht und die Beweislast den unzufriedenen Aktionären auferlegt.

Bestandteil des entire fairness-Tests ist die Überprüfung des fair dealing und des fair price. Daneben wird auch noch die fairness of disclosure (teilweise auch als complete candor bezeichnet) betrachtet. Allerdings wird oftmals nicht explizit zwischen diesen einzelnen Prüfungspunkten unterschieden und stattdessen auf die Fairness des gesamten Vorgangs abgestellt[180].

Unter einem fair dealing wird im wesentlichen die Durchführung eines ordnungsgemäßen Verfahrens, unter einem fair price die Angemessenheit der an die ausgeschiedenen Aktionäre geleisteten Barabfindung verstanden[181]. Die fairness of disclosure verlangt, dass die auszuschließenden Aktionäre über den freeze-out in angemessenen Umfang und auf angemessene Art und Weise informiert werden[182].

---

maintaining corporate flexibility, in our judgment, the duty involved should not be dependent upon the type of the merger. ... Our law applies to all majority shareholders, no matter how, nor how recently such majority was obtained." Ebenso *Application of Delaware Racing Ass'n*, 213 A.2d 203 (Del. **1965**).

[177] Vgl. § 203 (c) (5) Delaware General Corporation Law; § 1.23 (b) ALI Principles of Corporate Governance.

[178] So bereits *Sterling v. Mayflower Hotel Corp.*, 93 A.2d 107/110 (Del. **1932**).

[179] Etwas anderes gilt nur dann, wenn die informierte Mehrheit der Minderheitsaktionär für den freeze-out votiert hat. Allerdings liegt die Beweislast, dass die Minderheitsaktionäre ausreichend informiert waren, immer bei dem Mehrheitsaktionär.

[180] *Weinberger v. Uop, Inc.*, 457 A.2d 701/711 (Del. **1983**): "The concept of fairness has two basic aspects: fair dealing and fair price. ... However, the test for fairness is not a bifurcated one as between fair dealing and price. All aspects of the issue must be examined as a whole since the question is one of entire fairness."

[181] *Weinberger v. Uop, Inc.*, 457 A.2d 701/711 (Del. **1983**).

[182] Vgl. *Lank v. Steiner*, 224 A.2d 242/244 (Del. **1966**); *Brophy v. Cities Service Co.*, 70 A.2d 5/7 (Del. Ch. **1949**).

Wenn der Verdacht bestand, dass der bei einem freeze-out angebotene Preis unangemessen niedrig war oder ein sonstiger Verstoß gegen den entire fairness-Standard vorlag, tendierten die Gerichte lange Zeit dazu, gerichtliche Verfügungen (injunctions)[183] gegen den freeze-out zu erlassen. Dies gab Minderheitsaktionären die Möglichkeit einen freeze-out von vornherein zu unterbinden. Diese Verfahrensweise fand aber mit der richtungsweisenden Entscheidung des Delaware Supreme Court in Weinberger v. Uop[184], Inc. aus dem Jahr 1983 ein Ende. Dort wurde klargestellt, dass grundsätzlich eine gegen den freeze-out gerichtete injunction ausgeschlossen ist und den Minderheitsgesellschafter stattdessen das sogenannte appraisal right zur Verfügung steht[185]. Mittlerweile wurde diese sogenannte Exklusivität des appraisal right in vielen Gesellschaftsrechten ausdrücklich kodifiziert[186]. Dies führt dazu, dass nach der gegenwärtigen Rechtslage eine injunction gegen einen freeze-out nur möglich ist, wenn arglistige Täuschung (fraud) oder schwerste Verfahrensmängel vorliegen[187]. Hingegen ist ein Verstoß gegen den entire fairness-Standard und insbesondere eine unangemessene Abfindung hierfür nicht mehr ausreichend[188].

2. Business Purpose Test

Mit der Entscheidung in Singer v. Magnavox Co. führte der Delaware Supreme Court im Jahre 1977 als Ergänzung zum entire fairness-Standard den business purpose test ein[189]. Danach musste der Mehrheitsaktionär einen legitimen Geschäftszweck (valid business purpose) nachweisen, um einen freeze-out durchführen zu können. Dieser Test wurde anschließend von einer Vielzahl von Staaten übernommen.

---

[183] Vgl. hierzu *Byrd*, 35; *Hazard/Taruffo*, 156ff..

[184] 457 A.2d 701 (Del. **1983**).

[185] *Weinberger v. Uop, Inc.*; 457 A.2d 701/715 (Del. **1983**): "The provisions of 8 Del. C. § 262, as herein construed, respecting the scope of an appraisal and the means for perfecting the same, shall govern the financial remedy available to minority shareholders in a cash-out merger. ..., mandating a stockholder's recourse to the basic remedy of an appraisal." Siehe auch *Clark*, 526f.. Das appraisal right wird umfassend weiter unten diskutiert.

[186] Vgl. § 1312 (a) California Corporation Code; § 13.02 (d) RMBCA; § 7.25 ALI Principles of Corporate Governance.

[187] Siehe *Cede & Co. v. Technicolor, Inc.*, 542 A.2d 1182/1190f. (Del. **1988**). Ebenso § 13.02(b) RMBCA [Prior Version] aus dem Jahre 1984. Siehe auch *Eisenberg*, 1108f. m.w.N..

[188] *In re Resorts International Shareholders Litigation Appeals*, 570 A.2d 259 (Del. **1990**); *Clark*, 508; *Fletcher*, 416.

[189] 380 A.2d 969/980 (Del. **1977**): "... a § 251 [long form] merger, made for the sole purpose of freezing out minority stockholders, is an abuse of the corporate process; and the complaint which so alleges in this suit, states a cause of action for breach of fiduciary duty for which the Court may grant such relief as it deems appropriate under the circumstances." Ursprünglich bezog sich dieser neue Standard nur auf cash-out merger. In *Roland International Corp. v. Najjar*, 407 A.2d 1032/1036f. (Del. **1979**) wurde klargestellt, dass der business purpose test auch für short-form mergers gilt.

Allerdings galt das Erfordernis eines legitimen, hinter dem bloßen Ausschluß der Minderheit liegenden Zwecks bereits dann erfüllt, wenn der Mehrheitsaktionär darlegen konnte, dass er als zukünftiger Alleingesellschafter wesentliche wirtschaftliche Vorteile erzielen kann[190]. Es hat sich gezeigt, dass es für Mehrheitsaktionäre ein leichtes war, ausreichende Gründe für einen freeze-out anzuführen[191]. In der Praxis hat sich somit der business purpose test nicht bewährt. Der Delaware Supreme Court hat hieraus die notwendigen Konsequenzen gezogen und ebenfalls in seiner Entscheidung in Weinberger v. Uop, Inc. den business purpose test ausdrücklich aufgegeben[192]. Dem haben sich die meisten anderen Staaten angeschlossen[193].

3. Federal Securities Laws

Oftmals rügen enttäuschte Aktionäre in den USA auch eine Verletzung der federal securities laws[194]. Dies gibt ihnen die Möglichkeit Klage vor einem Bundesgericht zu erheben, was oftmals prozessuale Erleichterungen mit sich bringt[195]. Dabei wird die Klage meistens auf Rule 10b-5 des Securities Exchange Act aus dem Jahre 1934 gestützt, der jede Form von Manipulation oder arglistiger Täuschung beim Kauf oder Verkauf von Aktien verbietet[196].
Allerdings hat der Supreme Court der USA bereits im Jahre 1977 in Santa Fe Industries, Inc. v. Green klargestellt, dass Rule 10b-5 nicht die Grundlage für eine Entwicklung eines bundesstaatlichen Gesellschaftsrechts darstellen darf[197]. Eine reine Verletzung der fiduciary duties kann daher mittels Rule 10b-5 nicht gerügt werden[198]. Nur wenn Anzeichen dafür vorliegen, dass der Mehrheitsaktionär sich Insider-Informationen zunutze macht, können die Minderheits-

---

190 Vgl. *Tanzer v. International General Industries, Inc.*, 379 A.2d 1121/1124ff. (Del. **1977**). Eine Beispielsliste legitimer Geschäftszwecke findet sich bei *Lipton/Steinberger*, 437.

191 Siehe *Clark*, 514; *Klein/Coffee*, 204.

192 457 A.2d 701/715 (Del. **1983**).

193 Allerdings hält New York noch an dem business purpose test fest: Siehe *Alpert v. 28 Williams Street Corp.*, 63 N.Y.2d 557/572f., 473 N.E.2d 19/27f. **(1984)**. Das gleiche gilt für Massachusetts: *Coggins v. New England Patriots Football Club*, Inc., 397 Mass. 525/532ff., 492 N.E.2d 1112/1117ff. (Mass. **1986**).

194 Die Federal Securities Laws stellen das Kapitalmarktrecht der USA dar. Wichtigste Regelungsmaterie ist der Securities Act aus dem Jahre 1933 und der Securities Exchange Act aus dem Jahre 1934, die beide jeweils durch entsprechende Rechtsverordnungen ergänzt werden. Ausführlich hierzu *Cox/Hillman/Langevoort*, 3ff..

195 Vgl. *Hazard/Taruffo*, 115ff..

196 Vgl. zu Rule 10b-5 des Securities Exchange Act aus dem Jahre 1934 ausführlich *Cox/Hillman/Langevoort*, 681ff.; *Johnson/McLaughlin*, 268f..

197 430 U.S. 462/495f. **(1977)**.

198 Ebenso *Marshel v. AFW Fabric Corp.*, 441 F. Supp. 299 (SD NY **1977**).

aktionäre Klage nach Rule 10b-5 erheben[199]. Erachten die Minderheitsaktionäre jedoch ihre Abfindung als zu niedrig, so bleibt ihnen nur das appraisal right[200].

4. Verbotsfristen

Eine Reihe von Bundesstaaten, darunter Delaware[201] und New York[202], haben in ihren corporation statutes Regelungen enthalten, die Übernahmen verhindern sollen, die im wesentlichen mit dem Liquidationserlös aus der Auflösung der Zielgesellschaft oder aber mit dem erwarteten post-takeover Gewinn finanziert werden. Um dies zu gewährleisten, werden dem Mehrheitsgesellschafter für eine bestimmte Zeit nach Erwerb der Mehrheitsbeteiligung gewisse Formen der Übernahme der Gesellschaft – darunter fallen sowohl Verschmelzungen als auch die Veräußerung wesentlicher Teile des Gesellschaftsvermögens (asset deal) – untersagt. Diese Verbotsfrist kann bis zu fünf Jahren betragen[203]. Während dieser Zeit darf eine Übernahme ausnahmsweise stattfinden, wenn der board of directors[204] der Zielgesellschaft der Übernahme zustimmt[205]. Gleiches gilt, wenn der board of directors bereits dem Erwerb der Mehrheitsbeteiligung zugestimmt hat. Delaware lässt eine Ausnahme auch dann zu, wenn der Bieter zuvor mindestens 85 Prozent der Aktien erworben hat[206].

In der Praxis führt speziell die Regelung in Delaware dazu, dass der Bieter zunächst mindestens 85 Prozent der Anteile unter Beachtung des corporation statute, also im wesentlichen eigenfinanziert, erwerben muss. Anschließend kann er dann die Verschmelzung in eigener Regie und ohne Bindung an das corporation statute durchführen[207].

---

[199] *Dowling v. Narragansett Capital Corp.*, 735 F. Supp. 1105 (D RI **1990**). Siehe auch *Clark*, 507; *Fletcher*, 432.

[200] *In re Resorts International Shareholders Litigation Appeals*, 570 A.2d 259 (Del. **1990**); *Walk v. Baltimore & O. Railroad*, 847 F.2d 1100 (CA4 **1988**); *Clark*, 508.

[201] § 203 Delaware General Corporation Law. Allerdings findet die Regelung nur bei solchen Gesellschaften Anwendung, die nach dem Recht des Staates Delaware gegründet wurden.

[202] § 912 (b) N.Y. Bus. Corp. Law. Voraussetzung ist, dass sich der Hauptgeschäftssitz des Unternehmens im Bundesstaat New York befindet und mindestens 10 Prozent der Anteile von Personen gehalten werden, die ihren Wohnsitz im Bundesstaat New York haben.

[203] § 203 (a) Delaware General Corporation Law: 3 Jahre; § 912 (b) N.Y. Bus. Corp Law: 5 Jahre.

[204] Der board of directors ist der Verwaltungsrat der Gesellschaft. Das US-amerikanische Gesellschaftsrecht geht im Gegensatz zum deutschen dualen Modell, bestehend aus Vorstand und Aufsichtsrat, von einem Einheitsmodell aus.

[205] § 203 (a) (1) Delaware General Corporation Law; § 912 (c) N.Y. Bus. Corp Law.

[206] § 203 (a) (2) Delaware General Corporation Law.

[207] In New York dagegen bedarf nach § 912 (c) (1) und (2) N.Y. Bus. Corp Law die Übernahme grundsätzlich sogar nach Ablauf der Verbotsfrist der Einwilligung des boards of directors bzw. der Zustimmung der außenstehenden Aktionäre.

5. Besonderheit beim Going Private

Umstritten ist die Zulässigkeit eines freeze-out, der im Zusammenhang mit einem going private durchgeführt wird[208]. Da mit dem going private anders als etwa bei einer zweistufigen Übernahme oder bei einer Übernahme der Tochter durch die Muttergesellschaft in aller Regel neben dem Herausdrängen der Minderheitsaktionäre kein eigenständiger anerkennenswerter unternehmerischer Zweck verfolgt wird, geht man im allgemeinen davon aus, dass hier die Gefahr einer Benachteiligung der ausscheidenden Minderheitsaktionäre besonders groß ist[209].

In der Literatur wird bisweilen gefordert, freeze-outs in der Form des going private gänzlich zu verbieten[210]. Andere Stimmen gehen weniger weit und verlangen lediglich, dass solche going private freeze-outs ausgeschlossen werden, bei denen ein Insider ohne nennenswerte eigene Beteiligung die Anteilseigner aus der Gesellschaft herausdrängt, um die alleinige Kontrolle an sich zu ziehen[211]. Vertreten wird auch eine Lösung, die die Zulässigkeit eines freeze-outs an die Zustimmung der Mehrheit der Minderheitsaktionäre knüpft[212]. Speziell für den typischen management buyout, bei dem das Management die Aktionäre auskauft und die Übernahme durch bonds finanziert, die auf die zu übernehmende Gesellschaft ausgegeben werden (leveraged buyout, LBO), wird zudem eine Auktion vorgeschlagen[213]: Das Management darf eine LBO zwar versuchen, doch müssen auch dritte Übernahmeinteressenten die Gelegenheit erhalten, vergleichbare Angebote zu unterbreiten. Dies würde nach Ansicht der Vertreter dieses Ansatzes die Transparenz des freeze-out-Geschäftes erhöhen und letztlich Gewähr für eine faire Behandlung der Minderheitsaktionäre bieten.

Trotz dieser Kritik wird aber bislang auch ein freeze-out, der im Zusammenhang mit einem going private steht, derselben rechtlichen Betrachtung unterzogen wie andere Ausschlusstechniken auch.

---

[208] Ein going private in den USA zielt in der Regel darauf ab, von der Registrierungspflicht nach dem Securities Exchange Act von 1934 frei zu werden, nicht mehr an der Börse notiert zu sein und auch den over-the-counter-Handel (OTC-Handel) einzustellen. Siehe *Eisenberg*, 1130.

[209] *Bloomenthal/Wolff*, § 22:9; *Borden*, 49 N.Y.U. L. Rev. 987/1018ff. **(1974)**; *Brudney/Chirelstein*, 87 Yale L.J. 1354/1365f. **(1978)**; *Eisenberg*, 1131f.; *Lipton/Steinberger*, 484ff., der ausführlich erörtert unter welchen Voraussetzungen ein going private die Billigung der Rechtsprechung findet.

[210] *Brudney/Chirelstein*, 87 Yale L.J. 1354/1359 sowie 1368f. **(1978)**.

[211] *Borden*, 49 N.Y.U. L. Rev. 987/1040ff. **(1974)**.

[212] *Clark*, 518; *Hamilton, Corporations*, 572 und 581.

[213] *Lowenstein*, 85 Colum. L. Rev. 730/779ff. **(1985)**.

Allerdings hat die zuständige Securities and Exchange Commission (SEC) auf die besondere Situation bei einem going private reagiert und im Jahre 1979 Rule 13e-3 als Bestandteil des Securities Exchange Act erlassen[214]. Danach ist es bei einem going privat erforderlich, ein spezielles disclosure document zu veröffentlichen, in dem der Grund des going private, die Art und Weise der Durchführung sowie etwaige Alternativen genannt werden. Darüber hinaus müssen die zu erwartenden Vor- und Nachteile genau aufgeführt und die Angemessenheit erörtert werden.

V. Appraisal Right

Wie gerade dargestellt wurde, gibt es im Normalfall für Minderheitsaktionäre keine Möglichkeit einen freeze-out zu verhindern. Stattdessen bleibt ihnen nur die Möglichkeit die Angemessenheit ihrer Abfindung in einem appraisal-Verfahren durch ein Gericht überprüfen zu lassen. Dieses appraisal right (oder appraisal remedy) gehört heute zu den Grundpfeilern des US-amerikanischen Gesellschaftsrechts[215].

1. Ursprung

Historisch lässt sich die Entstehung dieses Rechtsbehelf bis in die Mitte des 19ten Jahrhunderts zurückverfolgen. In einer Leitentscheidung aus dem Jahre 1859 brach der Pennsylvania Supreme Court mit der bis dahin allein geltenden Doktrin, dass für Strukturveränderungen stets ein einstimmiges Votum aller Gesellschafter erforderlich sei[216]. Überstimmte Anteilseigner erhielten als quid pro quo für die Einschränkung des Einstimmigkeitsprinzips einen Anspruch auf angemessene Abfindung[217]. Zahlreiche Bundesstaaten übernahmen diese richterliche Neuschöpfung schon früh in das geschriebene Recht[218].

Gegenwärtig gibt es in allen corporation statutes Bestimmungen, die dieses Abfindungsrecht und seine verfahrensmäßigen Voraussetzungen näher ausformen[219]. Diese variieren zwar in ihren tatbestandlichen Voraussetzungen, in ihrer

---

[214] Vgl. hierzu ausführlich *Lipton/Steinberger*, 471ff..

[215] *Clark*, 443; *Eisenberg*, 1069ff.. Kritisch allerdings, *Greene* 28 Stan. L. Rev. 487/504 **(1976)** und vor allem *Manning*, 72 Yale L.J. 233ff. **(1962)**, der das appraisal right als nutzlos für Minderheitsaktionäre und als zu teuer für die Unternehmen bezeichnet. Auf diese Kritik reagierte *Eisenberg, Structure of the Corporation*, 69f.: Das appraisal right sei unverzichtbar für den Schutz der Minderheitsaktionäre und gewährleiste eine Kontrolle des Managements. Zustimmend *Fischel*, Am. B. Found. Res. J. 875/883f. **(1983)**.

[216] *Lauman v. Lebanon Valley R.R. Co.*, 30 Pa. 42 **(1858)**.

[217] *Wertheimer*, 47 Duke L.J. 613/619 **(1998)**.

[218] *Fischel*, Am. B. Found. Res. J. 875/877 **(1983)**; zur historischen Entwicklung ausführlich *Weiss*, 56 N.Y.U. L. Rev. 624/629ff. **(1981)**.

[219] Vgl. den Überblick bei ALI Principles of Corporate Governance, Analysis and Recommendations, 1994, Volume 2, Part VII, S. 296f.. Siehe auch *Clardy*, 62 Tenn. L. Rev. 285 n.3

Grundaussage stimmen sie aber überein: Einem stimmberechtigten Aktionär, der mit bestimmten Strukturänderungen (fundamental changes) nicht einverstanden ist, wird das Recht eingeräumt, seine Gesellschaftsanteile zur Verfügung zu stellen und von der Gesellschaft den Anteilswert zu verlangen. Als maßgebende Strukturveränderung kommt dabei vor allem eine Verschmelzung oder ein Verkauf des substantiellen Vermögens des Unternehmens in Betracht[220].

2. Theoretische Grundlagen

Zur theoretischen Rechtfertigung des appraisal right werden verschiedene Erklärungen herangezogen.

Neben der historischen Begründung dominieren heute Gesichtspunkte des Vertrauensschutzes (defeated expectation argument)[221]. Dieser Ansatz geht davon aus, dass jeder Investor Anteile an einem spezifischen Unternehmen erworben habe. Daher könne der Investor auch erwarten, dass niemand ihn zwingt, Anteilseigner an einem gänzlich veränderten Unternehmen zu werden. Da aber ordnungsgemäß beschlossene Veränderungen nicht durch einzelne Aktionäre blockiert werden können, bleibt den enttäuschten Minderheitsaktionären nur die Möglichkeit, das Unternehmen gegen Zahlung einer angemessenen Barabfindung zu verlassen und in eine andere Gesellschaft zu investieren.

Eine zweite Grundlage stellen Fairnesserwägungen dar (remedy-for-unfairness-argument)[222]. Struktur- und Konzernierungsmaßnahmen würden stets die Gefahr bergen, dass Anteilseigner unfair behandelt würden. Diese Gefahr habe sich insbesondere durch die Einführung des cash-out mergers noch erheblich verschärft. Der Minderheitsschutz gebiete es, Minderheitsaktionäre vor einer solchen unfairen Behandlung zu bewahren. Es sei aber bei weitem besser, einer unangemessenen Behandlung im nachhinein durch ein appraisal-Verfahren zu begegnen, als die entsprechende Maßnahme mittels einer injunction von vornherein zu unterbinden[223]. Dies gelte umso mehr, da injunctions aufgrund ihrer drastischen

---

(1995); *Wertheimer*, 47 Duke L.J. 613/614 (**1998**). Dabei gilt insbesondere das appraisal right nach § 262 Delaware General Corporation Law sowie nach § 13.02 RMBCA aus dem Jahre 1999 (im Gegensatz zu der Fassung des Jahres 1984) als restriktive Fassungen dieses Rechts. Siehe hierzu *Oesterle*, 75.

[220] Vgl. § 262 (b) Delaware General Corporation Law; § 1300 (a) California Corporations Code; § 13.02 RMBCA; § 7.21 ALI Principles of Corporate Governance.

[221] *Clark*, S. 444; *Eisenberg, Structure of the Corporation*, 69ff.; *Wertheimer*, 47 Duke L.J. 613/614f. (**1998**). Siehe auch Official Comment 1, § 13.01 RMBCA. Kritisch *Fischel*, Am. B. Found. Res. J. 875/877f. (**1983**).

[222] *Clark*, S. 445; *Wertheimer*, 47 Duke L.J. 613/616 (**1998**).

[223] *Klein/Coffee*, 204. Ähnlich auch *Fischel*, Am. B. Found. Res. J. 875/880f. (**1983**), der annimmt, dass allein durch das Vorhandensein des appraisal right die Gefahr der Benachteiligung von Minderheitsaktionären verringert werden kann.

Auswirkungen ohnehin nur in eindeutigen Fällen von den Gerichten gewährt werden würden.

3. Appraisal Right und Freeze-out

Lange Zeit hatte das appraisal right bei einem freeze-out allerdings allenfalls eine sekundäre Bedeutung[224]. Dies änderte sich erst mit der Entscheidung des Delaware Supreme Court in Weinberger v. Uop, Inc., in der klargestellt wurde, dass bei einem freeze-out grundsätzlich eine injunction ausgeschlossen ist und den Minderheitsaktionären stattdessen das appraisal right zur Verfügung steht[225]. Darüber hinaus erlaubte das Gericht auch erstmals moderne Bewertungsverfahren, die höhere Abfindungen für die ausscheidenden Minderheitsaktionäre zur Folge hatten[226]. Somit wurde letztendlich durch die Weinberger-Entscheidung das appraisal right als zentrales Schutzinstrument der ausgeschlossenen Minderheitsaktionäre bei einem freeze-out etabliert[227]. Diese Entwicklung entbehrt nicht einer gewissen Ironie, wenn man sich vergegenwärtigt, dass das appraisal right ursprünglich als Austrittsrecht für Aktionäre konzipiert war, die mit der Geschäftspolitik nicht mehr einverstanden waren.

4. Stock Market Exception

In vielen Einzelstaaten, darunter auch in Delaware[228] und Kalifornien[229], schränken die corporation statutes die Anwendung des appraisal right bei publicly traded shares ein[230]. Auch der RMBCA läst ein appraisal right nicht zu, wenn die Aktien des Unternehmens am Markt gehandelt werden[231]. Diese Ausnahme basiert auf der Vorstellung, dass dort, wo ein effizienter Markt besteht, der Marktpreis einen angemessenen Ersatz für den fair value der Aktien darstellt. Eine Bewertung durch ein Gericht werde damit unnötig[232]. Es sei überflüssig, das Unternehmen einem zeit- und kostenintensiven appraisal-Verfahren auszusetzen, wenn unzufriedene Aktionäre die Möglichkeit haben, ihre Aktien direkt an der Börse zu verkaufen. Diese Ausnahme zum appraisal right wird allgemein als stock market exception (oder market-out) bezeichnet[233].

---

[224] *Klein/Coffee*, 203f.; *Wertheimer*, 47 Duke L.J. 613/620ff. **(1998)**.
[225] 457 A.2d 701/715 (Del. **1983**). Siehe auch *Clark*, 527.
[226] Hierauf wird weiter unter ausführlich eingegangen; § 8 III. 5. f) aa) (1) (c).
[227] *Wertheimer*, 47 Duke L.J. 613/616f.. **(1998)**.
[228] § 262 (b) (1) Delaware General Corporation Law.
[229] § 1300 (b) (1) California Corporations Code.
[230] Siehe Official Comment 1, § 13.01 RMBCA; *Klein/Coffee*, 203 Fn.119.
[231] § 13.02 (b) (1) RMBCA.
[232] Siehe Official Comment 2, § 13.02 RMBCA; zustimmend *Seligman*, 1070.
[233] Zur Geschichte der stock market exception: Note, *A Reconsideration of the Stock Market Exception to the Dissenting Shareholder's Right of Appraisal*, 74 Mich. L. Rev. 1023/1026ff. **(1976)**.

Voraussetzung ist allerdings, dass der Markt, an dem die Aktien gehandelt werden, liquide ist. Des weiteren muss der Marktwert verlässlich ermittelt werden können[234]. Die Voraussetzungen eines liquiden Marktes sind in entsprechenden Gesellschaftsrechten vorgegeben[235]: Die Aktie des Unternehmens muss an der New York Stock Exchange bzw. an der American Stock Exchange gehandelt oder als eine national market system security auf einem elektronischen Handelssystem der National Association of Securities Dealers, Inc. geführt werden. Ausreichend ist es jedoch auch, wenn es zumindest 2000 Aktionäre gibt.

Andererseits gibt der RMBCA den Aktionären das appraisal right zurück, wenn sie als Gegenleistung etwas anderes als eine Barabfindung oder Aktien erhalten, die ihrerseits dem Liquiditätstest gerecht werden[236]. Damit ist gewährleistet, dass die Aktionäre entweder ein appraisal right, eine Barabfindung oder liquide Aktien erhalten. Der Staat Delaware lässt sogar die stock market exception nur dann zu, wenn die Aktionäre liquide Aktien erhalten[237]. Daher steht das appraisal right den Aktionären bei der klassischen freeze-out-Technik, dem cash-out merger, in Delaware stets zur Verfügung[238]. Gleiches gilt bei einem short-form merger[239].

Zudem ist die stock market exception nicht unumstritten. Gegner weisen darauf hin, dass die Regelung zu unfairen Ergebnissen führt, wenn der Marktpreis nicht den fair value der Aktien reflektiert[240]. Dies kann z.B. bei einer allgemeinen Unterbewertung der Fall sein. Daneben wird darauf hingewiesen, dass die Ausnahme dem Sinn und Zweck des appraisal right widerspricht[241].

Andere verlangen wiederum, dass die stock market exception zumindest dann keine Anwendung findet, wenn eine interested transaction vorliegt[242]. In diesem Fall bestehe eine hohe Wahrscheinlichkeit, dass der Marktpreis nicht alle relevanten Informationen reflektiert und daher der Markt ineffizient ist. Da ein freeze-out durch den Mehrheitsaktionär zwangsläufig eine interested transactions

---

234 Siehe Official Comment 2, § 13.02 RMBCA.

235 Siehe § 262 (b) (1) Delaware General Corporation Law; § 13.02 (b) (1) RMBCA. Die Anforderungen sind nahezu identisch.

236 § 13.02 (b) (3) RMBCA.

237 § 262 (b) (2) Delaware General Corporation Law.

238 Siehe auch *Wertheimer*, 47 Duke L.J. 613/634 **(1998)**.

239 § 263 (b) (3) Delaware General Corporation Law.

240 *Clark*, 448; *Eisenberg, Structure of the Corporation*, 81; *Klein/Coffee*, 203 Fn.119; Note, *A Reconsideration of the Stock Market Exception to the Dissenting Shareholder's Right of Appraisal*, 74 Mich. L. Rev. 1023/1048ff. **(1976)**; vgl. auch *Brudney*, 4 J. Corp. L. 63/69ff. **(1978)**.

241 *Fischel*, Am. B. Found. Res. J. 875/885 **(1983)**.

242 *Oesterle*, 76; *Seligman*, 1072.

darstellt[243], würde nach dieser Ansicht die stock market exception bei einem Ausschluss niemals zur Anwendung gelangen.

5. Einhaltung des Entire Fairness-Standards

Ein Vorteil des appraisal right ist, dass die Minderheitsaktionäre keinerlei Beweislast trifft. Es muss nicht dargelegt werden, dass der freeze-out in irgendeiner Form unfair für die Betroffenen ist. Ausreichend ist vielmehr ein einfacher Antrag bei dem zuständigen Gericht, den fair value der Anteile festzustellen. Natürlich kann es aber bei der Bewertung der Anteile von Bedeutung sein, ob der entire fairness-Standard eingehalten wurde[244].

Wichtig wird ein Verstoß gegen den entire fairness-Standard aber insbesondere dann, wenn ansonsten den Minderheitsaktionären das appraisal-Verfahren nicht zur Verfügung steht. Greift z.B. die stock market exception, so kann das Gericht dennoch den Minderheitsaktionären das appraisal right gewähren, wenn sie durch den Ausschluss unfair behandelt wurden[245].

6. Durchführung des Appraisal-Verfahrens

Die genaue Durchführung des appraisal-Verfahrens ist in den jeweiligen corporation statutes detailliert geregelt.

a) Geltendmachung des Appraisal Right

Zunächst muss das Unternehmen, das den freeze-out durchführt, die Aktionäre benachrichtigen und sie über ihre Rechte in Kenntnis setzen[246]. Wenn ein Aktionär beabsichtigt sein appraisal right auszuüben, so muss er noch vor der Abstimmung eine schriftliche Antrag (written demand für appraisal) stellen[247]. Dieser hat die Funktion, dem Management vor Augen zu führen, welche Kosten auf das Unternehmen zukommen. Bei der Abstimmung selbst darf der Minderheitsaktionär nicht für den freeze-out stimmen. Nachdem der freeze-out dann von der Mehrheit der Aktionäre beschlossen wurde, muss das Unternehmen die Minderheitsaktionäre erneut informieren, wo und wann sie ihren Antrag auf Zahlung stellen müssen und gegebenenfalls wo und wann sie ihre share certificates zu

---

[243] Siehe oben, § 3 IV. 1..

[244] *Wertheimer*, 47 Duke L.J. 613/686 (**1998**).

[245] *Clark*, 527.

[246] § 262 (d) (1) Delaware General Corporation Law, wonach dies mindestens 20 Tage vor der Abstimmung über den freeze-out geschehen muss; § 13.20 (a) RMBCA; § 7.23 (a) ALI Principles of Corporate Governance. Bei einem short-form merger gelten teilweise Besonderheiten: § 262 (d) (2) Delaware General Corporation Law; § 13.20 (b) RMBCA.

[247] § 262 (d) (1) Delaware General Corporation Law; § 13.21 RMBCA; § 7.23 (b) ALI Principles of Corporate Governance.

hinterlegen haben[248]. Wenn die Minderheitsaktionäre der Ansicht sind, dass die angebotene Barabfindung unangemessen ist, müssen sie nach dem RMBCA darüber hinaus dem Unternehmen mitteilen, dass sie ihr appraisal right ausüben[249].

Kommt es zu keiner Einigung, so können das Unternehmen oder die Minderheitsaktionäre beim zuständigen Gericht einen Antrag stellen, den fair value der Anteile festzustellen[250]. Nach dem RMBCA und den ALI Principles of Corporate Governance muss hingegen das Unternehmen das appraisal-Verfahren einleiten[251].

Das Gericht prüft zuerst die Berechtigung[252]. Danach nimmt es eine Schätzung des Wert der Aktien vor[253]. Wie die Bewertung konkret abläuft wird in einem separaten Abschnitt weiter unten dargestellt[254].

b) Zeitpunkt der Zahlung

Ein appraisal-Verfahren kann sich über mehrere Jahre hinziehen[255]. Da die Minderheitsaktionäre in Delaware und den meisten anderen Staaten erst nach der gerichtlichen Feststellung des fair value ihre Barabfindung ausgezahlt bekommen, müssen sie für einen erheblichen Zeitraum auf ihre Gegenleistung verzichten[256]. Hinzu kommt, dass auch ein Handel mit den Anteilen ausgeschlossen ist, sobald sie Gegenstand eines appraisal-Verfahrens sind.

Aus diesem Grund sehen der RMBCA und die ALI Principles of Corporate Governance nun vor, dass die Gesellschaft unmittelbar nach dem freeze-out den Minderheitsaktionären die Barabfindung zu zahlen hat, die nach Ansicht des Unternehmens den fair value der Anteile darstellt[257]. Wird später ein höherer fair

---

248 Die Frist hierfür beträgt sowohl nach § 262 (d) (1) Delaware General Corporation Law, als auch nach § 13.22 RMBCA 10 Tage.

249 Die Frist für die Minderheitsaktionäre beträgt gemäß § 13.28 RMBCA 30 Tage nach Erhalt des Angebotes.

250 Die Frist hierfür beträgt nach § 262 (e) Delaware General Corporation Law 120 Tage nach Beschluss des freeze-out.

251 § 13.30 (a) RMBCA, wonach das Unternehmen 60 Tage Zeit hat; § 7.23 (f) ALI Principles of Corporate Governance.

252 § 262 (g) Delaware General Corporation Law.

253 § 262 (h) Delaware General Corporation Law; § 13.30 (a) RMBCA.

254 Siehe unten, § 8 III. 5. f) aa) (1).

255 Vgl. *Oesterle*, 76.

256 Siehe *Cede & Co. v. Technicolor, Inc.*, 542 A.2d 1182/1188. (Del. **1988**); *O'Kelley/Thompson*, 596f..

257 § 13.25 (a) RMBCA; § 7.23 (c) ALI Principles of Corporate Governance.

value festgestellt, so muss das Unternehmen die Differenz zu dem bereits gezahlten Wert begleichen.

c) Kosten des Verfahrens

Nach dem RMBCA hat grundsätzlich das Unternehmen die Kosten des gesamten Verfahrens zu tragen[258]. Die ALI Principles of Corporate Governance sehen dagegen vor, dass das Gericht die Kosten nach seinem Ermessen verteilt[259]. In Delaware ist darüber hinaus sogar ausdrücklich die Möglichkeit vorgesehen, die Verfahrenskosten den Minderheitsaktionären aufzuerlegen[260].

VI. Ergebnis

Insgesamt bleibt somit festzustellen, dass in den USA der Ausschluss von Minderheitsaktionären ein etablierter Bestandteil des Gesellschaftsrecht ist. Ein bestimmtes freeze-out-Verfahren gibt es jedoch nicht. Vielmehr steht dem Mehrheitsaktionär eine Vielzahl von Möglichkeiten offen, einen freeze-out durchzuführen. Diese reichen von verschiedenen Formen des mergers bis hin zum Aktiensplit.

Die Gerichte haben als Rechtsschutz ein abgestuftes System von Kontrollen entwickelt, um eine Benachteiligung der Minderheitsaktionäre auszuschließen. Liegt eine arglistige Täuschung (fraud) oder ein vergleichbarer schwerer Verfahrensmangel vor, so kann der freeze-out mittels einer injunction verhindert werden. In Fällen der Manipulation oder des Missbrauchs von Insider-Informationen beim Handel mit Aktien kann daneben Klage bei einem Bundesgericht nach Rule 10b-5 des Securities Exchange Act aus dem Jahre 1934 erhoben werden. Im Normalfall sind Minderheitsaktionäre allerdings nicht in der Lage einen freeze-out zu verhindern. Stattdessen bleibt ihnen nur die Möglichkeit, die Angemessenheit ihrer Abfindung in einem appraisal-Verfahren überprüfen zu lassen. Dieses appraisal right stellt in der Realität bei einem freeze-out den wichtigsten Rechtsschutz der Minderheitsaktionäre dar.

---

258 § 13.31 (a) RMBCA.

259 § 7.23 (d) ALI Principles of Corporate Governance.

260 § 262 (j) Delaware General Corporation Law.

§ 4 Regelungen in Großbritannien

Ein Blick auf andere Rechtsordnungen in Europa zeigt, dass Squeeze-out-Regelungen in den meisten nationalen Rechtsordnungen fest verankert sind. Während nur in Deutschland und Spanien überhaupt keine Regelungen dieses Problemfelds existierten, sind in den meisten anderen westlichen Industriestaaten lediglich die Voraussetzungen eines Squeeze-out unterschiedlich geregelt[261]. Innerhalb Europas kommt allerdings Großbritannien die Vorreiterrolle hinsichtlich der Schaffung eines funktionierenden Kapitalmarkts zu. Somit soll im folgenden das dortige Ausschlussverfahren näher untersucht werden.

I. City Code on Takeovers and Mergers

Das Übernahmerecht ist in Großbritannien nur hinsichtlich einzelner Aspekte gesetzlich geregelt. Von entscheidender Bedeutung ist stattdessen der City Code on Takeovers and Mergers, ein auf freiwilliger Selbstkontrolle beruhender Verhaltenskodex, der vom Panel on Takeovers and Mergers aufgestellt ist und auch überwacht wird[262]. Der Panel ist ein unabhängiges Gremium, bestehend aus Vertretern englischer Finanzinstitute und verschiedener Berufs- und Wirtschaftsverbände[263]. Der City Code enthält allgemeine Grundsätze für Angebote auf die Übernahme von Aktien englischer Gesellschaften, aber auch spezielle Regelungen für die einzelnen Phasen einer solchen Übernahme[264]. Wenn auch der City Code formell keinen Gesetzesrang hat, ist seine Befolgung de facto weitestgehend gesichert. Wer sich nicht an den City Code hält, muss mit empfindlichen Sanktionen rechnen, soweit er unter der Aufsicht einer englischen Behörde oder einer Selbstverwaltungseinrichtung steht[265].

---

[261] Vgl. den Überblick bei *Forum Euopaeum Konzernrecht*, ZGR **1998**, 673/734ff. und *Sieger/Hasselbach*, NZG **2001**, 926ff.. So existieren Ausschlussrechte in Belgien, Dänemark, Finnland, Frankreich, Großbritannien, Italien, Österreich, den Niederlanden, Schweden und der Schweiz.

[262] *Goldenberg*, § 1304. Zu den Vor- und Nachteilen eines derartigen Verhaltenskodexes siehe *Grier*, 537ff..

[263] Chairman und Deputy Chairmen werden vom Governor der Bank of England ernannt. Die Entscheidungen des Panel sind gerichtlich überprüfbar; siehe *R v Panel on Takeovers and Mergers, ex parte Guiness* **(1988)** 4 BCC 714; *R v Panel on Takeovers and Mergers, ex parte Datafin plc & Anor* **(1987)** 3 BCC 10.

[264] Zu den genauen Zielen des City Code siehe *Goldenberg*, a.a.O.; *Grier*, 538.

[265] *Xuereb*, 206. Wer zum Beispiel als financial adviser an einem Übernahmeangebot an die Aktionäre einer englischen Gesellschaft mitwirkt, bei dem sich der Bieter nicht an die Regeln des City Code hält, muss mit dem Entzug seiner Lizenz rechnen. Da es ein Bieter kaum wagen wird, ein Übernahmeangebot ohne professionelle Beratung einer Investmentgesellschaft durchzuführen, ist die Einhaltung des City Code praktisch gewährleistet.

II. Compulsory Acquisition

Interessanterweise ist der Ausschluss von Minderheitsaktionären (compulsory acquisition of minority shareholdings) eines der Rechtsgebiete, die gesetzlich geregelt sind. So eröffnet der Companies Act 1985 (CA) in seinen sections 428 bis 430F dem Bieter eines öffentlichen Übernahmeangebotes die Möglichkeit, die restlichen Aktien der Zielgesellschaft auch gegen den Willen der Minderheitsaktionäre zu den Bedingungen seines Angebots zu erwerben.

1. Ursprung

Die compulsory acquisition geht auf Empfehlungen des Greene Committee zurück, die 1929 zu einer ersten Regelung in section 155 Companies Act 1929 führten. Als Grund wurden Nichterreichbarkeit von unbekannten Aktionären, aber auch Schutz der Mehrheit vor einer Blockierung des Übernahmeangebots durch den Druck oder auch das Desinteresse der Minderheit angeführt[266]. Später wurde die Ausschlussregelung dann mit den sections 428 bis 430 Bestandteil des CA 1985. Ihre heutige Form erhielten die Regeln schließlich durch schedule 12 des Financial Service Act 1986 (FSA 1986). Der Grund für die Neuregelung lag darin, dass die vorgehende Fassung nicht mehr detailliert genug war, um der Vielzahl heutiger Übernahmen gerecht zu werden[267]. Gewollt war auch eine stärkere Orientierung am City Code on Takeovers and Mergers. Die Reform war ursprünglich bereits vom Jenkins Committee im Jahre 1962 vorgeschlagen worden, wurde aber immer wieder verzögert[268]. Die Neufassung basiert nun nahezu vollständig auf einem Memorandum des Law Society's Standing Committee on Company Law, das wiederum die Zustimmung des Law Reform Committee of the Senate of the Inns of Courts and the Bar fand[269]. Somit regeln jetzt die Vorschriften des CA 1985, part XIIIA, sections 428 – 430F den zwangsweisen Ausschluss von Minderheitsaktionären.

2. Durchführung

Die erste Voraussetzung einer compulsory acquisition ist, dass ein öffentliches Übernahmeangebot (takeover offer) für eine Zielgesellschaft abgegeben wird, die unter dem Companies Act registriert ist. Section 428 (1) CA definiert ein takeover offer als ein Angebot zum Erwerb aller Aktien der Zielgesellschaft[270].

---

266 *Goldenberg*, § 1303 (1); *Grier*, 546; *Leigh/Joffe/Goldberg*, 425.

267 *Burgess*, § 8.50; *Mayson/French/Ryan*, § 8.8.2.

268 *Boyle and Birds*, § 16.23.

269 Siehe *Boyle and Birds*, § 16.23.

270 Section 428 (1) CA: "In this part of the Act 'a takeover offer' means an offer to acquire all the shares, or all the shares of any class or classes, in a company (other than shares which at the date of the offer are already held by the person making the offer) being an offer on terms which are the same in relation to all the shares to which the offer relates or, where those shares include shares of different classes, in relation to all the shares of each class." Dadurch

Dabei spielt es keine Rolle, ob es sich bei der Gesellschaft um eine public oder private company handelt[271]. Das takeover offer kann auch von mehreren Personen abgegeben werden (joint offer, section 430D CA)[272]. Eine invitatio ad offerendum ist aber nicht ausreichend[273]. Zudem müssen die Bedingungen des Angebots dabei für alle Aktien, auf die sich das takeover offer bezieht, identisch sein[274]. Wertpapiere mit Umtauschrecht in Aktien (convertible securities) sind normalen Aktien gleichgestellt (section 430F (1) CA).

Die zweite Voraussetzung ist, dass der Bieter innerhalb einer Frist von vier Monaten seit Bekanntgabe des Angebots mindestens 90 Prozent der Aktien, auf die sich das takeover offer bezog, erlangt hat bzw. sich vertraglich verpflichtet hat zu erlangen (section 429 (1) und (3) CA)[275]. Diese Regelung führt dazu, dass der Bieter vor Durchführung der compulsory acquisition mindestens 90 Prozent des Grundkapitals hält. Letzteres nämlich dann, wenn er vor Abgabe des takeover offer überhaupt keine Aktien an der Gesellschaft gehalten hat. Besaß er hingegen vorher bereits Anteile, was in der Praxis der Normalfall sein dürfte, so liegt die Beteiligungsquote am Grundkapital entsprechend höher.

Bei der Berechnung der maßgeblichen 90-Prozent-Schwelle werden Aktien, die der Hauptaktionär oder einer seiner associates vor Abgabe des öffentlichen Übernahmeangebotes besessen hat, nicht mitgezählt[276]. Der Begriff des associate ist dabei - ebenso wie im City Code on Mergers and Takeovers - sehr weit gefasst (section 430E (4) bis (8) CA)[277]. Ebenfalls unberücksichtigt bleiben Akti-

---

wurde klargestellt, dass Teilangebote (partial bids) ausgeschlossen sind. Allerdings besteht nach dem eindeutigen Wortlaut die Möglichkeit eine compulsory acquisition nur für Aktien einer bestimmten Klasse durchzuführen. Dann beziehen sich die Anforderungen und Rechtsfolgen eines Ausschlusses nur jeweils auf die Aktien dieser Klasse (section 429 (2) CA).

[271] *Burgess*, § 8.56; *Grier*, 547. Ist der Bieter oder die Zielgesellschaft allerdings an der Börse notiert, so sind die listing rules des Council of the Stock Exchange zu berücksichtigen. Diese listing rules finden sich in section 6, chapter 2 des Admission of Securities to Listing (dem sogenannten Yellow Book). Die dort aufgeführten Regeln basieren ihrerseits auf dem City Code on Takeovers and Mergers.

[272] Siehe auch *Tolley's*, § 59.27.

[273] *Re Chez Nico (Restaurants) Ltd* [**1992**] BCLC 192.

[274] Eine Ausnahme gilt nach section 428 (4) CA dann, wenn die Aktien im Ausland gehalten werden und ansonsten ein Verstoß gegen die dortigen Vorschriften droht. Siehe auch *Mutual Life Insurance Co. of New York v Rank Organisation Ltd* [**1985**] BCLC 11.

[275] Die Notwendigkeit bei einem takeover offer den City Code on Takeover and Mergers zu berücksichtigen führt in der Praxis dazu, dass die Einhaltung der vorgegebenen Frist fast nie ein Problem darstellt. Siehe auch *Boyle and Birds*, § 16.24.

[276] Siehe auch *Mayson/French/Ryan*, § 8.8.2.2.

[277] Section 430E (4) CA:“ In this section ‘associate’, in relation to an offeror means – (a) a nominee of the offeror; (b) a holding company, subsidiary or fellow subsidiary of the offeror or a nominee of such a holding company, subsidiary or fellow subsidiary; (c) a body corporate

en, die der Bieter unabhängig vom takeover offer[278] zu einem Preis erworben hat, der den des Angebots übersteigt (section 429 (8) CA). Entspricht der gezahlte Preis jedoch dem des (eventuell nachträglich erhöhten) takeover offers oder liegt er darunter, so können die so erworbenen Aktien hinzugezählt werden (sections 429 (8) und 430E (2) CA)[279].

Kann die 90-Prozent-Schwelle nur deswegen nicht erreicht werden, weil einige Aktionäre trotz eingehender Bemühungen nicht ermittelt werden konnten, und wäre die 90-Prozent-Grenze überschritten worden, wenn diese Aktionäre das takeover offer angenommen hätten, dann kann das zuständige Gericht den Bieter autorisieren die compulsory acquisition durchzuführen, sofern die Gegenleistung als fair und vernünftig erachtet wird (section 430C (5) CA). Hierbei muss das Gericht aber insbesondere auch die Anzahl der Minderheitsaktionäre in Betracht ziehen, die ausfindig gemacht werden konnten, aber das takeover offer abgelehnt haben[280].

Ist die 90-Prozent-Schwelle erreicht worden, so hat der Bieter für die Ausübung der compulsory acquisition zwei Monate Zeit (section 429 (3) CA). Ausgeübt wird das Recht durch formgerechte Mitteilung (notice) an die nicht abgabebereiten Aktionäre der Zielgesellschaft (dissentients) (section 429 (1) und (2) CA)[281]. Eine Kopie dieser notice ist an die Zielgesellschaft zu schicken zusammen mit der Erklärung, dass die Voraussetzungen für den zwangsweisen Erwerb der restlichen Aktien vorliegen (section 429 (4) CA). Die Abgabe einer falschen Erklärung ist strafbar (section 429 (6) und (7) CA)[282].

Der Bieter ist danach berechtigt und verpflichtet, die Anteile auf der Grundlage des takeover offer zu übernehmen (section 430 (1) und (2) CA). Damit soll sichergestellt werden, dass die ablehnenden Minderheitsaktionäre nicht gegenüber den zustimmenden Gesellschaftern benachteiligt werden[283].

In der notice an die Aktionäre ist bei alternativ angebotenen Gegenleistungen darauf hinzuweisen, dass der Aktionär sechs Wochen Zeit für die Ausübung sei-

---

in which the offeror is substantially interested; or (d) any person who is, or is a nominee of, a party to an agreement with the offeror for the acquisition of, or of an interest in, the shares which are the subject of the takeover offer, being an agreement which includes provisions imposing obligations or restrictions such as are mentioned in section 204 (2) (a)."

278 Derartige Käufe werden teilweise als „side purchases" bezeichnet. Siehe *Boyle and Birds*, § 16.24.

279 Ein Beispiel findet sich bei *Tolley's*, § 59.21.

280 Vgl. auch *Tolley's* § 59.26.

281 Siehe hierzu *Tolley's*, § 59.25.

282 Vgl. hierzu *Stocks*, 112.

283 *Re Carlton Holdings Ltd* [1971] 1 WLR 918/925; *Burgess*, § 8.53.

nes Wahlrechts hat. Ferner ist festzulegen, welche Alternative Aktionäre erhalten, die innerhalb dieser Frist keine Wahl treffen (section 430 (3) CA).

3. Rechtsschutz

Das Recht des Bieters zum zwangsweisen Erwerb der Aktien der nicht verkaufsbereiten Minderheitsaktionäre stellt für diese einen erheblichen Eingriff in ihre Rechtsposition als Aktionäre dar.

a) Section 430C (1) CA

Section 430C (1) CA gibt den Minderheitsaktionären daher das Recht, innerhalb von sechs Wochen nach Erhalt der notice eine gerichtliche Entscheidung über die Ausübung des Erwerbsrechts zu beantragen. Solange das gerichtliche Verfahren schwebt, findet ein zwangsweiser Erwerb nicht statt (section 430 C (2) CA).

Das Gericht hat zwei Möglichkeiten: Zum einen es kann dem Bieter gänzlich untersagen, die compulsory acquisition durchzuführen (section 430 C (1) (a) CA). Diese Möglichkeit bestand schon unter der vorgehenden Regelung[284]. Aufgrund dessen kann das case-law, das im Hinblick auf diese Regelung ergangen ist, weiterhin herangezogen werden[285]. Zum anderen erlaubt section 430C (1) (b) CA dem Gericht nun auch die Bedingungen, zu denen die compulsory acquisition stattfindet, gegenüber dem ursprünglichen Angebot zu verändern. Durch diese zweite Option soll eine größere Flexibilität im Einzelfall erreicht werden.

Allerdings liegt die Darlegungs- und Beweislast beim Antragssteller[286]. Sie ist im Regelfall beträchtlich[287]. Die Tatsache, dass 90 Prozent der Aktionäre das Angebot angenommen haben, begründet einen prima-facie-Beweis für die Fairness des Angebots[288]. Ausreichend ist nicht, wenn das Angebot kritisiert werden kann und verbessert werden könnte. Es muss vielmehr offensichtlich unfair

---

[284] Siehe Section 428 (4) CA 1985 [Prior Version].

[285] Vgl. *Boyle and Birds*, § 16.27; *Goldenberg*, § 1303 (2). Dies gilt natürlich nicht für Entscheidungen, die sich auf die prozessualen Aspekte der alten Regelung beziehen, sofern Unterschiede zur jetzigen Fassung bestehen.

[286] *Mayson/French/Ryan*, § 8.8.2.3.

[287] *Re Hoare & Co. Ltd* **[1934]** 150 LT 374/ 375; *Re Press Caps* **[1949]** Ch. 434/444, CA; *Nidditch v Calico Printers' Association Ltd* **1961** SLT 282.

[288] *Re Hoare & Co. Ltd* **[1934]** 150 LT 374/ 375: "Prima facie the Court ought to regard the scheme as a fair one inasmuch as it seems to be impossible to suppose that the Court, in the absence of very strong grounds, is to be entitled to set up its own view of the fairness of the scheme in opposition to so very large a majority of the shareholders who are concerned."

sein[289]. Entscheidend ist dabei, dass das takeover offer generell für alle Aktionäre und nicht nur für den klagenden Minderheitsaktionär unfair ist[290].

Haben andere Aktionäre das takeover offer aufgrund der Empfehlung des Managements angenommen, so kann der klagende Minderheitsaktionär Erfolg haben, wenn er nachweist, dass dieser Ratschlag irreführend war[291]. Gleiches gilt, wenn den Aktionären, die das Angebot angenommen haben, Informationen vorenthalten wurden, die ihnen nach dem City Code on Takeovers and Mergers zugestanden hätten[292].

Die Tatsache, dass 90 Prozent der Aktionäre das Angebot angenommen haben, wird auch dann bedeutungslos, wenn der Bieter und die Aktionäre, die das Angebot annahmen, identisch sind[293]. Allerdings werden in den meisten derartigen Fällen die annehmenden Aktionäre sowieso als associates des Bieters gelten und ihre Anteile daher für das Erreichen der 90-Prozent-Schwelle unberücksichtigt bleiben[294]. Auf der anderen Seite müssen die annehmenden Aktionäre nicht vollkommen unabhängig vom Bieter sein[295]. Eine vorhandene Nähe ist aber auf jeden Fall ein Faktor, der vom Gericht bei der Überprüfung der Fairness berücksichtigt werden muss[296].

Insgesamt ist aber festzustellen, dass angesichts der Vielzahl von Übernahmeangeboten in Großbritannien gerichtliche Entscheidungen nach section 430C (1) CA relativ selten sind[297]. Im übrigen wird das Gericht selbst bei einem erfolgreichen Antrag nur im Ausnahmefall die compulsory acquisition gänzlich verhindern. Stattdessen wird es im Regelfall die Bedingungen des Angebots, d.h. in

---

289 *Re Sussex Brick Co. Ltd* [**1961**] Ch 289/292. Folgender Nachweis wurde verlangt: "he [the dissenter], being the only man out of step in the regiment, is the only man whose views ought to prevail". Zurückhaltender allerdings *Re Deans* [**1986**] NZLR 271.

290 *Re Grierson, Oldham & Adams Ltd* [**1968**] Ch 17.

291 *Re Lifecare International plc* [**1990**] BCLC 222; vgl. auch *Gething v Kilner* [**1972**] 1 WLR 337; zustimmend auch *Boyle & Birds'*, § 16.27.

292 *Re Chez Nico (Restaurants) Ltd* [**1992**] BCLC 192/206ff.. Vgl. auch *Tolley's*, § 59.26.

293 *Re Bugle Press Ltd* [**1961**] Ch 270, CA, wo die Inhaber von 90 Prozent der Aktien der Zielgesellschaft eine neue Gesellschaft gründeten, die dann ein takeover offer für die Zielgesellschaft machte. Logischerweise wurde das Angebot von 90 Prozent der Aktionäre angenommen, so dass eine compulsory acquisition an sich möglich war. Das Gericht entschied, dass in diesem Fall die Beweislast für die Fairness bei dem Bieter lag. Dieser Nachweis gelang nicht. Daraufhin wurde die compulsory acquisition untersagt. Vgl. auch *Esso Standard (Inter-America) Inc. v JW Enterprises Inc.* (**1963**) 37 DLR (2d) 598, Supreme Court of Canada.

294 *Mayson/French/Ryan*, § 8.8.2.3.

295 *Boyle & Birds'*, § 16.27.

296 *Sammel v President Brand G. M. Co.* (**1969**) (3) SA 629/677 – 691.

297 *King*, § 8.13.

erster Linie den Preis, korrigieren[298]. Dennoch wird davon ausgegangen, dass allein die Möglichkeit einen Antrag nach section 430C zu stellen bereits eine disziplinierende Wirkung auf den Bieter ausübt, vollkommen unangemessene Angebot zu unterlassen[299].

Auch wenn der Minderheitsaktionär mit seinem Antrag keinen Erfolg hat, bleibt er von den Kosten verschont (section 430C (4) CA). Damit wird der Tatsache Rechnung getragen, dass sich die Minderheitsaktionäre in einer wirtschaftlich erheblich schwächeren Position gegenüber dem Bieter befinden und ansonsten von einer Antragstellung von vornherein abgeschreckt werden würden. Etwas anderes gilt nur dann, wenn das Gericht zum Schluss kommt, dass der Antrag unnötig, ungeeignet und schikanös war oder der Minderheitsaktionär sich sonstige schwere Verfehlungen hat zuschulden kommen lassen. Dies dürfte nur selten der Fall sein[300].

b) Section 459 CA

Als weiterer Rechtsbehelf kommt noch die Minderheitsschutzvorschrift der section 459 (1) CA in Betracht[301]. Danach kann sich jeder Aktionär an das zuständige Gericht wenden, wenn die Angelegenheiten der Gesellschaft in einer Weise geführt werden, die seine oder andere Interessen unfair benachteiligen[302].

Hat der Minderheitsaktionär mit seinem Antrag Erfolg, kann das Gericht zum einen den Ausschluss generell untersagen, zum anderen den Mehrheitsaktionär verpflichten einen angemesseneren Preis zu zahlen[303].

Die Hauptschwierigkeit ist auch hier darzulegen, dass das takeover offer unfair für die Minderheitsaktionäre ist[304]. Die Beweislast ist hier genauso hoch wie bei section 430C CA. Noch stärker als bei section 430C CA hat hier aber das zuständige Gericht nach section 461 CA volles Ermessen bei der Beurteilung etwaiger Verfehlungen. Zwar gehen einige Autoren davon aus, dass gerade deswegen section 459 CA den besseren Rechtsbehelf gegen eine unfaire Behandlung darstellt[305]. Da hier die Interessen und nicht nur die Rechte der Minderheitsaktionäre vor einer unfairen Nachteilszufügung geschützt werden, gebe dies

298 *Xuereb*, 205.
299 Siehe *Boyle and Birds*, § 16.27; *Goo*, 92.
300 Vgl. *Re Britoil plc* **[1990]** BCC 70, CA.
301 *Goo*, 92; *Xuereb*, 205.
302 Zu Section 459 CA siehe ausführlich *Goo*, 17ff.; *Keenan/Riches*, 153ff.; *Kelly/Holmes/Hayward*, 367ff..
303 Vgl. *Re Bird Precision Bellows* **[1986]** 2 WLR 158 CA.
304 *Goo*, 92.
305 *Goo*, a.a.O..

dem Gericht die Möglichkeit allgemeinere Fairnesserwägungen anzustellen und nicht bloß die ordnungsgemäße Einhaltung von Verfahrensvorschriften zu überprüfen. In der Praxis sind die Gerichte jedoch mit der Anwendung der section 459 CA zumindest bei public companies bisher äußert zurückhaltend[306]. Fest steht, dass sich die Beschwerde auf mehr gründen muss als auf einen einfachen Disput über die Unternehmenspolitik[307].

Abgelehnt wurde die Eröffnung eines Verfahrens nach section 459 CA im Falle eines Angebotes auf Erwerb von Aktien, das durch Gutachten unabhängiger Sachverständiger abgesichert war und hinreichende Schutzvorkehrungen enthielt[308]. Gibt es jedoch Anzeichen dafür, dass die Sachverständigen nicht unabhängig sind, dann besteht durchaus die Möglichkeit über section 459 CA den Wert der Anteile feststellen zu lassen[309].

Gute Aussichten dürfte der Minderheitsaktionär ebenso haben, wenn er nachweisen kann, dass die anderen Aktionäre nur aufgrund unzureichender Informationen das Angebot angenommen haben[310].

Alles in allem wird ein Antrag nach section 459 CA dann Erfolg haben, wenn bereits das Verfahren nach section 430C CA zum gewünschten Ergebnis geführt hat[311]. Damit dürfte section 459 CA aber im allgemeinen bei einer compulsory acquisition keine eigenständige Bedeutung zukommen.

4. Rechtsübergang

Die eigentliche compulsory acquisition vollzieht sich in der Form, dass der Bieter sechs Wochen nach dem Datum seiner notice über die Einleitung des Zwangserwerbs (nochmals) eine Kopie dieser notice an die Gesellschaft übersendet und an sie den auf die zwangsweise zu erwerbenden Aktien entfallenden Kaufpreis zahlt oder die sonstige Gegenleistung entrichtet (section 430 (5) CA). Die Kopie der notice über den zwangsweisen Erwerb muss im Falle von Namensaktien begleitet sein von einer Übertragungserklärung (instrument of transfer), die durch eine vom Bieter dazu benannte Person für die außenstehenden Aktionäre ausgefertigt ist (section 430 (6) CA). Auf der Grundlage dieser Übertragungserklärung hat die Zielgesellschaft den Bieter als neuen Aktionär für die Aktien zu registrieren (section 430 (6) und (7) CA). Damit ist der Erwerb der

---

306 *Kelly/Holmes/Hayward*, 368; *Wilkinson*, 274f..
307 Vgl. z.B. *Re Carrington Viyella plc* **[1983]** 1 BCC 98; *Re R A Noble & Sons (Clothing) Ltd* **[1983]** BCLC 273; *Re Jermyn Street Turkish Baths* **[1971]** 1 WLR 1047.
308 *Re A Company (No 00836 of 1995)* **[1996]** 2 BCLC 192.
309 *Re Boswell & Co (Steels) Ltd* **(1989)** 5 BCC 105.
310 Vgl. *Re A Company(No 008699 of 1985)* **[1986]** BCLC 382.
311 *Goo*, 93.

restlichen, zu einer Beteiligung von 100 Prozent noch fehlenden Aktien vollzogen, gleichgültig ob die ausscheidenden Aktionäre bekannt sind oder nicht.

Die vom Bieter an die Zielgesellschaft erbrachte Gegenleistung ist von dieser treuhänderisch für die zwangsweise aus der Gesellschaft ausgeschiedenen Aktionäre zu halten (section 430 (9) CA). Handelt es sich bei der Gegenleistung um Bargeld, so ist dieses auf einem gesonderten Bankkonto verzinslich anzulegen (section 430 (10) CA).

Hat der ausgeschlossene Minderheitsaktionär bei entsprechenden Auswahlmöglichkeiten als Gegenleistung etwas anderes als eine Barabfindung gewählt und ist der Bieter nicht mehr in der Lage diese zu gewähren, dann muss dem Minderheitsaktionär als Ersatz eine Barabfindung vom gleichen Wert ausbezahlt werden (section 430 (4) CA) .

Die Gesellschaft ist verpflichtet, sich regelmäßig und angemessen darum zu bemühen, die berechtigten (früheren) Aktionäre ausfindig zu machen (section 430 (11) CA). Die Kosten hierfür sind dem für die jeweilige gesuchte Person treuhänderisch gehaltenen Betrag zu entnehmen (section 430 (15) CA).

Sollte die Gesellschaft nicht innerhalb von 12 Jahren in der Lage sein, die unbekannten Aktionäre ausfindig zu machen, oder wird sie zwischendurch aufgelöst, ist der entsprechende Betrag dem zuständigen Gericht zu überlassen (section 430 (11) CA)[312].

III. Ergebnis

Insgesamt bleibt festzustellen, dass das britische Verfahren zum Ausschluss von Minderheitsaktionären in sich geschlossen, aber auch sehr komplex ist. Kennzeichnend ist insbesondere die Verknüpfung mit einem öffentlichen Übernahmeangebot, das von mindestens 90 Prozent der außenstehenden Aktionäre angenommen werden muss. Sind diese Bedingungen erfüllt, so wird allgemein von der Fairness des Angebots ausgegangen, das auch die verbleibenden Minderheitsaktionäre zu akzeptieren haben. Aus diesem Grund kommt auch den an sich möglichen Rechtsbehelfen in der Praxis keine große Bedeutung zu.

---

[312] In Schottland gelten nach sections 430 (12) und (13) CA teilweise andere Regeln. So muss der Betrag auf ein Bankkonto eingezahlt werden, das im Namen des Accountant of Court geführt wird.

§ 5 Regelungsvorhaben auf EU-Ebene

Als nächstes soll nun geklärt werden, inwiefern EU-rechtliche Vorgaben im Hinblick auf die Einführung eines Squeeze-out in Deutschland bestehen.

I. Die gescheiterte 13. EU-Übernahmerichtlinie

Seit 1974 gab es auf europäischer Ebene Bestrebungen, einen einheitlichen europäischen Rechtsrahmen für Unternehmensübernahmen zu schaffen[313]. Nachdem der erste Entwurf bereits innerhalb der Kommission scheiterte, legte die Kommission erstmals am 19. Januar 1989 einen Vorschlag für eine Dreizehnte Richtlinie vor, die Übernahmeangebote regeln sollte[314]. Als bei den Verhandlungen im Rat keine Einigkeit erzielt werden konnte, wurden die Beratungen im Juni 1991 ausgesetzt. Am 8. Februar 1996 legte die Kommission einen gegenüber dem ursprünglichen Entwurf stark verkürzten Vorschlag für eine „Rahmenrichtlinie" vor, der am 10. November 1997 durch einen geänderten Vorschlag für eine Dreizehnte Richtlinie ersetzt wurde[315]. Nach intensiven Beratungen im Rat verabschiedete dieser am 19. Juni 2000 einen gemeinsamen Standpunkt zu dem geänderten Vorschlag[316]. Am 13. Dezember 2000 beschloss das Europäische Parlament 15 Änderungen des gemeinsamen Standpunktes des Rates. In dem nachfolgenden Vermittlungsverfahren[317], an dem Rat, Parlament und Kommission teilnahmen, war vor allem die Ausgestaltung des (partiellen) Abwehrverbotes für die Organe der Zielgesellschaft (Neutralitätspflicht) Gegenstand heftiger Kontroversen. Dennoch wurde am 6. Juni 2001 ein gemeinsamer Entwurf vom Vermittlungsausschuss[318] gegen den Widerstand der deutschen Bundesregierung[319], die für eine Abschwächung des Verbots durch die Zulässigkeit

---

313 Siehe *Pennington-Report*, EG-Komm.-Dokument XI/56/74.

314 ABlEG Nr. C 64 vom 14. März 1989, 8.

315 ABlEG Nr. C 378 vom 13. Dezember 1997, 10. Abgedruckt in ZIP **1997**, 2173ff.. Siehe auch *Brüls*, RIW **2000**, 889ff.; *Merkt*, ZHR 165 (**2001**), 224/230ff.; *Neye*, ZIP **1997**, 2172f.; *Pelzer*, AG **1997**, 145ff..

316 *Gemeinsamer Standpunkt im Hinblick auf den Erlass der Richtlinie des Europäischen Parlaments und des Rates auf dem Gebiet des Gesellschaftsrechts betreffend Übernahmeangebote*; ABlEG Nr. C 23 vom 24. Januar 2001, 1; abgedruckt bei *Pötzsch/Möller*, WM **2000**, Sonderbeil. Nr.2, 1/32ff.. Siehe auch *Krause*, WM **2000**, 905ff.; *Neye*, AG **2000**, 289ff.; *Pötzsch/Möller*, WM **2000**, Sonderbeil. Nr.2, 3/4ff..

317 Auf dem Weg zu einer Richtlinie ist das überaus komplizierte Verfahren der Mitentscheidung gemäß Art. 251 EGV (ehemals Art. 189b) einzuhalten.

318 *Gemeinsamer Text einer Richtlinie des Europäischen Parlaments und des Rates auf dem Gebiet des Gesellschaftsrechts betreffende Übernahmeangebote*, gebilligt vom Vermittlungsausschuss i.S.d. Art. 251 IV EGV; abgedruckt in ZIP 2001, 1123ff.. Zum Verlauf des Vermittlungsverfahrens *Neye*, ZIP **2001**, 1120/1121f..

319 Die Bundesrepublik Deutschland hatte noch im Juni 1999, unter deutscher Ratspräsidentschaft, der Neutralitätspflicht ausdrücklich zugestimmt. Sie wurde daher einstimmig Gegenstand des gemeinsamen Standpunktes des Rates. Im April 2001 kann es zu einem vollständigen

von Vorratsbeschlüssen plädiert hatte, gebilligt[320]. Am 4. Juli 2001 lehnte jedoch das Europäische Parlament den gemeinsamen Entwurf mit dem denkbar knappsten Ergebnis – Stimmengleichheit (273 Ja- zu 273 Nein-Stimmen bei 22 Enthaltungen) - ab. Damit war die Verabschiedung einer europäischen Richtlinie gescheitert.

In der revidierten Fassung des Richtlinienvorschlags war jedoch keine Regelung zum Squeeze-out vorgesehen[321]. Daher ist das Scheitern der EU-Richtlinie ohne weitere Auswirkungen auf die Einführung des Squeeze-out in Deutschland geblieben. Der deutsche Gesetzgeber war bei einer gesetzlichen Regelung des Squeeze-out nicht durch europarechtliche Vorgaben gebunden und befand sich insoweit in der gleichen Situation wie andere europäische Staaten, die ungeachtet des Fehlens einer Richtlinie ganz überwiegend nationale Lösungen gefunden haben.

II. Report of the High Level Group of Company Law Experts

Jedoch wurde schon bald nach dem Scheitern der 13. Übernahmerichtlinie seitens der europäischen Kommission ein erneuter Anlauf zur Erstellung von einheitlichen europäischen Übernahmerichtlinien unternommen. So wurde bereits am 4. September 2001 eine entsprechende unabhängige Expertengruppe (High Level Group of Company Law Experts) von der EU-Kommission eingerichtet. Diese legte am 10. Januar 2002 einen etwa 100 Seiten starken Bericht vor[322]. Darin wird explizit auf den Squeeze-out von Minderheitsaktionären eingegangen[323]. Allerdings beschränkten sich die Ausführungen auf einen Minderheitsausschluss, der in Zusammenhang mit einem vorangegangenen Übernahmeangebot steht.

Sinneswandel der deutschen Bundesregierung. Seit dieser Zeit wurde die Neutralitätspflicht als schädlich für den Wirtschaftsstandort Deutschland angesehen. Zu möglichen Gründen für diesen Sinneswandel siehe *Altmeppen*, ZIP **2001**, 1073/1074 Fn.8.

[320] Vgl. hierzu *Altmeppen*, ZIP **2001**, 1073/1074.

[321] Allerdings hat das Europäischen Parlament in seiner *Legislativen Entschließung zu dem Gemeinsamen Standpunkt des Rates im Hinblick auf den Erlass der Richtlinie über Übernahmeangebote* vom 13. Dezember 2000 in einem Art. 5a folgende Regeln vorgeschlagen: „Wenn der Bieter als Folge eines Übernahmeangebotes in den Besitz von mehr als 95% der Wertpapiere mit Stimmrecht gelangt, so hat er binnen sechs Monaten ab der Schließung des Angebots das Recht, die übrigen Wertpapiere mit Stimmrecht zu dem im Übernahmeangebot festgelegten Angebotspreis in bar zu übernehmen." Auf eine derartige Regelung konnte man sich jedoch nicht einigen.

[322] *Report of the High Level Group of Company Law Experts on Issues related to Takeover Bids*. Siehe auch *Hopt*, ZHR **2002**, 383/387.

[323] Parallel hierzu wird auch ein Auskaufsrecht (sell-out right) der Minderheitsaktionäre diskutiert.

Die Expertengruppe stellte zunächst einmal fest, dass eine EU-weite Regelung des Squeeze-out nicht vorhanden ist[324] und dass die überwiegende Mehrheit der Mitgliedsstaaten nationale Lösungen eingeführt hat. Anschließend wurde anerkannt, dass es berechtigte Interessen gibt, einen Squeeze-out durchzuführen. Die genannten Gründe sind dabei nahezu identisch mit denen, die oben bei der Legitimation der deutschen Ausschlussregelung aufgeführt wurden[325].

Ausgehend hiervon vertrat die Expertengruppe die Ansicht, dass eine EU-weite Regelung notwendig ist, um zu gewährleisten, dass die Möglichkeit eines Squeeze-out nach einem allgemeinen Übernahmeangebot in allen Mitgliedsstaaten der Europäischen Union vorhanden ist. Sowohl hinsichtlich der Bestimmung der erforderlichen Schwellen, als auch hinsichtlich der Festlegung der angebotenen Gegenleistung sollten vergleichbare Regeln innerhalb der EU vorhanden sein. Diese müssten jedoch den Mitgliedstaaten erlauben, die jeweiligen Besonderheiten ihres Gesellschaftsrechts und ihrer Finanzmärkte angemessen zu berücksichtigen[326].

Weiterhin wurde vorschlagen, dass die Mitgliedstaaten die Möglichkeit haben sollten, die zur Durchführung des Squeeze-out notwendige Schwelle auf das Grundkapital zu beziehen, wobei die Beteiligungsquote des Mehrheitsaktionärs an der Gesellschaft zwischen 90 und 95 Prozent liegen sollte. Alternativ sollte es auch möglich sein, den Ausschluss von der 90 prozentigen Annahme des Übernahmeangebotes durch die Adressaten abhängig zu machen[327].

Ist die im Rahmen des Übernahmeangebotes offerierte Abfindung von Aktionären angenommen worden, die mehr als 90 Prozent des begehrten Grundkapitals halten, so sollte die widerlegbare Vermutung bestehen, dass der Preis auch für einen kurze Zeit später folgenden Squeeze-out angemessen ist. Handelt es sich um ein Pflichtangebot, so sollte die widerlegbare Vermutung auch dann beste-

324 Erwähnt wurde kurz der Entwurf einer 9. Konzernrechts-Richtlinie, deren Artikel 33 vorsah, dass ein Unternehmen, das 90 Prozent des Grundkapitals einer anderen Gesellschaft erworben hat, einseitig ein Konzernverhältnis begründen und die Anteile der verbliebenen Minderheitsaktionäre übernehmen kann. Allerdings konnte sich aus diesem Entwurf niemals ein offizieller Kommissionsvorschlag entwickeln.

325 *Report of the High Level Group of Company Law Experts on Issues related to Takeover Bias*, 55ff..

326 *Report of the High Level Group of Company Law Experts on Issues related to Takeover Bias*, 63f..

327 *Report of the High Level Group of Company Law Experts on Issues related to Takeover Bias*, 64.

hen, wenn die 90-Prozent-Schwelle nicht erreicht wurde. In allen anderen Fällen müsse die Abfindung durch gerichtlich bestellte Experten festgelegt werden[328].

III. Die neue EU-Übernahmerichtlinie

Nachdem die Expertengruppe den Weg zu einem level playing field für Unternehmensübernahmen gewiesen hatte, verabschiedete die Europäische Kommission am 2. Oktober 2002 einen neuen Vorschlag für eine EU-Übernahmerichtlinie[329]. Allerdings war auch dieser neue Vorschlag umstritten. Gerade von deutscher Seite wurde insbesondere die Übernahme der von der Expertengruppe zur Überwindung präventiver Abwehrmaßnahmen vorgeschlagenen Durchbruchsregel in den Kommissionsvorschlag kritisiert[330]. Am Ende konnten sich dabei die Kräfte durchsetzen, die die einstimmige Verabschiedung des Kompromissvorschlags der damaligen italienischen Ratspräsidentschaft angestrebt hatten[331]. Damit wurde der Weg frei, die Richtlinie auch ohne Zustimmung der Kommission in Kraft zu setzen (Art. 251 III 1 EGV). Am 27. November 2003 einigte sich der Ministerrat einstimmig und gegen das Votum der Kommission auf den Kompromissvorschlag der italienischen Ratspräsidentschaft. Das Europäische Parlament stimmte dem Vorschlag am 16. Dezember 2003 zu. Das langjährige Ringen um eine EU-Übernahmerichtlinie ist damit beendet. Die endgültige Verabschiedung durch den Rat und die Veröffentlichung im Amtsblatt werden noch im ersten Quartal 2004 erwartet. Die Richtlinie ist bis spätestens 2006 in nationales Recht umzusetzen.

Die Richtlinie enthält – den Empfehlungen der Expertengruppe entsprechend – auch Vorschriften über den Squeeze-out. Dabei beschränken sich die Vorschriften allerdings darauf Eckpunkte zu setzen. Der sachliche Anwendungsbereich des Ausschlussrechtes ist nach der geplanten EU-Richtlinie auf börsennotierte Gesellschaften begrenzt, Art. 14 I. Zeitlich erschöpft sich der Anwendungsbereich in der Dreimonatsperiode nach Ablauf der Annahmefrist eines Übernahme- und Pflichtangebots, Art. 14 IV. Bereits bei der erstmaligen Regelung des Ausschlussrechts im Kommissionsvorschlag vom 2. Oktober 2002 kam deshalb die Frage auf, ob die Mitgliedsstaaten den Anwendungsbereich der nach einzelstaatlichen Recht schon bestehenden Ausschlussverfahren auf börsennotierte Gesellschaften und auf einen bestimmten Zeitraum nach Durchführung eines Übernahme- und Pflichtangebots beschränken müssen[332]. Allerdings hat die

---

[328] *Report of the High Level Group of Company Law Experts on Issues related to Takeover Bids*, 65f..

[329] *ABlEG* Nr. C 45E/1 vom 25. Februar 2003, abgedruckt in ZIP **2002**, 1863ff.. Siehe *Kallmeyer*, DB **2002**, 2695f.; *Krause*, BB **2002**, 2341ff.; *Seibt/Heiser*, ZIP **2002**, 2193ff..

[330] Siehe hierzu *Krause*, BB **2002**, 2341/2342f..

[331] *Krause*, BB **2004**, 113 m.w.N..

[332] *Krause*, BB **2004**, 113/117; *ders.*, **2002**, 2341/2344f.; *Seibt/Heiser*, ZIP **2002**, 2193/2202.

Richtlinie nunmehr klargestellt, dass die von ihr betroffenen Verfahren nur unter bestimmten Voraussetzungen im Zusammenhang mit öffentlichen Übernahmeangeboten zur Anwendung gelangen und die Mitgliedstaaten auf Ausschlussverfahren, die diese Voraussetzungen nicht erfüllen, weiterhin ihre nationalen Vorschriften anwenden können[333].

Die Richtlinie stellt in Art. 14 I den Mitgliedstaaten zwei Schwellenwerte zur Wahl, die der Bieter erreicht haben muss, um ein Ausschlussverfahren durchführen zu können. Entweder muss er am stimmberechtigten Kapital der Gesellschaft zu mindestens 90 Prozent beteiligt sein und über 90 Prozent der Stimmrechte verfügen, wobei die Mitgliedstaaten diese Werte auf 95 Prozent anheben können, oder er muss durch Annahme des öffentlichen Angebots 90 Prozent des Grundkapitals und 90 Prozent der Stimmrechte, die Gegenstand des Angebots waren, erworben oder sich zum Erwerb verpflichtet haben.

Art und Höhe der Abfindung müssen angemessen sein, Art. 14 III. Die Richtlinie schreibt nicht vor, dass die Abfindung zwingend in Geld bestehen muss. Die Abfindung muss jedoch dieselbe Form aufweisen wie die Gegenleistung des vorangegangenen Übernahme- bzw. Pflichtangebots, Art. 14 V. Die Mitgliedstaaten können allerdings vorsehen, dass zumindest wahlweise eine Geldleistung angeboten werden muss, Art. 14 V.

Der Kommissionsvorschlag vom 2. Oktober 2002 sah noch vor, dass die Abfindung durch einen Sachverständigen zu bestimmen sei. Daran wurde jedoch nicht festgehalten. Stattdessen findet in Art. 14 V eine Fiktion der Angemessenheit in zwei Fällen statt. Nach einem freiwilligen Angebot gilt die Gegenleistung als angemessen, wenn der Bieter durch die Annahme des Angebots Wertpapiere erworben hat, die mindestens 90 Prozent des Grundkapitals entsprechen, das Gegenstand des Angebots war. Nach einem Pflichtangebot gilt die Gegenleistung automatisch als angemessen.

Abgesehen von der bereits genannten Dreimonatsfrist enthält die Richtlinie keine weiteren Vorgaben, wie das Ausschlussverfahren durchzuführen ist. Die technischen Umsetzung bleibt damit allein den Mitgliedsstaaten vorbehalten.

Insgesamt lässt sich daher feststellen, dass der Anwendungsbereich der in der EU-Richtlinie vorgesehenen Ausschlussmöglichkeit nur einen Teil der von einer deutschen Squeeze-out-Regelung abzudeckenden Szenarien regelt. Nationale Regelungen, die Ausschlussverfahren unabhängig von öffentlichen Übernahme-

333 Erwägungsgrund 21 (im Amtsblatt Erwägungsgrund 24), Sätze 3 und 4.

angeboten betreffen, bleiben gänzlich unberührt[334]. Trotz dieser sachlichen Beschränkung ist es sinnvoll, die zu erwartenden EU-rechtlichen Vorgaben auch bei der Erörterung des deutschen Squeeze-out-Verfahrens zu berücksichtigen.

[334] *Krause*, BB **2004**, 113/118, schlägt vor, die EU-Übernahmerichtlinie zum Anlass zu nehmen, neben dem aktienrechtlichen Squeeze-out ein rein übernahmerechtliches Squeeze-out einzuführen.

§ 6 Bisherige Mechanismen in Deutschland

Im folgenden soll nun untersucht werden, inwiefern die bisherigen rechtlichen Möglichkeiten in Deutschland geeignet waren, ein unfreiwilliges Ausscheiden von Minderheitsaktionären zu erreichen.

I. Formwechsel

1. Verfahren

Die börsennotierte Aktiengesellschaft kann nach den §§ 190ff. UmwG einen Formwechsel in eine GmbH bzw. in eine GmbH & Co. KG[335] vollziehen. Es bedarf hierfür gemäß § 240 I 1 bzw. § 233 II 1 UmwG eines Hauptversammlungsbeschlusses, der mit einer Drei-Viertel-Mehrheit des bei der Beschlussfassung vertretenen Grundkapitals gefasst werden muss. Darunter wird die einfache Mehrheit der abgegebenen Stimmen (§ 133 I AktG) und eine Kapitalmehrheit von drei Viertel des Grundkapitals verstanden. Darüber hinaus ist die Zustimmung jedes Aktionärs gemäß § 242 UmwG erforderlich, wenn der Nennbetrag der GmbH-Anteile abweichend vom Nennbetrag der Aktien festgelegt wird. Verweigert ein Aktionär die Zustimmung hierzu, so ist nur die abweichende Festsetzung der Nennbeträge, nicht aber der Umwandlungsbeschluss selbst unwirksam[336]. Bei einem Wechsel in eine KG müssen alle Aktionäre zustimmen, die persönlich haftende Gesellschafter der KG werden sollen.

Nach § 192 UmwG erfordert ein Formwechsel einen Umwandlungsbericht, den der Vorstand des Unternehmens zu erstellen hat und in dem der Formwechsel und insbesondere die künftige Beteiligung der Anteilsinhaber an dem Unternehmen rechtlich und wirtschaftlich erläutert und begründet werden.
Ferner besteht gemäß § 207 UmwG die Pflicht zum Angebot einer Barabfindung gegenüber den Aktionären, die gegen den Umwandlungsbeschluss Widerspruch zur Niederschrift erklärt haben.

2. Rechtsbehelfe

Nach § 210 UmwG kann eine Klage gegen die Wirksamkeit des Umwandlungsbeschlusses nicht darauf gestützt werden, dass das Angebot nach § 207 UmwG zu niedrig bemessen oder die Barabfindung im Beschluss nicht oder nicht ordnungsgemäß angeboten worden ist. Allerdings kann der Anteilseigner das Gericht gemäß § 212 UmwG um eine Bestimmung der angemessenen Abfindung ersuchen, die dann im Spruchverfahren[337] nach den §§ 305 – 312 UmwG erfolgt.

---

[335] Einen Formwechsel in eine GmbH & Co. KG kann insbesondere aus steuerlichen Gründen sinnvoll sein.

[336] *Richard/Weinheimer*, BB **1999**, 1613/1618.

[337] Das UmwG spricht von einem Spruchverfahren, wohingegen im Aktienrecht die ältere Bezeichnung Spruchstellenverfahren verwendet wird. In der Sache geht es aber um dasselbe. Siehe *Lutter/Bezzenberger*, AG **2000**, 433/434.

3. Defizite

Bei einem Formwechsel muss das Unternehmen bereit sein, die grundlegend andere Organisationsform der GmbH und die damit einhergehenden Beschränkungen der Verkehrsfähigkeit der Beteiligungen hinzunehmen[338]. Dabei ist auch das Erfordernis der notariellen Beurkundung von Anteilsübertragungen nach § 15 GmbHG zu berücksichtigen. Somit wird ein Formwechsel in der Regel nicht in Betracht kommen, wenn ein Ausschluss der Minderheitsaktionäre das Ziel sein soll.

II. Verschmelzung

1. Verfahren

Bei der Verschmelzung, die nach den allgemeinen Regeln der §§ 2ff. UmwG erfolgt, erlischt das Vermögen der übertragenden Aktiengesellschaft und geht sodann gemäß § 20 I UmwG auf die Hauptgesellschaft über. Zwingende Voraussetzung für ihre Durchführung ist in jedem Fall ein Hauptversammlungsbeschluss der übertragenden Gesellschaft, der gemäß §§ 13 I, 65 I UmwG mit einer Drei-Viertel-Mehrheit des bei der Beschlussfassung vertretenen Grundkapitals gefasst werden muss. Auch hier wird darunter die einfache Mehrheit der abgegebenen Stimmen (§ 133 I AktG) und eine Kapitalmehrheit von drei Viertel des Grundkapitals verstanden.

Die verbleibenden Minderheitsaktionäre erhalten im Zuge der Verschmelzung für ihre Aktien an der übertragenden Gesellschaft Anteile an der Hauptgesellschaft. Hierbei ist ein Umtauschverhältnis festzulegen, dessen Angemessenheit nach § 12 II 1 UmwG durch einen Prüfungsbericht bestätigt werden muss.

Im Falle einer Verschmelzung einer Aktiengesellschaft auf eine Gesellschaft anderer Rechtsform muss den Aktionären gemäß § 29 I 1 UmwG zwingend ein Barabfindungsangebot unterbreitet werden. Will der Mehrheitsaktionär das Barabfindungsangebot vermeiden, so ist also nur noch die Verschmelzung der Gesellschaft auf eine andere Aktiengesellschaft oder auf eine KGaA möglich[339]. Deren Aktien dürfen dann allerdings keinerlei Verfügungsbeschränkungen unterworfen, also insbesondere keine vinkulierten Namensaktien sein, da ansonsten auch hier gemäß § 29 I 2 UmwG die Pflicht eines Barabfindungsangebots eingreift.

Teilweise wird in der Literatur vertreten, dass bei der Bemessung des Umtauschverhältnisses zu berücksichtigen sei, dass die Anteile an einer nicht bör-

---

[338] *Halm*, NZG **2000**, 1162/1163.

[339] AG und KGaA gelten nach § 78 Satz 4 UmwG im Verhältnis zueinander nicht als Rechtsträger anderer Rechtsform i.S.d. § 29 UmwG.

sennotierten Gesellschaft wegen ihrer eingeschränkten Fungibilität weniger Wert sind, d.h. dass die Minderheitsaktionäre selbst dann einen Vermögensverlust erlitten, wenn sie an der übernehmenden Gesellschaft einen Anteil erhalten, der rechnerisch ihrem Anteil an der übertragenden Gesellschaft genau entspricht[340].
Dem wird aber von anderer Seite entgegnet, dass diese Auffassung im Gesetz keinerlei Grundlage findet[341]. Ferner berücksichtige sie nicht, dass im Zuge einer Verschmelzung eintretende Fungibilitätsverluste ein allgemeines Investmentrisiko darstellen, das alle Aktionäre gleich trifft und daher für die Festlegung des Umtauschverhältnisses ohne Belang ist.

2. Rechtsbehelfe

Erscheint Anteilseignern das Abfindungsgebot zu niedrig, so haben sie nicht die Möglichkeit, Umwirksamkeitsklage nach § 32 UmwG gegen den Verschmelzungsbeschluss zu erheben, sondern ihnen steht gemäß § 34 UmwG lediglich die Möglichkeit einer Nachprüfung der Abfindung im Spruchverfahren durch das zuständige Landgericht (§ 306 UmwG) offen.

3. Defizite

Bei einer Verschmelzung sind die Minderheitsaktionäre nicht gezwungen, gegen eine Barabfindung auszuscheiden. Sie erhalten statt dessen im Regelfall nach § 20 I Nr.3 UmwG Anteile am Mehrheitsaktionär. Dies ist aber bei einem Squeeze-out kontraproduktiv - insbesondere wenn der Mehrheitsaktionär einen geschlossenen Gesellschafterkreis hat. Daher kommt eine Verschmelzung für ein Herausdrängen von Minderheitsaktionären nicht in Betracht.

III. Mehrheitseingliederung

1. Verfahren

Ein weiterer Weg ist die Mehrheitseingliederung der Aktiengesellschaft in eine andere Aktiengesellschaft (Hauptgesellschaft) nach den §§ 320ff. AktG. Sie setzt nach § 320 I 1 AktG voraus, dass sich Aktien, auf die zusammen 95 Prozent des Grundkapitals entfallen, in der Hand der zukünftigen Hauptgesellschaft befinden. Eine Zurechnung entsprechend § 16 IV AktG findet nicht statt. Die zukünftige Hauptgesellschaft muss vielmehr Eigentümer der Aktien sein. Gemäß § 320 I 2 AktG sind allerdings eigene Aktien der einzugliedernden Gesellschaft und Aktien, die von einem Dritten für Rechnung der einzugliedernden Gesellschaft gehalten werden, vom Grundkapital abzusetzen. Umstritten ist, ob der Hauptversammlungsbeschluss der Aktiengesellschaft zur Mehrheitseinglie-

---

[340] *Steck*, AG **1998**, 460/464 ff. mit Vorschlägen zur Ermittlung des Fungibilitätsausgleichs; *Richard/Weinheimer*, BB **1999**, 1613/1617.
[341] *Land/Hasselbach*, DB **2000**, 557/559.

derung neben der Kapitalmehrheit in Höhe von 95 Prozent eine entsprechende Stimmenmehrheit voraussetzt[342]. Im Hinblick auf den klaren Wortlaut des § 320 I 1 AktG dürfte dies wohl zu verneinen sein. Bleibt also die Stimmenmehrheit hinter der Kapitalmehrheit zurück, wozu es durch Ausgabe von Vorzugsaktien sowie durch Vereinbarung eines Höchststimmrechts kommen kann, so steht dies der Mehrheitseingliederung nicht entgegen Für den Eingliederungsbeschluss genügt damit die einfache Mehrheit der abgegebenen Stimmen i.S.d. § 133 I AktG.
Daneben ist in der Hauptgesellschaft nach § 319 II 2 AktG ein Hauptversammlungsbeschluss erforderlich, dem mindestens drei Viertel des bei der Beschlussfassung vertretenen Grundkapitals zustimmen müssen.

Mit der Eintragung der Eingliederung in das Handelsregister kommt es nach § 320a AktG zu einem Erwerb aller Aktien der eingegliederten Gesellschaft kraft Gesetzes durch die Hauptgesellschaft. Die außenstehenden Aktionäre scheiden automatisch aus der eingegliederten Gesellschaft gegen eine angemessene Abfindung nach § 320b I 1 AktG aus. Somit kann die Mehrheitseingliederung also durchaus das zwangsweise Ausscheiden einer Minderheit von bis zu 5 Prozent des Grundkapitals zur Folge haben.

Die eingegliederte Gesellschaft besteht zwar als juristische Person fort, der Hauptgesellschaft steht aber nach § 323 I AktG ein umfassendes Weisungsrecht zu, das der eingegliederten Gesellschaft den Charakter einer rechtlich selbständigen Betriebsabteilung verleiht[343]. Die Eingliederung hat demnach eine weit reichende organisatorische Einbindung der Tochtergesellschaft in das Unternehmen der Hauptgesellschaft zur Folge. Es entsteht ein besonders intensives Konzernverhältnis[344].

2. Rechtsbehelfe

Ein unzureichendes Abfindungsangebot führt nicht zur Anfechtbarkeit der Eingliederung, sondern nach §§ 320b II 2, 306 AktG lediglich zu einer gerichtlichen Überprüfung der Abfindungshöhe in einem Spruchstellenverfahren.

3. Defizite

Zwar scheiden bei der Eingliederung die außenstehenden Aktionäre automatisch nach § 320a AktG aus der eingegliederten Gesellschaft aus. Hierfür ist ihnen aber nach § 320b I 2 AktG eine angemessene Abfindung zu gewähren, die in Aktien der Hauptgesellschaft zu bestehen hat. Ist die Hauptgesellschaft eine ab-

---

[342] Dafür *Kölner Kommentar-Koppensteiner*, § 320 Rn.6. Dagegen die h.M.: *Hüffer*, § 320 Rn.4; *Münchener Kommentar-Grunewald*, § 320 Rn.7.
[343] *Münchner Handbuch-Krieger* § 73 Rn 1.
[344] *Habersack*, ZIP **2001**, 1230 m.w.N..

hängige Gesellschaft, so steht den ausscheidenden Aktionären nach § 320b I 3 AktG ein Wahlrecht zwischen Aktien der Hauptgesellschaft oder einer angemessenen Barabfindung zu[345]. Die Hauptgesellschaft kann nach dem eindeutigen Gesetzeswortlaut hingegen nicht nur eine Barabfindung anbieten. Sie hat lediglich die Möglichkeit diese so attraktiv zu gestalten, dass die überwiegende Zahl der Minderheitsaktionäre diese Alternative dem Aktientausch vorzieht. Eine Mehrheitseingliederung ist damit in der Regel nur möglich, wenn die Hauptgesellschaft ohnehin eine große Anzahl von Aktionären hat, deren Aktien an der Börse notiert sind. Eine Verwässerung des Anteilsbesitzes an der Hauptgesellschaft ist aber auf jeden Fall die Folge[346]. Die Minderheitsaktionäre erhalten dabei oftmals einen erheblich höheren Anteil an der Hauptgesellschaft als die 5 Prozent, die sie an der eingegliederten Gesellschaft hielten[347]. Hat die Hauptgesellschaft hingegen einen geschlossenen Aktionärskreis, so ist sie zur Eingliederung einer Tochtergesellschaft nicht in der Lage[348]. Ansonsten müsste in der Hauptgesellschaft wiederum Rücksicht auf die Minderheitsaktionäre genommen werden. Damit würde das Problem des Vorhandensein von Minderheitsaktionären lediglich von der eingegliederten Gesellschaft auf die Hauptgesellschaft verlagert werden.

Die Eingliederung stellt auch keinen Lösungsweg für eine ausländische Bietergesellschaft dar, weil die Zielgesellschaft gemäß § 320 I 1 AktG nur in eine Aktiengesellschaft mit Sitz im Inland eingegliedert werden kann.

Im übrigen erfordert eine Eingliederung mit Aktientausch nicht nur die Bewertung der einzugliedernden Gesellschaft, sondern auch der Hauptgesellschaft und damit deren gesamten Konzerns. Dies kann zu einem in Anbetracht der geringen Größe der einzugliedernden Gesellschaft oder der geringen Zahl der umzutauschenden Aktien gegebenenfalls unvertretbaren Bewertungsaufwand führen[349].

Darüber hinaus begründet die Eingliederung gemäß §§ 320ff. AktG einen besonders intensiven Herrschafts- und Haftungsverbund[350] zwischen den beiden

345 Vgl. *G/H-Semler/Grunewald*, § 320 Rn.18; *Münchner Handbuch-Krieger*, § 73 Rn.38.

346 *Kossmann*, NZG **1999**, 1198/1201 mit einem sehr illustrativen Beispiel; *Schiessl*, AG **1999**, 442/451.

347 *Kossmann*, a.a.O..

348 *DAV-Handelsrechtsausschuß-Vorschlag*, 1537.

349 Vgl. *Säcker*, DB **1988**, 271.

350 So haftet die Hauptgesellschaft für Verbindlichkeiten der eingegliederten Gesellschaft gemäß § 322 AktG. Zudem besteht die Verpflichtung zum Verlustausgleich nach § 324 III AktG und zu Sicherheitsleistungen gegenüber Gläubigern nach § 321 AktG.

Gesellschaften[351]. Dies wird aus Sicht der Hauptgesellschaft im Regelfall nicht wünschenswert sein.

Insgesamt kommt daher auch eine Mehrheitseingliederung für einen Ausschluss nicht in Betracht.

IV. Übertragende Auflösung

1. Verfahren

Bei einer übertragenden Auflösung findet ein Verkauf des gesamten bzw. nahezu gesamten Gesellschaftsvermögens der Aktiengesellschaft an eine Erwerbergesellschaft beliebiger Rechtsform mit anschließender Auflösung und Abwicklung der Aktiengesellschaft nach § 262 I Nr.2 AktG statt. Hierbei ist zunächst zwischen der Aktiengesellschaft und der Erwerbergesellschaft ein marktüblicher Kaufvertrag abzuschließen[352]. Der Abschluss eines solchen Vertrages bedarf nach § 179a I[353] i.V.m. § 179 II 1 AktG eines zustimmenden Beschlusses der Hauptversammlung der Aktiengesellschaft mit einer Drei-Viertel-Mehrheit des bei der Beschlussfassung vertretenen Grundkapitals[354]. Zudem muss die einfache Stimmenmehrheit des § 133 I AktG vorliegen. Die Auslegungs- und Informationspflichten nach § 179a II AktG sind zu beachten.

Anschließend muss die Hauptversammlung die Auflösung der börsennotierten Aktiengesellschaft gemäß § 262 I Nr.2 AktG ebenfalls mit einer Drei-Viertel-Mehrheit des bei der Beschlussfassung vertretenen Grundkapitals beschließen. Der Verkaufserlös aus dem Verkauf der Einzelwirtschaftsgüter an die Erwerbergesellschaft fließt dabei im Rahmen der Auflösung der Aktiengesellschaft deren bisherigen Aktionären im Verhältnis ihrer Beteiligung zu, so dass es de facto zu einer Abfindung der Minderheitsaktionäre, nicht aber zu ihrer Beteiligung an der Erwerbergesellschaft kommt.

---

351 *Habersack*, ZIP **2001**, 1230; *Kübler*, 374; *Schiessl*, AG **1999**, 442/451; *Than*, FS Claussen, 420f..

352 *Land/Hasselbach*, DB **2000**, 557/560.

353 § 179a AktG wurde durch das Umwandlungsrechtsbereinigungsgesetz von 1994 neu in das Aktiengesetz eingeführt und ersetzte den gleichzeitig aufgehobenen § 361 AktG a.F..

354 Teilweise wird dies aber als zu gering angesehen und stattdessen eine Mehrheit von 95 Prozent gefordert: *Lutter/Leinekugel*, ZIP **1999**, 261/263. Im übrigen besteht Einigkeit darüber, dass § 179a I 1 AktG auch dann gelten soll, wenn einige unwesentliche Vermögensgegenstände bei der übertragenden Gesellschaft verbleiben. Insofern ist die Formulierung „ganzes Vermögen" des § 179a I 1 AktG nicht restriktiv zu handhaben. Siehe *Hüffer*, § 179a Rn.5 m.w.N..

2. Rechtsbehelfe

Die Frage der gerichtlichen Überprüfung einer übertragenden Auflösung ist sehr umstritten.

Die Rechtsprechung[355] sowie die herrschende Meinung in der Literatur[356] lehnen eine Analogie zum Umwandlungsgesetz mit der Möglichkeit eines Spruchverfahrens ab. Begründet wurde dies damit, dass der Wortlaut des § 179a AktG eindeutig sei. Einen Spielraum für eine analoge Anwendung des Umwandlungsgesetzes gebe es nicht[357]. Dem Gesetzgeber sei die Problematik bekannt gewesen. Dennoch habe er es bewusst unterlassen, die Überprüfung der Gegenleistung bei Veräußerungen nach § 179a AktG in Anlehnung an §§ 30, 34 UmwG zu regeln[358]. Nach dieser Auffassung werden die Minderheitsaktionäre darauf verwiesen, am Liquidationserlös zu partizipieren oder den Hauptversammlungsbeschluss über die Übertragung und Auflösung anzufechten und gegebenenfalls Schadensersatzansprüche geltend zu machen.

Allerdings mehren sich die Stimmen in der Literatur, die sich für eine analoge Anwendung des Spruchverfahrens aussprechen[359]. Alleine das Spruchverfahren sei das systematisch angemessene Instrument, um die betroffenen Vermögensinteressen der Beteiligten zu wahren.

In der bereits angesprochenen Moto Meter-Entscheidung hat sich auch das Bundesverfassungsgericht mit der Frage der gerichtlichen Überprüfung auseinandergesetzt[360]. § 179a AktG sehe im Normalfall eine Veräußerung an einen unbeteiligten Dritten vor. In dieser Konstellation entstünde ein Schutzbedürfnis für Minderheitsaktionäre nicht. Hier ist es auch im Interesse des Großaktionärs einen möglichst hohen Preis für das Gesellschaftsvermögen zu erzielen. Bei einer übertragenden Auflösung hingegen würde das Gesellschaftsvermögen letztlich an den Großaktionär verkauft. Es bestünde im Hinblick auf den Veräußerungserlös keine Interessenhomogenität, sondern ein Interessenkonflikt zwischen dem Großaktionär und den Minderheitsaktionären[361]. Die schutzwürdigen Rechte der zum Ausscheiden gezwungenen Minderheitsaktionäre würden in verfassungs-

---

355 *BayObLG*, BB **1999**, 281 – Magna Media; *OLG Stuttgart*, ZIP **1997**, 362/363.

356 *Angerer*, BKR **2002**, 260/263; *Bauer*, NZG **2000**, 1214/1215; *Hüffer*, § 179a Rn.12a; *Krieger*, BB **2002**, 53/54; *Peters*, BB **1999**, 801/804; ähnlich *Baums*, *Ausschluss von Minderheitsaktionären*, 72f., der stets ein Mitbewerberverfahren durchführen will. Dieses soll dann mittels Anfechtungsklage überprüft werden können.

357 *Bauer*, NZG **2000**, 1214/1215; *Hüffer*, § 179a Rn.12a.

358 *BayObLG*, BB **1999**, 281/282 – Magna Media.

359 *Lutter/Leinekugel*, ZIP **1999**, 261ff.; *Wiedemann*. ZGR **1999**, 857/863ff.; *Wolf*, ZIP **2002**, 153/158.

360 *BVerfG*, DNotZ **2000** 868/873 – Moto Meter. Siehe oben, § 1 III. 3. b) cc).

361 *BVerfG*, a.a.O.; so bereits *Lutter/Leinekugel*, ZIP **1999**, 261/264.

widriger Weise beeinträchtigt, wenn der Großaktionär diesen Interessengegensatz ohne jede gerichtliche Kontrolle nach seinem Belieben auflösen könnte. Das Bundesverfassungsgericht betonte auch ausdrücklich, dass sich nicht feststellen ließe, dass eine analoge Anwendung des Spruchverfahrens bei der übertragenden Auflösung zwingend ausscheide, weil der Gesetzgeber bei der Novellierung der Vorschrift auf eine Regelung eines Abfindungsanspruchs und Spruchverfahrens verzichtet hätte[362]. Aus der Gesetzgebungsgeschichte ließe sich jedenfalls nicht ableiten, dass der Gesetzgeber die Minderheitsaktionäre im Falle einer übertragenden Auflösung um ein gerichtlich nachprüfbares Abfindungsangebot bringen wollte.

Auch die Entscheidung des Bundesverfassungsgerichts vermochte somit keine endgültige Klärung herbeiführen. Fest steht nur, dass eine gerichtliche Überprüfung der übertragenden Auflösung notwendig ist. Welcher Rechtsbehelf dabei heranzuziehen ist, bleibt aber weiterhin offen.

3. Defizite

Abgesehen von den z.T. erheblichen steuerlichen Konsequenzen einer übertragenden Auflösung[363], stellt sich zunächst einmal die Frage, ob die Auflösung und Abwicklung der Aktiengesellschaft sowie der damit unter Umständen verbundene Imageverlust für den Mehrheitsgesellschafter akzeptabel ist. Das dürfte bei großen börsennotierten Aktiengesellschaften zweifelhaft, bei der Vielzahl der mittelständisch geprägten Aktiengesellschaften aber eventuell möglich sein[364].

Zudem ist die Liquidation der Aktiengesellschaft ein umständlicher und wegen § 272 AktG langwieriger Prozess, der möglicherweise zu einer erheblichen Wertevernichtung führt und nicht in die Strategie des Mehrheitsaktionärs passt[365]. Auch können mit der erforderlichen Einzelrechtsnachfolge Schwierigkeiten verbunden sein, insbesondere wenn Verträge mit Dritten die wesentliche Betriebsgrundlage bilden.

Somit ist auch dieses Verfahren im Regelfall nicht geeignet, Minderheitsaktionäre auszuschließen[366].

---

[362] *BVerfG*, DNotZ **2000** 868/874 – Moto Meter.
[363] Siehe *Wenger/Kaserer/Hecker*, ZBB **2001**, 317/330.
[364] *Land/Hasselbach*, DB **2000**, 557/560.
[365] *Halm*, NZG **2000**, 1162/1164; *Kallmeyer*, AG **2000**, 59.
[366] Zur Bedeutung der übertragenden Auflösung nach Einführung des Squeeze-out siehe *von Morgen*, WM **2003**, 1553/1554ff..; *Roth*, NZG **2003**, 998ff.; *Wilhelm/Dreier*, ZIP **2003**, 1369ff.; *Wolf*, ZIP **2002**, 153ff..

V. Reverse Stock Split

1. Verfahren

Eine weitere international sehr verbreitete Technik ist die Zusammenlegung von Aktien (reverse stock split). Parallel zum bereits dargestellten US-Verfahren[367] wird hiermit ein deutliches Absinken der Zahl der Aktien und damit meist auch der Aktionäre des Emittenten angestrebt. Bei der Zusammenlegung von Aktien erfolgt eine Verringerung der Zahl der ausgegebenen Aktien eines Unternehmens durch den Umtausch von z.B. 100 „alten" Aktien in eine „neue" Aktie derselben Gesellschaft. Rechtstechnisch handelt es sich hierbei um das Gegenstück zum Aktiensplit[368]. Bei der Durchführung einer Zusammenlegung von Aktien müssen sich alle Aktionäre, die – im hier gewählten Beispielsfall – über weniger als 100 „alte" Aktien verfügen, entscheiden, ob sie ihren Aktienbestand durch entsprechende Zukäufe zunächst auf 100 Aktien aufstocken und dann den Umtausch durchführen oder aber ihre Aktien verkaufen wollen. In der Praxis wurde bislang – wenn ein Herausdrängen von Minderheitsaktionären beabsichtigt war – das Umtauschverhältnis meist so hoch angesetzt, dass einzelne Anleger aufgrund ihrer beschränkten Finanzmittel keine Möglichkeiten hatten, die für den Umtausch benötigten zusätzlichen Aktien zu erwerben, um weiterhin an der Gesellschaft beteiligt zu bleiben[369].

2. Defizite

Nach deutschem Aktienrecht kann eine Aktienzusammenlegung nur im Zuge einer Kapitalherabsetzung angewandt werden. Sowohl bei der vereinfachten, als auch bei der ordentlichen Kapitalherabsetzung sind allerdings nach § 222 IV 1 (i.V.m. § 229 III) AktG zuerst die Nennbeträge der Aktien herabzusetzen. Erst dann, wenn die Nennbeträge unter dem Mindestnennbetrag von einem Euro (§ 8 II 1 AktG) liegen würden, ist eine Zusammenlegung von Aktien als weiteres Mittel der Herabsetzung des Grundkapitals möglich. Nach §§ 222 IV 2 i.V.m. § 8 III 3 AktG ist dieses Erfordernis nicht nur bei Nennbetragsaktien, sondern auch bei Stückaktien zu beachten. Auch bei Stückaktien kann also eine Zusammenlegung der Aktien erst dann erfolgen, wenn der rechnerische Nennwert der Aktie nach Herabsetzung des Grundkapitals unter einem Euro liegen würde. Somit kommt also eine Kapitalherabsetzung stets nur subsidiär zur Anwendung.

Zudem sieht § 225 AktG für den Fall der ordentlichen Kapitalherabsetzung umfangreiche Gläubigerschutzrechte vor, die eine vorherige völlige Bereinigung der Gläubigerbeziehungen erforderlich machen. Im Verfahren der vereinfachten Kapitalherabsetzung kann die Gläubigersicherung demgegenüber gemäß § 229

---

367 Siehe oben, § 3 III. 3..

368 Dazu *Sieger/Hasselbach*, BB **1999**, 1277/1279.

369 *Land/Hasselbach*, DB **2000**, 557/561.

III AktG ausgeschlossen werden. Voraussetzung für eine vereinfachte Kapitalherabsetzung nach § 229 AktG ist jedoch ein Krisenfall der Gesellschaft.

Vor allem hat der Bundesgerichtshof aber einem reverse stock split in seiner „Hilgers-Entscheidung" vom 5. Juli 1999 einen Riegel vorgeschoben[370]. Seiner Auffassung nach ist ein Mehrheitsaktionär bei einem reverse stock split aufgrund seiner gesellschafterlichen Treuepflicht verpflichtet, im Rahmen der gesetzlichen Regelungen allen Aktionären den Verbleib in der Gesellschaft zu eröffnen. Das Umtauschverhältnis muss daher bei einer Zusammenlegung von Aktien stets so gewählt werden, dass möglichst geringe Spitzen entstehen und möglichst viele Minderheitsaktionäre auch ohne Aufwendungen für den Zukauf von Bezugrechten in der Gesellschaft verbleiben können[371]. Der Nennwert der durch die Zusammenlegung entstehenden neuen Aktien muss folglich, wenn nicht „sachliche Gründe" eine abweichende Regelung gebieten, auf den nach § 8 II, III AktG zulässigen Mindestnennwert von einem Euro festgesetzt werden[372]. Als sachliche Rechtfertigung kommt in der Regel nur ein über einen längeren Zeitraum durchgängig obstruktives Verhalten der Minderheitsaktionäre, durch das die Interessen der Gesellschaft nachhaltig beeinträchtigt werden, oder eine drohende Insolvenz der Gesellschaft, die nur durch ein verstärktes Engagement des Mehrheitsaktionärs abgewendet werden kann, in Betracht[373].

Im übrigen kann selbst bei einem erfolgreichen reverse stock split nie ausgeschlossen werden, dass Minderheitsaktionäre, auch wenn ihnen nur Spitzen verbleiben, durch Zukäufe ihre Teilrechte wieder zu Vollrechte erstarken lassen. Eine gezielte Steuerung des Ausschlusses dürfte daher kaum möglich sein.

Daher stellt auch ein reverse stock split kein praktikables Ausschlussverfahren dar.

VI. Zwangseinziehung

Die §§ 237 ff. AktG erlauben die Zwangseinziehung von Aktien. Aus Gründen des Aktionärsschutzes ist eine solche Einziehung aber gemäß § 237 I 2 AktG nur auf der Grundlage einer Satzungsbestimmung zulässig, die bereits in der ursprünglichen Satzung enthalten oder durch Satzungsänderung vor Übernahme oder Zeichnung der durch die Einziehung betroffenen Aktien angeordnet oder

---

370 BGH, DB 1999, 1747 – Hilgers AG.

371 BGH, a.a.O..

372 BGH, a.a.O.. Im Zeitpunkt der Beschlussfassung betrug der Mindestbetrag einer Aktie 5 DM.

373 *Land/Hasselbach*, DB **2000**, 557/561 m.w.N..

gestattet war[374]. Zudem müssen die nachträgliche Satzungsänderung und der Beschluss der Hauptversammlung über die Vornahme einer nur in der Satzung zugelassenen Zwangseinziehung dem Grundsatz der Gleichbehandlung nach § 53a AktG und der Verhältnismäßigkeit genügen[375]. Ein gezieltes (nachträgliches) Herausdrängen von Minderheitsaktionären ist danach kaum möglich.

VII. Ausschluss aus wichtigem Grund

Ob es überhaupt einen Ausschluss aus wichtigem Grund für Aktiengesellschaften gibt ist umstritten[376]. Eine gesetzliche Regelung fehlt. Die höchstrichterliche Rechtsprechung hat die Frage bisher offengelassen[377]. Einigkeit besteht aber zumindest darüber, dass zumindest ein wichtiger Grund in der Person des fraglichen Gesellschafters vorhanden sein muss, der einen Ausschluss rechtfertigt[378]. Damit ist aber ein solches Vorgehen für einen generellen Ausschluss von Minderheitsaktionären, der gerade unabhängig von einem speziellen Anlass möglich sein soll, ausgeschlossen.

VIII. Ergebnis

Nach dem bisherigen Recht gab es in Deutschland keine ausreichenden Möglichkeiten, Minderheitsaktionäre gegen eine vollwertige Abfindung aus der Gesellschaft herauszudrängen und damit dem Hauptaktionär die alleinige Kontrolle über das Unternehmen zu ermöglichen.

---

[374] Eine Zwangseinziehung ist angeordnet, wenn die ursprüngliche oder geänderte Satzung das Verfahren detailliert und abschließend regelt. Es müssen danach alle Modalitäten, wie z.B. Voraussetzungen, Umfang und Entgelt geregelt sein. Eine Zwangseinziehung ist hingegen gestattet, wenn das Verfahren zwar durch die Satzung zugelassen die näheren Einzelheiten jedoch nicht explizit geregelt werden.

[375] Vgl. auch *Angerer*, BKR **2002**, 260/262.

[376] Siehe *Angerer*, a.a.O.; *Baums, Ausschluss von Minderheitsaktionären*, 99ff.; *Becker*, ZGR **1986**, 383ff..

[377] *BGHZ* 103, 184/192 – Linotype.

[378] Zur näheren Definition des „wichtigen Grundes" siehe *Baums, Ausschluss von Minderheitsaktionären*, 104ff. m.w.N.. Danach muss eine empfindliche Zweckstörung vorliegen, die es den übrigen Gesellschaftern unmöglich macht, ihren statuarisch festgelegten Zweck zu erreichen. Der Ausschluss ist dabei als ultima ratio anzusehen, d.h. es darf kein milderes Mittel ersichtlich sein.

§ 7 Die Neuregelung im AktG

I. Entstehungsgeschichte

Diskutiert wurde eine gesetzlichen Regelung des Übernahmerechts, mit der auch der Squeeze-out eingeführt werden sollte, in Deutschland schon seit längerem[379]. Die Börsensachverständigenkommission beim Bundesministerium der Finanzen (BSK) stellte Ende der 70er Jahre Leitsätze für Unternehmensübernahmen als Wohlverhaltensregeln auf, die in der Praxis weithin unbeachtet geblieben sind. Am 1. Oktober 1995 trat der freiwillige Übernahmekodex in Kraft, der im Gegensatz zu den Leitsätzen auch Vorschriften über ein Pflichtangebot für Minderheitsaktionäre enthielt[380]. Der Kodex wurde zuletzt mit Wirkung vom 1. Januar 1998 geändert[381]. Von damals 1016 börsennotierten inländischen Unternehmen (ohne Freiverkehr) erkannten bis zum 11. April 2001 lediglich 755 börsennotierte Gesellschaften, darunter 86 Unternehmen des DAX-100, den Kodex an. Grundsätzlich bewährte sich der Übernahmekodex zwar in der praktischen Anwendung. Aufgrund der Tatsache, dass eine große Zahl börsennotierter Gesellschaften aber nicht bereit war, ihr Verhalten am Kapitalmarkt den Regeln des Übernahmekodex zu unterwerfen, fand er keine flächendeckende Anerkennung[382]. Somit ist der Übernahmekodex nicht in dem gleichen Umfang zur Kapitalmarkt-Usance geworden wie Selbstregulierungen in anderen Ländern, etwa der City Code on Takeovers and Mergers in Großbritannien. Vor diesem Hintergrund empfahl auch die BSK im Februar 1999 dem Gesetzgeber, die allgemeine Verbindlichkeit von Übernahmeregeln durch ein Gesetz herzustellen.

Angesichts der Bedeutung von Unternehmensübernahmen für die deutsche Wirtschaft rief die Bundesregierung im Frühjahr 2000 eine hochrangige Expertenkommission ein, deren Aufgabe es war, die Notwendigkeit einer gesetzlichen Regelung in Deutschland zu untersuchen und Vorschläge für eine gesetzliche Regelung zu erarbeiten. Der Expertenkommission gehörten führende Persönlichkeiten der Wirtschaft, der Wissenschaft, der Gewerkschaften und Vertreter des für die Erarbeitung des Gesetzentwurfs federführenden Bundesministeriums für Finanzen sowie des Bundesministeriums für Justiz und des Bundesministeriums für Wirtschaft und Technologie an. In ihrer abschließenden Sitzung am 17. Mai 2000 verständigte sich die Expertenkommission auf zehn Eckpunkte für ein Übernahmegesetz, die der Bundesregierung und dem Deutschen Bundestag als Grundlage für ein Gesetzgebungsverfahren empfohlen wurden[383].

---

379 Sehr detailliert: *Pötzsch/Möller*, WM **2000**, Sonderbeil. Nr.2, 3/13ff..

380 Vgl. hierzu *Assmann*, AG **1995**, 563ff.; *Dickmann*, WM **1997**, 897ff.; *Schander*, NZG **1998**, 799/800ff..

381 Der Text dieser revidierten Fassung ist abgedruckt in AG **1998**, 133ff..

382 Siehe auch *Kirchner/Ehricke*, AG **1998**, 105/110ff..

383 Siehe Anhang 2, WM **2000**, Sonderbeil. Nr.2, 37ff..

In ihrer Stellungnahme kam die Expertenkommission zu dem Ergebnis, die Bundesrepublik Deutschland brauche einen verlässlichen gesetzlichen Rahmen, der die Übernahme von Unternehmen regelt[384]. Sie empfahl der Bundesregierung, zügig ein Übernahmegesetz zu entwerfen.

Am 29. Juni 2000 legte das Bundesministerium der Finanzen unter Beachtung der Empfehlungen der Expertenkommission einen Diskussionsentwurf eines Übernahmegesetzes vor, der mit den neu einzuführenden §§ 327a-f AktG auch eine Squeeze-out-Regelung enthielt[385]. Der Entwurf wurde mit den betroffenen Kreisen am 25. Juli 2000 im Rahmen einer Anhörung im Bundesministerium der Finanzen erörtert. Am 12. März 2001 wurde ein Referentenentwurf veröffentlicht, der die zahlreichen Anregungen der betroffenen Kreise berücksichtigte[386]. Der Referentenentwurf war am 2. April 2001 ebenfalls Gegenstand einer Anhörung im Bundesministerium der Finanzen. Am 11. Juli 2001 wurde der überarbeitete Regierungsentwurf als Fortentwicklung vorgestellt[387]. Ziel des Gesetzes sollte es danach sein, Rahmenbedingungen bei Unternehmensübernahmen und anderen öffentlichen Angeboten zum Erwerb von Wertpapieren in Deutschland zu schaffen, die den Anforderungen der Globalisierung und der Finanzmärkte angemessen Rechnung tragen und hierdurch den Wirtschaftsstandort und Finanzplatz Deutschland auch im internationalen Wettbewerb stärken[388].

Nachdem der Bundesrat am 27. September 2001 zu dem Gesetzentwurf Stellung genommen hatte[389], wurde der Regierungsentwurf dem Finanzausschuss in der

---

384 Siehe auch *Kossmann*, NZG **1999**, 1198; *Pötzsch/Möller*, WM **2000**, Sonderbeil. Nr.2, 3/4.

385 Siehe hierzu *Land/Hasselbach*, DB **2000**, 1747ff.; *Pötzsch /Möller*, WM **2000**, Sonderbeil. Nr.2, 3/13ff..

386 So firmierte der Referentenentwurf nunmehr unter der Überschrift eines „Wertpapiererwerbs- und Übernahmegesetzes". Für den Squeeze-out war von Bedeutung, dass nun auch die KGaA in den Anwendungsbereich einbezogen war, § 327a I AktG-RefE. Neu eingeführt wurde auch die Nichtüberprüfbarkeit eines im Rahmen eines Übernahmeangebotes offerierten Preises, §§ 327b I 3, 327c II 2, 327f III AktG-RefE. Vgl. zum Referentenentwurf *Altmeppen*, ZIP **2001**, 1073/1074ff.; *DAV-Stellungnahme Referentenentwurf*, 420ff.; *Hommelhoff/Witt*, RIW **2001**, 561/563ff..

387 BT-Drucksache 14/7034. Vgl. hierzu z.B. *Land*, DB **2001**, 1707ff.; *Möller/Pötzsch*, ZIP **2001**, 1256ff.; *Mülbert*, ZIP **2001**, 1221ff.; *Schüppen*, WPg, **2001**, 958ff.. Hinsichtlich des Squeeze-out ergaben sich nur Änderungen im Detail: So wurde der überflüssige § 327a II 2 AktG-RefE gestrichen. Daneben wurde § 327b I 3 AktG-RefE neu formuliert. Mit § 327b III AktG-RegE wurde die Absicherung der Barabfindung durch die Erklärung eines Kreditinstituts eingeführt.

388 *Allgemeiner Teil der Begründung des Regierungsentwurfs*, BT-Drucksache 14/7034, 28.

389 *Stellungnahme des Bundesrates*, BT-Drucksache 14/7034, 84. Siehe auch ZIP **2001**, 1787ff.. In seiner Stellungnahme zu dem Gesetzentwurf forderte der Bundesrat im Hinblick auf den Squeeze-out, die Höhe der in § 327b I 3 AktG-RegE vorgesehenen Barabfindung zu

192. Sitzung des Deutschen Bundestages am 11. Oktober 2001 zur federführenden Beratung und dem Innenausschuss, dem Rechtsausschuss, dem Ausschuss für Wirtschaft und Technologie sowie dem Ausschuss für Arbeit und Sozialordnung zur Mitberatung überwiesen. Der Finanzausschuss beriet die Gesetzesvorlage am 27. September, 8. November und 14. November 2001. Am 18. Oktober 2001 wurde eine öffentliche Anhörung zu dem Gesetzentwurf durchgeführt. Grundsätzlich wurde dabei der Regierungsentwurf angenommen[390]. Allerdings wurden einige vom Regierungsentwurf abweichende Maßnahmen vorgeschlagen[391]. Schließlich empfahl der Finanzausschuss die Annahme des Gesetzentwurfs in der Ausschussfassung. Die mitberatenden Ausschüsse votierten am 14. November 2001 zu dem Gesetzentwurf[392].

Nachdem das Gesetz zur Regelung von öffentlichen Angeboten zum Erwerb von Wertpapieren und von Unternehmensübernahmen in der vom Finanzausschuss veränderten Fassung am 15. November 2001 im Bundestag und am 30. November 2001 im Bundesrat verabschiedet wurde, erfolgte die Veröffentlichung am 22. Dezember 2001 im Bundesgesetzblatt[393].

Am 1. Januar 2002 trat das Gesetz zur Regelung von öffentlichen Angeboten zum Erwerb von Wertpapieren und von Unternehmensübernahmen in Kraft[394].

II. Überblick

Das gesamte Gesetz zur Regelung von öffentlichen Angeboten zum Erwerb von Wertpapieren und von Unternehmensübernahmen ist als Artikelgesetz konzipiert[395]. Artikel 1 regelt das eigentliche neue Wertpapiererwerbs- und Übernahmegesetz (WpÜG), zu dem das Bundesfinanzministerium mittlerweile vier Ver-

---

überprüfen und eine gerichtlichen Kontrolle dieser Abfindung durch ein Spruchstellenverfahren zu ermöglichen.

390 *Beschlussempfehlung und Bericht des Finanzausschusses*, BT-Drucksache 14/7477.

391 Abweichend vom Regierungsentwurf schlug der Finanzausschuss vor, beim Squeeze-out die unwiderlegbaren Vermutung der Angemessenheit der Barabfindung nach § 327b I 3 AktG zu streichen. Siehe *Beschlussempfehlung und Bericht des Finanzausschusses*, BT-Drucksache 14/7477, 3.

392 Der Rechtsausschuss empfahl den ursprünglichen Gesetzentwurf anzunehmen. Der Ausschuss für Wirtschaft und Technologie sowie der Ausschuss für Arbeit und Sozialordnung empfahl die Annahme des Gesetzesentwurfes in der Fassung der Änderungsanträge des Finanzausschusses. Der Innenausschuss verzichtete auf eine Stellungnahme

393 BGBl. I **2001**, 3822.

394 Am 5. März 2002 wurde der Übernahmekodex der BSK außer Kraft gesetzt. Anwendbar bleibt der Kodex aber für die vor dem 31. Dezember 2001 veröffentlichten Angebote oder vollzogenen Kontrollerwerbe.

395 Vgl. zum Gesetz insgesamt *Krause*, NJW **2002**, 705ff.; *Thoma*, NZG **2002**, 105ff..

ordnungen erlassen hat[396]. Zudem enthält das Gesetz Änderungen im Wertpapierhandelsgesetz (Artikel 2), im Gesetz über Kapitalanlagegesellschaften (Artikel 3), im Auslandsinvestment-Gesetz (Artikel 4), im Gesetz über das Kreditwesen (Artikel 5), im Verkaufsprospektgesetz (Artikel 6), im Gerichtskostengesetz (Artikel 8), in der Bundesgebührenordnung für Rechtsanwälte (Artikel 9) und der Verkaufsprospekt-Verordnung (Artikel 10 und 11). Artikel 12 regelt das Inkrafttreten des Gesetzes.
Artikel 7 führt schließlich im Aktiengesetz einen neuen Vierten Teil ein, der die Überschrift „Ausschluss von Minderheitsaktionären" trägt. Dieser neue Vierte Teil enthält mit den §§ 327a-f AktG Regelungen, die einem Hauptaktionär nun erstmals die Möglichkeit verschaffen, Minderheitsaktionäre in gesetzlich zulässiger Weise aus der Gesellschaft gegen Gewährung einer Barabfindung auszuschließen. Der bisherige Vierte und Fünfte Teil des Aktiengesetzes werden nun Fünfter und Sechster Teil.

Nach der Gesetzeskonzeption ist eine unmittelbare oder mittelbare Beteiligung des Hauptaktionärs von mindestens 95 Prozent am Grundkapital der Gesellschaft Voraussetzung für den Ausschluss einer Aktionärsminderheit. Für den Ausschluss ist ein entsprechender Beschluss der Hauptversammlung erforderlich, der auf Verlangen des Hauptaktionärs von der Hauptversammlung der Gesellschaft getroffen wird. Als Abfindung ist ausschließlich die Barabfindung vorgesehen, deren Angemessenheit durch einen oder mehrere gerichtlich bestellte Prüfer überprüft werden muss[397]. Zur Vorbereitung der Beschlussfassung der Hauptversammlung hat der Hauptaktionär einen schriftlichen Bericht vorzulegen, in dem die Voraussetzungen des Ausschlusses und die Angemessenheit der Abfindung erläutert werden. Darüber hinaus sind zur Vorbereitung der Hauptversammlung den Aktionären Unterlagen zur Verfügung zu stellen, wie sie auch bei Verschmelzungen und dem Abschluss von Unternehmensverträgen oder der Eingliederung bekannt sind. Der Übertragungsbeschluss wird in das Handelsregister der Aktiengesellschaft eingetragen. Gleichzeitig mit der Eintragung im Handelsregister gehen die Aktien der Minderheitsaktionäre kraft Gesetzes auf den Hauptaktionär über. Den Aktionären steht die Möglichkeit offen, gegen den Hauptversammlungsbeschluss Anfechtungsklage zu erheben. Wird eine Anfechtungsklage erhoben, hindert dies die Eintragung des Übertragungsbeschlusses im Handelsregister bis zum rechtskräftigen Abschluss des Anfechtungsprozesses oder bis zur Freigabe im Freigabeverfahren. Die Überprüfung der Angemessen-

396 WpÜG-Angebotsverordnung (BGBl. I **2001**, 4263); WpÜG-Beiratsverordnung (BGBl. I **2001**, 4259), WpÜG-Widerspruchsausschuss-Verordnung (BGBl. I **2001**, 4261); WpÜG-Gebührenverordnung (BGBl. I **2001**, 4267).

397 Es bleibt dem Hauptaktionär aber natürlich unbenommen neben der angemessenen Entschädigung auch eigene Aktien oder Aktien verbundener Unternehmen den Minderheitsaktionären nach ihrer Wahl zum Tausch anzubieten.

heit der Barabfindung im Wege der Anfechtungsklage ist aber wie auch beim Abschluss eines Beherrschungs- und Gewinnabführungsvertrags oder bei der Mehrheitseingliederung unzulässig. Den Minderheitsaktionären wird lediglich die Möglichkeit eröffnet, den Weg im Spruchstellenverfahren zu beschreiten.

III. Rechtliche Einordnung

Fraglich ist zunächst, wie die Squeeze-out-Regelung rechtlich einzuordnen ist. Es kommen hierbei verschiedene Möglichkeiten in Betracht.

1. Ausschluss aus wichtigem Grund

Zunächst wäre an eine Parallele zum Ausschluss aus wichtigem Grund i.S.d. §§ 737 i.V.m. 723 I BGB zu denken. Dieses Recht dient der Überwindung verbandsinterner Probleme, die auf ein verbandswidriges Verhalten einzelner Mitglieder zurückgehen[398].

Beim Squeeze-out handelt es sich jedoch um kein mit diesen Fällen vergleichbares Ausschlussverfahren. Hier leitet der Ausschluss seine rechtliche Legitimation gerade nicht aus einem den Minderheitsaktionären individuell vorwerfbaren Verhalten oder einer mit dem Gesellschaftszweck nicht mehr vereinbaren Situation in der Gesellschaft ab. Ein valid business purpose, wie er in einigen US-Staaten zum Teil heute noch gefordert wird[399], ist keine Voraussetzung eines Ausschlusses. Eine solche Einschränkung wäre zwar auch in Deutschland theoretisch vorstellbar gewesen, ohne dass dies notwendigerweise den Mehrheitsaktionär über Gebühr benachteiligen würde. So hätte man beispielsweise das Interesse des Mehrheitsaktionärs an einer Holdingbildung als angemessenes Ziel eines Ausschlusses erachten können. Nicht zuletzt die negativen Erfahrungen mit dem business purpose test in den USA haben aber deutlich gemacht, dass sich allgemeine Kriterien für die Beurteilung der Angemessenheit des Squeeze-out kaum bestimmen lassen. Daher ist der gesetzgeberischen Entscheidung zuzustimmen, dass es nur zu Rechtsunsicherheit führen würde, die Zulässigkeit eines Squeeze-out-Verfahrens danach zu beurteilen, welche Ziele der Hauptaktionär verfolgt oder inwieweit sonstige Interessen nachteilig berührt werden. Rechtsgrund des Squeeze-out ist vielmehr einzig das Erreichen einer bestimmten Kapitalmehrheit durch den Hauptaktionär und dessen hierauf gestützte freie Entscheidung, die Minderheitsaktionäre aus der Gesellschaft auszuschließen.

2. Mehrheitseingliederung

Der Squeeze-out schließt sich räumlich unmittelbar an die Bestimmungen zur Eingliederung an. Zudem orientiert sich der Regierungsentwurf bewusst an der

---

[398] Für die Aktiengesellschaft bestehen jedoch ausdrückliche gesetzliche Regelungen für bestimmte Sondersituationen: So ist die Kaduzierung in § 64 AktG und die Einziehung von Aktien in § 237 AktG geregelt.

[399] Siehe oben, § 3 IV. 2..

Eingliederung durch Mehrheitsbeschluss nach § 320 AktG[400]. Daher könnte man denken, den Squeeze-out als Variante der Mehrheitseingliederung aufzufassen.
Die Mehrheitseingliederung nach § 320 AktG stellt jedoch die intensivste, institutionalisierte und damit rechtlich anerkannte Unterwerfung einer Aktiengesellschaft unter die Herrschaft einer anderen Aktiengesellschaft dar[401]. Die Vorschriften der §§ 320 ff. AktG sind von dem Bestreben geprägt, der Rechtspraxis eine Form der Konzernierung zur Verfügung zu stellen, die zwar die rechtliche Selbständigkeit der abhängigen Gesellschaft unberührt lässt, diese aber nahezu gänzlich der Verfügungsgewalt der Hauptgesellschaft unterwirft, indem ihr Vorstand zum unbedingten Gehorsam gegenüber der Hauptgesellschaft verpflichtet und tragende Grundsätze des Aktienrechts über die Sicherung des Gesellschaftsvermögens nahezu vollständig außer Kraft gesetzt werden.
Der Squeeze-out ist hingegen kein Akt der Konzernierung. Er lässt das Verhältnis der Gesellschaft zu ihrem Hauptaktionär unberührt. Betroffen ist vielmehr nur das Rechtsverhältnis zwischen dem Hauptaktionär und den Minderheitsaktionären. Die Gesellschaft selbst ist nur dann betroffen, wenn sie eigene Aktien hält und sich deshalb in der Rolle eines Minderheitsaktionärs befindet. Die Satzung der Aktiengesellschaft erfährt keine Änderung. Die Gesellschaft ist durch den Alleinaktionär so zu führen, wie sie auch vorher zu führen war, im Regelfall also unter Beachtung der §§ 311 ff. AktG. Ein besonderes Herrschafts- und Haftungsverhältnis zum Hauptaktionär wird durch den Squeeze-out gerade nicht begründet. Somit lässt sich der Squeeze-out rechtsdogmatisch keinesfalls mit einer Mehrheitseingliederung vergleichen[402].

3. Grundlagenentscheidung

Man könnte den Squeeze-out auch als eine Grundlagenentscheidung einer Aktiengesellschaft einordnen, d.h. als Vorgang, der die Struktur der Gesellschaft maßgeblich berührt. Schließlich stellt der zwangsweise Ausschluss aus der Gesellschaft für die betroffenen Minderheitsaktionäre zweifelsfrei einen tiefen Eingriff in ihre mitgliedschaftsrechtliche und durch Art. 14 I GG geschützte vermögensrechtliche Stellung dar.
Allerdings hängen die rechtlichen und organisatorischen Grundlagen einer Aktiengesellschaft nicht von der Zahl ihrer Aktionäre ab[403]. Die wirtschaftlichen und rechtlichen Grundlagen der Gesellschaft werden durch den Squeeze-out nicht berührt. Das Vermögen der Aktiengesellschaft bleibt unangetastet. Schuldner des Abfindungsanspruchs ist allein der Hauptaktionär. Das Squeeze-out verändert weder den Unternehmensgegenstand, noch den Status oder die sonstigen satzungsmäßigen Grundlagen der Gesellschaft. Betrachtet man die Organe der

---

[400] *Allgemeiner Teil der Begründung des Regierungsentwurfs*, BT-Drucksache 14/7034, 32.
[401] *Vetter*, DB **2001**, 743/745.
[402] Ebenso *Geibel/Süßmann-Grzimek*, § 327a Rn. 6 und 13.
[403] *Vetter*, DB **2001**, 743/745.

Gesellschaft, so ist festzustellen, dass diese, selbst wenn durch den Squeeze-out eine Einmann-Aktiengesellschaft entsteht, in ihrer gesetzlich oder satzungsmäßig bestimmten Form erhalten bleiben. Ihr Aufgaben- und Verantwortungsbereich besteht unverändert fort.

Etwas anderes ergibt sich auch nicht daraus, wenn die Aktiengesellschaft infolge des Ausschlusses der Restminderheit ihre Börsennotierung verliert. Im Unterschied zum delisting, das den gezielten Rückzug der Gesellschaft von der Börse unter unveränderter Beibehaltung der bestehenden Aktionärsstruktur beinhaltet, ist der Verlust der Börsennotierung nach erfolgtem Squeeze-out nicht der Gegenstand einer Maßnahme der Geschäftsleitung, sondern nur die Folge der Übernahme sämtlicher Aktien durch den Hauptaktionär.

Somit ist der Squeeze-out nicht als eine Grundlagen- oder Strukturmaßnahme zu qualifizieren.

4. Rechtsinstitut sui generis

Somit bleibt festzustellen, dass es sich beim Squeeze-out weder um eine Grundlagen-, noch um eine Konzernierungsmaßnahme der Gesellschaft handelt. Ein besonderes Herrschafts- und Haftungsverhältnis unter Aufhebung der aktienrechtlichen Schutzvorschriften wird mit dem zwangsweisen Ausschluss der Restminderheit nicht begründet. Besondere Rechtfertigungsgründe muss der Hauptaktionär nicht darlegen. Zweck ist einzig und allein der Ausschluss der Minderheitsaktionäre. Die Privilegierung des Hauptaktionärs beruht vor allem auf der Erkenntnis, dass das Vorhandensein von wenigen Minderheitsaktionären eine erhebliche Belastung für das Unternehmen bedeutet. Daneben waren auch wirtschaftspolitischen Überlegungen des Gesetzgebers ausschlaggebend, nämlich zur Stärkung der unternehmerischen Flexibilität und zur Verbesserung der Rahmenbedingungen des Wirtschaftsstandortes und Finanzplatzes Deutschland beizutragen. Dem Hauptaktionär soll zwecks Rationalisierung und besseren Steuerung des in der Gesellschaft insgesamt eingesetzten Kapitals die Möglichkeit eröffnet werden, die Restminderheit auch gegen ihren Willen gegen Zahlung einer angemessenen Abfindung aus der Gesellschaft auszuschließen. Mit dem Squeeze-out erhält der Hauptaktionär damit eine Art einseitiges Gestaltungsrecht, für das es im deutschen Gesellschaftsrecht kein Vorbild gibt und das in seiner Konzeption einzigartig ist. Eine Einordnung in die bestehende Systematik ist deswegen nicht möglich. Somit ist davon auszugehen, dass es sich beim Squeeze-out um ein neues Rechtsinstitut eigener Art handelt[404]. Dass hiervon auch der Gesetzgeber ausging, wird daran deutlich, dass auch in der amtli-

---

[404] So im Ergebnis auch *Schüppen*, WPg, **2001**, 958/973; *Vetter*, AG **2002**, 176/185; *ders.*, DB **2001**, 743/745 m.w.N; ähnlich auch *Geibel/Süßmann-Grzimek*, § 327a Rn.13 und 27, der von einer Strukturmaßnahme auf Gesellschafterebene spricht.

chen Begründung des Regierungsentwurfes vom Squeeze-out als neuen Rechtsinstitut gesprochen wird[405].

IV. Einzelheiten des Verfahrens

Im folgenden sollen nun die einzelnen Squeeze-out-Vorschriften analysiert werden. Dabei ist anzumerken, dass, obwohl - wie gerade dargestellt wurde - der Squeeze-out ein Rechtsinstitut sui generis ist, er sich in starkem Umfang an die in den §§ 320 bis 320b AktG geregelte Mehrheitseingliederung anlehnt[406]. Insgesamt bestehen jedoch geringere Voraussetzungen.

1. Maßgebliche Beteiligungsquote

Die neuen Vorschriften sehen einen weiten Anwendungsbereich des Squeeze-out vor. Nicht unumstritten ist aber die genaue Höhe der Beteiligungsquote, ab der der Mehrheitsaktionär die Minderheit gegen ihren Willen ausschließen kann.

a) Konzeption der Neuregelung

§ 327a I 1 AktG legt die maßgebliche Anteilshöhe mit 95 Prozent des Grundkapitals fest. Hat ein Mehrheitsaktionär diese Schwelle erreicht, so wird er zum Hauptaktionär und kann den Squeeze-out durchführen. Dies entspricht der Anteilshöhe, wie sie für eine Eingliederung durch Mehrheitsbeschluss gemäß § 320 AktG erforderlich ist. Auch die herrschende Meinung ist der Auffassung, dass nur die Inhaberschaft von 95 Prozent oder mehr des Grundkapitals zum Recht auf Erwerb der Aktien der übrigen Aktionäre führen sollte[407].

b) Kritik

Andere Stimmen haben sich jedoch dagegen für eine Beteiligungsquote von 90 Prozent ausgesprochen[408].

c) Stellungnahme

Kossmann weist zunächst darauf hin, dass es grundsätzlich gesetzgeberische Wertung in Deutschland sei, dass eine Beteiligung von 75 Prozent am Grundka-

---

[405] *Allgemeiner Teil der Begründung des Regierungsentwurfs*, BT-Drucksache 14/7034, 31.

[406] So ausdrücklich der *Allgemeiner Teil der Begründung des Regierungsentwurfs*, BT-Drucksache 14/7034, 32.

[407] *DAV-Handelsrechtsausschuß-Vorschlag*, 1537; *Ehricke/Roth*, DStR **2001**, 1120/1121; *KK-WpÜG-Hasselbach*, § 327a Rn.17; *Krieger*, BB 2002, 53/54; *Land/Hasselbach*, DB **2000**, 557/562; *Pötzsch/Möller*, WM **2000**, Sonderbeil. Nr.2, 3/30; *Schiessl*, AG **1999**, 442/451; *Strenger*, WM **2000**, 952; unentschieden: *Forum Euopaeum Konzernrecht*, ZGR **1998**, 673/738; *Than*, FS Claussen, 422. Jede Beteiligungsquote ablehnend dagegen *Wenger/Kaserer/Hecker*, ZBB **2001**, 317/323, die sich stattdessen für eine Verknüpfung mit einem öffentlichen Übernahmeangebot aussprechen.

[408] *Kallmeyer*, AG **2000**, 59; *Kossmann*, NZG **1999**, 1198/1202.

pital eine Mehrheit für jede grundlegende Entscheidung darstelle[409]. Insoweit würde eine 95-Prozent-Schwelle einen Fremdkörper bedeuten.
Allerdings ist hier das allgemeine wirtschaftspolitische und ordnungspolitische Klima in Deutschland zu berücksichtigen. Der Squeeze-out ermöglicht rechtspolitisch den Ausschluss einer Restminderheit aus einer Aktiengesellschaft. Dies stellt trotz allem einen bedeutenden Eingriff in die Rechte der Minderheitsaktionäre dar. Die Schwere dieses Eingriffs muss sich in dem festgelegten Schwellenwert widerspiegeln. Daher empfiehlt es sich eine möglichst hohe Beteiligungsquote zu fordern. Zudem bewegen sich die von der Praxis als regelungsbedürftig geschilderten Fälle in der Größenordnung von bis zu fünf Prozent[410].

Kallmeyer argumentiert, dass ein brauchbarer Anknüpfungspunkt für die Höhe der Beteiligungsquote die gesetzlichen Regelungen der Minderheitenrechte in der Aktiengesellschaft wären. Dabei ließe sich feststellen, dass die wichtigsten Minderheitenrechte einen Aktienbesitz von 10 Prozent des Grundkapitals voraussetzen. Minderheitsaktionäre mit weniger als 10 Prozent Aktienbesitz würden offenbar vom Gesetz als weniger schutzwürdig angesehen. So hätten sie keinerlei Möglichkeit mehr, eine Sonderprüfung oder die Geltendmachung von Schadensersatzansprüchen gegen Vorstand und Aufsichtsrat zu erzwingen. Insofern erschiene eine Grenze von 90 Prozent vom geltenden Minderheitenschutz her gesehen als angemessen[411].
Dagegen wird aber wiederum eingewandt, dass sich eine ganze Reihe von Vorschriften finden, die bereits ab einer Schwelle von 5 Prozent Minderheitenrechte vorsehen[412]. So gelte die Schwelle von 5 Prozent nach § 122 AktG für die Einberufung der Hauptversammlung bzw. die Ergänzung der Beschlussfassung nach § 258 II, 260 II AktG für die Sonderprüfung einer Jahresabschlusses sowie nach § 265 III AktG für die Abberufung von Abwicklern aus wichtigem Grund. Zudem gebe es die 5-Prozent-Hürde auch nach § 147 III AktG bei schwerer Verfehlung von Vorstand und Aufsichtsrat. Stellt man auf eine Beteiligung des Hauptaktionärs i.H.v. 95 Prozent ab, so muss aktienrechtlich nicht begründet werden, warum trotz eines Minderheitenrechts der Ausschluss der Aktionäre möglich sein soll. Dies sei im Hinblick auf die Anwendbarkeit des Ausschlusses auch auf Altgesellschaften bedeutsam[413].

Gegen eine Quote von 95 Prozent wird weiterhin angeführt, dass im Falle eines vorausgehenden öffentlichen Kaufangebots zu erwarten sei, dass Bedingung für

---

409 *Kossmann*, a.a.O..
410 *Besonderer Teil der Begründung des Regierungsentwurfs*, BT-Drucksache 14/7034, 72.
411 *Kallmeyer*, AG **2000**, 59.
412 *Besonderer Teil der Begründung des Regierungsentwurfs*, a.a.O.; *Ehricke/Roth*, DStR **2001**, 1120/1121.
413 *Ehricke/Roth*, a.a.O..

das öffentliche Kaufangebot eine Angebotsannahme in genau dieser Höhe sein dürfte. Auch deswegen sei eine Schwelle von 95 Prozent zu hoch[414]. In den meisten Fällen wird der Bieter schon Mühe haben, die Grenze von 90 Prozent zu erreichen. Andererseits genüge ihm für die Kontrolle und für die Konsolidierung des Zielunternehmens jedenfalls die absolute Mehrheit der Stimmen[415]. Hiergegen kann aber vorgebracht werden, dass erfahrungsgemäß ein Mehrheitsaktionär innerhalb von wenigen Jahren und mit einem oder mehreren öffentlichen Übernahmeangeboten durchaus 95 Prozent der Aktien zu vertretbaren Kosten in seinen Besitz bringen kann. Schwierig ist es im allgemeinen nur, die Inhaber der letzten wenigen Prozent des Kapitals zum Verkauf zu bewegen.

Außerdem wäre ein Prozentsatz, der noch unter der für die Eingliederung durch Mehrheitsbeschluss liegenden Schwelle von 95 Prozent läge, auch rechtlich problematisch[416]. Es ist zu berücksichtigen, dass die Minderheitsaktionäre bei einem Ausschluss im Wege der Eingliederung nach § 320 AktG als Entschädigung in jedem Fall Aktien der Hauptgesellschaft angeboten erhalten, so dass sie zumindest indirekt ihrer bisherigen Gesellschaft und deren künftigen Entwicklung verbunden bleiben. Beim Squeeze-out ist dies jedoch nicht der Fall, da hier lediglich eine Barabfindung vorgesehen ist. Daher darf die Quote keinesfalls unter der für den Mehrheitsbeschluss maßgeblichen Schwelle liegen.

Somit kann die Kritik an einer Beteiligungsquote von 95 Prozent letztlich nicht überzeugen. Dass eine solche Schwelle auch gute Aussichten hat, auf EU-Ebene Akzeptanz zu finden, verdeutlicht Art. 14 der geplanten EU-Übernahmerichtlinie, der den Mitgliedstaaten ausdrücklich die Möglichkeit einräumt, die erforderliche Beteiligungsquote auf 95 Prozent anzuheben[417]. Daher ist es zu begrüßen, dass das Gesetz die Schwelle, bei deren Erreichen der Hauptaktionär von einem Squeeze-out Gebrauch machen kann, auf 95 Prozent festgelegt hat[418].

d) Begriff des Hauptaktionärs

Der Ausschluss von Minderheitsaktionären ist systematisch ein Teil des Rechts der verbundenen Unternehmen. Die Regelung lehnt sich zudem sehr eng an die der Eingliederung an. Aufgrund der systematischen Einordnung der Neurege-

---

414 *Kossmann*, NZG **1999**, 1198/1202.

415 *Kallmeyer*, AG **2000**, 59/60.

416 Vgl. *Vetter*, ZIP **2000**, 1817/1819.

417 Siehe oben, § 5 III.

418 Zur Frage, ob der Hauptaktionär diese Schwelle durch Hilfskonstruktionen unterlaufen kann, siehe *Baums*, *Ausschluss von Minderheitsaktionären*, 133ff.; sowie *ders.*, WM **2001**, 1843ff.. Dabei kommt der Autor zu dem Ergebnis, dass eine Kapitalerhöhung durch Bezugsrechtsausschluss, mit der die 95-Prozent-Schwelle überschritten wird, dann zulässig sein soll, wenn die hohen materiellen Voraussetzungen eines Bezugsrechtausschlusses erfüllt sind.

lung könnte man insoweit den Eindruck gewinnen, dass ein Squeeze-out nur möglich sein soll, wenn der Hauptaktionär als Unternehmen zu qualifizieren ist. Allerdings macht eine derartige Einschränkung keinen Sinn. Die Interessenlage, die zu dem Wunsch nach einem Squeeze-out von Minderheitsaktionären führt, besteht vielmehr unabhängig davon, ob der Hauptaktionär ein Unternehmen ist oder nicht[419]. Somit kann der mit 95 Prozent oder mehr beteiligte Aktionär nicht nur ein Unternehmen, sondern auch eine natürliche Person sein[420]. Anders als bei der Eingliederung nach §§ 319 ff. AktG sind Rechtsform und Inlandssitz beim Squeeze-out unerheblich. Der Begriff „Aktionär" umfasst daher natürliche wie juristische Personen, Personenhandelsgesellschaften sowie Gesellschaften des bürgerlichen Rechts und vergleichbare Gesamthandsgemeinschaften[421]. Inwiefern Rechtsverhältnisse unterhalb dieser gesellschaftsrechtlichen Verdichtung, wie z.B. Holdinggesellschaften bzw. Poolverträge ausreichend sind, ist unklar[422]. Allerdings wird im Regelfall der Hauptaktionär sowieso ein Unternehmen i.S.d. § 15 AktG sein[423].

e) Zeitpunkt der Berechnung

§ 327a AktG legt nicht explizit fest, zu welchem Zeitpunkt die Beteiligungsquote von 95 Prozent des Grundkapitals erreicht sein muss. Aus systematischen Gründen kann es hierbei aber nur auf den Zeitpunkt der Hauptversammlung als maßgeblichen Stichtag ankommen[424]. Das gesamte Squeeze-out-Verfahren ist auf die Hauptversammlung als entscheidendes Gremium ausgerichtet, wie schon aus dem Wortlaut des § 327a I 1 AktG ersichtlich ist. Im übrigen ließen sich

---

[419] *Ehricke/Roth*, DStR **2001**, 1120; *Geibel/Süßmann-Grzimek*, § 327a Rn.35.

[420] *DAV-Handelsrechtsausschuß-Vorschlag*, 1538; *Hüffer*, § 327a Rn.7; *Vetter*, AG **2002**, 176/185.

[421] *Gesmann-Nuissl*, WM **2002**, 1205/1206; *Hüffer*, § 327a Rn.7; *KK-WpÜG-Hasselbach*, § 327a Rn.24. Teilweise wird darauf hingewiesen, dass die Gesellschaft des bürgerlichen Rechts nicht nur von vorübergehender Natur sein darf. Ansonsten sei der Squeeze-out-Beschluss nach § 243 I AktG anfechtbar: *Bolte*, DB **2001**, 2587ff.; *Grunewald*, ZIP **2002**, 18/19. *Baums*, WM **2001**, 1843/1846, geht hingegen davon aus, dass dann der Beschluss nach § 241 I Nr.3 AktG nichtig ist.

[422] Dafür: *Angerer*, BKR **2002**, 260/267; Krieger, BB 2002, 53/62; *Mertens*, AG **2002**, 377/379f.. Zurückhaltender *Baums*, *Ausschluss von Minderheitsaktionären*, 139ff. und *Geibel/Süßmann-Grzimek*, § 327f Rn.12, die jeweils verlangen, dass die Verbindung von dauerhafter Natur ist. Wiederum anders: *Hüffer*, § 327a Rn.13, der darauf abstellt, ob die Aktien selbst in das Gesamthandsvermögen des Pools überführt werden. Ablehnend: *Markwardt*, BB **2004**, 277/279f.; *Vossius*, ZIP **2002**, 511.

[423] *Habersack*, ZIP **2001**, 1230/1236 Fn.61. Hinsichtlich der Frage, wer als Hauptaktionär bei mehrstufigen Unternehmensverbindungen gilt, bei denen eine „Anteilsvereinigung" zu einer 95-Prozent-Beteiligung auf mehreren Ebenen stattfindet, siehe *KK-WpÜG-Hasselbach*, § 327a Rn.29.

[424] *Geibel/Süßmann-Grzimek*, § 327a Rn.52; *KK-WpÜG-Hasselbach*, § 327a Rn.38.

auch sonst die ausführlich geregelten Informationsrechte der Minderheitsaktionäre nach §§ 327c, 327d AktG nicht erklären.

2. Zurechnung von Aktien

Problematisch war, ob eine Zurechnung von Aktien nach den Regeln des § 16 IV AktG erfolgen soll. Dies kann dann wichtig werden, wenn Aktien sich im Besitz von nachgeordneten verbundenen Unternehmen des Hauptaktionärs befinden oder für seine Rechnung von Treuhändern gehalten werden.

a) Rückgriff auf § 16 AktG

Entgegen den entsprechenden Bestimmungen bei der Eingliederung, die gemäß §§ 319 I 1 und 320 I 1 AktG eine Zurechnung von Aktien nicht zulassen, sieht § 327a II AktG vor, dass § 16 II und IV AktG zur Anwendung gelangen. Damit wird ausdrücklich festgestellt, dass für die Ermittlung des maßgeblichen Anteilbesitzes des Hauptaktionärs auch Aktien berücksichtigt werden, die von den vom Hauptaktionär abhängigen Unternehmen gehalten werden.

Begründet wird die Anwendung von § 16 II und IV AktG damit, dass nur so den wirtschaftlichen und organisatorischen Gegebenheiten in vielen Konzernen Rechnung getragen werden kann. Das aufwendige, wirtschaftlich aber unsinnige „Umhängen" von Beteiligungen, um die formalen Voraussetzungen für das Squeeze-out zu schaffen, soll ausgeschlossen werden[425]. Der Hauptaktionär ist oft nicht selbst unmittelbar Inhaber der Aktien der betreffenden Aktiengesellschaft in der erforderlichen Beteiligungshöhe, da die Beteiligung an der Aktiengesellschaft häufig über unterschiedliche Konzernstufen vermittelt wird und das Ergebnis verschiedener Akquisitions-, Konzernierungs- und Strukturmaßnahmen ist. Die Beteiligung kann auch meist nicht auf einfachem Wege und ohne zusätzlichem Aufwand (Transaktionskosten) auf den Hauptaktionär übertragen werden[426]. Außerdem ist eine Zurechnung von Aktien international üblich[427].

Zudem spricht für die Zurechnung von Anteilen die ganz allgemein im Konzernrecht zu beobachtende Tendenz, dass aufgrund der Leitungsmacht des herrschenden Unternehmens diesem oder einem anderen Konzernunternehmen als Mittler die einzelnen Aspekte der anderen Konzerngesellschaften zugerechnet werden[428]. Ferner ist zu berücksichtigen, dass auch bei der Schwel-

---

[425] *Besonderer Teil der Begründung des Regierungsentwurfs*, BT-Drucksache 14/7034, 72; zustimmend *Grunewald*, ZIP **2002**, 18.
[426] Vgl. *DAV-Stellungnahme Referentenentwurf*, 420/431.
[427] *Fleischer*, ZGR **2002**, 757/774.
[428] *Ehricke/Roth*, DStR **2001**, 1120/1122.

lenberechnung zur Abgabe eines Pflichtangebots eine Zurechnung erfolgt (§ 30 WpÜG). Eine unterschiedliche Behandlung sollte vermieden werden[429].

Bei der Eingliederung hat sich der Gesetzgeber gegen eine Zurechnung entschieden, weil insbesondere bei späteren Veränderungen im Konzern des Hauptaktionärs Unklarheiten im Hinblick auf das Ende der Eingliederung bei Verlust der Alleinaktionärsstellung (§ 327 I Nr.3 AktG) entstehen könnten. Dieses Problem stellt sich bei dem hier vorgeschlagenen Erwerb durch den Hauptaktionär nicht, weil dadurch kein besonderer konzernrechtlicher Status der Gesellschaft begründet wird[430]. Der Squeeze-out ist entgegen den Regeln für die Eingliederung in ihrer Wirksamkeit nicht auslösend bedingt. Daher besteht hier, anders als bei der Eingliederung, nicht das Problem des Wiederauflebens der Mitgliedschaft von Kleinaktionären in der Aktiengesellschaft bei Verlust der Alleinaktionärsstellung der eingliedernden Gesellschaft[431]. Zu Recht wird daher vom Regelungsmodell der Eingliederung abgewichen.

Somit ist es insgesamt sehr zu begrüßen, dass der Squeeze-out eine Zurechnung nach § 16 IV AktG vorgesehen hat. Die Feststellung der Zurechnungstatbestände nach § 16 IV AktG mag zwar im Einzelfall schwierig sein. Aber das gilt stets, wenn § 16 IV AktG anzuwenden ist[432].

b) Anwendung von § 16 AktG

§ 16 AktG ist Teil des Rechts der verbundenen Unternehmen und definiert die Mehrheitsbeteiligung als eigenständige Form der Unternehmensverbindung[433]. § 16 II AktG regelt die Berechnung der Anteilsmehrheit. Nach § 16 II 1 AktG berechnet sich die Kapitalmehrheit bei Gesellschaften mit Nennbetragsaktien (§ 8 I, II AktG) nach dem Verhältnis des Gesamtnennbetrags der dem Unternehmen gehörenden Aktien zum Nennkapital. Hat die Gesellschaft Stückaktien (§ 8 I, III AktG), kommt es statt auf die Summe der Nennbeträge auf die Anzahl der Aktien an (§ 16 II 1 AktG). Hält das Unternehmen, an dem die Beteiligung besteht, eigene Aktien, sind diese nach § 16 II 2 AktG für die Berechnung der Beteiligungsquote vom Nennkapital, bei Gesellschaften mit Stückaktien von der Zahl der Aktien abzuziehen. Ebenso wie eigene Anteile sind nach § 16 II 3 AktG auch solche Anteile abzuziehen, die einem Dritten für Rechnung des Unternehmens, an dem die Beteiligung besteht, gehören. Gehören dagegen Anteile an dem Unternehmen, an dem die Beteiligung besteht, nicht diesem Unternehmen

429 *Besonderer Teil der Begründung des Regierungsentwurfs*, BT-Drucksache 14/7034, 72.
430 Siehe oben, § 7 III. 2..
431 *Ehricke/Roth*, a.a.O.; *Grunewald*, ZIP **2002**, 18.
432 *DAV-Handelsrechtsausschuß-Vorschlag*, 1538; zustimmend auch *Drygala*, AG **2000**, 29[illegible]/298.
433 *Kübler*, 357ff..

selbst, sondern einem von ihm abhängigen Unternehmen, so sind solche Anteile nicht vom Grundkapital abzusetzen. Entsprechendes gilt für Anteile, die einem anderen für Rechnung des abhängigen Unternehmens gehören.

§ 16 IV AktG regelt die Zurechnung von Anteilen. Danach wird die Zurechnung von Anteilen für drei Fallgruppen angeordnet[434]. Erstens werden alle Anteile dem Hauptaktionär zugerechnet, die einem von ihm abhängigen Unternehmen (§ 17 AktG) gehören. Zweitens gilt das Gleiche für Anteile, die einem anderen für Rechnung des Hauptaktionärs oder für Rechnung eines von diesem abhängigen Unternehmens gehören. Und drittens werden einem Einzelkaufmann, der Inhaber der Beteiligung ist, nicht nur die Anteile zugerechnet, die sich im Betriebsvermögen befinden, sondern auch alle Anteile im Privatvermögen.

Im Falle einer Anrechnung nach § 16 IV AktG werden dem herrschenden Unternehmen alle Aktien des abhängigen zugerechnet, nicht nur die anteilig dem Mehrheitsbesitz entsprechenden[435]. Dies folgt bereits aus dem Wortlaut des § 16 IV AktG und entspricht auch dem Sinn und Zweck der Verweisung in § 327a II AktG.

Fraglich ist, ob die Voraussetzungen des § 327a AktG auch dann erfüllt sind, wenn nur der geringere Teil der Anteile durch den Hauptaktionär unmittelbar gehalten wird. Die Annahme eines Schwellenwertes für die unmittelbare Beteiligung des Hauptaktionärs, unterhalb dessen eine Zurechnung ausscheidet, ist jedoch dem Wortlaut des § 327a II AktG nicht zu entnehmen.
Andererseits setzt § 327a AktG das „Verlangen eines Aktionärs" voraus. Mit diesem Wortlaut ist es wohl unvereinbar, dass die den Squeeze-out beschließende Hauptversammlung auf Verlangen eines nur durch Zurechnung von Anteilen ermittelten „Hauptaktionärs" einberufen wird, der nicht einen einzigen Anteil der Gesellschaft hält[436].

3. Nicht börsennotierte Gesellschaften

Weiterhin ist zu prüfen, ob ein Squeeze-out auch bei nicht börsennotierten Gesellschaften möglich ist.

---

[434] *Hüffer*, § 16 Rn.12.

[435] *OLG Hamburg*, ZIP **2003**, 2076/2079; NZG **2003**, 978/979f.; *LG Hamburg*, ZIP **2003**, 947/949. *Fuhrmann/Simon*, WM **2002**, 1211/1212; *KK-WpÜG-Hasselbach*, § 327a Rn.37; *Markwardt*, BB **2004**, 277/279.

[436] *E/H-Habersack*, § 327a Rn.17; *Geibel/Süßmann-Grzimek*, § 327a Rn.50; *Markwardt*, BB **2004**, 277/278; *Münchener Kommentar-Grunewald* § 327a Rn.7. A.A.: *OLG Köln*, BB **2003**, 2307/2310; *Fleischer*, ZGR **2002**, 757/775; *KK-WpÜG-Hasselbach*, § 327a Rn.28; *Steinmeyer/Häger*, § 327a Rn.26.

a) Konzeption des Neuregelung

Die neue Squeeze-out-Regelung sieht eine Beschränkung auf börsennotierte Gesellschaften nicht vor[437]. Auch bei Gesellschaften mit Minderheitsaktionären von weniger als 5 Prozent des Kapitals gebe es Regelungsbedarf, die nicht oder nicht mehr börsennotiert sind, weil die Börsenzulassung angesichts der kleinen Restquote außenstehender Aktionäre aufgegeben werden musste[438].

b) Kritik

Einige Vertreter der Literatur sprechen sich dafür aus, den Squeeze-out nur auf börsennotierte Gesellschaften zu begrenzen[439]. Nur so könne der Squeeze-out in den rechtlichen Kontext des eigentlichen WpÜG eingeordnet werden.

c) Stellungnahme

Habersack verweist zunächst auf die Gefahren, die die Anwendung des Squeeze-out auch bei nicht börsennotierten Gesellschaften mit sich bringen würde. So wäre es möglich, eine unter Mehrheitsherrschaft stehende GmbH im Wege des Formwechsels nach §§ 190ff., 238ff. UmwG in eine nichtbörsliche Aktiengesellschaft umzuwandeln, um sodann den oder die Minderheitsgesellschafter auszuschließen[440]. Ein solcher „kalter Squeeze-out" liefe aber den Wertungen des GmbH-Rechts klar zuwider.

Hiergegen spricht aber, dass ein Formwechsel ein komplizierter und langwieriger Vorgang ist. Das Unternehmen muss bereit sein, die grundlegend andere Organisationsform der Aktiengesellschaft und die damit einhergehenden weitreichenden Konsequenzen hinzunehmen. Nicht nur die Geschäftsbeziehungen im Innenverhältnis wären betroffen, sondern auch das Außenverhältnis. Angesichts dieser Ausgangslage wird eine GmbH kaum diesen Schritt wagen, nur um lästige Gesellschafter auf einem vermeintlich einfacheren Weg loszuwerden.

Eventuell könnte man auch einwenden, dass das WpÜG in erster Linie als kapitalmarktrechtliche Regelung konzipiert und dass der Anwendungsbereich von vornherein auf börsennotierte Gesellschaften beschränkt sei.

Allerdings ist der Squeeze-out gerade nicht als Bestandteil des eigentlichen WpÜG eingeführt worden, sondern als Ergänzung des Aktiengesetzes. Das Ak-

---

437 *Allgemeiner Teil der Begründung des Regierungsentwurfs*, BT-Drucksache 14/7034, 32.

438 *LG Berlin*, DB **2003**, 707/708; *LG Osnabrück*, AG **2002**, 527; *Angerer*, BKR **2002**, 260/263; *DAV-Handelsrechtsausschuß-Vorschlag*, 1539; *Forum Euopaeum Konzernrecht*, ZGR **1998**, 673/738; *KK-WpÜG-Hasselbach*, § 327a Rn.21; *Krieger*, BB **2002**, 53/55; *Markwardt*, BB **2004**, 277/281; *Vetter*, AG **2002**, 176/184; *Wirth/Arnold*, AG **2002**, 503/506.

439 *Drygala*, AG **2000**, 291/298; *Habersack*, ZIP **2001**, 1230/1235; im Ergebnis auch *Bolte*, DB **2001**, 2587/2591; *Hanau*, NZG **2002**, 1040/1047; *Hüffer*, § 327a Rn.4; wohl unentschieden *Schüppen*, WPg, **2001**, 958/973f..

440 *Habersack*, a.a.O..

tiengesetz gilt aber sowohl für börsennotierte, als auch für nicht börsennotierte Gesellschaften. Der Standort der Regelung im Aktiengesetz zeigt gerade, dass der Squeeze-out für alle Gesellschaften gelten soll, unabhängig von der Börsenzulassung[441].

Schließlich wird darauf hingewiesen, dass bei einer nicht börsennotierten Gesellschaften der dominierende Aktionär eine große Fluktuation der Mitgliedschaften nicht erwarten könne. Daher sei auch die Einräumung eines Rechts auf Übernahme der Aktien der Minderheit in diesem Fall nicht angebracht. Im Gegenteil werde man bei diesen Gesellschaften den Minderheitsaktionären Vertrauensschutz gewähren müssen, da sie sich auf eine ausschließlich gesellschaftsrechtlich geprägte Mitgliedschaft eingelassen hätten, die durch gegenseitige Treuepflichten und Bestandsschutz gekennzeichnet war und die sie in Ermangelung eines organisierten Kapitalmarktes auch nicht beliebig veräußern konnten[442]. Entsprechend § 237 I 2 AktG sollte ein rückwirkender substanzieller Eingriff in dieses mitgliedschaftliche Rechtsverhältnis ausscheiden.
Hiergegen lassen sich aber die Gründe anführen, die allgemein für ein Squeeze-out sprechen und die bereits bei der Diskussion der Verfassungsmäßigkeit dargestellt wurden[443]. Gerade bei einer dominierenden Stellung eines Aktionärs sind die Minderheitsaktionäre nicht mehr als „Mitglieder" der Gesellschaft im klassisch-korporativen Sinne, sondern in der Regel als ertragsorientierte Anleger anzusehen. Ein Vertrauens- und Bestandsschutz ist bei diesen Anlegern nicht mehr oder weniger gerechtfertigt als bei allen anderen Investoren. Grundsätzlich geht das Aktienrecht von einer freien Übertragbarkeit der Aktie aus. Das bedeutet, dass der Aktionär einer börsennotierten Gesellschaft darauf gefasst sein muss, dass sich die Zusammensetzung des Aktionärskreises beständig wandelt. Ihnen ist es daher im Gesamtinteresse der Gesellschaft zuzumuten, gegen eine angemessene Barabfindung aus der Gesellschaft auszuscheiden. Jeder ausgeschiedene Minderheitsaktionär kann mit den ihm zufließenden Mitteln über die Börse Aktien von einer Vielzahl von Unternehmen erwerben.

Zudem wird es eine Situation, in der es einen Hauptaktionär mit einer Beteiligung von 95 Prozent gibt, häufig bei Familiengesellschaften oder ähnlichen Unternehmen geben, deren Anteile nicht mehr an der Börse gehandelt werden. Gerade solche Unternehmen spüren die Lästigkeit von Minderheitsaktionären besonders stark[444]. Hier besteht auch der grundlegende Handlungsbedarf, der letztlich die Einführung des Squeeze-out zur Folge hatte. Würde man den Squeeze-

441 So auch *Hommelhoff/Witt*, RIW **2001**, 561/568.
442 *Habersack*, a.a.O.; ähnlich *Drygala*, a.a.O..
443 Siehe oben, § 1 III. 3..
444 Ähnlich *Gesmann-Nuissl*, WM **2002**, 1205.

out nur auf börsennotierte Unternehmen beschränken, so würde man einen großen Anwendungsbereich von vornherein ausschließen.

Somit kann die Kritik insgesamt nicht überzeugen. Eine Beschränkung des Squeeze-out auf börsennotierte Unternehmen ist nicht vorzunehmen.

4. Notwendigkeit eines vorherigen öffentlichen Übernahmeangebots

In Großbritannien ist der Ausschluss von Minderheitsaktionären nur möglich, wenn 90 Prozent der außenstehenden Aktionäre ein öffentliches Übernahmeangebot angenommen haben[445]. Umstritten ist, ob auch in Deutschland ein solches Übernahmeangebot notwendig ist.

a) Konzeption der Neuregelung

Nach den § 327a ff. AktG ist die vorherige Abgabe eines Angebots nach dem WpÜG keine Voraussetzung für einen Squeeze-out. Dies entspricht auch dem Vorschlag des DAV[446] sowie der wohl herrschenden Meinung in der Literatur[447]. Nach dem Gesetzeszweck komme es nicht darauf an, wie die Squeeze-out-Konstellation entstanden ist.

b) Kritik

Einige Stimmen in der Literatur fordern hingegen, die Möglichkeit eines Squeeze-out von der vorherigen Abgabe eines Übernahme- oder Pflichtangebotes abhängig zu machen und damit das Recht zum Ausschluss der Minderheit auf Fälle zu begrenzen, in denen die erforderliche Mehrheit gerade aufgrund eines solchen Angebots erlangt worden ist[448].

c) Stellungnahme

Gegen den Verzicht auf ein Übernahmeangebot wird angeführt, dass die Minderheitsaktionäre einer Aktiengesellschaft im Gegensatz zum GmbH-Recht sowie zu vielen ausländischen Rechtsordnungen keine Möglichkeit hätten, aus der abhängigen Gesellschaft auszutreten. Das deutsche Gesellschaftsrecht gehe aber von einem Gleichlauf von Austritts- und Ausschließungsrecht aus[449]. Aus diesem Grund sollte nicht ein allgemeines, auch unabhängig von einem vorange-

---

445 Siehe oben, § 4 II..

446 *DAV-Handelsrechtsausschuß-Vorschlag*, 1538.

447 *Angerer*, BKR **2002**, 260/263; *Forum Euopaeum Konzernrecht*, ZGR **1998**, 673/737; *Krieger*, BB **2002**, 53/54. Nach Ansicht des *LG Hamburg*, ZIP **2003**, 947/951 führt die fehlende Verknüpfung mit einem Übernahmeangebot auch nicht zu verfassungsrechtlichen Bedenken.

448 *Habersack*, ZIP **2001**, 1230/1235. Gesetzestechnisch solle es aber genügen, wenn das Übernahme- oder Pflichtangebot zeitnah vorangeht.

449 *Habersack*, a.a.O..

gangenen Übernahme- oder Pflichtangebot eingreifendes Ausschlussrecht möglich sein. Eine solche Regelung würde der Systematik des deutschen Gesellschaftsrechts zuwiderlaufen.
Allerdings erscheint schon die Argumentation, ein Ausschlussrecht benötige stets ein Austrittsrecht als Pendant, nicht zwingend. So hat das Bundesverfassungsgericht mehrfach festgestellt, dass ein Ausschluss von Minderheitsaktionären aus einer Aktiengesellschaft von einer angemessenen Entschädigung abhängt. Dagegen wurde eine Verknüpfung mit einem Austrittsrecht niemals erwähnt. Ein solches Austrittsrecht hilft auch den Minderheitsaktionären, die konkret aus der Gesellschaft herausgedrängt werden, nicht weiter. Somit ist es bereits zweifelhaft, inwiefern ein Austrittsrecht im Zusammenhang mit einem Squeeze-out steht.
Im übrigen besteht das Bedürfnis nach einem Auskaufsrecht auch unabhängig von Unternehmensübernahmen. Um die gewünschte Wirkung zu erzielen, muss ein Squeeze-out auch bei denjenigen Gesellschaften möglich sein, deren Börsennotierung eingestellt ist[450].

Bei börsennotierten Gesellschaften ist außerdem zu berücksichtigen, dass bei den meisten Gesellschaften insbesondere im Hinblick auf §§ 35 i.V.m. 29 II WpÜG ein Aktionär kaum jemals 95 Prozent der Aktien erwerben kann, ohne dass er zumindest einmal ein Übernahmeangebot an alle Aktionäre gerichtet hat. Bei einer Gesellschaft, die nur einen begrenzten Aktionärskreis hat, ist davon auszugehen, dass der Mehrheitsaktionär ohnehin versucht haben wird, alle noch verbliebenen und auffindbaren Aktionäre auf einen Verkauf anzusprechen.

Damit ist der derzeitigen Regelung des Squeeze-out zuzustimmen. Es ist nicht notwendig, dass die erforderliche Beteiligung von 95 Prozent durch ein öffentliches Übernahmeangebot erlangt wurde.

5. Hauptversammlungsbeschluss

Ob ein Hauptversammlungsbeschluss zwingende Voraussetzung eines Squeeze-out sein soll, ist umstritten.

a) Konzeption der Neuregelung

Als Rechtsgrundlage für die Übertragung der Aktien der Minderheitsaktionäre auf den Hauptaktionär ist nach § 327a I AktG ein Beschluss der Hauptversammlung erforderlich. Mit Eintragung des Beschlusses in das Handelsregister gehen dann die Aktien der Minderheitsaktionäre kraft Gesetzes nach § 327e III AktG

---

[450] Vgl. *Schiessl*, AG **1999**, 442/451; *Vetter*, ZIP **2000**, 1817/1819.

auf den Hauptaktionär über. Auch hier steht die gesetzliche Regelung im Einklang mit der herrschenden Meinung[451].

b) Kritik

Allerdings gibt es auch hier andere Stimmen, die einen Hauptversammlungsbeschluss für entbehrlich halten[452]. Statt dessen soll eine vom Hauptaktionär beantragte Entscheidung des Landgerichts am Sitz der Gesellschaft die Rechtsgrundlage der Aktienübertragung darstellen[453] bzw. eine Überprüfung durch das Bundesaufsichtsamt für den Wertpapierhandel (BAWe)[454] stattfinden[455].

c) Stellungnahme

Nach Meinung von Vetter bedarf es einer besonderen Rechtfertigung, wenn der Hauptversammlung vom Gesetzgeber neue Zuständigkeiten und Befugnisse zugewiesen werden. Im Regelfall ergebe sich der Grund für die Zuständigkeit der Hauptversammlung daraus, dass es um Grundlagenentscheidungen der Gesellschaft geht. Der Squeeze-out sei aber weder eine Grundlagenentscheidung noch eine Konzernierungsmaßnahme. Somit mache es keinen Sinn, sich an Struktur- und Konzernierungsmaßnahmen, wie zum Beispiel die Verschmelzung, Eingliederung oder den Abschluss eines Unternehmensvertrages, anzulehnen[456].
Allerdings ist hier anzumerken, dass die Aktionäre grundsätzlich gemäß § 118 I AktG ihre Rechte in Angelegenheiten der Gesellschaft in der Hauptversammlung ausüben, soweit im Gesetz nichts anderes bestimmt ist. Die Hauptversammlung stellt das Willensbildungsorgan der Aktiengesellschaft in Deutschland dar. Die Willensbildung erfolgt dabei durch Beschluss. Hieran wirken die einzelnen Aktionäre durch Ausübung ihres Stimmrechtes mit. Es entspricht zudem der Konzeption des Aktiengesetzes, immer dann, wenn ein Eingriff in

---

451 *DAV-Stellungnahme Referentenentwurf*, 420/431; *Ehricke/Roth*, DStR **2001**, 1120/1124; *Hüffer*, § 327a Rn.9; *Krieger*, BB **2002**, 53/58; *Land/Hasselbach*, DB **2000**, 557/562; *Sieger/Hasselbach*, ZGR **2002**, 120/132.

452 *Schiessl*, AG **1999**, 442/451f.; *Vetter*, ZIP **2000**, 1817/1820 m.w.N.; ebenso *Habersack*, ZIP **2001**, 1230/1237, der sich ausdrücklich auf *Vetters* Vorschlag bezieht.

453 *Vetter*, ZIP **2000**, 1817/1821: Grundlage der Entscheidung des Gerichts soll der Antrag des Hauptaktionärs sein. Dieser habe die Inhaberschaft von bzw. die Kontrolle über 95 Prozent der Aktien nachzuweisen und einen schriftlichen Bericht über das Abfindungsangebot vorzulegen. Der Bericht müsse sich an § 327c II 1 AktG orientieren und den Aktionären zur Einsicht in den Geschäftsräumen der Gesellschaft zur Verfügung stehen bzw. ihnen auch auf Wunsch in Abschrift zugesandt werden. Mit Einreichung des Antrags des Hauptaktionärs bei Gericht sollte eine Mitteilung über das Vorhaben und den erstellten Bericht im Bundesanzeiger veröffentlicht werden.

454 Am 1. Mai 2002 ist das BAWe in der Bundesanstalt für Finanzdienstleistungsaufsicht (BAFin) aufgegangen.

455 *Schiessl*, AG **1999**, 442/452.

456 *Vetter*, ZIP **2000**, 1817/1820.

mitgliedschaftliche Recht gegeben ist, einen Hauptversammlungsbeschluss vorzusehen (vgl. §§ 186, 221 237 AktG)[457]

Die Kritiker weisen auch darauf hin, dass unter dem Gesichtspunkt des von Art. 14 I GG gewährleisteten Eigentumsschutzes ein Hauptversammlungsbeschluss als Rechtsgrundlage für ein zwangsweises Ausscheiden der Restminderheit nicht erforderlich sei[458].
Allerdings bedeutet die Tatsache, dass das Bundesverfassungsgericht nicht ausdrücklich einen Hauptversammlungsbeschluss gefordert hat, nicht automatisch, dass dieser unnötig ist. In allen relevanten Fällen stand der Hauptversammlungsbeschluss niemals in Frage. Dass das Bundesverfassungsgericht angesichts dieser Ausgangslage nicht explizit auf das Kriterium Hauptversammlungsbeschluss abstellte, ist daher verständlich.

Im übrigen führt die herrschende Meinung für den Hauptversammlungsbeschlusses die Notwendigkeit an, nachprüfbar festzustellen, ob sich auch tatsächlich 95 Prozent des Grundkapitals in der Hand des Hauptaktionärs befinden[459]. Auch komme dem Hauptversammlungsbeschluss nach der Neuregelung eine erhebliche Bedeutung als Rechtsakt für den Ausschluss zu. Aufgrund des Hauptversammlungsbeschlusses gehe später das Eigentum an den Anteilen auf den Hauptaktionär über. Dies spreche auch dagegen, den Squeeze-out unter die Aufsicht des BAWe bzw. BAFin zu stellen. Gegenstand des Beschlusses sei nicht nur die Kontrolle eines ordnungsgemäßen Verfahrens, sondern auch der Eigentumsübergang der Aktien vom Minderheitsaktionär auf den Hauptaktionär.

Das Hauptargument der Kritiker des Hauptversammlungsbeschlusses ist aber, dass es beim Squeeze-out auf die Stimmen der Minderheitsaktionäre nicht ankomme. Angesichts der überragenden Stimmenmehrheit, die der Hauptaktionär auf sich selbst vereinigt oder die er zumindest kontrolliert, stehe das Ergebnis der Beschlussfassung der Hauptversammlung bereits zu dem Zeitpunkt zweifelsfrei fest, zu dem sich der Hauptaktionär nach Festlegung der Barabfindung entschließt, den Ausschluss durchzuführen[460]. Die Minderheitsaktionäre verfügten über keinerlei Sperrminorität. Auch wenn die Minderheitsaktionäre geschlossen gegen den Ausschluss stimmen, würden sie ihre Aktionärsrechte mit der Eintragung im Handelsregister verlieren. Daher sei die Durchführung einer Hauptversammlung im Hinblick auf die klaren Machtverhältnisse beim Squeeze-out und ihre begrenzte Aufgabe als bloßer Formalakt entbehrlich[461].

---

457 Vgl. *Hüffer*, § 327a Rn.9.
458 *Vetter*, DB **2001**, 743/747.
459 *DAV-Handelsrechtsausschuß-Vorschlag*, 1539; *Krieger*, BB **2002**, 53/58.
460 *Vetter*, DB **2001**, 743/744; *ders.*, ZIP **2000**, 1817/1820.
461 *Vetter*, ZIP **2000**, 1817/1820.

Diesem Argument kann man zugute halten, dass es auch im internationalen Vergleich durchaus üblich ist, bei einer eindeutigen Beherrschungslage von einer Zustimmung der Minderheitsaktionäre abzusehen. So ist bei einem US-amerikanischen freeze-out mittels eines short-form merger aufgrund der 90 prozentigen Beherrschung der Tochter- durch die Muttergesellschaft die Einholung der Zustimmung der Aktionärsversammlung entbehrlich[462].
Allerdings ist die Hauptversammlung in Deutschland nicht nur Organ der Gesellschaft, sie ist faktisch auch die Zusammenkunft der Aktionäre, in der sich die interne Willensbildung der Gesellschaft in den vom Gesetz bestimmten Fällen verwirklicht. Zudem kommt der Hauptversammlung eine erhebliche Mitwirkungs- und Informationsfunktion zu. Den Vorstand trifft eine Berichtspflicht. Den Aktionären ist in der Hauptversammlung Gelegenheit zu geben, von ihren Mitgliedschaftsrechten, insbesondere dem Rede- und Auskunftsrecht Gebrauch zu machen. Damit erhöht die Notwendigkeit eines Hauptversammlungsbeschlusses die innergesellschaftliche Entscheidungstransparenz und ist dem demokratischen Willensbildungsprozess förderlich. Auch wenn wegen bestimmter Mehrheitsverhältnisse eine tatsächliche Einflussnahme nicht mehr möglich ist, so haben die Aktionäre formal immer noch das Recht, an Entscheidungen aktiv mitzuwirken und im gesetzlich festgelegten Rahmen der Hauptversammlung informiert zu werden.

Kritiker wenden dagegen wiederum ein, dass die Hauptversammlung zur Information der Minderheitsaktionäre überhaupt nicht erforderlich sei[463]. Die Voraussetzungen für den Ausschluss, nämlich der direkte oder indirekte Aktienanteil des Hauptaktionärs von 95 Prozent des Grundkapitals der Gesellschaft, seien mit wenigen Sätzen erläutert und müssten bereits im schriftlichen Bericht gemäß § 327c II 1 AktG dargelegt werden. Gleiches gelte für die Erläuterung der Angemessenheit der Barabfindung und den Prüfungsbericht des sachverständigen Prüfers. Unter Berücksichtigung der vorgesehenen schriftlichen Informationen der Minderheitsaktionäre erweise sich damit die Durchführung einer Hauptversammlung als überflüssig[464].
Allerdings kann die Möglichkeit, Fragen zu stellen und sich die Grundlagen der Festsetzung der Abfindungshöhe erklären zu lassen, dem Aktionär besser verständlich machen, ob die Abfindung angemessen ist, als die bloße Einsicht in die auszulegenden Unterlagen. Außerdem ist der Schutz der Minderheit durch einen Hauptversammlungsbeschluss zwar nur minimal, aber dennoch besser gewährleistet als im Falle einer Entscheidung des Landgerichts. Eine Anfechtung kann zwar nur auf die Verletzung formaler Vorschriften gestützt werden, dennoch wird der Hauptaktionär dadurch gezwungen, diese einzuhalten. Damit ist sicher-

---

462 Siehe oben, § 3 III. 2..
463 *Vetter*, DB **2001**, 743/744.
464 *Schiessl*, AG **1999**, 442/452; *Vetter*, DB **2001**, 743/744; *ders.*, ZIP **2000**, 1817/1820.

gestellt, dass die bevorstehende Übertragung der Aktien auf den Hauptaktionär in richtiger Form bekanntgemacht wird. Die kritische Literatur geht nicht darauf ein, wie die Information der Minderheitsaktionäre gewährleistet und eventuelle Verstöße sanktioniert werden sollen. Diese Probleme stellen sich nicht, wenn als Rechtsgrundlage der Hauptversammlungsbeschluss normiert wird. Ein Hauptversammlungsbeschluss ist ein genau ausgestaltetes Rechtsinstitut mit klaren Voraussetzungen und detailliert geregelten Sanktionen im Falle einer Verletzung der Vorschriften.
Im übrigen darf nicht vergessen werden, dass der Hauptversammlung auch eine allgemeine Publizitätsfunktion zukommt. Ziel ist es, die Information auch nach außen zu tragen. Die Tatsache, dass ein Squeeze-out durchgeführt wird, sowie die einzelnen Konditionen des Ausschlusses können durchaus von Interesse für andere Unternehmen oder Investoren sein, obwohl diese nicht über Anteile an der Gesellschaft verfügen. Auch für die Entwicklung des Börsenkurses an den Aktienmärkten ist eine solche Information relevant. Auch aus diesem Grund kann auf die Hauptversammlung nicht verzichtet werden.

Schließlich warnen die Kritiker noch davor, dass ein Hauptversammlungsbeschluss den in der Gesellschaft verbliebenen Minderheitsaktionären zum letzten Mal die Möglichkeit einräumen würde, beispielsweise durch eine intensive Wahrnehmung ihrer Auskunftsrechte Obstruktion zu betreiben und ihren Ausschluss aus der Gesellschaft durch Erhebung einer Anfechtungsklage gegen den Hauptversammlungsbeschluss zu verhindern oder mindestens zu verzögern[465]. Zu befürchten sei auch, dass sich das Risiko des Widerstandes speziell auch deshalb erhöht, weil die Restminderheit keinerlei anderweitige Möglichkeit hat, das Beschlussergebnis zu beeinflussen oder den Squeeze-out zu verhindern.
Dem ist zu erwidern, dass beim Squeeze-out die Anfechtungsmöglichkeiten bewusst eingeschränkt wurden[466]. So kann nach § 327f I 1 AktG die Anfechtung nicht darauf gestützt werden, dass die durch den Hauptaktionär festgelegte Barabfindung nicht angemessen ist. Damit soll eine schnelle Eintragung des Übertragungsbeschlusses und damit ein schneller Ausschluss garantiert werden. Die verbliebenen Anfechtungsmöglichkeiten dienen in erster Linie dazu, die Einhaltung der formalen Squeeze-out-Voraussetzungen zu gewährleisten. Wenn aber durch den Druck potentieller Anfechtungsklagen der Hauptaktionär dazu bewegt wird, seinen Auskunfts- und Informationspflichten besonders gründlich nachzukommen, so kann dies im Hinblick auf die Schwere des Eingriffs nur begrüßt werden. Im übrigen ist zu bezweifeln, dass die obligatorische Einführung eines Antragsverfahrens vor dem Landgericht angesichts der dortigen langen Verfahrensdauer eine bessere Alternative darstellt. Auch hier bestünde die Gefahr, dass

---

465 *Vetter*, ZIP **2000**, 1817/1820f..
466 Siehe unten, § 7 V. 1..

sich der Squeeze-out der Minderheitsaktionäre durch die Einlegung von Rechtsmitteln gegen die Entscheidung des Gerichts verzögert[467]. Dagegen ist davon auszugehen, dass es einem Hauptaktionär ohne weiteres möglich ist, die formalen Voraussetzungen eines Squeeze-out so einzuhalten, dass die Gefahr von Anfechtungsklagen niedrig gehalten wird. In diesem Fall ist ein schneller Ausschluss möglich. Für die Effizienz des Ausschlusses ist es aber neben dem automatischen Eigentumsübergang wesentlich, dass der Rechtsschutz der ausgeschlossenen Minderheitsaktionäre nicht zu einer Verzögerung der Abwicklung eines ordnungsgemäß vorbereiteten Squeeze-out führt. Ein Hauptversammlungsbeschluss und eine Eintragung beim Handelsregister führen die gewünschten Rechtsfolgen unter den gegebenen Umständen wesentlich schneller herbei.

Zuletzt wird noch ein Rechtsvergleich vorgenommen und darauf abgestellt, dass auch ausländische Rechtsordnungen wie z.B. das englische Recht auf die Hinzuziehung der Hauptversammlung verzichteten[468].
Hier ist aber zu berücksichtigen, dass die Ausgangssituation dort jeweils eine völlig andere ist. Zwar reicht in Großbritannien im Grundsatz eine bloße Erklärung des Hauptaktionärs für den Squeeze-out aus. Allerdings sieht das englische Recht einen Ausschluss nur im Rahmen eines öffentlichen Übernahmeangebots vor, wobei das Verfahren detailliert geregelt ist[469]. Die Einhaltung der Voraussetzungen des Ausschlusses sowie die Information der Minderheitsaktionäre sind hier garantiert. Ein Hauptversammlungsbeschluss wäre hier systemfremd. In Deutschland fügt sich hingegen das Erfordernis eines Hauptversammlungsbeschlusses beim Squeeze-out nahtlos in das bestehende System ein. Der Hauptversammlungsbeschluss übernimmt genau die Funktionen, die ihm auch sonst übertragen werden.

Nach alledem ist festzustellen, dass letztlich die Vorteile eines Hauptversammlungsbeschlusses überwiegen. Somit ist an einem Hauptversammlungsbeschluss festzuhalten.

6. Vorbereitung der Hauptversammlung

Hat sich der Hauptaktionär entschlossen, den Squeeze-out durchzuführen, so hat der Vorstand auf Antrag des Hauptaktionärs die Übertragung der Aktien als Tagesordnungspunkt in die Einladung zur Hauptversammlung aufzunehmen oder eine außerordentliche Hauptversammlung mit diesem Tagesordnungspunkt einzuberufen. Dabei muss neben der Höhe der vom Hauptaktionär festgelegten Barabfindung auch die Firma und der Sitz des Hauptaktionärs, bei natürlichen Personen Name und Adresse angegeben werden (§ 327c I AktG).

---

[467] Vgl. *Ehricke/Roth*, DStR **2001**, 1120/1125.
[468] *Habersack*, ZIP **2001**, 1230/1237.
[469] Siehe oben, § 4 II..

Gemäß § 327c II 1 AktG hat der Hauptaktionär zu dem Squeeze-out und der Barabfindung in einem schriftlichen Bericht Stellung zu nehmen. So soll jeder Minderheitsaktionär in die Lage versetzt werden, die Erlangung der Hauptaktionärsstellung als wesentliche Voraussetzung des Squeeze-out und die der Festlegung der Barabfindung zugrunde liegenden Überlegungen nachzuvollziehen[470]. Gleichzeitig dienen die Informationen vor der Hauptversammlung dazu, eine sachgerechte Wahrnehmung der Versammlungsrechte und einer frühzeitigen Entscheidung über die Einleitung eines Spruchstellenverfahrens zu ermöglichen[471]. Es ist eine substantiierte und verständliche Darlegung zu verlangen[472].

Handelt es sich bei dem Hauptaktionär um eine GmbH, reicht es aus, wenn der Bericht nach § 327c II 1 AktG Unterschriften von den Geschäftsführern in vertretungsberechtigter Zahl aufweist[473]. Nicht erforderlich ist es, dass alle Geschäftsführer den Bericht unterschreiben.

§ 327c II 4 AktG ordnet die sinngemäße Anwendung von § 293a II AktG an. Danach müssen in dem Bericht solche Tatsachen nicht aufgenommen werden, deren Bekanntwerden geeignet ist, einem der Beteiligten einen nicht unerheblichen Nachteil zuzufügen. Daneben sieht § 327c II 2 AktG eine externe Prüfung der Angemessenheit der Barabfindung vor[474].

Vom Tag der Einberufung der Hauptversammlung an sind nach § 327c III AktG der Entwurf des Übertragungsbeschlusses, die Jahresabschlüsse und Lageberichte für die letzten drei Geschäftsjahre, der Bericht des Hauptaktionärs sowie der externe Prüfungsbericht durch den Vorstand in den Geschäftsräumen auszulegen. Dabei meint der Begriff Jahresabschlüsse in § 327c III Nr.2 AktG die festgestellten Jahresabschlüsse i.S.d. § 172 I AktG, nicht hingegen Jahresabschlüsse, die lediglich vom Vorstand aufgestellt oder noch nicht vom Aufsichtsrat gebilligt wurden[475]. Auf Verlangen ist jedem Aktionär unverzüglich und kostenlos eine Abschrift dieser Unterlagen zu erteilen (§ 327c IV AktG). Damit soll die umfassende Vorabinformation der Aktionäre gewährleistet werden. Konzernabschlüsse und Konzernlageberichte brauchen hingegen nicht vorgelegt werden[476].

---

470 *Besonderer Teil der Begründung des Regierungsentwurfs*, BT-Drucksache 14/7034, 73.

471 *Hüffer*, § 327c Rn.1.

472 *Geibel/Süßmann-Grzimek*, § 327c Rn.7.

473 *OLG Stuttgart*, DB **2004**, 60/61.

474 Siehe dazu ausführlich unten, § 8 VII..

475 *OLG Hamburg*, NZG **2003**, 539/541f.. Anders noch *LG Hamburg*, ZIP **2003**, 168/169f..

476 *OLG Hamburg*, ZIP **2003**, 2076/2079; NZG **2003**, 978/980; *LG Hamburg*, ZIP **2003**, 947/949.

Fraglich ist, ob auch Vorstand und Aufsichtsrat nach § 124 III 1 AktG zur Beschlussfassung einen Vorschlag zu unterbreiten haben[477]. Angesichts der Bedeutung des Squeeze-out ist aber kein Grund ersichtlich, hierauf zu verzichten. Trotz der Verpflichtung des Vorstands die Hauptversammlung einzuberufen, sind jedoch weder dieser noch der Aufsichtsrat verpflichtet, den Beschlussantrag auch zur Annahme vorzuschlagen[478]. Stattdessen bleibt es auch insoweit bei der eigenverantwortlicher Leitung der Gesellschaft nach § 76 I AktG. Der Vorstand hat deswegen zu prüfen, ob der Squeeze-out im Unternehmensinteresse liegt und deshalb seine Zustimmung findet.

7. Durchführung der Hauptversammlung

In der Hauptversammlung sind gemäß § 327d 1 AktG die in § 327c III AktG bezeichneten Unterlagen auszulegen. Daneben kann der Vorstand nach § 327d 2 AktG dem Hauptaktionär Gelegenheit geben, den Entwurf des Übertragungsbeschlusses und die Bemessung der Höhe der Barabfindung mündlich zu erläutern[479]. Diese Norm betrifft allerdings nur das Verhältnis zwischen Vorstand und Hauptaktionär und verleiht letzterem keine eigenen Versammlungsrechte[480]. Grundsätzlich ist daher davon auszugehen, dass es die Pflicht des Vorstandes ist, entsprechend § 293g II 1 AktG die Unterlagen zu Beginn der Hauptversammlung mündlich zu erläutern[481].

Der Übertragungsbeschluss über den Ausschluss der Minderheitsaktionäre selbst muss nach § 327a I 1 AktG die Übertragung der Aktien der Minderheitsaktionäre auf den Hauptaktionär gegen Gewährung einer im Beschluss festgesetzten Barabfindung zum Inhalt haben[482]. Das Gesetz verlangt für den Übertragungsbeschluss keine in irgendeiner Weise qualifizierte Stimmenmehrheit. Offenbar wird davon ausgegangen, dass eine 95-prozentige Kapitalmehrheit des Hauptaktionärs auch dann einen Übertragungsbeschluss rechtfertigt, wenn dieser von der Hauptversammlung nur mit einfacher Mehrheit gefasst wird[483].

---

477 Dafür: *Hüffer*, § 327a Rn.8. Dagegen: *Angerer*, BKR **2002**, 260/265; *Krieger*, BB **2002**, 53/59. Nach *KK-WpÜG-Hasselbach*, § 327c Rn.5 soll ein solcher Beschlussvorschlag entbehrlich sein.

478 *Hüffer*, a.a.O..

479 *OLG Stuttgart*, DB **2004**, 60/61.

480 *Hüffer*, § 327d Rn.4.

481 *OLG Stuttgart*, DB **2004**, 60/61 lässt dies ausdrücklich offen.

482 Formulierungsvorschläge finden sich bei *KK-WpÜG-Hasselbach*, § 327c Rn.6; *Vossius*, ZIP **2002**, 511/515f..

483 *Fuhrmann/Simon*, WM **2002**, 1211/1213; *Geibel/Süßmann-Grzimek*, § 327a Rn.38; *Schwichtenberg*, DStR **2001**, 2075/2081. Vgl. auch *Besonderer Teil der Begründung des Regierungsentwurfs*, BT-Drucksache 14/7034, 72, wo nur der Begriff der Kapitalbeteiligung verwendet wird.

8. Rechtsübergang

Ebenfalls umstritten ist, wie der Rechtsübergang beim Squeeze-out ablaufen soll.

a) Konzeption der Neuregelung

Grundlage für die Übertragung der Aktien der Minderheitsaktionäre auf den Hauptaktionär ist nach § 327e III 1 AktG die Eintragung des Übertragungsbeschlusses in das Handelsregister. Die Regelung entspricht weitgehend dem Verfahren, wie es bei der Mehrheitseingliederung nach § 320a AktG bekannt ist.

b) Kritik

Allerdings wird auch hier vertreten, dass eine Eintragung in das Handelsregister nicht notwendig sei[484]. In konsequenter Fortführung der oben dargestellten Kritik am Erfordernis des Hauptversammlungsbeschlusses wird stattdessen davon ausgegangen, dass der Tag der Veröffentlichung der landgerichtlichen Entscheidung im Bundesanzeiger der maßgebliche Stichtag für den gesetzliche Übergang der Aktien auf den Hauptaktionär sei.

c) Stellungnahme

Vetter greift zunächst die Anlehnung an die Eingliederung an[485]. Bei der Eingliederung nach §§ 319 und 320 AktG komme der Eintragung in das Handelsregister wegen des hierdurch begründeten besonderen konzernrechtlichen Status der eingegliederten Gesellschaft (§ 322 bis § 324 AktG), der vom Normalstatus der Aktiengesellschaft wesentlich abweicht, neben der konstitutiven Wirkung Publizitätsfunktion gegenüber den Gläubigern und der Öffentlichkeit zu. Der Squeeze-out sei aber gerade kein Fall der Konzernierung. Der Eintragung des Squeeze-out im Handelsregister bedürfe es daher nicht.

Dem lässt sich aber entgegnen, dass die Wirkung des Squeeze-out so weitgehend sind, dass es gerechtfertigt ist, eine Eintragung in das Handelsregister als formellen Akt zu verlangen. Im Gegensatz zur Eingliederung haben die Minderheitsaktionäre keine Möglichkeit in Aktien abgefunden zu werden und so an der Gesellschaft weiter beteiligt zu bleiben. Vom Standpunkt des Minderheitsaktionärs her gesehen stellt somit ein Squeeze-out ein Mehr zur Eingliederung dar. Im Sinne einer a maiore ad minus-Argumentation muss daher beim Squeeze-out erst recht eine Eintragung verlangt werden. Im übrigen hat eine parallele Regelung für den Squeeze-out schließlich auch den Vorteil, dass man sich an die dort entwickelten Rechtsgrundsätze anlehnen kann[486].

---

484 *Vetter*, AG **2002**, 176/189; *ders.* ZIP **2000**, 1817/1823.
485 *Vetter*, ZIP **2000**, 1817/1823.
486 Vgl. *Ehricke/Roth*, DStR **2001**, 1120/1126.

Weiterhin wird kritisiert, dass nach dem §§ 327a ff. AktG eine erneute Eintragung in das Handelsregister erforderlich sei, wenn die dem Squeeze-out zugrunde liegende Situation oder der dadurch bewirkte Rechtszustand nicht mehr gegeben ist[487]. Dies könne zum Beispiel geschehen, wenn die Hauptgesellschaft von ihr selbst zwangsweise erworbene Aktien an der betreffenden abhängigen Gesellschaft an einen unabhängigen Dritten überträgt oder eine gesetzlichen Voraussetzung des Squeeze-out, beispielsweise im Falle der Zurechnung nach § 16 IV AktG das der Zurechnung zugrunde liegende Rechtsverhältnis, nicht mehr besteht.
Dagegen ist aber einzuwenden, dass nicht ersichtlich ist, wie nach Eintragung des Hauptversammlungsbeschlusses in das Handelsregister und der damit unmittelbar einhergehenden Übertragung der Aktien auf den Hauptaktionär eine dem Squeeze-out zugrunde liegende Situation nicht mehr vorliegen soll[488]. Für den Fall, dass sich die Eintragung in das Handelsregister als falsch erweist oder dass Irrtümer bestehen, führe dies nach den allgemeinen Regeln zu einer Berichtigung oder Löschung der Eintragung. Die Rechtsfolgen würden sich dann aus dem allgemeinen Zivilrecht, insbesondere aus dem Recht der ungerechtfertigten Bereicherung ergeben.

Somit kann die Kritik nicht überzeugen. An dem Erfordernis einer Handelsregistereintragung ist damit festzuhalten.

d) Verfahren

§ 327e I 1 AktG sieht die Anmeldung des Übertragungsbeschlusses zum Handelsregister durch den Vorstand der betroffenen Gesellschaft vor. Die Anmeldung muss dabei nach § 327e I 2 AktG in öffentlich beglaubigter Form (§ 12 I HGB) erfolgen. § 327e II AktG erklärt die Vorschriften des § 319 V und VI AktG betreffend die Negativerklärung des Vorstands und das Unbedenklichkeitsverfahren für entsprechend anwendbar[489]. Das für einen Freigabebeschluss wichtige vorrangige Eintragungsinteresse nach § 319 VI 2 AktG dürfte bei einem Squeeze-out durchaus nachzuweisen sein, z.B. wenn wichtige Strukturmaßnahmen dadurch ermöglicht werden[490]. Maßgeblich für die Interessenabwägung ist das Interesse des Hauptaktionärs und nicht das der Gesellschaft[491].

---

487 *Vetter*, a.a.O..

488 *Ehricke/Roth*, DStR **2001**, 1120/1126.

489 Vgl. hierzu ausführlich oben, § 1 I. 1. b) bb).

490 *Grunewald*, ZIP **2002**, 18/20; *Halm*, NZG **2000**, 1162/1165 m.w.N; *Keul*, ZIP **2003**, 566/568; *Land/Hasselbach*, DB **2000**, 557/562; *Vetter*, AG **2002**, 176/190. Zurückhaltender *Angerer*, BKR **2002**, 260/266; *Krieger*, BB **2002**, 53/60. Sehr restriktiv: *Steinmeyer/Häger*, § 327e Rn.21.

491 *Hüffer*, § 327e Rn.3; *Krieger*, a.a.O., ähnlich *Vetter*, AG **2002**, 176/190.

Der Registerrichter hat sodann die Aufgabe, die Formalitäten der Einladung und Durchführung der Hauptversammlung und den Aktienbesitz des Hauptaktionärs zu überprüfen. Einen materiellen Prüfungsauftrag hat der Registerrichter jedoch nicht. Man geht davon aus, dass der Beschluss bei einem Kapitalbesitz von 95 Prozent die Rechtfertigung in sich selbst trägt. Mit der neuen Squeeze-out-Regelung hat bereits der Gesetzgeber die erforderliche Abwägung getroffen und entschieden, dass bei Erreichen der Beteiligungsquote die verbleibenden Minderheitsaktionäre ausgeschlossen werden können. Eine irgendwie geartete zusätzliche sachliche Rechtfertigung kann daneben nicht mehr erforderlich sein[492].

Sind die Voraussetzungen erfüllt, hat der Registerrichter den Übertragungsbeschluss einzutragen. Dieser Eintragung kommt konstitutive Wirkung zu[493]. Mit Eintragung des Beschlusses in das Handelsregister gehen gemäß § 327e III AktG die Aktien der Minderheitsaktionäre kraft Gesetzes auf den Hauptaktionär über. Der gesetzliche Übergang des Eigentums ermöglicht dem Hauptaktionär, die Alleinaktionärsstellung zu erlangen, ohne sein Recht auf Erwerb der Aktien gegen widerstrebende oder gar unbekannte Aktionäre gerichtlich durchsetzen zu müssen. Ein Verfügungsgeschäft ist weder notwendig noch möglich.

Der automatische Übergang der Mitgliedschaftsrechte gilt für alle Aktien der Minderheitsaktionäre, d.h. auch für eigene Aktien der Gesellschaft bzw. Aktien, die einem Dritten für Rechnung der Gesellschaft gehören[494]. Kein Übergang findet jedoch hinsichtlich derjenigen Aktien statt, die dem Hauptaktionär gemäß § 16 IV AktG zugerechnet werden. Zweck der Squeeze-out-Regelung ist es nicht, den Hauptaktionär zum Alleinaktionär zu machen, sondern den Ausschluss von Minderheitsaktionären im Interesse des Hauptaktionärs zu ermöglichen[495]. Die Aktionäre, deren Aktien nach § 16 IV AktG dem Hauptaktionär zugerechnet werden, sind schon begrifflich nicht Minderheitsaktionäre[496].

---

[492] *Angerer*, a.a.O.; *Geibel/Süßmann-Grzimek*, § 327f Rn.10 m.w.N.; *Fuhrmann/Simon*, WM **2002**, 1211/1214; *Halasz/Kloster*, DB **2002**, 1253/1256; *Hüffer*, § 327a Rn.11; *Krieger*, BB **2002**, 53/55; *Sieger/Hasselbach*, ZGR **2002**, 120/143; *Steinmeyer/Häger*, § 327a Rn.20; *Vetter*, AG **2002**, 176/186. Zu potentiellen Missbrauchsfällen des Squeeze-out siehe *E/H-Habersack*, § 327a Rn.27ff.; *Halasz/Kloster*, DB **2002**, 1253ff.; *KK-WpÜG-Hasselbach*, § 327a Rn.49ff.; *Markwardt*, BB **2004**, 277/280ff.; *Münchener Kommentar-Grunewald* § 327a Rn.19ff..

[493] *Besonderer Teil der Begründung des Regierungsentwurfs*, BT-Drucksache 14/7034, 73.

[494] *Geibel/Süßmann-Grzimek*, § 327e Rn.24 m.w.N.. A.A.: *KK-WpÜG-Hasselbach*, § 327e Rn.20; *Riegger*, DB **2003**, 541/543f..

[495] *Geibel/Süßmann-Grzimek*, § 327e Rn.26 m.w.N..

[496] *Besonderer Teil der Begründung des Regierungsentwurfs*, BT-Drucksache 14/7034, 72.

Bereits mit dem Übertragungsbeschluss entsteht kraft Gesetzes der Anspruch der Minderheitsaktionäre auf Abfindung[497]. Einen Abfindungsvertrag bedarf es nicht. Das Gesetz regelt nicht eindeutig, ob sich dieser Abfindungsanspruch gegen den Hauptaktionär oder gegen das Unternehmen richtet. Allerdings folgt aus der ratio legis des § 327a AktG, dass nur der Hauptaktionär als alleiniger Schuldner in Frage kommt. Schließlich ist er der einzige, der von dem gesetzlichen Eigentumsübergang profitiert[498]. Zudem würde ein Anspruch gegen das Unternehmen in Widerspruch zu den Kapitalerhaltungsvorschriften des Aktienrechts stehen. Schließlich legt auch § 5 Nr. 3 des Spruchverfahrensgesetzes (SpruchG) den Hauptaktionär als Antragsgegner im Spruchstellenverfahren nunmehr ausdrücklich fest[499].

Bis zur Zahlung durch den Hauptaktionär verbriefen die ausgegebenen Aktienurkunden nach § 327e III 2 AktG den Anspruch auf Barabfindung. Dadurch weicht § 327e III 2 AktG von § 952 II BGB ab, wonach die Aktienurkunden, nachdem sie die Mitgliedschaften nicht mehr verbriefen und damit ihre Eigenschaft als Inhaber- oder Orderpapiere verloren haben, in das Eigentum des Hauptaktionärs übergehen würden. Demgegenüber bestimmt § 327e III 2 AktG, dass trotz des Übergangs der Aktien an den Hauptaktionär die Aktienurkunden durch die Verbriefung ihre Eigenschaft als Inhaber- oder Orderpapier behalten und damit weiterhin im Eigentum der ausgeschiedenen Aktionäre stehen. Mit Eintragung des wirksamen Squeeze-out sind die ausgeschiedenen Minderheitsaktionäre allerdings zur Aushändigung der Urkunden an den Hauptaktionär verpflichtet.

Sowohl der Anspruch auf Barabfindung, als auch der Anspruch auf Aushändigung der Urkunden können nach Maßgabe der §§ 273, 274 BGB geltend gemacht werden. Die Eigentumsverhältnisse an den Urkunden dürften sich nach § 797 S. 2 BGB beurteilen[500]. Danach erwirbt der Hauptaktionär das Eigentum an den Urkunden mit der Gewährung der Abfindung. Im Idealfall dürfte dies also zeitgleich mit der Aushändigung der Urkunden geschehen. Ab diesem Zeitpunkt verbriefen die Urkunden wieder die Mitgliedschaften

---

[497] Siehe dazu unten, § 8 VI..

[498] Ebenso *Baums*, *Ausschluss von Minderheitsaktionären*, 125; *Hüffer*, § 327a Rn.10.

[499] Siehe unten, § 8 IX. 5.. Zu den steuerlichen Folgen eines Squeeze-outs siehe *Schuhmacher*, DB **2002**, 1626ff..

[500] Vgl. *Geibel/Süßmann-Grzimek*, § 327e Rn.28 m.w.N.; *KK-WpÜG-Hasselbach*, § 327e Rn 24.

e) Analoge Anwendung von § 1287 I BGB

Die im Rahmen des § 320a AktG anerkannte[501] analoge Anwendung des § 1287 1 BGB sollte auch für § 327e III AktG übernommen werden[502]. Dadurch wird sichergestellt, dass die Aktien frei von Rechten Dritter auf den Hauptaktionär übergehen. Etwaige beschränkte dingliche Rechte setzen sich an der Barabfindung fort. Somit entfällt eine gesonderte Bewertung der mit Rechten Dritter belasteten Aktien.

f) Wertpapiere mit Umtauschrecht in Aktien

Unklar ist was mit solchen Wertpapieren und Ansprüchen geschehen soll, die ein Umtauschrecht in Aktien begründen. Zu denken ist in diesem Zusammenhang beispielsweise an Aktienoptionen[503] und Wandelschuldverschreibungen[504].

Soweit diese Wertpapiere im Zeitraum zwischen Beschlussfassung der Hauptversammlung und dem Übergang der Aktien durch Eintragung des Übertragungsbeschlusses im Handelsregister ausgeübt und bedient werden, tritt für die Neuaktionäre ebenfalls die Rechtsfolge des § 327e III AktG ein, d.h. der Verlust der Mitgliedschaftsrechte ein[505]. Als Ersatz für die verlorenen Aktien erhalten die Minderheitsaktionäre eine entsprechende Barabfindung.

Umstritten ist jedoch, was mit Wertpapieren mit Umtauschrecht geschehen soll, die noch nicht ausgeübt und bedient wurden.

aa) Einbeziehung in den Squeeze-out

Die wohl herrschende Meinung geht davon aus, dass sich der Ausschluss nicht allein auf Aktien, sondern auch auf Wertpapiere mit Umtauschrecht bezieht[506]. Die Umtauschberechtigten erhielten stattdessen einen Anspruch auf Barabfin-

---

501 *Münchener Kommentar-Grunewald* § 320a Rn.2; *E/H-Habersack*, § 320a Rn.5.

502 *Geibel/Süßmann-Grzimek*, § 327e Rn.27 m.w.N.; *Habersack*, ZIP **2001**, 1230/1237; *Hüffer*, § 327e Rn.4; *KK-WpÜG-Hasselbach*, § 327e Rn.17.

503 Aktienoptionen (stock options) sind vertraglich begründete Bezugsrechte für Aktien, die vor allem bei der Vergütung von Vorständen von Aktiengesellschaften zur Anwendung kommen. Sie garantieren, dass Aktien zu einem Ausübungs- oder Basispreis erworben werden können, wenn das Optionsrecht aus dem Vertrag ausgeübt wird. Siehe *Baums*, FS Claussen, 3ff..

504 Wandelschuldverschreibungen sind gemäß § 221 I 1 AktG Schuldverschreibungen, bei denen dem Gläubiger ein Umtausch- oder Bezugsrecht auf Aktien eingeräumt wird. Siehe auch *Hüffer*, § 221 Rn.3ff..

505 *Geibel/Süßmann-Grzimek*, § 327e Rn.30.

506 *Angerer*, BKR **2002**, 260/267; *Geibel/Süßmann-Grzimek*, § 327e Rn.31; *Grunewald*, ZIP **2002**, 18; *Halm*, NZG **2000**, 1162/1165 m.w.N.; *Hüffer*, § 327b Rn.3; *KK-WpÜG-Hasselbach*, § 327e Rn.22; *Krieger*, BB **2002**, 53/61; *Sieger/Hasselbach*, ZGR **2002**, 120/158; *Wilsing/Kruse*, ZIP **2002**, 1465/1469.

dung, der erst zu erfüllen ist, wenn der Umtauschberechtigte von seinem Recht Gebrauch macht. Nur so könne konsequent ein vollständiger Squeeze-out erreicht werden. Teilweise wird allerdings die Einschränkung gemacht, dass dies nur dann gelten solle, wenn nach der Ausübung dieser Rechte nicht mehr als 5 Prozent des Kapitals in den Händen der Umtauschberechtigten liegen würden[507].

bb) Keine Berücksichtigung beim Squeeze-out

Andere vertreten demgegenüber die Ansicht, dass diese Wertpapiere vom Squeeze-out selbst nicht berührt werden[508]. Schließlich habe der Hauptaktionär nach dem Umtausch erneut die Möglichkeit einen Squeeze-out durchzuführen, sofern er dann immer noch 95 Prozent des Grundkapitals hält. Besitzt der Hauptaktionär hingegen nach dem Umtausch weniger als 95 Prozent, so sei ein Ausschluss nicht möglich. Möglich wäre ein Squeeze-out aber in diesem Fall auch schon dann nicht gewesen, wenn der Umtausch vor dem Ausschluss stattgefunden hätte.

cc) Stellungnahme

Es mutet befremdlich an, Wertpapieren mit Umtauschrecht in Aktien einen stärkeren Schutz zu gewähren als den Anteilen der Minderheitsaktionäre, die allesamt an den Hauptaktionär übergehen[509]. Die Umtauschberechtigten hätten die Möglichkeit den Squeeze-out wieder zu beseitigen, ohne dass die Aktienrechte der bereits ausgeschlossenen Minderheitsaktionäre wieder aufleben würden.

Vor allem entstünde aber ein erhebliches Störpotential, wenn Inhaber von Wertpapieren diese auch nach dem eigentlichen Ausschluss der Minderheitsaktionäre noch in Aktien umtauschen könnten. Problematisch wäre es insbesondere, wenn es mehrere Umtauschberechtigte gibt, die zu unterschiedlichen Zeiten ihre Rechte ausüben. Der Hauptaktionär wäre dann gezwungen, mehrmals hintereinander einen Squeeze-out durchzuführen - unter Umständen solange bis auch der letzte Umtauschberechtigte ausgeschlossen wäre. Bei jedem dieser Ausschlüsse müsste die Höhe der Barabfindung neu festgelegt werden. Um den Anforderungen des § 327c II 2 AktG zu genügen, wäre es notwendig, jedes Mal diese Barabfindung in einem kostenintensiven Bewertungsverfahren durch Sachverständige zu überprüfen. Zudem hätten die Minderheitsaktionäre bei jedem Squeeze-out das Recht ihre jeweilige Barabfindung in einem Spruchstellenverfahren kontrollieren zu lassen, § 327f I 2 AktG. Es bestünde die Gefahr, dass es zu einer Inflation

---

507 So *Angerer*, a.a.O.; *Grunewald*, a.a.O.; *Krieger*, a.a.O.. Wohl auch *KK-WpÜG-Hasselbach* a.a O..

508 *Baums*, *Ausschluss von Minderheitsaktionären*, 157ff., *ders.*, WM **2001**, 1843/1847ff.; *Schüppen*, WPg, **2001**, 958/976; *Steinmeyer/Häger*, § 327e Rn.33.

509 *Geibel/Süßmann-Grzimek*, § 327e Rn.32; *Hüffer*, § 327b Rn.3. Siehe auch *BGH*, NZG **1998**, 304 /305 hinsichtlich der Mehrheitseingliederung.

von Squeeze-out- und daraus resultierenden Spruchstellenverfahren kommt. Dies läuft aber der Intention des Gesetzes diametral zuwider. Die Möglichkeit des Hauptaktionärs, den Ausschluss der Minderheitsaktionäre zu erreichen, ist allein anhand der Beteiligungsquote am vorhandenen Grundkapital am Tag der Beschlussfassung der Hauptversammlung zu bemessen.

Zudem dürfte auch das Interesse der Umtauschberechtigten an einem Erwerb von Anteilen an einem Unternehmen, das nach einem bereits erfolgreichen Squeeze-out ausnahmslos von einem Hauptaktionär beherrscht wird, gering sein[510]. Es ist davon auszugehen, dass die Anteile im Regelfall nur noch auf privater Ebene veräußert werden können. Damit wären die Aktien aber weitestgehend entwertet. Die Wertpapiere mit Umtauschrecht sind nach einem erfolgten Squeeze-out folglich auf Aktien gerichtet, die kein Gewinnpotential mehr bieten und nicht mehr marktfähig sind.

Zuletzt zeigt auch ein Vergleich mit anderen Rechtsordnungen, dass es durchaus üblich ist, Wertpapiere mit Umtauschrecht regulären Aktien bei einem Ausschluss gleichzustellen. So sehen die britischen Ausschlussvorschriften ausdrücklich vor, dass convertible securities hinsichtlich der compulsory acquisition als normale Aktien behandelt werden (section 430F (1) CA)[511].

Somit muss sich der Squeeze-out auch auf Wertpapierrechte mit Umtauschrechte in Aktien beziehen. Insofern sind die Umtauschberechtigen auf den Abfindungsanspruch gegen den Hauptaktionär zu verweisen. Die Höhe der Barabfindung richtet sich nach der Anzahl der Aktien, die der Umtauschberechtigte hätte beziehen können, abzüglich einer bei Ausübung des Umtauschrechts zu leistenden Baraufzahlung oder zu erbringenden sonstigen Leistung[512].

g) Status des Unternehmens

Handelt es sich bei dem Hauptaktionär um eine Aktiengesellschaft, so bleibt trotz dessen nunmehr 100-prozentigen Anteilsbesitzes das betroffenen Unternehmen – im Gegensatz zur Mehrheitseingliederung[513] – rechtlich und organisa-

---

[510] Vgl. *Martens*, AG **1992**, 209/212f. hinsichtlich der Eingliederung.

[511] Siehe dazu oben, § 4 II 2.

[512] *Grzimek* empfiehlt bis zur höchstrichterlichen Klärung dieses Streits ein Sonderkündigungsrecht der Gesellschaft bei der Ausgabe von Wertpapieren mit Umtauschrecht zu vereinbaren. Siehe *Geibel/Süßmann-Grzimek*, § 327e Rn.30. Zur Frage, inwieweit derartige Wertpapiere bei der Feststellung des Erreichens der 95-Prozent-Schwelle durch den Hauptaktionär zu berücksichtigen sind, vgl. *Sieger/Hasselbach*, ZGR **2002**, 120/158; *KK-WpÜG-Hasselbach*, § 327a Rn.34 und § 327e Rn.23, jeweils m.w.N..

[513] Mit der Eingliederung geht die Leitungsmacht vollends auf die Hauptgesellschaft über, § 323 I 1 AktG. Diese muss allerdings für die Verbindlichkeiten der eingegliederten Gesell-

torisch selbständig. Es gelten die allgemeinen Vorschriften des Konzernrechts. Sofern nicht durch bestehende oder noch folgende Unternehmensverträge oder eine Eingliederung die Verhältnisse geändert werden, existiert nur ein faktischer Konzern[514].

9. Keine Verbotsfristen

Im Gegensatz zu Regelungen in einigen US-Bundesstaaten, wo corporation statutes einem Mehrheitsgesellschafter für eine bestimmte Zeit nach Erwerb der Mehrheitsbeteiligung gewisse Formen der Übernahme der Gesellschaft wie z.B. eine Verschmelzung oder die Veräußerung wesentlicher Teile des Gesellschaftsvermögens untersagen[515], gibt es eine derartige Verbotsfrist in Deutschland nicht. Somit kann ein Squeeze-out sofort nach Erlangung der Beteiligung von 95 Prozent durchgeführt werden. Ein zum Teil mehrjähriges Abwarten entfällt. Der Grund für einen Verzicht der deutschen Squeeze-out-Regelung auf eine derartige Maßnahme liegt darin begründet, dass in den USA diese Regelungen erlassen wurden, um zu verhindern, dass Unternehmensübernahmen ausschließlich mit dem Liquidationserlös oder mit dem erwarteten post-takeover Gewinn finanziert werden. In Deutschland besteht diese Gefahr bei einem Squeeze-out nicht. Nach § 327a I 1 AktG ist ein Ausschluss nur gegen eine angemessene Barabfindung möglich, wobei durch § 327b III AktG sichergestellt ist, dass die ausscheidenden Minderheitsaktionäre diese Abfindung auch unverzüglich erhalten. Insofern ist gewährleistet, dass die Minderheitsaktionäre auf jeden Fall entschädigt werden.

10. Einbeziehung der KGaA

Entsprechend einer aus der Praxis geäußerten Anregung wird der Ausschluss von Minderheitsaktionären nicht nur auf Aktiengesellschaften beschränkt. Seit dem Referentenentwurf vom 12. März 2001 ist auch die KGaA in den Anwendungsbereich des Squeeze-out einbezogen, § 327a I 1 AktG. Für diesen Fall wird in § 327a I 2 AktG klargestellt, dass der Hauptversammlungsbeschluss abweichend von der Regelung in § 285 II 1 AktG nicht der Zustimmung der Komplementäre bedarf[516]. Es kommt also nur auf die Beschlussfassung der Kommanditaktionäre nach § 285 AktG an.

---

schaft nach § 322 I AktG haften. Des weiteren gilt die Gläubigerschutzvorschrift des § 321 AktG.

514 Vgl. auch *Schüppen*, WPg **2001**, 958/975.

515 Siehe oben, § 3 IV. 4..

516 *Besonderer Teil der Begründung des Regierungsentwurfs*, BT-Drucksache 14/7034, 72 bezeichnet dies als Klarstellung. Vgl. hierzu *KK-WpÜG-Hasselbach*, § 327a Rn.60.

V. Rechtsschutz

Um ein wirksames Instrument zu sein, muss der Squeeze-out den Ausschluss schnell herbeiführen. Zu Konflikten kann es deswegen mit dem Rechtsschutz kommen. Dem Interesse des Hauptaktionärs auf Planungssicherheit steht das Interesse der Minderheitsaktionäre entgegen, sich gegen den Entzug ihrer Mitgliedschaftsrechte rechtlich zu wehren.

1. Konzeption der Neuregelung

§ 327f I und II AktG versucht beide gegensätzliche Interessen in Einklang zu bringen: So besteht die Möglichkeit der Anfechtung des Übertragungsbeschlusses nach den §§ 243ff. AktG. Parallel zu § 320b II 1 AktG kann die Anfechtung jedoch nicht auf § 243 II AktG oder darauf gestützt werden, dass die Barabfindung zu gering sei. Damit hängt die Wirksamkeit des Squeeze-out nicht von der Angemessenheit der Kompensation ab. Diese Frage wird abgekoppelt und gesondert dem Spruchverfahren als spezielleren und zielgenaueren Rechtsbehelf gemäß §§ 327f I 2 i.V.m. 306 AktG zugewiesen. Das Antragsrecht im Spruchverfahren ersetzt das Anfechtungsrecht. Damit ist in zeitlicher Hinsicht eine Blockade durch Minderheitsaktionäre gebannt[517].

Eine Anfechtung kommt danach in Betracht, wenn die in § 327a I 1 AktG genannten Voraussetzungen eines Squeeze-out fehlen, wenn Bekanntmachungsfehler aufgetreten sind (§ 327c I AktG) oder wenn der schriftliche Bericht des Hauptaktionärs (§ 327c II 1 AktG) bzw. der Bericht des Prüfers (§ 327c II 2 AktG) Mängel aufweisen und damit eine ordnungsgemäße Auslage nach § 327c III Nr.3, 4 AktG nicht erfolgt ist. Anfechtungsklagen können sich auch auf Fragen der Zurechnung des Aktienbesitzes beim Hauptaktionär nach § 16 IV AktG[518] sowie auf die ordnungsgemäße Bankgarantie[519] beziehen. Des weiteren kann die Anfechtung des Hauptversammlungsbeschlusses darauf gestützt werden, dass der Hauptaktionär eine Abfindung nicht oder nicht ordnungsgemäß angeboten hat. So erachtete beispielsweise das OLG Hamburg einen Übertragungsbeschluss, der vorsah, dass von der festgelegten Barabfindung später zu zahlende Ausgleichs- und Dividendenzahlungen abzuziehen wären, als nicht ordnungsgemäß und damit anfechtbar[520]. Nach § 327f I 3 AktG steht in diesen Fällen zudem subsidiär das Spruchstellenverfahren zur Verfügung.

---

[517] Vgl. *Bruse*, M & A Review **2001**, 257/259; *Halm*, NZG **2000**, 1162/1165; *Wilsing/Kruse*, DB **2002**, 1539ff..

[518] *Ehricke/Roth*, DStR **2001**, 1120/1126; *Vetter*, DB **2001**, 743/746.

[519] Siehe unten, § 8 X. 1.. Zwar ist die Bankgarantie keine materielle Beschlussvoraussetzung, sondern nur Einberufungsvoraussetzung, dennoch berechtigt eine Verletzung des § 327b III AktG als Gesetzesverletzung zur Anfechtung.

[520] *OLG Hamburg*, NZG **2003**, 539/540.

Umstritten ist, ob die neue Rechtsprechung des Bundesgerichtshofes zu § 210 UmwG hinsichtlich abfindungswertbezogener Informationsdefizite[521] auch hier Anwendung findet, so dass eine Anfechtungsklage von vornherein ausscheidet[522]. Zu beachten ist allerdings der Wortlaut des § 327f I 3 AktG. Zumindest in den Fällen, in denen die Informationsdefizite zu einer nicht ordnungsgemäß angebotenen Barabfindung führen, ist der Hauptversammlungsbeschluss mit einer Anfechtungsklage anfechtbar[523].

Insgesamt dürften sich aber alle genannten potentiellen Anfechtungsgründe bei einer sorgfältigen Planung des Squeeze-out vermeiden lassen bzw. nur wenige Angriffspunkte bieten[524]. Damit dürfte alles in allem der Anwendungsbereich für die allgemeine Anfechtungsklage begrenzt sein. Sollte eine Anfechtungsklage aber einmal Erfolg haben, so findet § 139 BGB Anwendung, so dass die Fehlerhaftigkeit eines Beschlussteils nicht zwangsweise die Unwirksamkeit des gesamten Übertragungsbeschlusses nach sich zieht[525].

Kommt es aber zu einer Anfechtung des Hauptversammlungsbeschlusses, so hat dies grundsätzlich eine Registersperre nach §§ 327e II i.V.m. 319 V 2 AktG zur Folge. Allerdings garantiert der Verweis in § 327e II AktG, dass die Bestimmung des § 319 VI AktG Anwendung findet[526]. Erste Erfahrungen zeigen, dass die Gerichte von der Möglichkeit des Freigabeverfahrens auch beim Squeeze-out durchaus Gebrauch machen[527]. Zumindest rechtsmissbräuchliche Anfech-

---

521 *BGH* ZIP **2001**, 412/413ff.; ZIP **2001**, 199/200ff.. Vgl. auch *BGHZ* 122, 211/238; BGH, ZIP **1995**, 1256/1258; *Bayer* ZGR **1995**, 613/617 m.w.N.; *E-H-Habersack* § 304 Rn.78. Kritisch *Hirte* ZGR **1994**, 644/659.

522 Dafür: *LG Hamburg*, ZIP **2003**, 947/950; *Habersack*, ZIP **2001**, 1230/1237; *Keul*, ZIP **2003**, 566/567; *KK-WpÜG-Hasselbach*, § 327f Rn.3f.; *Krause*, NJW **2002**, 705/715; *Vetter*, AG **2002**, 176/177; *ders.*, DB **2001**, 743/746 m.w.N.. Dagegen: *Angerer*, BKR **2002**, 260/263; *Grunewald*, ZIP **2002**, 18/21; *Hüffer*, § 327f Rn.2;. *Krieger*, BB **2002**, 53/60.

523 *LG Frankfurt a.M.*, DB **2003**, 2590/2591. Vgl. auch *Geibel/Süßmann-Grzimek*, § 327f Rn.5; *KK-WpÜG-Hasselbach*, § 327f Rn.5.

524 Vgl. z.B. die „Checkliste" für die Beschlussfassung und Durchführung eines Squeeze-out von *Vossius*, ZIP **2002**, 511ff.. Siehe auch *KK-WpÜG-Hasselbach*, § 327a Rn.63.

525 *OLG Hamburg*, NZG **2003**, 539/541.

526 Siehe oben, § 7 IV. 8. d).

527 *OLG Stuttgart*, DB **2004**, 60f.; *LG Berlin*, DB **2003**, 709 Fn.14. Zu den maßgeblichen Kriterien vgl. *LG Frankfurt a.M.*, DB **2003**, 1726f.. Allerdings soll nach *LG Hamburg*, ZIP **2003**, 951f. eine Anfechtungsklage, die die Verfassungswidrigkeit des Squeeze-out-Verfahrens behauptet, nicht per se als offensichtlich unbegründet gelten. A.A.: *Wirth/Arnold*, AG **2002**, 503/506f.. Ebenfalls restriktiv hinsichtlich des Kriteriums der offensichtlichen Unbegründetheit: *OLG Hamburg*, NZG **2003**, 539/544. Vgl. auch *OLG* Hamburg, AG **2003**, 696f.. Zu den Voraussetzungen des Freigabeverfahrens auch: *Keul*, ZIP **2003**, 566/567 m.w.N..

tungsklagen räuberischer Kleinaktionäre sollte man auf diesem Wege begegnen können[528].

Verfahrensgegner des Anfechtungsklägers ist die Aktiengesellschaft, nicht der Hauptaktionär, obwohl es materiell um sein Durchführungsinteresse geht[529]. Im übrigen gilt die Anfechtungsfrist des § 246 I AktG, wonach die Klage innerhalb eines Monats nach der Beschlussfassung erhoben werden muss. Dabei handelt es sich um eine materiellrechtliche Ausschlussfrist[530].

Sachlich und örtlich zuständig ist gemäß § 246 III 1 AktG das Landgericht, in dessen Bezirk die Gesellschaft ihren Sitz hat. Der Anfechtungsprozess ist Handelssache i.S.d. § 95 II GVG. Funktionell zuständig sind bei den Landgerichten die Kammern für Handelssachen.

2. Keine Rechtfertigung notwendig

Wie oben bereits erwähnt, bedarf der Hauptversammlungsbeschluss beim Squeeze-out keiner sachlichen Rechtfertigung[531]. Seine Anfechtung kann somit nicht auf die angebliche Unangemessenheit der Maßnahme gestützt werden. Aus Gründen der Rechtssicherheit hat sich der Gesetzgeber bewusst am Kompensationsmodell orientiert.

3. Fehlende Beteiligungsquote

Nicht geregelt ist, was geschieht, wenn der Hauptaktionär weder unmittelbar noch mittelbar über § 16 IV AktG die erforderliche Mehrheit von 95 Prozent des Aktienkapitals hält. In einem derartigen Fall sind die gesetzlichen Voraussetzungen des § 327a I AktG nicht erfüllt. Aufgrund der besonderen Schwere des Eingriffs in die Mitgliedschaftsrechte der Minderheitsaktionäre, die der zwangsweise Ausschluss aus der Aktiengesellschaft darstellt, ist davon auszugehen, dass der Hauptversammlungsbeschluss überhaupt keine rechtliche Wirkung entfaltet[532]. Die Aktien der Minderheitsaktionäre gehen in diesem Fall nicht auf den Hauptaktionär über. Eine Heilung der unwirksamen Aktienübertragung scheidet aus.

---

[528] *Keul*, ZIP **2003**, 566/567; *KK-WpÜG-Hasselbach*, § 327e Rn.9.
[529] *Hüffer*, § 327e Rn.3.
[530] *OLG Frankfurt a.M.*, WM **1984**, 209/211.
[531] Siehe oben, § 7 IV. 8. d).
[532] Ebenso *Hüffer*, § 327a Rn.12 und § 327e Rn.2; *Vetter*, AG **2002**, 176/189.

§ 8 Entschädigung

Im folgenden soll nun erörtert werden, welche Entschädigung die durch den Squeeze-out ausgeschlossenen Minderheitsaktionäre erhalten.

I. Volle wirtschaftliche Entschädigung

§ 327a I 1 letzter Halbsatz AktG sieht vor, dass der Hauptaktionär den Minderheitsaktionären eine „angemessene Barabfindung" zu gewähren hat. Bei der Festlegung der Abfindung sind die Grundsätze des Bundesverfassungsgerichts zu berücksichtigen, die es für die Entschädigung von mitgliedschaftlichen Rechten von Aktionären präzisiert hat. Unter Hinweis auf das Feldmühle-Urteil aus dem Jahre 1962 hat das Bundesverfassungsgericht zuletzt in der Moto Meter-Entscheidung aus dem Jahre 2000 ausdrücklich betont, dass den zwangsweise ausscheidenden Aktionären die „volle Entschädigung" für ihre gesellschaftliche Beteiligung gewährt werden muss[533]. Im Hinblick auf den Eigentumsschutz der ausscheidenden Minderheitsaktionäre und im Hinblick auf die Vorteile, die der Hauptaktionär aus dem Ausschluss zieht, muss es Sicherungen dafür geben, dass ein zum Ausscheiden gezwungener Aktionär erhält, was seine gesellschaftliche Beteiligung an dem arbeitenden Unternehmen wert ist. Bei der Bemessung haben Hauptaktionär und im Streitfall die Gerichte wertmäßig dabei in erster Linie die Vermögensrechte der Minderheitsaktionäre zu berücksichtigen[534]. Es ist das auszugleichen ist, was den Minderheitsaktionären an Eigentum im Sinne von Art. 14 I GG verloren geht. Aufgrund des eindeutigen Wortlauts des § 327a I 1 AktG kommt dabei allerdings nur eine Barabfindung in Betracht.

Nach § 327b I AktG ist es Aufgabe des Hauptaktionärs, die Barabfindung vor Einberufung der Hauptversammlung festzulegen. Dadurch wird der Struktur des Squeeze-out als vom Hauptaktionär initiierter und im wesentlichen geleiteter Maßnahme entsprochen[535]. Der Hauptaktionär hat dabei die Verhältnisse der Gesellschaft im Zeitpunkt der Beschlussfassung ihrer Hauptversammlung zu berücksichtigen. Der Vorstand hat dem Hauptaktionär nach § 327b I 2 AktG alle dafür notwendigen Unterlagen zur Verfügung zu stellen und Auskünfte zu erteilen[536].

---

533 *BVerfG*, DNotZ **2000** 868/873 – Moto Meter; ebenso *BVerfG*, WM **1999**, 1978/1980 – Hartmann & Braun; *Besonderer Teil der Begründung des Regierungsentwurfs*, BT-Drucksache 14/7034, 72.

534 Siehe oben, § 1 III. 3. b).

535 *Geibel/Süßmann-Grzimek*, § 327b Rn.2.

536 Siehe *KK-WpÜG-Hasselbach*, § 327b Rn.7. *Grunewald*, ZIP **2002**, 18/19 geht dabei davon aus, dass parallel zu § 131 AktG die Aktiengesellschaft selbst die Auskünfte schuldet und sich zur Erfüllung dieses Anspruchs des Vorstands lediglich bedient. *Geibel/Süßmann-Grzimek*, § 327b Rn.9, vertritt dagegen die Ansicht, dass die Norm entsprechend dem Auskunftsrecht der Abschlussprüfer aus § 320 II HGB auszulegen sei.

II. Grundlagen der Kapitalmarktökonomie

Fragen der Anteils- und Unternehmensbewertung gehören zu den Forschungsgebieten, die Gesellschaftsrecht und Betriebswirtschaftslehre miteinander teilen. Dauerhaft tragfähige Lösungen lassen sich nicht durch einzelwissenschaftliche Betrachtung, sondern nur durch ein Hin- und Herwandern des Blickes zwischen den beiden Nachbardisziplinen gewinnen.

Um festlegen zu können, was genau eine Beteiligung an einer Aktiengesellschaft wert ist, ist es sinnvoll, sich zunächst einmal die grundlegenden Mechanismen eines Kapitalmarktes vor Augen zu führen.

1. Ausgangslage

In Deutschland existieren Wertpapierbörsen in Berlin, Bremen, Düsseldorf, Frankfurt a.M., Hamburg, Hannover, München und Stuttgart. Von den 9.279 deutschen Aktiengesellschaften und Kommanditgesellschaften auf Aktien waren am Ende des Jahres 2000 an allen acht deutschen Wertpapierbörsen 1.423 Aktiengesellschaften zum Handel zugelassen[537]. Der Jahresumsatz dieser Aktien betrug 3.850 Mrd. Euro[538]. Auf die 30 DAX-Titel entfielen davon 2.858 Mrd. Euro (ca. 74 Prozent).

2. Die Preisbildung an den Börsen

An der Börse werden durch die zentralisierte Zusammenführung von Kauf- und Verkaufsaufträgen Geschäfte in Aktien schnell und zu geringen Transaktionskosten ermöglicht.

a) Marktsegmente

Der Handel findet in drei Marktsegmenten statt: dem amtlichen Handel, dem geregelten Markt und dem Freiverkehr[539]. Der amtliche Handel stellt hohe Anforderungen an die Qualität von Emittenten sowie deren Wertpapiere und wurde im Hinblick auf den Anlegerschutz und die Publizität durch den Gesetzgeber am stärksten reguliert[540]. Der geregelte Markt lehnt sich stark an den amtlichen Handel an, weist jedoch insgesamt geringere Voraussetzungen auf[541]. Der privatrechtlich organisierte Handel im Freiverkehr vollzieht sich nur faktisch an der Wertpapierbörse. BörsG und Börsenordnung lassen ihn als drittes Marktsegment zu, sofern ein privatrechtlicher Träger die ordnungsgemäße Durchführung des Handels und der Geschäftsabwicklung durch Handelsrichtlinien (Freiverkehrs-

---

[537] Daneben 23.718 festverzinsliche Wertpapiere, 10.079 ausländische Wertpapiere sowie 10.497 in- und ausländische Optionsscheine. Siehe *Gerke/Steiner*, 357.

[538] Der Umsatz der ausländische Titel betrug 679 Mrd. EURO.

[539] *Kümpel*, § 8.79ff.; *Krumnow/Gramlich*, 245.

[540] Die genauen Voraussetzungen der Handelszulassung ergeben sind in erster Linie aus der Börsenzulassungsverordnung.

[541] Insbesondere wurde auf ein Mindestalter des Emittenten verzichtet.

richtlinien) gewährleistet[542]. Zum Freiverkehr gehörte auch der am 10. März 1997 von der Deutschen Börse AG an der Frankfurter Wertpapierbörse für Aktien kleinerer innovativer Wachstumsunternehmen geschaffene Neue Markt. Infolge des Inkrafttretens des Vierten Finanzmarktförderungsgesetzes am 1. Juli 2002 wurde die Börsenordnung der Frankfurter Wertpapierbörse allerdings umfassend geändert und zum 31. Dezember 2003 der Neue Markt mittlerweile beendet (§ 95 II BörsO)[543].

b) Börsen

Unabhängig von den Marktsegmenten werden zwei Arten von Börsen unterschieden: Die Präsenzbörse und die Computerbörse[544]. Im Präsenzhandel treffen Händler und Makler an einem Ort aufeinander. Bei Computerbörsen hingegen erfolgt der Handel von verschiedenen Orten aus. Händler geben dezentral ihre Orders in Rechner ein, die an die Makler weitergeleitet und bei ihnen zusammengeführt werden. Die Bedeutung des Präsenzhandels nimmt stetig ab[545]. Das Computerhandelssystem der Börsen in Frankfurt a.M. und Düsseldorf ist das von der Deutschen Börse AG entwickelte Exchange Electronic Trading (XETRA)[546]. Es wurde am 28. November 1997 eingeführt und löste das seit 1991 sich im Betrieb befindende System IBIS ab. Unter den DAX-Werten hat XETRA mittlerweile einen Marktanteil von 91 Prozent erlangt[547].

aa) Präsenzhandel

Der Handel an den deutschen Präsenzbörsen folgt dem Auktionsprinzip (order-driven-market). Dieses ist dadurch gekennzeichnet, dass jede Transaktionsmöglichkeit das Vorliegen miteinander korrespondierender Kundenaufträge erfordert[548].

---

542 *Bestmann*, 353; *Gerke/Steiner*, 371; *Kümpel*, § 8.96ff..

543 Bereits seit dem 1. Januar 2003 waren Neuzulassungen zum Neuen Markt nicht mehr möglich.

544 *Gerke/Steiner*, 357.

545 Ende 2000 erfolgte der Handel noch in Frankfurt a.M., Berlin, Düsseldorf, München und Stuttgart vor Ort, wobei zusätzlich jeweils die Möglichkeit des Computerhandels gegeben war. Bremen, Hamburg und Hannover boten lediglich Computerhandel an.

546 *Bestmann*, 902; *Kümpel*, § 8.77.

547 *Gerke/Steiner*, 358.

548 Das Gegenstück zum Auktionsprinzip ist das Market-Maker-Prinzip (quote-driven-market). Danach bedarf es für einen Geschäftsabschluss nicht des Vorliegens gegenläufiger Aufträge, deren Ausgleich den Börsenpreis bestimmt. Stattdessen werden alle Aufträge mit sogenannten Market-Makern als Gegenpartei abgeschlossen. Diese sind während der Börsenzeit verpflichtet, für die von ihnen betreuten Handelsobjekte ständig verbindliche Kurse innerhalb einer festgelegten Höchstspanne zu stellen und eingehende Aufträge zu diesen publizierten Kursen auszuführen. Eine nach dem Market-Maker-Prinzip organisierte Börse ist z.B.

Als Handelsformen haben sich traditionell der Einheitsmarkt und der variable Handel entwickelt, wobei dem Einheitsmarkt im Präsenzhandel heute kaum noch Bedeutung zukommt, nachdem die Börsen eine Mindeststückzahl für den variablen Handel nicht mehr verlangen[549].

Im Einheitsmarkt werden sämtliche Aufträge zunächst durch die Börsenmakler nur gesammelt, bevor sie gegen Mitte des Tages einander zugeordnet werden. Als sogenannter Einheitskurs wird dann derjenige Preis festgestellt, zu dem der größtmögliche Umsatz stattfinden konnte (Meistausführungsprinzip)[550].

Im variablen Handel wird dagegen nur zu Beginn des Börsentages ein Eröffnungskurs auf Grundlage der bisher vorliegenden Aufträge nach dem Meistausführungsprinzip bestimmt, anschließend aber werden sämtliche bei den Maklern eintreffenden Aufträge fortlaufend individuell vermittelt. Die jeweils vereinbarten Preise werden als Kurs notiert (deshalb auch als „fortlaufende Notierung" bezeichnet).

bb) Elektronisches Handelssystem XETRA

Auch die Preisfeststellung im elektronischen Handelssystem XETRA erfolgt im Prinzip nicht anders, wobei hier dem Einheitsmarkt die sogenannte Auktion und dem variablen Handel der sogenannte fortlaufende Handel entspricht[551]. Da der fortlaufende Handel in XETRA nur zu gewissen Mindeststückzahlen möglich ist, hat hier die Auktion – im Gegensatz zum Einheitsmarkt im Präsenzhandel – zur Durchführung der überhängenden Aufträge durchaus Bedeutung.

c) Börsenpreis

Unabhängig von der Handelsform lässt sich feststellen, dass als Börsenpreis jeweils derjenige Preis festgestellt wird, den der Markt als Produkt von Angebot und Nachfrage im Handel hervorbringt (vgl. §§ 11 I, 78 II 1 und 2 BörsG). Als solcher repräsentiert er den größtmöglichen Konsens unter den Anlegern über den Wert einer Aktie.

3. Der Wert der Aktien

Jeder Anleger hat das Ziel, Aktien möglichst billig erwerben und möglichst teuer verkaufen. Deshalb fallen Nachfragepreis des Käufers (Geld) und Angebotspreis des Verkäufers (Brief) in der Regel auseinander. Nur wenn es gelingt, einen Käufer zu finden, der den Preis des Verkäufers zu zahlen bereit ist, kann ein

---

die National Association of Securities Dealers Automated Quotation (NASDAQ) in den USA. Siehe *Cox/Hillman/Langevoort*, 23f..

549 Siehe *Gerke/Steiner*, 368f..

550 Vgl. *Krumnow/Gramlich*, 411.

551 Siehe *Gerke/Steiner*, 369.

Geschäft zustande kommen. Der Preis, zu dem das Geschäft schließlich getätigt wird, entspricht dem Wert, den beide Parteien der Aktie beimessen. Aus ökonomischer Perspektive macht es keinen Sinn, für eine Aktie mehr zu bezahlen, als sie wert ist, bzw. für den Verkauf weniger als ihren eigentlichen Wert zu verlangen.

4. Bewertungsgrundlagen für die Preisbildung von Wertpapieren

Um sich aber als Käufer oder Verkäufer auf dem Aktienmarkt über den Wert einer Aktie im klaren zu sein, ist es notwendig auf Bewertungsgrundlagen zurückzugreifen. In diesem Zusammenhang kommt vor allem der Prognose der zukünftigen Erträge des Unternehmens eine entscheidender Bedeutung zu. Die künftigen Erträge sind nicht nur für die wirtschaftliche Lage des Unternehmens insgesamt relevant, sondern auch für die Dividendenausschüttungen an die Aktionäre. Investoren stützten sich daher bei ihren Kalkulationen auf alle denkbaren Faktoren, die die Gewinnerwartungen eines Unternehmens beeinflussen können. Diese können in der Unternehmenssphäre selbst liegen (Investitionsentscheidungen, Auftragseingänge, Änderungen in der Vermögenslage, Zusammensetzung von Vorstand und Aufsichtsrat), in Konkurrenzunternehmen (Entwicklung des Marktanteils oder Investitionspläne von Wettbewerbern), in der Branche (strukturelle Entwicklungen) oder im allgemeinen markt- oder tagespolitischen Geschehen (Gesetzesvorhaben des Bundestages, Lohn- und Zinsniveau etc.).

5. Zusammenhang zwischen Informationen und Börsenpreis

Die Einschätzung der Gewinnchancen bzw. Verlustrisiken eines Unternehmens und damit die Beurteilung des Werts einer Aktie hängt wiederum wesentlich von den zur Verfügung stehenden Informationen ab. Wenn der Markt alle verfügbaren Informationen unverzüglich und zutreffend (d.h. ohne Überreaktion) verarbeiten würde, müsste also in dem Idealfall, in dem die Anleger auf sämtliche kursrelevanten Informationen zugreifen können, der Börsenpreis dem „wahren“ Preis des Wertpapiers entsprechen. Hiervon geht auch die Hypothese von der Kapitalmarkteffizienz (Efficient Capital Market Hypothesis, ECMH) aus.

a) Efficient Capital Market Hypothesis

Die ECMH liefert den finanztheoretischen Hintergrund für die ökonomische Analyse der Kapitalmarktrechts[552]. Vier Nobelpreise für Wirtschaftswissen-

552 Sehr ausführlich: *Cox/Hillman/Langevoort*, 31ff.; *Dette*, 55ff.; *Eisenberg*, 810ff.; *Kaen*, 212ff.; *Kosfeld*, 14ff.; *Krog*, 212ff..

schaften wurden im Zusammenhang mit der Entwicklung, Überprüfung und Anwendung der ECMH vergeben[553].

An einem informationseffizienten Kapitalmarkt reflektieren die Wertpapierpreise zu jedem Zeitpunkt unverzüglich und in vollständigen Umfang alle zu dem jeweiligen Zeitpunkt vorliegenden Informationen. Davon ausgehend werden je nach dem Umfang der verarbeiteten Informationen die schwache (weak form), mittelstarke (semi-strong form) und starke (strong form) Variante der ECMH unterschieden[554].

Die schwache Form der ECMH besagt, dass in Wertpapierpreisen immer schon alle Informationen verarbeitet sind, die sich aus der vergangenen Preisentwicklung gewinnen lassen. Diese Hypothese ist heute weitestgehend unbestritten[555], doch ihre Aussagekraft ist gering. Sie besagt lediglich, dass sich durch den Rückblick auf die vergangene Kursentwicklung keine Schlüsse für die zukünftige Entwicklung der Preise gewinnen lassen, weil alle Informationen aus dem bisherigen Kursverlauf bereits in die Bildung des aktuellen Wertpapierpreises miteingeflossen sind.

Nach der starken Form der ECMH reflektieren Aktienkurse dagegen sämtliche überhaupt existenten Informationen über die Aktie. Diese Variante wird heute praktisch nicht mehr vertreten, da sie eindeutig empirisch widerlegt werden konnte. So impliziert sie beispielsweise, dass Insider mit Insiderinformationen keine Gewinne an der Börse machen können, weil diese Informationen ohnehin schon in den Kursen verarbeitet sind. Empirische Untersuchungen haben aber gezeigt, dass Insider mit ihren geheimen Informationen überdurchschnittliche Gewinne erzielen, was beweist, dass diese Informationen eben noch nicht vom Kurs reflektiert waren[556].

Die mittelstarke Form der ECMH besagt, dass Wertpapierkurse zwar nicht alle vorhandenen, aber doch alle der Öffentlichkeit zugänglichen Informationen reflektieren. Diese Form der ECMH bestimmt einen großen Teil der ökonomi-

---

553 Franco Modigliani vom MIT (1985), Harry Markowitz von der Columbia University (1990), Merton Miller von der University of Chicago (1990) und William Sharpe von der Stanford University (1990).

554 Diese Unterteilung geht zurück auf *Fama*, Journal of Finance **1970**, 383ff..

555 Insbesondere die US-amerikanische Literatur hat in der Vergangenheit eine Vielzahl von empirischen Belegen für eine schwache Informationseffizienz des Kapitalmarktes geliefert. Siehe *Elton/Gruber*, 410ff..

556 Vgl. *Kosfeld*, 15.

schen Theorie zu Kapitalmärkten, allerdings ist umstritten, ob bzw. wie vollkommen sie an unseren Kapitalmärkten verwirklicht ist[557].

b) Die ECMH und die Realität der Kapitalmärkte

Die ECMH geht in ihrer Idealform von einer Vielzahl von Bedingungen aus, die so in der Realität nicht existieren[558]. Beispielsweise können Wertpapierkurse nur dann alle vorhandenen Informationen zutreffend widerspiegeln, wenn der Prozess der Beschaffung der Information und ihrer Umsetzung in Kurse durch Wertpapiergeschäfte nicht mit zusätzlichen Informations- bzw. Transaktionskosten verbunden ist. Zudem kann der Markt nur dann unverzüglich auf die Veröffentlichung neuer Informationen reagieren, wenn die Investoren ungehinderten und sofortigen Zugang zu allen Informationen haben. Außerdem geht die Hypothese davon aus, dass sich der Markt rational verhält, d.h. dass alle Beteiligten die Informationslage rational, also z.B. ohne subjektive Präferenzen, bewerten. Diese Voraussetzungen sind in der Realität nicht gegeben.

Tatsächlich geht heute niemand mehr davon aus, dass Kapitalmärkte vollständig effizient sind. Effizient kann ein Kapitalmarkt selbst theoretisch niemals sein. Dann ließe sich nämlich durch den Prozess der Informationsbeschaffung und Analyse kein zusätzlicher Profit machen, denn es gäbe keine unterbewerteten und überbewerteten Aktien mehr. Es bestünde dann mangels Gewinnaussicht für Investoren kein Anreiz mehr, die zeitlichen und finanziellen Mühen der Wertpapieranalyse auf sich zu nehmen. Auch eine sofortige Verwertung von Informationen durch den Markt dürfte nicht mehr möglich sein. Das Paradoxon der Kapitalmarkteffizienz liegt gerade darin, dass die Kapitalmärkte nur deshalb unmittelbar neue Informationen verarbeiten, weil eine große Zahl von Investoren permanent auf der Suche nach Ineffizienzen ist und mit hohem finanziellen und zeitlichen Aufwand durch verschiedenste Formen der Wertpapieranalyse nach vom Markt über- oder unterbewerteten Papieren sucht.

c) Die Bedeutung der ECMH für die Praxis

Die Abweichungen der Praxis von dem Idealzustand der vollkommenen Effizienz führen jedoch nicht zur Bedeutungslosigkeit der ECMH an sich. Eine Theorie zieht nämlich ihren Nutzen gerade daraus, dass sie - anders als die Realität – nicht durch Zufälle und externe Einflüsse verschleiert wird. Die zentrale Aussage der ECMH liegt nicht darin, dass Kapitalmärkte effizient seien, sondern die Hypothese stellt dar, wie Märkte auf Informationen reagieren, wenn sie effizient sind. Ist ein Markt effizient, so die Theorie, dann stellt der Gleichgewichtspreis, den der Markt durch Angebot und Nachfrage unter Berücksichti-

---

557 *Dette*, 61; *Gerke/Steiner*, 1270; *Kaen*, 214 für die US-amerikanischen Kapitalmärkte.
558 *Gerke/Steiner*, 1267.

gung aller vorhandenen Informationen zu einer bestimmten Zeit herausbildet, den „wahren" Wert einer Aktie dar. Für die Bewertungspraxis entscheidend ist daher nicht die Frage, ob Kapitalmärkte effizient sind, sondern wie effizient sie sind. Daraus lassen sich dann Schlüsse für die Aussagekraft des Börsenpreises im konkreten Fall ziehen.

6. Konsequenzen für die Bestimmung des Abfindungsanspruchs

Nach der ECMH spiegelt der Börsenpreis an einem effizienten Markt den wahren Wert des Papiers wider. Das Ideal vollkommener Kapitalmarkteffizienz ist in der Realität nicht zu erreichen. Für die Aussagekraft des Börsenpreises kommt es deshalb auf den Grad der verwirklichten Effizienz an. Solange die Kursbildung für ein bestimmtes Papier so zuverlässig funktioniert, dass die durch Ineffizienzen bedingten Verzerrungen zu vernachlässigen sind, liefert der Börsenpreis einen Maßstab für die Beurteilung des Werts der Aktie.

III. Berechnung der Barabfindung

Zu erörtern ist nun, wie beim Squeeze-out eine angemessene Barabfindung genau zu berechnen ist. Nach § 327b I 1 AktG sind die Verhältnisse der Gesellschaft im Zeitpunkt der Beschlussfassung ihrer Hauptversammlung zu berücksichtigen. Eine konkrete Berechnungsart schreibt das Gesetz aber nicht vor.

1. Ertragswertmethode

Lange Zeit haben Rechtsprechung und Literatur den Wert einer Aktie ausschließlich von dem Gesamtwert des Unternehmens abgeleitet. Da für Unternehmen ein transparenter Markt nicht besteht, der Auskunft über ihren Wert geben könnte, muss die Bewertung mit Hilfe betriebswirtschaftlicher Methoden vorgenommen werden. Die Betriebswirtschaftslehre hat hierzu eine Vielzahl konkurrierender Methoden hervorgebracht, die sich insbesondere danach unterscheiden, ob sie das Schwergewicht mehr auf den Substanzwert oder den Ertragswert des Unternehmens legen[559]. In der Praxis hat sich jedoch nahezu ausschließlich die Ertragswertmethode durchgesetzt[560]. Sie allein fand in ihrer klassischen betriebswirtschaftlichen Ausprägung bzw. in der Fassung, die ihr der zuständige Hauptfachausschuss des Institut der Wirtschaftsprüfer (IDW) gab, Einzug in die Gerichte. Daher soll auch nur sie hier behandelt werden.

---

[559] Einen guten Überblick liefert *Mattes/Graf von Maldeghem*, BKR **2003**, 531/533ff..

[560] Z.B. *BayObLG*, AG **1996**, 127; AG **1996**, 176/177; *OLG Düsseldorf*, DB **1999**, 681/682; AG **1995**, 85/87; *OLG Frankfurt a.M.*, AG **1989**, 442; *LG München*, DB **1999**, 684; *Aha*, AG **1997**, 26/27 m.w.N.; *Dielmann/König*, AG **1984**, 57/58; *Fleischer*, DNotZ **2000**, 876/878; *Geibel/Süßmann-Grzimek*, § 327b Rn.14; *Henze*, Rn.391; *Krog*, 69; *Lüke/Blenske*, EWiR **1998**, 581/582; *Luttermann*, EWiR **1998**, 821; *Mertens*, AG **1992**, 321/326; *Müller*, FS Bezzenberger, 708; *Schmidt*, § 50 IV, S. 1464f.; *Seetzen*, WM **1994**, 45/46.

Nach der Ertragswertmethode wird der Unternehmenswert in erster Linie durch den Ertragswert des betriebsnotwendigen Vermögens bestimmt[561]. Grundlage ist die Annahme, dass der Wert eines Unternehmens in erster Linie durch die in Zukunft zu erwartenden Erträge bestimmt wird. Diese werden auf den Bewertungsstichtag abgezinst und dadurch zum Ertragswert bzw. Barwert kapitalisiert[562]. Allerdings ist die Ertragswertmethode kein klar umrissenes Verfahren. Vielmehr taucht sie in verschiedenen Formen auf und wird fortwährend weiterentwickelt, wobei teilweise erhebliche Unterschiede zwischen der rechtlichen und betriebswirtschaftlichen Betrachtung bestehen[563].

Eine entscheidende Rolle kommt in diesem Zusammenhang vor allem den Wirtschaftsprüfern zu[564]. Durch §§ 327c II 4, 293d I AktG i.V.m. mit § 319 I HGB ist für den Squeeze-out festgelegt, dass für die Überprüfung der Angemessenheit der vom Hauptaktionär festgelegten Barabfindung nur Wirtschaftsprüfer und Wirtschaftsprüfergesellschaften in Frage kommen. Ihrem pflichtgemäßen Urteil unterliegt es nach der Rechtsprechung des Bundesgerichtshofs, unter den in der Betriebswirtschaftslehre und in der betriebswirtschaftlichen Praxis vertretenen Verfahren das im Einzelfall geeignet erscheinende auszuwählen[565].

Die Bewertung eines Unternehmens ist aber nicht nur eine betriebswirtschaftliche, sondern auch und insbesondere im Zusammenhang mit der Abfindung ausgeschlossener Minderheitsaktionäre eine rechtliche Aufgabe, bei der die Gerichte notfalls korrigierend eingreifen müssen[566]. Andererseits macht es wenig Sinn die Praxis der Wirtschaftsprüfung zu ignorieren. Insofern sollen im folgenden sowohl die Position der Wirtschaftsprüfer, als auch die Position der Gerichte dargestellt werden.

Die Wirtschaftsprüfer richten sich bei der Unternehmensbewertung nach dem am 28. Juni 2000 in Kraft getretenen IDW Standard: Grundsätze zur Durchfüh-

---

561 *Hülsmann*, ZIP **2001**, 450/451; *Kallmeyer*, AG **2000**, 59/60 m.w.N; *Loderer/Jörg/Pichler/Roth/Zgraggen*, 752ff.. Begründet wurde die Ertragswertmethode von Adolf Moxter. Siehe auch *Moxter*, 9ff..

562 *OLG Stuttgart*, DB **2000**, 709/710; *Aha*, AG **1997**, 26/27; *Dielmann/König*, AG **1984**, 57/58; *Hüttemann*, ZHR 162 **(1998)**, 563/566 m.w.N; *Seetzen*, WM **1994**, 45/46.

563 Siehe dazu die folgenden Ausführungen.

564 *Hecker/Wenger, ZBB* **1995**, 321/327; *Hüttemann*, ZHR 162 **(1998)**, 563/566; zur Tätigkeit von Wirtschaftsprüfern allgemein: *Rosenbaum*, DB **1999**, 1613ff..

565 *BGH*, AG **1978**, 196/199.

566 Heute allgemeine Ansicht: *Geibel/Süßmann-Grzimek*, § 327b Rn.11; *Großfeld*, 15ff.; *Hülsmann*, ZIP **2001**, 450/451; *Ränsch*, AG **1984**, 202/203f.; *Piltz/Wissmann*, NJW **1985**, 2673/2675f.; *Schulze-Osterloh*, ZGR **1986**, 545/561ff.; *Werner*, FS Steindorff, 306; ebenso wohl auch *Mertens*, AG **1992**, 321/322f., der sich für eine Überprüfung des rechtlichen Rahmens ausspricht.

rung von Unternehmensbewertungen (IDW S1)[567]. Dieser hat die Stellungnahme HFA 2/1983: Grundsätze zur Durchführung von Unternehmensbewertungen[568] sowie die Stellungnahme HFA 6/1997: Besonderheiten der Bewertung kleiner und mittlerer Unternehmen[569] ersetzt. Ziel der Novellierung war es der wesentlichen Weiterentwicklung von Bewertungslehre, Bewertungspraxis und Rechtsprechung Rechnung zu tragen.

Die im IDW S1 festgelegten Bewertungsgrundsätze sind als fachliche Regeln nach § 43 I 1 WPO für den Berufsstand der Wirtschaftsprüfer verbindlich. Darüber hinaus sind sie aber auch für die Gerichte insoweit von Bedeutung, als dem Wirtschaftsprüfer kein Verstoß gegen die Pflicht zur gewissenhaften Berufsausübung zur Last gelegt werden kann, wenn dieser sich nach ihnen gerichtet hat. Darüber hinaus geben sie kraft ihrer hohen Sachautorität dem Richter aber auch maßgebliche Anhaltspunkte dafür vor, wie eine dem aktuellen Stand entsprechende korrekte Unternehmensbewertung durchzuführen ist. In den meisten Fällen wird es als willkürlich erscheinen, eine Unternehmensbewertung, die auf Basis dieses Regelwerks erstellt ist, als unsachgemäß zu bezeichnen.

Nach dem IDW S1 kann der Unternehmenswert als Zukunftswert nach dem (klassischen) Ertragswertverfahren oder nach dem Discounted-Cash-Flow-Verfahren ermittelt werden[570]. Beide Verfahren beruhen auf der gleichen konzeptionellen Grundlage[571]. Ziel ist es jeweils den Barwert zukünftiger finanzieller Überschüsse zu ermitteln. Die Ertragsentwicklung ist aus Sicht des Stichtages zu prognostizieren[572]. Spätere Entwicklungen können nur berücksichtigt werden, sofern sie in ihren Ursprüngen bereits am Stichtag angelegt und erkennbar waren (Wurzeltheorie)[573]. Eine von der Erwartung erheblich abweichende tatsächliche Entwicklung muss außer Betracht bleiben, da daran die auf den Stichtag abzufindenden Aktionäre nicht mehr teilnehmen, weder bei unvorhergesehen positiver, noch bei überraschend negativer Entwicklung. Gegebenenfalls ist zudem eine Korrektur dahingehend vorzunehmen, dass der Liquidationswert die Wertuntergrenze des Unternehmenswertes bilde[574]. Dies wird damit

---

[567] Der IDW S 1 findet sich z.B. in WPg **2000**, 825ff..

[568] HFA 2/1983, WPg **1983**, 468ff.. Zu den Änderungen in IDW S1 gegenüber der Stellungnahme HFA 2/1983 siehe *B/J/M/S-Ballwieser*, 28f..

[569] HFA 6/1997, WPg **1998**, 26ff..

[570] *IDW S1*, Abschnitt 2.1..

[571] *Jonas*, BFuP **1995**, 83/84.

[572] *OLG Düsseldorf*, WM **1984**, 732/734.

[573] *OLG Düsseldorf*, a.a.O.; *B/J/M/S-Jacob*, 30; *Henze*, Rn.404; *Hülsmann*, ZIP **2001**, 450/452. Siehe auch *IDW S1*, Abschnitt 4.4.2.1..

[574] *IDW S1*, Abschnitt 7.2.1.. *BayObLG*, DB **1995**, 1703; *OLG Düsseldorf*, AG **1990**, 397/399; *Henze*, Rn.391 und 410; *Hülsmann*, ZIP **2001**, 450/451; *Steinhauer*, AG **1999**, 299/301.

begründet, dass selbst ein Unternehmer, dessen Erträge auf Dauer negativ seien, keinen geringeren Wert haben könne als den seiner einzelnen Vermögensgegenstände abzüglich der Schulden.

Zunächst soll nun die Ertragswertmethode in ihrem klassischen Sinne vorgestellt werden. Anschließend wird das neuere Discounted-Cash-Flow-Verfahren erörtert.

a) Klassische Ertragswertmethode

Das klassische Ertragswertverfahren ermittelt den Unternehmenswert durch Diskontierung der zukünftigen Erträge des betriebsnotwendigen Vermögens[575]. Das betriebsnotwendige Vermögen umfasst dabei alle Vermögenswerte und Verbindlichkeiten, die zur Erzielung des Unternehmenserfolges notwendig sind. Das Verhältnis von Eigen- zu Fremdkapital hat für die Bewertung grundsätzlich keine Bedeutung[576]. Grund hierfür ist die Annahme, dass die geschäftlichen Aussichten nicht von der Art der Finanzierung abhängen. Es findet daher eine Nettokapitalisierung statt. Es wird der Ertragswert nach Abzug der Fremdkapitalkosten festgestellt.
Allerdings ist nicht festgelegt, anhand welcher konkreter Verfahrensweise die künftigen Erträge zu ermitteln sind. Drei Ansätze werden hierzu vertreten:

aa) Phasenmethode

Von den Wirtschaftsprüfern wird zur Bestimmung der zukünftigen Erträge in erster Linie die sogenannte Phasenmethode (oder analytische Methode) angewandt[577]. Diese Methode hat zum Ziel, die zukünftigen Erträge, die bei Erhaltung der ertragbringenden Substanz des Unternehmens dem Anteilseigner zufließen können, unter Berücksichtigung aller relevanten Faktoren zu prognostizieren.

(1) Vergangenheitsanalyse

Den Ausgangspunkt für die Prognose künftiger Entwicklungen bildet die Vergangenheitsanalyse[578]. Zur Beurteilung der bisherigen leistungs- und finanzwirtschaftlichen Entwicklungen des zu bewertenden Unternehmens sind in aller Regel Gewinn- und Verlustrechnungen, Kapitalflussrechnungen, Bilanzen und interne Ergebnisrechnungen heranzuziehen. Der Referenzzeitraum beträgt etwa drei bis fünf Jahre. Um die in der Vergangenheit wirksamen Erfolgsursachen

---

575 *IDW S1*, Abschnitt 7.2.1..

576 *Großfeld*, 168.

577 *IDW S1*, Abschnitt 5.3.. *Gerke/Steiner*, 2085; *Großfeld*, NZG **2004**, 74; *Mattes/Graf von Maldeghem*, BKR **2003**, 531/534.

578 *IDW S1*, Abschnitt 5.2.. *OLG Karlsruhe*, AG **1998**, 96/97; *Gerke/Steiner*, 2084; *Henze*, Rn.406; *Hülsmann*, ZIP **2001**, 450/452.

erkennbar zu machen, sind die Vergangenheitsrechnungen um außerordentliche und periodenfremde Erträge zu bereinigen[579].

(2) Prognose

Aufbauend auf der Vergangenheitsanalyse sind die bereinigten Ergebnisse dann für die Zukunft bewertend fortzuschreiben, um so die künftigen Erträge zu prognostizieren[580]. Ausschlaggebend ist in erster Linie die Ertragskraft des Unternehmens am Bewertungsstichtag, anhand derer eine Lageanalyse vorgenommen wird. Dabei werden sowohl die marktpolitischen Einflussgrößen für die Produkte als auch die unternehmensbezogenen Einflussfaktoren herausgearbeitet.

(3) Phaseneinteilung

Da die Feststellung von fundierten Prognosen mit entfernteren Zeiträumen schwieriger wird, unterteilt man die Zukunft in mehrere Phasen, in denen unterschiedlich hohe Anforderungen an die Detailliertheit der Prognose gestellt werden[581]. In der Praxis der Wirtschaftsprüfung werden in der Regel zwei Phasen festgesetzt: Für die nähere erste Phase, die häufig einen Zeitraum von drei bis fünf Jahren umfasst, stehen dem Wirtschaftsprüfer zumeist hinreichend detaillierte Planungsrechnungen zur Verfügung. In dieser zeitlich näheren Phase werden die zahlreichen Einflussgrößen meist einzeln zur Prognose der finanziellen Überschüsse veranschlagt. Die Planungsjahre der ferneren zweiten Phase basieren auf mehr oder weniger pauschalen Fortschreibungen der Detailplanungen der ersten Phase. Dabei ist zu untersuchen, ob sich die Vermögens-, Finanz- und Ertragslage des zu bewertenden Unternehmens nach der Phase der detaillierten Planung im sogenannten Gleichgewichts- oder Beharrungszustand befindet oder ob sich die jährlichen finanziellen Überschüsse zwar noch verändern, jedoch eine als konstant oder mit konstanter Rate wachsend angesetzte Größe die sich ändernden finanziellen Überschüsse angemessen repräsentiert[582]. Die gröbere Einschätzung in entfernt liegenden Jahren wird akzeptiert, da durch die anschließende Diskontierung der einzelnen Jahresergebnisse die wertmäßige Bedeutung mit zunehmender zeitlicher Entfernung immer geringer ausfällt.

bb) Pauschale Methode

Neben der Phasenmethode wenden Rechtsprechung und rechtswissenschaftliche Literatur teilweise noch die sogenannte pauschale Methode an[583]. Wirtschaftsprüfer benutzen dieses Verfahren hingegen nicht. Nach dieser Methode werden

---

[579] Ausführlich hierzu *IDW S1*, Abschnitt 7.2.2.1..

[580] *IDW S1*, Abschnitt 5.3..; *Henze*, Rn.406; *Hülsmann*, ZIP **2001**, 450/452.

[581] *IDW S1*, Abschnitt 5.3. und 7.2.2.2.; *Großfeld*, NZG **2004**, 74.

[582] *IDW S1*, Abschnitt 5.3..

[583] *LG Hamburg*, AG **1995**, 517/518; *Seetzen*, WM **1994**, 45/46f.; *ders.*, ZIP **1994**, 331/334.ff..

die zukünftigen Erträge hauptsächlich anhand der in der Vergangenheit erzielten Ergebnisse ermittelt: Zuerst werden die Ergebnisse der Gewinn- und Verlustrechnung (§ 275 HGB) für einen bestimmten Referenzzeitraum, der in der Regel bis zu 5 Jahren umfasst, zusammengestellt und von außergewöhnlichen und periodenfremden Einflüssen bereinigt[584]. Die bereinigten Jahresergebnisse werden zusammengefasst und in der Weise gewichtet, dass die Jahresergebnisse mit zunehmender Nähe zum Bewertungsstichtag ein stärkeres Gewicht erhalten. Die Gewichtung hängt von den Besonderheiten des Einzelfalls ab. Nach Abschluss der Gewichtung wird das durchschnittliche Jahresergebnis errechnet, welches die Schätzung für den zukünftig zu erwartenden jährlichen Ertrag darstellt. Dieser Betrag wird zum Ertragswert dann kapitalisiert.

cc) Kombinationsmethode

Vereinzelt wird noch eine Kombination von analytischer und pauschaler Methode befürwortet[585]. Dieses Verfahren bezieht sowohl die zurückliegenden bereinigten Vergangenheitsergebnisse als auch die anhand der Phasenmethode prognostizierten zukünftigen Ergebnisse in die Berechnung des Ertragswertes mit ein. Danach wird aus den bereinigten Ergebnissen der letzten drei Jahre vor dem Bewertungsstichtag und den erwarteten Ergebnissen für zwei oder drei Jahre nach dem Bewertungsstichtag ein Durchschnittsertrag ermittelt, der dann zum Bewertungsstichtag kapitalisiert wird[586]. Auch dieses Verfahren wird in der Praxis der Wirtschaftsprüfer nicht angewandt.

dd) Kapitalisierung

Als nächster Schritt sind die ermittelten künftigen Erträge zu kapitalisieren. Der Kapitalisierungszinssatz dient dabei als Diskontsatz zur Ermittlung des auf den Bewertungsstichtag bezogenen und somit auf die Gegenwart diskontierten Wertes der zukünftigen Erträge (Ertragswert bzw. Barwert)[587]. Die Ermittlung des Ertragswertes ist somit eine Abzinsungsfrage, d.h. es wird der aktuelle Wert für ein gegebenen Endkapital (= der Summe der periodenmäßig anfallenden Zukunftserträge) gesucht. Durch die Abzinsung der künftigen Erträge auf den Stichtag soll der Betrag ermittelt werden, der bei einem realistischen Zins Erträge bringt, die den erwarteten Unternehmensgewinnen entsprechen[588].

---

584 Vgl. *OLG Celle*, AG **1981**, 234; *Dielmann/König*, AG **1984**, 57/58.

585 *Seetzen*, WM **1994**, 45/47f. m.w.N..

586 *Seetzen*, WM **1994**, 45/48.

587 *IDW S1*, Abschnitt 6.1.. *OLG Stuttgart*, DB **2000**, 709/711; *OLG Düsseldorf*, DB **1999**, 681/682; *Gerke/Steiner*, 2084; *Großfeld*, 114ff.. Kritisch zur Kapitalisierung: *Götz*, DB **1996**, 259/263.

588 *IDW S1*, Abschnitt 7.2.4.. *Dielmann/König*, AG **1984**, 57/59; *Seetzen*, WM **1994**, 45/48 m.w.N..

Je höher der Kapitalisierungszinssatz, um so niedriger fällt der Ertragswert aus und umgekehrt. Selbst geringfügige Änderungen des Zinssatzes haben bereits erhebliche Auswirkungen auf den Ertragswert[589].

Grundsätzlich liegt dem Kapitalisierungszinssatz ein Basiszins zugrunde, der durch einen Geldentwertungsabschlag und einen Risikozuschlag modifiziert wird[590].

(1) Basiszins

Da die verschiedenen Anlagemöglichkeiten des Kapitalmarktes verschiedenen Risikogruppen angehören und deshalb nicht vergleichbar sind, greift man bei der Suche nach einer geeigneten Vergleichsbasis auf die Renditen inländischer öffentlicher Anleihen zurück, da diese allgemein als besonders sichere und vorteilhafte Anlageform gelten[591]. Welcher Zeitpunkt bzw. –raum für die Bestimmung der Rendite öffentlicher Anleihen maßgeblich ist, wird von der Rechtsprechung nicht einheitlich entschieden. Teilweise wird auf die durchschnittliche Rendite öffentlicher Anleihen am Bewertungsstichtag abgestellt[592], teilweise auf die künftige durchschnittliche Rendite, die zu schätzen sei[593]. Gelegentlich zieht man auch den Durchschnitt der letzte Jahre vor dem Stichtag heran[594].

(2) Geldentwertungsabschlag

Der Geldentwertungsabschlag soll dem Aktionär einen Ausgleich dafür bieten, dass sich die Geldentwertung bei der Anlage des dem Beteiligungswert entsprechenden Betrags in festverzinslichen Anleihen stärker auswirkt als bei der Beteiligung an dem zu bewertenden Unternehmen, das die Chance hat, die Geldentwertung durch Preiserhöhungen zu kompensieren[595]. Der Geldentwertungsabschlag ist umso höher anzusetzen, je mehr das Unternehmen in der Lage ist, der Geldentwertung zu entgehen.

---

589 *BayObLG*, AG **1996**, 127/129f.; *OLG Stuttgart*, DB **2000**, 709/712; *Hecker/Wenger*, ZBB **1995**, 321/327; *Hennrichs*, ZGR **1999**, 837/851. *Steinhauer*, AG **1999**, 299/301.

590 *OLG Stuttgart*, DB **2000**, 709/711f.; *Aha*, AG **1997**, 26/32ff.; *Henze*, Rn.408; *Steinhauer*, AG **1999**, 299/300 m.w.N..

591 *IDW S1*, Abschnitt 6.3. und 7.2.4.1.. *OLG Düsseldorf*, DB **1999**, 681/682 m.w.N.; *OLG Stuttgart*, DB **2000**, 709/712 m.w.N.; *Hülsmann*, ZIP **2001**, 450/453.

592 *BGH*, DB **1982**, 106/107; *Schwetzler*, DB **1996**, 1961/1962.

593 *OLG Celle*, NZG **1998**, 987/989; *OLG Düsseldorf*, NZG **2000**, 1079/1082; AG **2000**, 323/325; AG **1999**, 321/323; *OLG Stuttgart*, DB **2000**, 709/712. Ebenso: *Aha*, AG **1997**, 26/32; *Dielmann/König*, AG **1984**, 57/59; *Hülsmann*, ZIP **2001**, 450/453.

594 *OLG Düsseldorf*, DB **1999**, 681/683.

595 *BayObLG*, AG **1996**, 176/179; *OLG Düsseldorf*, NZG **2000**, 1079/1082; DB **1999**, 681/683; *OLG Zweibrücken*, WM **1995**, 980/984; *Gerke/Steiner*, 2090; *Seetzen*, WM **1994**, 45/48.

Da es um die Bewertung bestimmter Unternehmen geht, hat die Bemessung des Geldentwertungsabschlags den Verhältnissen des Einzelfalls zu entsprechen[596]. In der Praxis ist jedoch zu beachten, dass die Gerichte und Gutachter in der Vergangenheit zumeist Geldentwertungsabschläge in Höhe von ca. 2 bis 2,5 Prozent angesetzt haben[597].

(3) Risikozuschlag

Um der Tatsache Rechnung zu tragen, dass die Anlage von Kapital in einem Unternehmen regelmäßig größeren Risiken ausgesetzt ist als die Anlage in festverzinslichen Anleihen der öffentlichen Hand, ist der um den Geldentwertungsabschlag bereinigte Basiszins nach herrschender Meinung mit einem Risikozuschlag zu versehen[598]. Hiergegen wird zwar teilweise eingewandt, die speziellen Risiken des Unternehmens würden schon bei der Prognose der zukünftigen Erträge hinreichend berücksichtigt[599]. Allerdings verkennt diese Auffassung, dass in der Ertragsprognose außergewöhnliche Risiken wie Marktzusammenbrüche, Umstrukturierungsmaßnahmen, Insolvenzen wichtiger Abnehmer etc. gerade keine Berücksichtigung finden, so dass ein besonderer Zuschlag hierfür durchaus berechtigt ist[600]. Daneben existiert noch eine vermittelnde Auffassung, wonach es eine Frage der Bewertungsmethode des jeweiligen Gutachters ist, ob er alle unternehmerischen Risiken bereits durch vorsichtige Ansätze bei der Schätzung des Zukunftserfolges oder erst bei dem Kapitalisierungszins berücksichtigt[601].

Obwohl sich der Unternehmensrisikozuschlag an der besonderen Risikostruktur des Unternehmers und der Lage seiner Branche orientieren soll[602], wird er in der Regel recht pauschal zwischen 0,5 bis 2 Prozentpunkten festgelegt[603].

---

596 *Seetzen*, WM **1994**, 45/48 m.w.N..

597 *BayObLG*, BB **1996**, 259/261; *LG Dortmund*, AG **1996**, 427/429; *LG Frankfurt a.M.*, AG **1996**, 187/189. *OLG Düsseldorf*, DB **1999**, 681/683: sogar 2,6 Prozent. Sehr kritisch hierzu: *Aha*, AG **1997**, 26/32f..

598 *IDW S1*, Abschnitt 6.2. und 7.2.4.1.. Zwar besteht auch die Möglichkeit das Risiko über die Herleitung von Sicherheitsäquivalenten zu berücksichtigen, doch lässt der Text des IDW S1 die Folgerung zu, dass der Risikozuschlagsmethode der Vorzug zu geben ist, da „sie sich auf empirisch beobachtbares Verhalten stützen“ könne. Siehe auch *OLG Düsseldorf*, DB **1999**, 681/683; *OLG Stuttgart*, DB **2000**, 709/712; *LG München*, DB **1999**, 684; AG **1992**, 200/204; WM **1990**, 1282/1288.

599 *OLG Celle*, NZG **1998**, 987/989; DB **1979**, 1031/1032; *OLG Zweibrücken*, WM **1995**, 980/984; *LG Konstanz*, NJW-RR **1988**, 1184/1186; *Müller*, JuS **1974**, 424/429.

600 *OLG Düsseldorf*, DB **1999**, 681/683; *Aha*, AG **1997**, 26/33; *Dielmann/König*, AG **1984**, 57/59; *Hüffer/Koch*, NZG **2000**, 748/749; wohl auch *Hülsmann*, ZIP 450/454.

601 *OLG Düsseldorf*, DB **1992**, 1034/1038; *OLG Stuttgart*, DB **2000**, 709/712.

602 Vgl. z.B. *LG München*, DB **1999**, 684/685.

603 Für 2 Prozent: *BGH*, WM **1982**, 17/18; *LG Mannheim*, AG **2000**, 85/86. Für 1,5 Prozent: *OLG Düsseldorf*, WM **1992**, 986/991 und 993; WM **1988**, 1052/1059; *LG Dortmund*, AG **1998**, 142/144; *LG Nürnberg-Fürth*, AG **2000**, 89/90. Für 1 Prozent: *OLG Düsseldorf*, WM

b) Discounted-Cash-Flow-Methode

Neben der gerichtlich anerkannten klassischen Ertragswertmethode wird in der Praxis der Unternehmensbewertung in Deutschland zunehmend eine neue analytische Bewertungsmethode, die Discounted-Cash-Flow-Methode angewandt, die bisher allerdings noch nicht die Billigung der Rechtsprechung finden konnte[604].

Eine empirische Untersuchung der Bewertungspraxis bei 340 Akquisitionen im Zeitraum von 1994 bis 1999 legte dar, dass hinsichtlich der Anwendungshäufigkeit mittlerweile sogar eine eindeutige Dominanz des Discounted-Cash-Flow-Verfahrens festzustellen ist, das in 95 Prozent der Fälle zum Einsatz kam[605]. Dagegen kam das klassische Ertragswertverfahren nur auf einen Anteil von 46 Prozent[606].

Als Grund für die überragende Bedeutung des Discounted-Cash-Flow-Verfahrens in der Bewertungspraxis lässt sich die beherrschende Rolle der US-amerikanisch geprägten, international tätigen Investmentbanken und Wirtschaftsprüfungsgesellschaften anführen[607]. Das von diesen Beratungsunternehmen favorisierte Discounted-Cash-Flow-Verfahren hat sich zu einem internationalen Standardmodell für die Unternehmensbewertung entwickelt. Die klassische Ertragswertmethode ist dagegen immer mehr dem Vorwurf fehlender internationaler Akzeptanz ausgesetzt. Von Investmentbanken und Unternehmensberatungen wird sie praktisch nicht verwendet[608]. Weitere Vorteile des Discounted-Cash-Flow-Verfahrens liegen in der Transparenz, Objektivität und theoretischer Fundierung des Ansatzes[609].

Auch der Hauptfachausschuss der Wirtschaftsprüfer ist mittlerweile Forderungen der Praxis nachgekommen und hat im neuen Standard IDW S1 die Ermittlung von Unternehmenswerten nach dem Discounted-Cash-Flow-Verfahren aus-

---

1995, 756/761; *LG Berlin*, AG **2000**, 284/286; *LG Frankfurt a.M.*, AG **1996**, 187/189; *LG Dortmund*, AG **1996**, 278/280. Für 0,6 Prozent: *BayObLG*, AG **1996**, 127/130. Für 0,5 Prozent: *OLG Düsseldorf*, AG **1999**, 321/323; WM **1990**, 1282/1288; AG **1990**, 490/494.

604 Ausführlich zur Discounted-Cash-Flow-Methode *B/J/M/S-Jacob*, 42ff.; *Großfeld*, 159ff.; *Krog*, 112ff.; *Langenkämper*, 381ff.; *Loderer/Jörg/Pichler/Roth/Zgraggen*, 593ff.; *Muche*, 76ff.; *Kirsch/Krause*, ZfB **1996**, 793ff.; *Jonas*, BFuP **1995**, 83ff.; *Schildbach*, ZFBF **2000**, 707ff.; *Schmidbauer*, BB **2004**, 148ff.; *Wallmeier*, ZFBF **2001**, 283ff..

605 *Peemöller/Kunowski/Hillers*, WPg **1999**, 621/622f.. Dagegen lag die Anwendungshäufigkeit des Discounted-Cash-Flow-Verfahrens noch 1990 nur bei 25 Prozent.

606 In 80 Prozent der Akquisitionen wurde mehr als ein Bewertungsverfahren verwendet, um so die Plausibilität des gefundenen Unternehmenswertes zu überprüfen.

607 *Mattes/Graf von Maldeghem*, BKR **2003**, 531/535; *Peemöller/Kunowski/Hillers*, WPg **1999**, 621/623.

608 *Peemöller/Kunowski/Hillers*, a.a.O..

609 Vgl. auch *Jonas*, BFuP **1995**, 83/92ff..

führlich dargestellt[610]. Durch diese endgültige Anerkennung des Discounted-Cash-Flow-Verfahrens im IDW S1 ist damit zu rechnen, dass das klassische Ertragswertverfahren auch in Zukunft in der Bewertungspraxis noch mehr an Bedeutung verlieren wird. Führende Vertreter der Betriebswirtschaft behandeln mittlerweile sogar die Ertragswertmethode als Unterform der Discounted-Cash-Flow-Methode[611].

In Anbetracht dieser Ausgangslage ist somit davon auszugehen, dass sich auch die Rechtsprechung in Deutschland bald mit dieser Methode auseinandersetzen muss[612]. Nach der Rechsprechung des Bundesgerichtshofs ist es grundsätzlich Sache des Richters darüber zu entscheiden, welche der in der Betriebswirtschaftslehre vertretenen Bewertungsmethoden im Einzelfall zu einem angemessenen Ergebnis führt[613]. Deshalb soll die Discounted-Cash-Flow-Methode auch hier näher erörtert werden.

Die Discounted-Cash-Flow-Methode bestimmt den Unternehmenswert durch Diskontierung von Cash flows. Die Cash flows stellen erwartete Zahlungen an die Kapitalgeber dar[614]. Die genaue Definition der Cash flows hängt von dem jeweils angewandten Verfahren ab[615]. Während nach dem Konzept der gewogenen Kapitalkosten (Weighted Average Cost of Capital, WACC-Ansatz) und nach dem Konzept des angepassten Barwerts (Adjusted Present Value-Ansatz, APV-Ansatz) der Marktwert des Eigenkapitals sich indirekt als Differenz aus einem Gesamtkapitalwert und dem Marktwert des Fremdkapitals ermittelt, wird nach dem Konzept der direkten Ermittlung des Werts des Eigenkapitals (Equity-Ansatz) der Marktwert des Eigenkapitals durch Abzinsung der um die Fremdkapitalkosten verminderten Cash flows mit der Rendite des Eigenkapitals (Eigenkapitalkosten) berechnet[616]. Der WACC-Ansatz und der APV-Ansatz gehen von einer Bruttokapitalisierung aus (Entity-Ansatz), das Konzept der direkten Ermittlung des Eigenkapitals geht dagegen von einer Nettokapitalisierung aus.

610 Ein wesentlicher Ansatzpunkt kritischer Äußerungen zur vorhergehenden Stellungnahme HFA 2/1983 bestand gerade darin, dass die Discounted-Cash-Flow-Methode nicht ausdrücklich angesprochen und geregelt war. Siehe *B/J/M/S-Jacob*, 41.

611 *Drukarczyk*, 302ff.; ebenso *Gerke/Steiner*, 2090; ähnlich auch *Mattes/Graf von Maldeghem*, BKR **2003**, 531/534.

612 *Geibel/Süßmann-Grzimek*, § 327b Rn.20 weist jedoch darauf hin, dass nach den Erfahrungen der Vergangenheit mit einem erheblichen Nachlauf der Rechtsprechung gegenüber der betriebswirtschaftlichen Praxis zu rechnen ist.

613 *BGH*, NJW **1982**, 2441; AG **1978**, 196/199; *Seetzen*, ZIP **1994**, 331/334.

614 Siehe *Loderer/Jörg/Pichler/Roth/Zgraggen*, 594ff..

615 *Drukarczyk*, 200f..

616 *IDW S1*, Abschnitt 7.3.1..

Der Vorteil der indirekten Wertermittlung wird allgemein in der Trennbarkeit der Geschäfts- und Finanzierungseinflüsse und des damit verbundenen Geschäfts- und Finanzierungsrisikos gesehen[617].

Es folgt nun eine kurze Darstellung der einzelnen Verfahren. Dabei ist jedoch zu beachten, dass ungeachtet der Unterschiede die einzelnen Discounted-Cash-Flow-Verfahren grundsätzlich zu übereinstimmenden Ergebnissen führen[618].

aa) WACC-Ansatz

Beim WACC-Ansatz ist als erster Schritt der Gesamtkapitalwert festzustellen. Dieser ergibt sich durch Diskontierung der Cash flows[619]. Unter Cash flows sind dabei jene finanziellen Überschüsse zu verstehen, die unter Berücksichtigung gesellschaftsrechtlicher Ausschüttungsgrenzen allen Kapitalgebern des Unternehmens zur Verfügung stehen[620]. Sie können als konstante Größe oder entsprechende der Phasenmethode geschätzt werden. Dabei werden die Cash flows der ersten Phase detailliert prognostiziert. Für die sich daran anschließende zweite Phase wird ein Residualwert angesetzt. Der Residualwert ist entweder der Fortführungswert oder der Veräußerungswert des Unternehmens. Maßgeblich ist jeweils der höhere Wert[621]. Der Fortführungswert entspricht dem Barwert der Cash flows nach Ablauf des ersten Prognosezeitraums.
Die Diskontierung erfolgt mit den gewogenen Kapitalkosten. Entscheidend für die gewogenen Kapitalkosten sind in erster Linie die Eigen- und Fremdkapitalkosten[622]. Zur Bestimmung der Eigenkapitalkosten wird in aller Regel auf das Kapitalmarktpreisbildungsmodell (CAPM) zurückgegriffen[623]. Die Kapitalkosten der Fremdkapitalgeber errechnen sich als gewogener durchschnittlicher Kostensatz der einzelnen Fremdkapitalformen. In den Gesamtkapitalwert wird zudem noch der Wert des nicht betriebsnotwendigen Vermögens einbezogen.

In einem zweiten Schritt ist der Gesamtkapitalwert auf das Eigen- und das Fremdkapital aufzuteilen[624]. Den Marktwert des Fremdkapitals erhält man, indem die Cash flows an die Fremdkapitalgeber mit einem das Risikopotential dieser Zahlungsströme widerspiegelnden Zinssatz diskontiert werden.

---

617 *Gerke/Steiner*, 2091.

618 *IDW S1*, Abschnitt 7.3.1.. *Drukarczyk*, 200; *Gerke/Steiner*, 2091.

619 *IDW S1*, Abschnitt 7.3.2.1.. Vgl. hierzu ausführlich *Drukarczyk*, 273ff..

620 *IDW S1*, Abschnitt 7.3.2.2..

621 *IDW S1*, Abschnitt 7.3.2.3..

622 *IDW S1*, Abschnitt 7.3.2.5..

623 Auf das CAPM wird sogleich eingegangen.

624 *IDW S1*, Abschnitt 7.3.2.1..

Die Differenz aus Gesamtkapitalwert und Marktwert des Fremdkapitals entspricht dann dem Marktwert des Eigenkapitals und damit dem Unternehmenswert.

bb) APV-Ansatz

Das Konzept des angepassten Barwerts bestimmt den Gesamtkapitalwert komponentenweise[625]. Zunächst wird eine ausschließliche Eigenfinanzierung angenommen und somit der Marktwert eines unverschuldeten Unternehmens ermittelt. Die Diskontierung der Cash flows erfolgt hierbei mit den Eigenkapitalkosten eines unverschuldeten Unternehmens[626]. Anschließend wird der Wertbeitrag der Verschuldung berechnet. Die Summe aus dem Marktwert des nicht verschuldeten Unternehmens und dem Wertbeitrag der Verschuldung entspricht dem Gesamtkapitalwert.

Als nächster Schritt ist der Marktwert der Ansprüche der Fremdkapitalgeber zu ermitteln. Grundlage hierfür ist die Diskontierung des Wertbeitrags der Verschuldung mit dem Fremdkapitalzinssatz.

Nach Abzug des so ermittelten Marktwerts der Ansprüche der Fremdkapitalgeber vom Gesamtkapitalwert erhält man den Unternehmenswert.

cc) Equity-Ansatz

Bei dem Konzept der direkten Ermittlung des Wert des Eigenkapitals sind zunächst die den Eigentümern zufließenden Cash flows nach Bedienung anderer Finanzierungsquellen, nach Investitionsauszahlungen sowie nach Unternehmens- und Einkommenssteuern zu prognostizieren[627]. Die Netto-Cash flows werden also um die periodenspezifischen Zahlungen an die Fremdkapitalgeber gekürzt.

Die erwarteten Überschüsse sind dann mit geeigneten Diskontierungssätzen, die sowohl das operative Risiko des Unternehmens als auch das durch die Kapitalstruktur des Unternehmens entstehende Finanzierungsrisiko widerspiegeln, zu bewerten. Der so ermittelte Betrag ist dann der Unternehmenswert.

dd) Capital-Asset-Pricing-Model

Bei allen Cash-Flow-orientierten Bewertungsverfahren wird das Kapitalmarktpreisbildungsmodell (Capital-Asset-Pricing-Model, CAPM) zur Diskontierung

---

625 *IDW S1*, Abschnitt 7.3.3.. Siehe auch *Drukarczyk*, 231ff..

626 *IDW S1*, Abschnitt 7.3.3..

627 *IDW S1*, Abschnitt 7.3.4.. Siehe auch *Drukarczyk*, 300.

herangezogen[628]. Das CAPM versucht, unter Vermeidung subjektiver Einschätzungen, den Kapitalisierungszinssatz durch Ermittlung der Eigenkapitalkosten des jeweiligen Unternehmens marktgestützt zu ermitteln[629]. Es kann grundsätzlich nur bei börsennotierte Unternehmen angewandt werden[630].

(1) Eigenkapitalkosten

Das CAPM basiert auf der Überlegung, dass eine Diskontierung der Erträge anhand der jährlichen Kosten des Eigenkapitals und nicht anhand einer Alternativrendite erfolgen sollte. Dabei geht man davon aus, dass bei der Ermittlung der Eigenkapitalkosten nicht nur auf die jährlichen Dividendenzahlungen, sondern auch auf die Kursgewinne abzustellen ist, weil die Dividenden allein den Anleger nicht veranlassen würden, statt eines festverzinslichen Wertpapiers eine Aktie zu erwerben. Schließlich ginge der Anleger ein zusätzliches Risiko ein, wenn er statt einer öffentlichen Anleihe eine Aktie erwirbt[631]. Ausgangspunkt ist daher die Frage, welche durchschnittliche Mehrrendite (Risikozuschlag) die Aktie des betreffenden Unternehmens bieten muss, um einen Investor zu veranlassen, in Aktien statt in Anleihen zu investieren. Dieser Risikozuschlag zuzüglich der Rendite für festverzinsliche Anleihen ergeben nach dem CAPM die fiktiven Eigenkapitalkosten, mit denen die prognostizierten Jahreserträge auf den Bewertungsstichtag zu diskontieren sind.

(2) Allgemeine Mehrrendite

Grundlage ist somit auch beim CAPM der Zinssatz für eine risikolose öffentliche Anleihe[632]. Zu dieser wird der Risikozuschlag des jeweiligen Unternehmens hinzuaddiert[633]. Da man den Risikozuschlag nicht vorhersagen kann, greift man auf empirische Untersuchungen zum Gesamtaktienmarkt zurück[634]. Weil die allgemeine Mehrrendite aber allein nicht maßgebend für die Risikovergütung des betreffenden Unternehmens sein kann, wird in einem zweiten Schritt das spezifische Risiko ermittelt.

---

[628] *Großfeld*, NZG **2004**, 74. Das CAPM geht auf die Amerikaner William F. Sharpe und Harry M. Markowitz zurück, die hierfür 1990 den Wirtschaftsnobelpreis erhielten. Siehe *Sharpe*, Journal of Finance **1964**, 425ff..

[629] *Ballwieser*, WPg **1995**, 119/122ff.; *Großfeld*, 134ff.; *Kosfeld*, 50ff.; *Krog*, 216f.; *Langenkämper*, 132. Zu den betriebswirtschaftlichen Hintergründen dieses Modell siehe *Garz*, 20ff.. Kritisch zum CAPM: *Baetge/Krause*, BFuP **1994**, 433ff..

[630] *IDW S1*, Abschnitt 7.3.2.5. *Drukarczyk*, 350; *Peemöller/Kunowski/Hillers*, WPg **1999**, 621/625.

[631] *Jonas*, BFuP **1995**, 83/88.

[632] *Peemöller/Kunowski/Hillers*, a.a.O..

[633] *Ballwieser*, WPg **1995**, 119/123ff..

[634] *Aha*, AG **1997**, 26/34; *Peemöller/Kunowski/Hillers*, a.a.O..

(3) Spezifische Mehrrendite

Zur Ermittlung des spezifischen Risikos stellt man darauf ab, inwieweit das Unternehmen in jüngster Vergangenheit risikobehafteter bzw. risikoloser war als andere Unternehmen. In der Praxis wird bei der Ermittlung der Risikoprämie vielfach anstelle der künftigen Rendite des gesamten Aktienmarktes zur Vereinfachung auf einen Aktienindex und auf Vergangenheitswerte zurückgegriffen[635]. Anhand des Index wird untersucht, ob sich die Renditeentwicklung des jeweiligen Unternehmens schwankungsfreudiger (volatiler) verhalten hat als bei anderen Unternehmen. Diese Beziehung zwischen individueller Renditeentwicklung des zu bewertenden Unternehmens und Renditeentwicklung des Index wird als Betafaktor des Unternehmens bezeichnet[636]. Ein Beta von 1 bedeutet, dass sich die Rendite des Unternehmens im Durchschnitt wie die des durch den Index repräsentierten Marktes entwickelt. Ein Beta über 1 zeigt größere Schwankungen der Rendite gegenüber dem Markt, ein Beta kleiner als 1 zeigt geringere Schwankungen. Die spezifische Mehrrendite des jeweiligen Unternehmens erhält man, indem man sein Beta mit der allgemeinen Mehrrendite multipliziert. Das Ergebnis dieser Multiplikation wird als Risikozuschlag zum Zinssatz der risikolosen Anleihe addiert.

c) Betriebsneutrales Vermögen

Außer dem betriebsnotwendigen Vermögen verfügt ein Unternehmen regelmäßig noch über nicht betriebsnotwendiges, d.h. betriebsneutrales Vermögen[637]. Dieses betriebsneutrale Vermögen, das nicht zur Erzielung des prognostizierten künftigen Ertrags benötigt wird und darum nicht mit seinem Nutzen in den Ertragswert einfließt, ist mit dem Liquidationswert am Stichtag, also mit dem erzielbaren Veräußerungserlös, gesondert anzusetzen und gegebenenfalls zu diskontieren[638]. Dabei wird die zeitnahe Veräußerung und Ausschüttung des nichtbetriebsnotwendiges Vermögens an die Aktionäre unterstellt, auch wenn in Wahrheit eine Veräußerung nicht geplant ist.

Die Abgrenzung zwischen betriebsnotwendigen und betriebsneutralen Vermögen kann mitunter schwierig sein. Teilweise wird die Auffassung vertreten, zum betriebsneutralen Vermögen gehören alle Gegenstände, die nicht der Erwirtschaftung von Erträgen dienen, weil sie zum Ertrag unmittelbar nichts beitragen[639]. Ähnlich argumentiert das Bayerischen Oberste Landesgericht, wonach

---

635 *IDW S1*, Abschnitt 7.3.2.5.. *Ballwieser*, WPg **1995**, 119/123; *Peemöller/Kunowski/Hillers*, a.a.O..

636 *Ballwieser*, WPg **1995**, 119/123.

637 *IDW S1*, Abschnitt 4.5.. *Aha*, AG **1997**, 26/35.

638 *IDW S1*, Abschnitt 4.5. sowie 6.1.. *OLG Düsseldorf*, WM **1988**, 1052/1055; *Geibel/Süßmann-Grzimek*, § 327b Rn.18; *Seetzen*, WM **1994**, 45/46 m.w.N..

639 *OLG Celle*, AG 1979, 230/232.

zum betriebsneutralen Vermögen alle Gegenstände zählten, deren Vorhandensein den Ertragswert nicht oder nicht wesentlich beeinflusst, deren Vermögenswert jedoch bedeutsam ist[640]. Andere lehnen dagegen eine derartige ertragsbezogene Betrachtungsweise ab und schlagen vor, dass die Abgrenzung des betriebsnotwendigen vom betriebsneutralen Vermögen aufgrund einer funktionalen Betrachtungsweise anhand der tatsächlichen Verhältnisse durchgeführt werden muss[641]. Eine solche Vorgehensweise sieht auch der IDW S1 vor[642]. Stehe der betreffende Gegenstand aufgrund seiner tatsächlichen Verwendung im funktionalen Zusammenhang der Werte im Betriebsgeschehen, ist er dem betriebsnotwendigen Vermögen zuzuschlagen.

d) Zusammenfassung

Bei der Ertragswertmethode bestimmt sich der Unternehmenswert primär nach dem Ertragswert des betriebsnotwendigen Vermögens. Zur Ermittlung dieses Ertragswerts stehen dem Gutachter das gerichtlich anerkannte Ertragswertverfahren in seinem klassischen Sinne und das die Bewertungspraxis dominierende Discounted-Cash-Flow-Verfahren zur Verfügung. Der Wert eines Unternehmens entspricht dabei der Summe der diskontierten zukünftigen Erträge zuzüglich des Wertes des sogenannten nicht betriebsnotwendigen Vermögens. Hat man so den Ertragswert des Unternehmens bestimmt, lässt sich leicht der Anteil errechnen, der auf jede einzelne Aktie entfällt.

2. Börsenwert

Angesichts der Komplexität der eben geschilderten Ertragswertmethode stellt sich die Frage, ob die Barabfindung ausscheidender Aktionäre nicht auf einfachere Weise bestimmt werden kann. Ist die Aktiengesellschaft, bei der der Squeeze-out durchgeführt wird, an der Börse notiert, so liegt es nahe den Börsenkurs bei der Bemessung der Abfindung zu berücksichtigen.
Allerdings lehnte die überwiegende Auffassung eine Abfindung nach dem Börsenkurs in der Vergangenheit vehement ab[643]. Lange Zeit gab es lediglich einen Gerichtsbeschluss, der auf den Börsenpreis Bezug nahm[644]. Nur wenige Stim-

---

640 *BayObLG*, AG 1996, 127ff..
641 *Aha*, AG **1997**, 26/36; *Hülsmann*, ZIP **2001**, 450/451.
642 *IDW S1*, Abschnitt 4.5..
643 *BGH*, AG **1967**, 264; *BGHZ* 71, 40/51; *BayObLG*, AG **1996**, 127/128; *OLG Celle*, NZG **1998**, 987/988; *OLG Düsseldorf*, AG **1995**, 84; WM **1984**, 732/733; *LG Köln*, DB **1993**, 217; *Kölner Kommentar-Koppensteiner*, § 305 Rn.37; *Lüke/Blenske*, EWiR **1998**, 581/582; *Seetzen*, WM **1999**, 564/571; *Steck*, AG **1998**, 460/465. Zurückhaltender nun *Münchener Kommentar-Bilda*, § 305 Rn. 66.
644 *OLG Hamm*, AG **1963**, 218/219.

men im Schrifttum wollten den Börsenkurs – teilweise zumindest als Untergrenze – bei der Ermittlung einer angemessenen Abfindung berücksichtigen[645].

a) Entscheidung des Bayerischen Obersten Landesgerichts

Entgegen dieser ablehnenden Haltung in Rechtsprechung und Literatur vertrat das Bayerischen Oberste Landesgericht mit seiner Entscheidung vom 29. September 1998 die Auffassung, dass der Börsenkurs die Grundlage der Bemessung der Abfindung sein darf, wenn ein Gutachten nicht erstattet werden kann und sonstige geeignete Unterlagen fehlen[646].

In der Sache ging es um die Festsetzung der angemessenen Abfindung i.S.d. § 305 AktG von außenstehenden Minderheitsaktionären bei einem Gewinnanführungs- und Beherrschungsvertrag (§ 291 AktG). Auf der Grundlage eines Bewertungsgutachtens hatte die herrschende Gesellschaft eine Ausgleichszahlung sowie eine Barabfindung zugesagt. Hiergegen legten die als außenstehende Aktionäre der beherrschten Gesellschaft betroffenen Antragsteller nach einer vom Landgericht zurückgewiesene Beschwerde eine sofortige Beschwerde beim Bayerischen Obersten Landesgericht ein (§§ 306 II, 99 III AktG, 22 I FGG). Im Spruchstellenverfahren forderten sie eine höhere Ausgleichszahlung sowie Barabfindung nebst Verzinsung und verwiesen dazu vor allem auf den wesentlich höheren Börsenkurs der Aktie der beherrschten Gesellschaft am Stichtag.

Das Gericht lehnte das Begehren der Antragsteller bezüglich des Ausgleichs (§ 304 AktG) ab, da angesichts der dauerhaften Ertraglosigkeit der beherrschten Gesellschaft kein derartiger Anspruch bestünde. Dagegen hielt es das Begehren nach angemessener Abfindung (§ 305 AktG) für begründet. Das vorinstanzlich zugrunde gelegte Bewertungsgutachten wurde wegen gravierender Diskrepanzen für unzulänglich erklärt, da der seinerzeitige Börsenkurs 82 Prozent über dem Gutachten lag. Die Einholung eines weiteren Gutachtens war nicht möglich, da die Parteien nicht bereit waren, eine Vereinbarung über die Vergütung eines Sachverständigen zu treffen. Das Bayerische Oberste Landgericht stellte fest, dass ein Börsenkurs, „der auch aussagekräftig ist, weil er nicht von einem zu engen Markt oder von Manipulationen beeinflusst wird, den Verkehrswert mindestens ebenso zutreffend angibt, wie eine langwierige Berechnung des Unternehmenswertes nach der Ertragswertmethode". Das Gericht ließ jedoch offen, ob der Börsenkurs allgemein in die Bewertung eines Unternehmens bei Festlegung einer angemessenen Barabfindung einzubeziehen ist. Es beschränkt sich auf die Feststellung, dass dies jedenfalls dann geboten sei, wenn andere Möglichkeiten zur Feststellung des Unternehmenswertes ausscheiden.

---

645 *Drukarczyk*, AG **1973**, 357/363; *Busse v. Colbe*, AG **1964**, 263/264; *Götz*, DB **1996**, 259; *Krog*, 353ff.; *Wenger*, ZIP **1993**, 321/329.

646 *BayObLG*, AG **1999**, 43/45.

b) DAT/Altana-Entscheidung des Bundesverfassungsgerichts

Von richtungsweisender Natur war schließlich die DAT/Altana-Entscheidung des Bundesverfassungsgerichts vom 27. April 1999[647].

In dem vorgelegten Fall schloss die DAT AG mit der Altana AG einen Beherrschungs- und Gewinnabführungsvertrag nach § 291 AktG ab. Der Unternehmensvertrag sah für die außenstehenden Aktionäre einen variablen Ausgleich gemäß § 304 II 2 AktG vor. Zudem bot die Altana AG den außenstehenden Aktionären der DAT AG als Alternative eine Barabfindung an. Die Beschwerdeführerin hielt den festgesetzten Ausgleich und die angebotene Abfindung für unangemessen niedrig und strengte deshalb ein Spruchstellenverfahren nach § 306 AktG an. Sie argumentierte, es verstoße gegen den Gleichheitsgrundsatz und die aktienrechtliche Treuepflicht, wenn ein Großaktionär die außenstehenden Aktionäre zu einem Preis abfinden wolle, der unter demjenigen liege, den er selbst zu zahlen bereit gewesen wäre.

Noch vor Abschluss des Spruchstellenverfahrens erwarb die Altana AG weitere DAT-Aktien, so dass sich ihr Anteil auf 95 Prozent erhöhte. Die Hauptversammlung der DAT AG beschloss daraufhin die Eingliederung der Gesellschaft in die Altana AG. Zuvor hatte sich die Altana AG verpflichtet, den mit der Eintragung in das Handelsregister ausscheidenden Aktionären der DAT AG eine angemessene Abfindung zu gewähren. Die Beschwerdeführerin hielt auch dieses Abfindungsangebot für zu niedrig und strengte ein weiteres Spruchstellenverfahren zur Bestimmung einer angemessenen Abfindung für die Eingliederung an.
Das Landgericht lehnte die Anträge der Beschwerdeführerin auf Festsetzung eines angemessenen Ausgleichs und einer angemessenen Abfindung nach Einholung eines Sachverständigengutachtens zur Bewertung der beteiligten Unternehmen ab. Die gegen die landgerichtlichen Entscheidungen eingelegten sofortigen Beschwerden der Beschwerdeführerin wies das Oberlandesgericht im wesentlichen zurück. Der im Unternehmensvertrag vorgesehene Ausgleich und die angebotene Barabfindung seien angemessen. Ebenso entschied das Oberlandesgericht hinsichtlich der im Rahmen der Eingliederung angebotenen Abfindung. Maßgeblich für die Feststellung einer angemessenen Abfindung sei jeweils der wahre innere Wert der Aktie. Für dessen Bestimmung seien die Börsenkurse aber nicht von Bedeutung. Hiergegen erhob die Beschwerdeführerin sodann Verfassungsbeschwerde und rügte vornehmlich eine Verletzung ihres Grundrechtes aus Art. 14 I GG.

Das Bundesverfassungsgericht wies zunächst darauf hin, dass bei der Ertragswertmethode die Preise, die der abfindungsverpflichtete Mehrheitsaktionär

---

[647] *BVerfG*, WM **1999**, 1666 – DAT/Altana., siehe auch schon oben, § 1 III. 3. b) bb).

selbst in enger zeitlicher Nähe zum Bewertungsstichtag am organisierten Kapitalmarkt oder außerhalb der Börse über ausreichend lange Zeiträume für Aktien der abhängigen Gesellschaft bezahlt habe, außer Betracht blieben. Dies stehe mit Art. 14 I GG nicht im Einklang[648].

Ferner führte das Bundesverfassungsgericht aus, dass gerade Kleinaktionäre, die auf die Unternehmenspolitik regelmäßig keinen relevanten Einfluss nehmen können, die Aktie vorwiegend als Kapitalanlage betrachteten. Damit stehe die Vermögenskomponente vielfach im Vordergrund. Zudem ermögliche gerade das Aktieneigentum in finanzieller Hinsicht eine Sphäre individueller Freiheit. Dieser Freiraum beruhe auf der besonders ausgeprägten Verkehrsfähigkeit von Aktien. Gerade börsennotierte Aktiengesellschaften erlauben es dem Gesellschafter, jedenfalls in Zeiten eines funktionierenden Kapitalmarktes, praktisch jederzeit, sein Kapital nach freiem Belieben zu investieren oder zu deinvestieren. Die Aktie sei aus der Sicht des Kleinaktionärs gerade deshalb so attraktiv, weil er sein Kapital nicht auf längere Sicht binde, sondern sie fast ständig wieder veräußern kann[649]. Die Verkehrsfähigkeit als Eigenschaft des Aktieneigentums dürfe daher bei der Wertbestimmung des Eigentumsobjekts nicht außer Betracht bleiben. Der Ausgleich für außenstehende Aktionäre müsse vielmehr so bemessen sein, dass sie auch künftig solche Renditen erhalten, die sie erhalten hätten, wenn der Unternehmensvertrag nicht geschlossen worden wäre. Die Minderheitsaktionäre müssten den Gegenwert ihrer Gesellschaftsbeteiligung erhalten. Die Entschädigung könne nur dann als „volle“ bezeichnet werden, wenn sie den „wahren Wert“ der Unternehmensbeteiligung an dem arbeitenden Unternehmen unter Einfluss der stillen Reserven und des inneren Geschäftswerts widerspiegelt. Die Abfindung müsse somit garantieren, dass die Minderheitsaktionäre nicht weniger erhalten, als der Wert, den die Minderheitsaktionäre bei einer freiwilligen Deinvestitionsentscheidung erhalten hätten[650]. Eine geringere Abfindung würde der Dispositionsfreiheit über den Eigentumsgegenstand nicht hinreichend Rechnung tragen.

Hiervon ausgehend sei es mit Art. 14 I GG unvereinbar, wenn der Kurswert der Aktie außer Betracht bliebe. Die Entschädigung und folglich auch die Methode ihrer Berechnung müssten dem entzogenen Eigentumsobjekt gerecht werden, das im Falle des Aktieneigentums insbesondere durch seine Verkehrsfähigkeit geprägt sei. Aktien würden an der Börse gehandelt und erführen dort aus dem Zusammenspiel von Angebot und Nachfrage eine Wertbestimmung, an der sich die Aktionäre bei ihren Investitionsentscheidungen orientieren. Insbesondere Kleinaktionäre, die regelmäßig nicht über alle relevanten Informationen verfü-

[648] *BVerfG*, WM **1999**, 1666/1667 – DAT/Altana.
[649] *BVerfG*, WM **1999**, 1666/1669 – DAT/Altana.
[650] *BVerfG*, a.a.O..

gen, stehe kein anderer Maßstab zur Verfügung. Der Verkehrswert sei regelmäßig mit dem Börsenkurs identisch. Vor dem Hintergrund des Eigentumsschutzes des Art. 14 I GG bilde der Verkehrswert die Untergrenze der „wirtschaftlich vollen Entschädigung"[651]. Für börsennotierte Unternehmen bedeute dies, dass es mit Art. 14 I GG nicht im Einklang stehe, eine Barabfindung festzusetzen, die niedriger ist als der Börsenkurs[652]. Ansonsten erhielten die Minderheitsaktionäre für ihre Aktien weniger, als sie ohne die zu Entschädigung verpflichtende Intervention des Mehrheitsaktionärs bei einem Verkauf erlöst hätten. Die noch vom Bayerischen Obersten Landesgericht aufgestellte Einschränkung, dass eine anderweitige Bestimmung der Abfindung nicht möglich sein darf, nahm das Bundesverfassungsgericht nicht vor.

Somit steht es nach dieser Entscheidung mit Art. 14 I GG nicht im Einklang, eine Barabfindung festzusetzen, die den Börsenkurs des betroffenen Unternehmens unterschreitet.

Eine Ausnahme kommt nach dem Bundesverfassungsgericht allerdings dann in Betracht, wenn der Börsenkurs ausnahmsweise nicht den Verkehrswert der Aktie widerspiegelt[653]. Eine Überschreitung sei dagegen stets verfassungsrechtlich unbedenklich.

c) DAT/Altana-Entscheidung des Bundesgerichtshofes

Die Rechtsprechung des Bundesverfassungsgerichts hat sich mittlerweile auch der Bundesgerichtshof zu eigen gemacht[654]. Mit Beschluss vom 12. März 2001 hat der Bundesgerichtshof die DAT/Altana-Entscheidung des Bundesverfassungsgericht interpretiert und die Relevanz des Börsenkurses für die Abfindung i.S.d. § 305 AktG sowie des variablen Ausgleich nach § 304 II 2 AktG näher erläutert.

Der Sachverhalt baute auf dem auf, der dem vorab dargestellten Beschluss des Bundesverfassungsgerichts zugrunde lag. Nach der Entscheidung des Bundesverfassungsgericht war sich das zuständige Oberlandesgericht nicht sicher, wie der für Ausgleich und Abfindung relevante Börsenkurs genau zu bestimmen sei, und legte den Fall dem Bundesgerichtshof zur Entscheidung vor.

Neben Ausführungen zur Frage des relevanten Börsenkurs[655] stellte der Bundesgerichtshof fest, dass die Regelung der §§ 304f., 320a AktG dahingehend ver-

---

651 *BVerfG*, WM **1999**, 1666/1668 – DAT/Altana.

652 *BVerfG*, WM **1999**, 1666/1670 – DAT/Altana.

653 *BVerfG*, a.a.O..

654 *BGH*, BB **2001**, 1053/1055 – DAT/Altana.

655 Hierauf wird weiter unten ausführlich eingegangen. Siehe unten, § 8 III. 6..

fassungskonform auszulegen sei, dass das Recht der außenstehenden Aktionäre auf Festsetzung eines angemessenen Ausgleichs bzw. einer angemessenen Abfindung auch dann bestehen bleibe, wenn die abhängige Aktiengesellschaft während des Spruchverfahrens in die herrschende Aktiengesellschaft eingegliedert wird[656]. Daneben betonte der Bundesgerichtshof unter Hinweis auf die Rechtsprechung des Bundesverfassungsgericht, dass die außenstehenden Aktionäre der beherrschten Aktiengesellschaft grundsätzlich unter Berücksichtigung des an der Börse gebildeten Verkehrswerts der Aktie abzufinden seien[657]. Dies bedeute, dass als volle Entschädigung der Minderheitsaktionäre grundsätzlich mindestens der Börsenwert der Aktie als Barabfindung gezahlt werden müsse. Ließe sich aber ein Börsenwert als Ausdruck des Verkehrswerts nicht feststellen, so sei der Verkehrswert durch Ermittlung des Unternehmenswerts im Sinne eines Schätzwerts gemäß §§ 287 II ZPO, 738 II BGB nach den anerkannten betriebswirtschaftlichen Methoden festzustellen[658]. Dies gelte auch dann, wenn der ermittelte Unternehmenswert im Sinne eines Schätzwerts nach quotaler Aufteilung auf die einzelne Aktie über dem Börsenkurs läge. In diesem Fall sei die Abfindung auf der Basis des Schätzwerts zu bestimmen[659].

d) Reaktionen

Die Kehrtwende der Rechtsprechung hinsichtlich der Berücksichtigung des Börsenwertes bei der Festlegung der Barabfindung wurde von großen Teilen der Literatur sehr begrüßt[660]. Mittlerweile ist sie auch durch Folgeentscheidungen des Bundesverfassungsgerichts bestätigt worden[661]. Auch die Obergerichte haben sich im folgenden an den Leitlinien des Bundesverfassungsgerichts vollumfänglich orientiert[662].

Schließlich wurden die Vorgaben des Bundesverfassungsgerichts auch seitens der Wirtschaftsprüfer zur Kenntnis genommen. Der IDW S1 sieht nun im Gegensatz zu den vorherigen Stellungnahmen vor, dass Börsenkurse bei der Unternehmensbewertung zu berücksichtigen sind[663]. Allerdings sollen diese nur zur

---

656 *BGH*, BB **2001**, 1053/1054 – DAT/Altana.

657 *BGH*, BB **2001**, 1053/1055 – DAT/Altana.

658 *BGH*, a.a.O..

659 *BGH*, BB **2001**, 1053/1056 – DAT/Altana.

660 Hinsichtlich der Entscheidung des BayObLG: *Luttermann*, EWiR **1998**, 965/966; *Rodloff*, DB **1999**, 1149; *Steinhauer*, AG **1999**, 299/300; *Zeidler*, NZG **1998**, 949. Hinsichtlich der Entscheidung des BVerfG: *Ballwieser/ Jacob/Mollenhauer/Schmidt-Ballwieser*, 15; *Erb*, DB **2001**, 523; *Müller*, FS Bezzenberger, 712; *Neye*, EWiR **1999**, 751/752; *Wilken*, ZIP **1999**, 1443; ablehnend nur *Riegger*, DB **1999**, 1889; zurückhaltend: *Großfeld*, BB **2000**, 261ff.. Hinsichtlich der Entscheidung des BGH: *Meilicke/Heidel*, DB **2001**, 973f..

661 *BVerfG*, WM **1999**, 1978/1980 – Hartmann & Braun.

662 *OLG Düsseldorf*, AG **2003**, 329/330; ZIP **2003**, 1247/1249 – DAT/Altana.

663 *IDW S1*, Abschnitt 3..

„Plausibilitätsbeurteilung“ des nach der Ertragswertmethode ermittelten Unternehmenswertes dienen, wobei stets die Börsenpreisbildung kritisch zu hinterfragen ist. Auch weiterhin gehen die Wirtschaftsprüfer davon aus, dass Börsenwerte keine Alternative zur herkömmlichen betriebswirtschaftlichen Unternehmensbewertung darstellen[664]. Nur letztere basiere auf detailliert analysierten Daten zum Bewertungsobjekt, insbesondere dem Unternehmenskonzept und der Planungsrechnung[665]. Die grundsätzliche Abneigung der Wirtschaftsprüfer gegenüber Börsenkursen besteht damit auch heute noch fort. Deswegen ist auch heute noch die Frage aktuell, wie die Barabfindung der ausscheidenden Minderheitsaktionäre zu bestimmen ist.

3. Grundsätzliche Bestimmung der Barabfindung

Die Ertragswertmethode und die Berücksichtigung des Börsenkurses i.S.d. DAT/Altana-Entscheidung des Bundesverfassungsgerichts basieren auf völlig unterschiedlichen Konzepten. Die Ertragswertmethode beruht auf einem in sich geschlossenen, sehr komplexen Modell, dessen Anwendung in der Realität weitestgehend den Wirtschaftsprüfern überlassen bleibt. Demgegenüber ist es ein leichtes den Börsenkurs jeder an einer deutschen Wertpapierbörse notierten Aktie festzustellen.
Im folgenden soll nun diskutiert werden, auf welchem Weg grundsätzlich eine Barabfindung ausscheidender Minderheitsaktionäre festzulegen ist. Hierbei wird zunächst auf die Ertragswertmethode eingegangen. Anschließend wird erörtert, inwieweit der Börsenkurs ein taugliches Kriterium zur Bestimmung der Barabfindung ist.

a) Beurteilung der Ertragswertmethode

Kritiker der Ertragswertmethode weisen zunächst auf die enormen Diskrepanzen zwischen einer nach der Ertragswertmethode berechneten Abfindung und dem aktuellen Börsenwert hin. So hat eine empirische Untersuchung, die im Rahmen von Unternehmensverträgen und Eingliederungen angebotene Abfindungen im Zeitraum zwischen 1980 und 1989 untersucht hat, bewiesen, dass die Mehrzahl der Abfindungsangebote deutlich unter dem Börsenkurs lag[666]. Jüngere Studien kamen zu dem Ergebnis, dass im Rahmen von Unternehmensverträgen Abfindungen gezahlt wurden, die durchschnittlich ca. 37 Prozent unter dem Börsenkurs zwei Tage vor der ersten Veröffentlichung des Abfindungsangebots lagen[667]. Im Spruchstellenverfahren konnte zwar eine Verbesserung der Abfindung um durchschnittlich 25 Prozent erreicht werden, dennoch lag die Abfin-

---

664 So ausdrücklich *IDW S1*, Abschnitt 2.4.. Zustimmend: *B/J/M/S-Jacob*, 50. Ähnlich kritisch: *Großfeld*, NZG **2004**, 74; *ders.*, 187; *Mattes/Graf von Maldeghem*, BKR **2003**, 531/536.
665 *Großfeld*, BB **2000**, 261/265.
666 *Dörfler/Gahler/Unterstraßer/Wirichs*, BB **1994**, 156/159.
667 *Hecker/Wenger*, ZBB **1995**, 321/326.

dung nach der gerichtlichen Überprüfung noch deutlich unter dem Börsenkurs, den der Minderheitsaktionär bei einem freiwilligen Verkauf erzielt hätte[668].

Zudem wird darauf hingewiesen, dass die nach der Ertragswertmethode ermittelten Abfindungen oftmals im krassen Gegensatz zu den Preisen stehen, die der Hauptaktionär selbst vor kurzem für seine Aktien bezahlt hat[669]. So würde es merkwürdig anmuten, wenn ein Mehrheitsaktionär selbst Aktien zum Börsenkurs erwirbt und anschließend sofort durch Wirtschaftsprüfer feststellen lässt, dass die Aktien in Wirklichkeit viel weniger wert seien und dass die Minderheitsaktionäre daher nur auf der Grundlage des niedrigeren Wertes entschädigt werden müssten.

Gegen eine Berechnung nach der Ertragswertmethode lässt sich aber auch anführen, dass sie von erheblicher Unsicherheit geprägt ist. Sie stützt sich auf die Prognose von in der Zukunft liegenden Erträgen, einer Größe also, die im Berechnungszeitpunkt gar nicht existent ist und nur geschätzt werden kann[670]. Sichere Aussagen über die einzel- oder gesamtwirtschaftliche Entwicklung lassen sich nicht treffen[671].
Diesem Faktum kann man auch nicht entgegensetzen, dass Unternehmensbewertungen auf detailliert analysierten Daten zum Bewertungsobjekt beruhen[672]. Auch umfangreiche Analysen bestehen ausschließlich aus Wertungselementen und jede Wertung ist eine vergleichende Schätzung. Die Ausschaltung der Prognoseunsicherheit ist unmöglich, auch wenn sich die Erklärungsmodelle verbessert und verfeinert haben[673]. Prognosen sind definitionsgemäß aber nicht nur unsicher, sie sind auch subjektiv. So ist es beinahe zwangsläufig, dass verschiedene Wirtschaftsprüfer zu verschiedenen Ergebnissen kommen.
Zudem ist die Umsatz-, Kosten-, Finanz- und Investitionsplanung stets das eigene Werk des betroffenen Unternehmens und kann argumentativ auch nur von diesem getragen werden[674]. Die objektive Bewertung durch einen neutralen Sachverständigen, der in der Regel kein Brancheninsider ist, ist in der Realität äußerst begrenzt.

---

[668] *Hecker/Wenger*, ZBB **1995**, 321/329.
[669] *Götz*, DB **1996**, 259/260 unter Hinweis auf die Entscheidung des BayObLG vom 31. Mai 1995 – Brauhaus Amberg AG, DB **1995**, 1703.
[670] *Müller*, FS Bezzenberger, 707; *Rodloff*, DB **1999**, 1149/1151; *Steinhauer*, AG **1999**, 299/301 m.w.N.; *Wilken*, ZIP **1999**, 1443.
[671] *Hecker/Wenger*, ZBB **1995**, 321/339; *Hülsmann*, ZIP **2001**, 450/452. Zu den Schwierigkeiten schon: *Schulze-Osterloh*, ZGR **1986**, 545/555.
[672] Vgl. *IDW S1*, Abschnitt 3..
[673] *Aha*, AG **1997**, 26/27; *Müller*, FS Bezzenberger, 707.
[674] *Müller*, FS Bezzenberger, 710.

Darüber hinaus ist darauf hinzuweisen, dass zukünftige Gewinnerwartungen, auf die sich die Ertragswertmethode zur Ermittlung des wirtschaftlichen Wertes einer Unternehmensbeteiligung stützt, nach ständiger Rechtsprechung des Bundesverfassungsgerichts außerhalb des Schutzbereiches der Eigentumsgarantie liegen[675]. Insofern liegt hier ein gewisser Widerspruch vor, wenn gerade diese nicht geschützten Ertragsaussichten die Grundlage der für einen Ausschluss von Minderheitsaktionären verfassungsrechtlich unbedingt erforderlichen „vollen Entschädigung" darstellen sollen.

Außerdem führt die Erhebung des Kapitalisierungszinssatzes zu erheblichen Schwierigkeiten. Erforderlich ist eine Einschätzung des Inflationsrisikos und des spezifischen Unternehmensrisikos, also ebenfalls von Größen, die nur vermutet werden können. Bereits geringfügige Veränderungen des Zinssatzes haben erhebliche Auswirkungen auf den Ertragswert[676]. Von zuverlässigen Ergebnissen kann nicht die Rede sein. Je nach den subjektiven Einschätzungen des Gutachters führt eine Berechnung nach der Ertragswertmethode zu äußerst unterschiedlichen Ergebnissen. Da in der Praxis häufig mehrere Gutachten eingeholt werden, muss schließlich das Gericht entscheiden, welcher Gutachter denn die zutreffende Bewertung vorgenommen hat, wenn es nicht sogar selbst eine eigene Bewertung vornimmt.

Im übrigen basiert die Diskontierung mittels eines Kapitalisierungszinses auf der Behauptung, dass festgestellt werden müsse, welche risikolose Alternative für eine Wiederanlage der Abfindung der Aktionär am Kapitalmarkt habe. Es erscheint aber eigenartig, wenn die Abfindung für Aktieneigentum primär nach Alternativen bemessen wird, die der Anleger bei seiner Anlageentscheidung gerade nicht gewählt hat. Er hat sich ja bewusst nicht für öffentliche Rentenpapiere, sondern für Aktien entschieden. Daran wird deutlich, dass die Anlagealternative des Kapitalmarktes in Rententiteln für ihn gerade nicht bestand.

Ein weiteres Problem der Ertragswertmethode ist, dass die Experten bei einer späteren gerichtlichen Überprüfung der Angemessenheit erst Jahre später mit der Bewertung der Gesellschaft beauftragt werden, wegen des Stichtagsprinzips aber nur diejenigen Entwicklungen und Erkenntnisse berücksichtigen dürfen, die damals schon erkennbar waren. Sie müssen sich also in Teilbereichen gleichsam unwissend stellen, was die Objektivität und Einheitlichkeit der Unternehmensbewertung nicht eben fördert.

---

675 *Jarass/Pieroth*, Art. 14 Rn. 14. Siehe auch *BVerfG*, DNotZ **2000** 868/872 m.w.N. – Moto Meter.

676 *Hecker/Wenger*, ZBB **1995**, 321/327; *Henrichs*, ZGR **1999**, 837/851; *Steinhauer*, AG **1999**, 299/301.

Die große Unsicherheit bei der Ertragswertmethode verleitet den Mehrheitsaktionär leicht dazu, durch die Auswahl des Gutachters Einfluss auf das Ergebnis der Berechnung zu nehmen[677]. Der Mehrheitsaktionär hatte in der Vergangenheit hier insofern gute Möglichkeiten, da die Auswahl der Gutachter allein durch ihn und ohne Beteiligung der Minderheitsaktionäre getroffen wurde[678]. An der Objektivität der Erstgutachter bestanden deshalb von vornherein erhebliche Zweifel. Da aber einem Gericht nur schwer der Nachweis möglich war, dass die Schätzung der zukünftigen Erträge und der Bestimmung des Kapitalisierungszinses durch die Gutachter unzutreffend ist, ging die Hoffnung der Unternehmen, dass selbst ein langwieriges Spruchstellenverfahren nicht viel ändern wird, häufig auf. Wenn nur das vom Mehrheitsaktionär in Auftrag gegebene Erstgutachten den Wert der Aktien niedrig genug ansetzte, legte auch das Gericht im Spruchstellenverfahren trotz einer Anhebung die angemessene Abfindung immer noch unterhalb des Börsenkurses der Aktien fest[679].

Die aufwendige Ermittlung des Ertragswerts führt zudem in der Praxis zu einer nicht hinnehmbaren Dauer der Spruchstellenverfahren[680]. Bisher legten die beteiligten Gesellschaften selbst eingeholte, meist sehr umfangreiche Gutachten zur Bewertung der Unternehmen vor, die der Rechtfertigung der in den Hauptversammlungsbeschlüssen festgelegten Abfindungszahlungen dienten. Eine Unternehmensbewertung ist ein sehr schwieriges, aufwendiges und unsicheres Unterfangen. Die Grundprinzipien der Ertragswertmethode sind zwar klar. Doch die Einzelheiten sind kompliziert und erfordern betriebswirtschaftliches Spezialwissen, das dauernd im Fluss ist. Die ganze Unternehmensbewertung steckt voller Ungewissheiten, vor allem im Hinblick auf die Ertragsprognose und die Feststellung des Kapitalisierungszinssatzes. Es überrascht daher nicht, dass es den Minderheitsaktionären überwiegend gelingt, die Gutachten mit durchaus plausiblen Einwendungen anzugreifen[681]. Den Gerichten ihrerseits bleibt dann keine andere Wahl, als ein neues gerichtliches Sachverständigengutachten durch Beauftragung eines hierfür qualifizierten Wirtschaftsprüfers einzuholen. Dafür ist eine höhere als die gesetzliche Vergütung zu zahlen, so dass die Kosten häufig weit über 50.000 Euro liegen[682]. Die Erstellung der Gutachten nimmt angesichts des Unternehmensumfangs oft Jahre in Anspruch. Verfahrensdauern von

---

677 *Lutter/Bezzenberger*, AG **2000**, 433/439; *Luttermann*, EWiR **1998**, 965/966; vgl. auch *Schubert*, DB **1998**, 761/762.

678 Hinsichtlich der Bestellung der sachverständigen Gutachter beim Squeeze-out siehe unten, § 3 VII., IX. 5..

679 *Steinhauer*, AG **1999**, 299/302; siehe auch *Dörfler/Gahler/Unterstraßer/Wirichs*, BB **1994**, 156/157.

680 *Luttermann*, ZIP **1999**, 45/46; *Rodloff*, DB **1999**, 1149/1151.

681 *Rodloff*, DB **1999**, 1149/1152.

682 *Steinhauer*, AG **1999**, 299/301.

mehr als zehn Jahren sind keine Seltenheit. Auch wenn die durch ein Gericht festgestellten zusätzlichen Abfindungsansprüche durch die Gesellschaften zu verzinsen sind, widerspricht diese Realität dem Grundgedanken des Art. 14 I GG. Es ist nicht Ziel und Aufgabe des Eigentumsschutzes, Ansprüche zu schaffen, die in ferner Zukunft befriedigt werden[683]. Vielmehr soll bei Eigentumseingriffen der Betroffene einen Ausgleich erhalten, um die Entschädigungsleistung wieder für seine Lebensplanung und damit für seine persönliche Entfaltung einsetzen zu können. Eine faire Abfindung darf sich nicht damit begnügen, einen rechtlich einwandfreien Gegenwert darzustellen, sondern muss auch durch ein unkompliziertes und zeitnahes Verfahren zu einer fairen Abfindung führen.

Somit lässt sich insgesamt feststellen, dass es erhebliche Zweifel an der Verlässlichkeit der Ertragswertmethode gibt. Der Ertragswertmethode transportiert insgesamt einen Richtigkeitsanspruch, den sie in der Realität nicht einlösen kann. Dies legt die Vermutung nahe, dass bei Anwendung der Ertragswertmethode die Minderheitsaktionäre unter dem Vorwand wissenschaftlich gesicherter und von Experten durchgeführter Berechnungen im Ergebnis unter Wert abgefunden werden.

b) Beurteilung des Börsenkurses

Angesichts der Defizite der Ertragswertmethode bleibt nun zu prüfen, ob der Börsenkurs besser zur Bestimmung der Barabfindung ausscheidender Minderheitsaktionäre geeignet ist.

aa) Abhängigkeit von nicht wertbezogenen Faktoren

Ausgangspunkt einer generellen Ablehnung der Berücksichtigung des Börsenkurses war lange Zeit eine Entscheidung des Bundesgerichtshofs aus dem Jahre 1967, in der erklärt wurde, dass der Börsenkurs von der Größe oder der Enge des Marktes, von zufallsbedingten Umsätzen, von spekulativen Einflüssen und sonstigen nicht wertbezogenen Faktoren wie politischen Ereignissen, Gerüchten, Informationen, psychologischen Momenten oder einer allgemeinen Tendenz abhängt[684]. Unterschieden wird zwischen den in der Realität bezahlten Preisen und den nach bestimmten Verfahren ermittelten Werten. Dabei soll es für die Festlegung einer Abfindung nicht auf die Preise, sondern auf die Werte ankommen. Auch heute noch wird diese Argumentation von den Wirtschaftsprüfern benutzt, um den Börsenkurs grundsätzlich als Bewertungskriterium abzulehnen[685].

---

[683] *Rodloff*, a.a.O..

[684] *BGH*, AG **1967**, 264; dem folgend: *Dielmann/König*, AG **1984**, 57/65; *Lüke/Blenske*, EWiR **1998**, 581/582; *Riegger*, DB **1999**, 1889/1890; *Schumacher*, DB **1970**, 1940/1942.

[685] *IDW S1*, Abschnitt 3..

Dem ist aber entgegenzuhalten, dass es gerade die „nicht wertbezogenen" Faktoren sind, nach denen sich der Wert einer Aktie bemisst[686]. So ist für den Wert einer Sache das Verhältnis von Angebot und Nachfrage, die Spekulation hierüber, die politischen Rahmenbedingungen, die allgemeine Tendenz und die sonstigen psychologischen Momente von ganz entscheidender Bedeutung. Auch die Ertragswertmethode stützt sich bei der Bestimmung des Unternehmenswertes auf diese Faktoren[687]. Rechtsprechung und Literatur haben in der Vergangenheit viel Mühe darauf verwandt, die Subjektivität, Zufälligkeit und Manipulierbarkeit von Börsenkursen zu begründen. Sie haben sich aber kaum die Mühe gemacht, der Subjektivität, Zufälligkeit, Ungewissheit und auch Manipulierbarkeit der Parameter von Unternehmensbewertungen nachzugehen. Wenn der Wirtschaftsprüfer bei der Berechnung nach der Ertragswertmethode die zukünftigen Erträge des Unternehmens und den Kapitalisierungszinssatz bestimmt, handelt es sich um nichts anderes als subjektive Prognosen und Einschätzungen[688]. Die Tatsache, dass die genannten Faktoren in den Börsenpreis einfließen, hat somit nicht automatisch die Untauglichkeit des Börsenkurses als Bewertungsgrundlage zur Folge.

bb) Veränderter Kapitalmarkt

Des weiteren haben sich seit der Entscheidung des Bundesgerichtshofs von 1967 die tatsächlichen Verhältnisse geändert. Die Bedeutung der Aktie als Anlageform in Deutschland hat sich seit 1967 erheblich vergrößert. Dadurch sind die Märkte breiter und größer geworden und für Manipulationen weniger anfällig. Die Börse insgesamt hat seit den 60er Jahren eine gesellschaftliche Aufwertung erfahren. Durch „Volksaktien" ist die Börse auch der breiten Allgemeinheit vertraut geworden. Private Haushalte halten momentan etwa 17 Prozent aller Aktien deutscher Unternehmen[689]. Die Gewährung von Aktienoptionsplänen als Entlohnung für (leitende) Angestellte ist mittlerweile von der Ausnahme zur Regel geworden. Der Börsenkurs wird nicht mehr mit absoluter Unberechenbarkeit assoziiert, sondern als ökonomische Vorgang verstanden, der seinen eigenen Gesetzen folgt. Der Aktienerwerber ist sich seines jeweiligen Investitionsrisikos heutzutage vollends bewusst und nimmt das spekulative Element der Aktien in Kauf[690]. Diese Entwicklung kann nicht ohne Wirkung auf die juristische Erkenntnis bleiben.

---

686 *Steinhauer*, AG **1999**, 299/302.

687 Dies wird auch von den Vertretern der Ertragswertmethode eingeräumt. *Dielmann/König*, AG **1984**, 57/58.

688 *Steinhauer*, a.a.O.; vgl. auch *Rodloff*, DB **1999**, 1149/1151.

689 DAI-Factbook **2000**.

690 Vgl. *Rodloff*, DB **1999**, 1149/1152.

Ebenso hat sich der rechtliche Rahmen in den letzten Jahren deutlich geändert und so eine Aufwertung der Aktie gefördert. Erwähnenswert ist z.B. das Wertpapierhandelsgesetz (WpHG), mit dem der Gesetzgeber die EG-Insider[691] und die EG-Transparenzrichtlinie[692] in deutsches Recht umgesetzt hat. Nach § 14 WpHG sind Insidergeschäfte verboten. Kursbeeinflussende Tatsachen müssen gemäß § 15 WpHG unverzüglich veröffentlicht werden[693]. Verschiebungen des Anteilsbesitzes sind umgehend zu melden (§§ 21 ff. WpHG). Die Einhaltung dieser Pflichten kontrolliert das BAWe bzw. nunmehr die Bundesanstalt für Finanzdienstleistungsaufsicht (BAFin)[694], welche aufgrund umfangreicher Informationsmöglichkeiten und Befugnisse die Voraussetzungen für eine effiziente Kontrolle mitbringt. Flankiert werden diese Maßnahmen durch die Verhaltensregeln für Wertpapierdienstleistungsunternehmen, die dafür Sorge tragen, dass die unmittelbaren Marktteilnehmer die notwendigen organisatorischen Voraussetzungen für die Umsetzung der Gebote und Verbote schaffen. Daneben wurden auch Normen und Standards für Jahresabschlüsse (§§ 264, 297, 292a HGB) eingeführt, die eine wesentliche Verbesserung der Informationen über die Verhältnisse der Kapitalgesellschaften zur Folge hatten.

Diese Entwicklung wurde durch das Gesetz zur weiteren Fortentwicklung des Finanzplatzes Deutschland (Viertes Finanzmarktförderungsgesetz) vom 21. Juni 2002[695], das am 1. Juli 2002 in Kraft trat, weiter verstärkt. Ziel dieses Gesetzes ist es insbesondere, den Anlegerschutz zu verbessern, die Handlungsmöglichkeiten der Marktteilnehmer zu erweitern sowie die Geldwäsche zu erschweren. Um dies zu erreichen, wurden unter anderem die Publizitätspflichten von börsennotierten Unternehmen weiter verschärft. Die neu eingeführte Regelung des § 15a WpHG sieht vor, dass Geschäfte von Vorstands- und Aufsichtsratsmitgliedern börsennotierter Gesellschaften und ihren Verwandten ersten Grades in Wertpapieren der eigenen Gesellschaft (directors dealings) unverzüglich zu veröffentlichen sind. Dadurch sollen Insidergeschäfte verhindert werden. Des weiteren

---

691 ABlEG Nr. C 234/30 vom 18. November 1989.

692 ABlEG Nr. L 348 vom 17. Dezember 1988.

693 Zur Entwicklung der Adhoc-Publizität und des Insiderrechts in Deutschland siehe *Weber*, NJW **2000**, 3461/3462ff..

694 Die Bundesanstalt für Finanzdienstleistungsaufsicht (BAFin) wurde am 1. Mai 2002 gegründet. Grundlage war das Gesetz über die integrierte Finanzdienstleistungsaufsicht vom 22. April 2002. Unter dem Dach der neuen Anstalt sind die Aufgaben der ehemaligen Bundesaufsichtsämter für das Kreditwesen (BAKred), das Versicherungswesen (BAV) und den Wertpapierhandel (BAWe) zusammengeführt worden. Die BAFin ist eine rechtsfähige bundesunmittelbare Anstalt des öffentlichen Rechts im Geschäftsbereich des Bundesministeriums der Finanzen. Sie hat ihre Dienstsitze in Bonn und Frankfurt a.M. und beschäftigt rund 1.000 Mitarbeiter. Die BAFin beaufsichtigt etwa 2.700 Kreditinstitute, 800 Finanzdienstleistungsinstitute und über 700 Versicherungsunternehmen.

695 BGBl. I **2002**, 2010.

werden Finanzanalysten nach § 34b WpHG verpflichtet, bestimmte Grundregeln der Analyse wie Verständlichkeit und Sorgfalt einzuhalten sowie ihre wirtschaftlichen Interessen an dem analysierten Wertpapier offen zu legen. Mit § 37b und § 37c WpHG werden für Anleger Anspruchsgrundlagen für Schadensersatzansprüche geschaffen, sollten potenziell kursbeeinflussende Tatsachen verspätet, unrichtig oder überhaupt nicht veröffentlicht werden. Dabei wird die Beweislast umgekehrt und der Tatbestand der groben Fahrlässigkeit eingeführt. Die Überwachung wird zentral vom BAFin durchgeführt.

Große Bedeutung kommt daneben dem Corporate-Governance-Kodex zu, dessen Endfassung am 26. Februar 2002 dem Bundesministerium der Justiz übergeben wurde[696]. Verantwortlich hierfür zeichnet sich die Kommission Deutscher Kodex Corporate Government[697]. Ziel ist es auch hier den Finanzplatz Deutschland für Investoren attraktiver und transparenter zu machen[698]. Die empfohlenen Verhaltensregeln sollen dazu beitragen, die deutsche Praxis der Unternehmenssteuerung und –kontrolle den internationalen Standards anzunähern. Der Kodex soll jährlich überarbeitet und angepasst werden. Parallel hierzu ist am 26. Juli

---

696 Der zwölfseitige Corporate-Governance-Kodex beschäftigt sich in seiner Abschlussfassung mit vier Themengebieten: der Ausrichtung auf Aktionärsinteressen, der dualen Unternehmensverfassung, Transparenz der Unternehmensführung und Unabhängigkeit von Wirtschaftprüfern und Aufsichtsräten. Siehe *Corporate-Governance-Kodex*, NZG **2002**, 273ff..

697 Diese wurde im September 2001 vom Bundesministerium der Justiz eingesetzt. Sie ging aus der im Mai 2000 vom Bundeskanzler eingesetzten Regierungskommission Corporate Governance hervor, die das deutsche System der Unternehmensführung und –kontrolle untersuchen und Vorschläge für eine Modernisierung im Lichte der Internationalisierung der Kapitalmärkte zu unterbreiten hatte.

698 Der Kodex sieht unter anderem vor, dass die Aktionäre bei Übernahmen stärkere Mitwirkungsmöglichkeiten erhalten und die Managergehälter detailliert offen gelegt werden. Aktienoptions-Programme und sonstige leistungsbezogene Vergütungen für Vorstände und Aufsichtsräte müssen dem Kodex zufolge künftig transparent gemacht werden. Im Jahresabschluss muss die Gesamtvergütung des Vorstands nach Fixgehalt, erfolgsbezogenen Komponenten und Langfristanreizen aufgeschlüsselt werden. Alle Angaben sollen individualisiert erfolgen. Daneben soll die Pflicht verankert werden, neben dem Jahresabschluss mehrere Zwischenberichte zu veröffentlichen, die unter „Beachtung international anerkannter Rechnungslegungsgrundsätze" erstellt werden müssen. Im Jahresabschluss sollen auch die Geschäftsbeziehungen zu Großaktionären mit Beteiligungen von über 10 Prozent offen gelegt werden. Der Kodex regt auch an, dass bei einem Übernahmeangebot „in angezeigten Fällen der Vorstand eine außerordentliche Hauptversammlung einberufen" sollte. Vorstände, die feindliche Übernahmeangebote ohne den vorherige Zustimmung ihrer Aktionäre abwehren wollen, sollen durch den Kapitalmarkt diszipliniert werden. Zudem regelt der Kodex die Beziehungen zwischen Aufsichtsrat und Vorstand. So muss der Vorstand künftig Abweichungen von vorher formulierten Planzielen begründen und erläutern. Interessenkonflikte bei Vorständen, Aufsichtsräten und Abschlussprüfern müssen offengelegt werden und sollen, wenn sie „wesentlich und nicht nur vorübergehend" sind, zur Beendigung des Mandats führen. Ein Aufsichtsrat soll zudem nicht mehr als maximal fünf Mandate innehaben können.

2002 das Gesetz zur weiteren Reform des Aktien- und Bilanzrechts, zu Transparenz und Publizität (Transparenz- und Publizitätsgesetzes) in Kraft getreten, das neben einer Modernisierung des Rechnungslegungsrechts, insbesondere des Konzernbilanzrechts, mit § 161 AktG vor allem die gesetzliche Verankerung der sogenannten Entsprechungs-Erklärung vorsieht[699]. Mit letzterer wurde die Anwendung des Corporate-Governance-Kodex sichergestellt und der vom britischen Code of Best Practice bekannte Grundsatz „comply or explain" auch in Deutschland eingeführt.

Des weiteren hat das Vierte Finanzmarktförderungsgesetz den Börsen bei der Gestaltung ihrer Segmente einen größeren Spielraum eingeräumt. Bei der Frankfurter Wertpapierbörse hat man dies dahingehend genutzt, um durch eine Änderung der Börsenordnung zum 1. Januar 2003 mit dem Prime Standard und dem General Standard zwei neue Marktsegmente einzuführen. Der neu geschaffene Prime Standard tritt dabei nicht neben die traditionellen Segmente, sondern überlagert diese vielmehr Dieser neue Teilbereich existiert mithin sowohl im amtlichen, als auch im geregelten Markt und ist durch erweiterte Publizitätsanforderungen gekennzeichnet. Es gelten hier erhöhte, internationalen Standards entsprechende Transparenzpflichten als Zulassungsfolgepflichten, um dem Emittenten den Zugang zum internationalen Kapitalmarkt zu erleichtern. Der General Standard stellt daneben das Grundsegment dar, für das die normalen Zulassungsvoraussetzungen gelten[700]. Nach den Vorstellungen der Deutschen Börse AG ist der General Standard insbesondere auf kleinere oder mittlere Unternehmen ausgerichtet, die überwiegend nationale Investoren ansprechen und sich für ein kostengünstiges Listing interessieren. Diese Neusegmentierung ist Ausdruck der Bemühungen der Deutschen Börse AG, die Transparenz auf dem deutschen Aktienmarkt zu erhöhen[701]. Die Einbettung der Publizitätspflichten in die öffentlich-rechtliche Börsenordnung soll zudem die Durchsetzbarkeit der Zulassungsfolgepflichten verbessern. Damit soll letztlich das Vertrauen der An-

---

699 Zum Transparenz- und Publizitätsgesetz siehe *Seibert*, NZG **2002**, 608ff..

700 Zu den einzelnen Zulassungsvoraussetzungen und Folgepflichten vgl. *Schlitt*, AG **2003**, 57ff..

701 Im Zuge der Neusegmentierung wurde schließlich auch das Indexsystem der Frankfurter Wertpapierbörse modifiziert. Der DAX 30 umfasst nach wie vor die 30 größten deutschen Werte (blueships). Unterhalb des DAX wird jetzt nach Sektoren differenziert. Unternehmen aus klassischen Branchen können entweder in den von 70 auf 50 verkleinerten MDAX (Midcap-DAX) oder in den die 50 nächst größeren Werte umfassenden SDAX (Smallcap-DAX) einbezogen werden. Für Technologiewerte wird der TecDAX (Technology-DAX) berechnet, der die 30 größten Technologiewerte abbildet. Mit Ausnahme des DAX stehen alle Auswahlindizes auch ausländischen Unternehmen offen. DAX, MDAX und TecDAX werden im DAX110 zusammengefasst, der den bisherigen DAX100 ablöst. Voraussetzung für die Aufnahme bzw. den Verbleib in den Auswahlindizes ist die Zulassung zum Prime Standard und die Notierung im fortlaufenden XETRA-Handel.

leger gestärkt und die Attraktivität des deutschen Kapitalmarktes gesteigert werden.

Auch die aktuellen Gesetzgebungsvorhaben zielen darauf ab, die Entwicklung des deutschen Kapitalmarktes weiter zu fördern. So setzt der Entwurf für ein Gesetz zur Unternehmensintegrität und Modernisierung des Anfechtungsrechts (UMAG) die Reformen des Kapitalmarktrechts fort[702]. Das Gesetz soll am 1. Januar 2005 in Kraft treten. Inhaltlich führen die geplanten Neuregelungen das Transparenz- und Publizitätsgesetz fort. So sieht § 147a AktG-RefE vor, dass künftig Haftungsansprüche der Gesellschaft gegen ihre Vorstands- und Aufsichtsratsmitglieder auch von einer Aktionärsminderheit im eigenen Namen eingeklagt werden können, die insgesamt nur ein Prozent des Grundkapitals oder Aktien im Börsenwert von 100.000 Euro halten. Der gleiche Schwellenwert ist für die Durchsetzung einer Sonderprüfung vorgesehen. Um den Aktionären die Kommunikation untereinander zu erleichtern, ist ein besonderes Aktionärsforum im elektronischen Bundesanzeiger geplant (§ 127a AktG-RefE). Andererseits versucht der Gesetzentwurf auch, missbräuchliche Anfechtungsklagen zu erschweren, ohne dabei die Anfechtungsklage als wichtiges Kontrollinstrument der Aktionäre zu entwerten. So soll mit § 246a AktG-RefE ein allgemeines aktienrechtliches Freigabeverfahren eingeführt werden. Danach kann die Aktiengesellschaft trotz einer anhängigen Anfechtungsklage stets die Freigabe der bestandskräftigen Eintragung des angefochtenen Hauptversammlungsbeschlusses in das Handelsregister erwirken, wenn ihr Eintragungsinteresse das Aussetzungsinteresse des Anfechtungsklägers überwiegt. Das missbräuchliche Abkaufen von Anfechtungsklagen soll dadurch verhindert werden, dass Abfindungsvergleiche mit allen Nebenabreden veröffentlicht werden müssen (§ 147a IV und § 248a AktG-RefE). Gleichzeitig wird mit § 131 III, VI AktG-RefE das Auskunftsrecht der Aktionäre beschränkt. § 93 I 2 AktG-RefE führt erstmals eine business judgment rule ein, die die Sorgfaltspflicht und Verantwortlichkeit der Vorstandsmitglieder näher konkretisiert. Schließlich wird mit § 123 II, IV AktG-RefE das mittlerweile überholte Hinterlegungserfordernis abgeschafft.

Somit bleibt also festzustellen, dass sich die tatsächlichen und rechtlichen Rahmenbedingungen einer Investition auf dem Kapitalmarkt erheblich verändert haben. Die Investition in Aktien ist zur Normalität geworden. Umfangreiche Regelungen gewährleisten, dass der Kapitalmarkt transparent und nahezu frei von Manipulationen bleibt. Entsprechend hat sich auch das Anlegerverhalten gewandelt. Zu Recht hat das Bundesverfassungsgericht darauf hingewiesen, dass eine Aktie für die überwiegende Anzahl der Kleinaktionäre vorrangig ein In-

702 Siehe hierzu *Seibert/Schütz*, ZIP **2004**, 252ff..

strument der Kapitalanlage darstellt[703]. Für sie ist damit die Aktie so gut wie Geld. Wenn die Anleger aber offensichtlich so großes Vertrauen in den Aktienmarkt haben, dass sie bereitwillig in ihn investieren, dann erscheint es nur konsequent, die Kräfte des Marktes auch zur Grundlage der Barabfindung zu machen.

cc) Bedeutung des Kapitalmarktes

Bei dem Erwerb einer Aktie investieren die Anleger nicht in einen statischen Markt. Eine Aktie wird an der Börse gehandelt und erfährt dort aus dem Zusammenspiel von Angebot und Nachfrage eine ständig neue Wertbestimmung. Dies gibt dem Anleger die Möglichkeit seine Aktien zum jeweils aktuellen Börsenkurs zu veräußern, wenn er mit der Entwicklung seiner Investition nicht mehr zufrieden ist und sich nach Alternativen umsehen will. Eine langfristige Bindung ist nicht notwendig. Aus diesem Grund hat das Bundesverfassungsgericht auch der Verkehrsfähigkeit der Aktie die entscheidende Bedeutung beigemessen, die bei der Wertbestimmung des Eigentumsobjekts nicht außer Betracht bleiben dürfe[704]. Der Börsenkurs bildet damit jeweils den realisierbaren Wert der Aktie als Kapitalanlage[705]. Der im Börsenkurs repräsentierte Marktwert des Unternehmens spiegelt die vermögensrechtliche Aktionärsposition. Für den Erwerb des Anteileigentums ist das unbestritten. Auch bei der Aufgabe der Aktionärsposition durch börslichen Verkauf der Aktien wird allgemein nicht an der Rechtsgültigkeit des aktuellen Börsenkurses gezweifelt. Warum dagegen der Börsenkurs als Bewertungsmaßstab für ausscheidende Aktionäre untauglich sein soll, vermag nicht zu überzeugen.

Der Börsenkurs ist aber nicht nur Ausdruck der Verkehrsfähigkeit der Aktie, sondern er ist auch der Inbegriff des Marktmodells Aktiengesellschaft schlechthin. Er wird durch Angebot und Nachfrage täglich aktualisiert und ist leicht feststellbar. Zugleich repräsentiert er den größtmöglichen Konsens unter den Anlegern über den Wert einer Aktie. Potentielle Anleger orientieren sich bei ihrer Investitionsentscheidung an ihm. Andere Beurteilungsmaßstäbe stehen der überwiegenden Anzahl der Anleger praktisch nicht zur Verfügung. Auch Unternehmensleiter werden zunehmend an ihrer Fähigkeit gemessen, den Börsenkurs zu steigern (shareholder value)[706]. Der Börsenkurs ist von den Verhältnissen der Gesellschaft nicht zu trennen[707]. Es ist damit der Sache nach schlicht widersinnig, die Aktiengesellschaft als marktwirtschaftliche Börsenveranstaltung gerade

---

703 *BVerfG*, WM **1999**, 1666/1669 – DAT/Altana.

704 *BVerfG*, a.a.O..

705 Vgl. *Busse von Colbe*, FS Lutter, 1058; *Rodloff*, DB **1999**, 1149/1151.

706 *Piltz*, ZGR **2001**, 185/190. Zum shareholder value vgl. *Gebauer/Rudolph-Titzrath*, 25ff..

707 *Luttermann*, EWiR **1998**, 821/822.

in Bewertungsfragen vom Börsenkurs isolieren zu wollen[708]. Daher gehört er auch bewertungsrechtlich ins Zentrum[709].
Auch die ECMH spricht für eine Berücksichtigung des Börsenkurses. Nach der ECMH kann an einem effizienten Markt niemand den Wert einer Aktie besser bestimmen als der Markt selbst. An einem effizienten Markt entspricht der wahre Wert einer Aktie dem Preis, den ein umfassend informiertes Anlegerpublikum durch das Zusammenspiel von Angebot und Nachfrage zu einem bestimmten Zeitpunkt herausbildet. Zwar gibt es in der Praxis keine vollkommen effizienten Märkte, doch funktioniert die Preisbildung bei liquiden Werten so effizient, dass einem Experten eine genauere Wertbestimmung nicht möglich ist. Ein Vertrauen auf die Kursbildung an den Börsen ist bei diesen Papieren grundsätzlich gerechtfertigt. Die ECMH lässt daher den Schluss zu, dass immer dann, wenn es für die Aktie einen breiten Markt gibt und sie rege an der Börse gehandelt wird, der Markt durch Angebot und Nachfrage einen Preis hervorbringt, der auch von erfahrenen Börsenspezialisten nicht besser ermittelt werden kann. Es wäre deshalb illusorisch zu glauben, ein Wirtschaftsprüfer könnte als Sachverständiger den Wert einer liquiden Aktie besser beurteilen als der Markt. Bei diesen Werten äußert sich der Wert der Aktie in dem Preis, den ein Aktionär für den Verkauf desselben am Markt erzielen kann.
Es ist bei dieser Ausgangslage nicht nachzuvollziehen, wie die angemessene Abfindung von ausgeschiedenen Aktionären ohne jegliche Beachtung und Wertung jener Preise gefunden werden soll, die sich an dem durch unsere Wirtschaftsordnung organisierten Kapitalmarkt für die Aktien bilden. Abfindung ist Eingriffsentschädigung. Es kann deshalb nicht überzeugen, eine solche Entschädigung ohne jede Beachtung vorhandener Marktpreise festzusetzen. Denn andere Preise als Marktpreise kann es in einer Marktwirtschaft grundsätzlich nicht geben. Man müsste schon von einem totalen Marktversagen ausgehen, um den Marktpreis, also den Börsenkurs, generell bei Rechtsfragen auszublenden. Dies würde dann aber zugleich den Finanzplatz Deutschland an sich in Frage stellen. Dafür ist aber kein Grund ersichtlich.

Ein Aktionär kann seine Aktionärsstellung regelmäßig nur über den organisierten Kapitalmarkt in Geld zurückverwandeln. Eine irgendwie geartete unternehmerische Entscheidung kann er nicht treffen. Eine Mitwirkung im Unternehmen steht ihm nicht zu[710]. Unternehmerische Mitverantwortung trägt er nicht. Er hat auch keinen unmittelbaren Zugriff auf den Unternehmenswert. Letzterer wird für ihn nur insoweit bedeutsam, als er sich als Reflex in den Angebots- und Nachfrageverhältnissen am organisierten Kapitalmarkt und damit im Börsenkurs niederschlägt. Daraus folgt, dass die Rechtsstellung des freien Aktionärs, die

---

708 *Götz*, DB **1996**, 259/260; *Luttermann*, EWiR **1998**, 821/822.
709 *Luttermann*, EWiR **1998**, 965/966; nun auch *BGH*, BB **2001**, 1053/1055 – DAT/Altana.
710 Vgl. *Götz*, DB **1996**, 259/261.

geschützt wird, zwar diejenige eines Miteigentümers, nicht aber diejenige eines Mitunternehmers ist. Wenn aber der freie Aktionär grundsätzlich nicht als Mitunternehmer im wirtschaftlichen Leben in Erscheinung treten kann, dann kann es grundsätzlich auch nicht angemessen sein, ihn nach geringeren Unternehmenswerten abzufinden, an denen er unmittelbar keinen Anteil hat[711]. Der Unternehmenswert strahlt auf ihn nur insofern aus, als er sich im Wert seines Aktienbesitzes, so wie er sich am Kapitalmarkt ergibt, niederschlägt.

dd) Der Börsenkurs in der übrigen Rechtsordnung

Dass entsprechende Vorbehalte gegen den Börsenkurs als Basis für die Anteilsbewertung keine Stütze finden, zeigt nachhaltig auch das Steuerrecht. Nach § 11 I 1 BewG sind Wertpapiere, die am Stichtag an einer deutschen Börse zum amtlichen Handel zugelassen sind, mit dem niedrigsten am Stichtag für sie im amtlichen Handel notierten Kurs anzusetzen. Liegt am Stichtag eine Notierung nicht vor, so ist der letzte innerhalb von 30 Tagen vor dem Stichtag im amtlichen Handel notierte Kurs maßgebend, § 11 I 2 BewG. Entsprechendes gilt nach § 11 I 3 BewG für Wertpapiere, die zum geregelten Markt zugelassen oder in den Freiverkehr einbezogen sind. Gehören die notierten Wertpapiere zum Betriebsvermögen gelten entsprechend die vom Bundesminister der Finanzen nach dem Markt vom Stichtag aufgelisteten und veröffentlichten Kurse (§ 109 IV BewG i.V.m. §§ 113, 11 I BewG). In diesen Fällen bezieht sich die Steuergesetzgebung ausdrücklich für die Bemessung öffentlich-rechtlicher Abgaben auf den Börsenkurs[712].

Im übrigen ist auf den „gemeinen Wert" abzustellen (§ 11 II 1 BewG). Dieser wird als Verkehrswert durch den Preis bestimmt, der im gewöhnlichen Geschäftsverkehr nach der Beschaffenheit des Wirtschaftsgutes bei einer Veräußerung zu erzielen wäre (§ 9 II 1 BewG). Auch hier wird also auf den tatsächlichen Marktwert abgestellt. Erst wenn sich bei Wertpapieren ohne Notierung der gemeine Wert nicht aus Verkäufen ableiten lässt, die weniger als ein Jahr zurückliegen, ist dieser unter Beachtung „des Vermögens und der Ertragsaussichten der Kapitalgesellschaft zu schätzen" (§ 11 II 2 BewG). In diesen Fällen kommt allerdings nicht die Ertragswertmethode zur Anwendung, sondern das sogenannte Stuttgarter Verfahren. Danach errechnet sich der Unternehmenswert durch Berücksichtigung sowohl des Vermögenswertes (Reproduktionswert) als auch des

---

[711] *Götz*, DB **1996**, 259/261.

[712] Auf die „erfrischende Wirklichkeitsnähe" des deutschen Fiskus, der sich stets bei der Bemessung des Teilwerts einer Beteiligung am Börsenkurs orientiert, wies schon *Götz*, DB **1996**, 259/260 hin; *Luttermann*, ZIP **1999**, 45/49.

Firmenwertes in Form einer zeitlich begrenzten Einbeziehung der Ertragsaussichten[713].

Auch bei den Steuern auf Markteinkommen, wie vor allem der Einkommen- und Körperschaftsteuer, ist die Rechtslage für Bewertungsfragen eindeutig. Der Besteuerung unterliegt der Vermögenszuwachs des Steuerpflichtigen, der am Markt erwirtschaftet wird. Im Umsatzsteuerrecht schließlich bezieht der Europäische Gerichtshof deutlich Stellung. Er gibt dem am Markt vertraglich vereinbarten Preis sogar Vorrang vor der gesetzlichen Mindestbemessungsgrundlage[714]. Bemessungsgrundlage der Einkommen- und Körperschaftsteuer sowie der Umsatzsteuer sind also auch hier die Marktverhältnisse und der Marktpreis.

Somit bleibt festzuhalten, dass das Steuerrecht für Bewertungsfragen nahezu ausschließlich auf den Marktpreis baut. Nur hilfsweise werden andere Bewertungsmodelle wie das Stuttgarter Verfahren herangezogen. Der Marktpreis ist damit zur maßgebenden Größe für die Bemessung der Steuerpflicht geworden[715].

Aber auch in der übrigen Rechtsordnung ist anerkannt, dass der Börsenkurs Ausdruck des Anteilswertes ist. Im Zivil- und Handelsrecht bemisst sich der Wert verkaufter Gegenstände grundsätzlich nach dem Markt- bzw. Börsenpreis (§§ 385, 1221, 1235 II, 1295 BGB, § 376 II, III HGB, § 821 ZPO). Auch Zugewinn- und Pflichtteilsansprüche werden aufgrund des Börsenkurses ermittelt. Würde man bei der Bestimmung der Barabfindung den Börsenkurs ignorieren, so liefe ein Aktionär Gefahr, einen Zugewinnausgleichsanspruch auf der Basis des Börsenkurses befriedigen zu müssen und anschließend in einem Abfindungsfall einen darunter liegenden Ertragswert als Abfindung zu erhalten. Auch das Aktiengesetz selbst knüpft im Zusammenhang mit einem zulässigen Bezugsrechtsausschluss in § 186 III 4 AktG an den Börsenpreis an. In keinem dieser Fällen wurde auch nur daran gedacht, auf einen anderen Maßstab als den Börsenkurs abzustellen.
Gegen dieses Argument wird nun allerdings von Riegger eingewandt, dass das Abstellen hier anderen Zwecken diene[716]. So dienten die Vorschriften der §§ 385, 1221, 1235 II, 1295 BGB nicht der Ermittlung eines wahren Werts der verpfändeten oder hinterlegten Sache, sondern der Vereinfachung der Realisierung eines Rechts. Dem Gläubiger der verpfändeten Sache würde gestattet, sein Pfandrecht in einer vereinfachten Weise zu realisieren, und dem Schuldner der

---

[713] *Dielmann/König*, AG **1984**, 57/65 m.w.N., der sich allerdings sehr kritisch hierzu äußert; *Moxter*, 65ff..
[714] *EuGH*, UR **1997**, 301/303.
[715] Vgl. auch *Luttermann*, a.a.O..
[716] *Riegger*, DB **1999**, 1889/1890.

hinterlegten Sache, sich dieser in einer solchen Weise zu entledigen. Dass das Aktiengesetz bei der Erleichterung des Bezugrechtsausschlusses in § 186 III 4 AktG an den Börsenkurs anknüpfe, erkläre sich damit, dass die vom Bezugsrecht ausgeschlossenen Aktionäre bei annähender Übereinstimmung von Emissionskurs und Börsenkurs ihre bisherige prozentuale Beteiligung durch den Ankauf weiterer Aktien über die Börse in gleicher Weise wahren können wie durch den Bezug neuer Aktien aufgrund eines Bezugsrechts[717]. Soweit die Rechtsprechung zum Pflichtteilsrecht und Zugewinnausgleich zur Bewertung des Aktieneigentums auf den Börsenwert zugreifen, diene dies wiederum nur der Vereinfachung. Es wäre schlicht unmöglich, in allen Erbfällen, Pflichtteilsstreitigkeiten und Scheidungsverfahren, in denen börsennotierte Aktien zum Nachlass bzw. zum Vermögen der Ehegatten gehören, den Unternehmenswert der Aktiengesellschaft durch ein Ertragswertgutachten zu ermitteln. Gleiches gelte für die Vorschriften der § 376 II und III HGB.
Hierzu ist zunächst anzumerken, dass die Berücksichtigung des Börsenkurses auch bei der Feststellung der Barabfindung ausgeschiedener Minderheitsaktionäre der Vereinfachung dient. Das Bundesverfassungsgericht hat ausdrücklich betont, dass der Börsenkurs insbesondere für Kleinaktionäre das entscheidende Kriterium für ihre Investition darstellt[718]. Die Zugrundelegung des Börsenkurses hat zur Folge, dass die Minderheitsaktionäre wesentlich einfacher als bisher die ungefähre Höhe ihrer Abfindung einschätzen können. Schließlich führt ein Rückgriff auf den Börsenkurses auch zu einer Vereinfachung der Beurteilung im Spruchstellenverfahren und damit zu einer Reduzierung der Kosten. Insofern besteht hier kein Widerspruch.
Zu berücksichtigen ist ferner, dass es in allen genannten Fällen darum geht, einen gerechten Preis als Gegenleistung zu gewähren. Gemäß dem Prinzip der Vertragsfreiheit in einer rechtlich verfassten Marktwirtschaft haben die Verfasser des Bürgerlichen Gesetzbuches den Preis den Vertragspartnern zur eigenverantwortlichen Aushandlung anvertraut, begrenzt nur durch allgemeine Schranken (§§ 134, 138, 242 BGB). Der Markt als Institution, die über den Einzelvertrag hinaus mit dem Preisbildungsmechanismus in seinen vielfältigen Bezügen objektivierend wirkt, ist damit als Basis der Rechtsordnung anerkannt[719].

Im übrigen spielt der Börsenkurs beim delisting gemäß § 43 IV BörsG eine entscheidende Rolle. Auch das neue WpÜG setzt auf den Börsenkurs. So hat nach § 31 I 2 WpÜG der Bieter bei Bestimmung der angemessenen Gegenleistung eines Übernahmeangebots grundsätzlich den durchschnittlichen Börsenkurs der Aktien der Zielgesellschaft zu berücksichtigen. Aufgrund der systematischen

---

717 *Riegger*, a.a.O..
718 *BVerfG*, WM **1999**, 1666/1668 – DAT/Altana.
719 *Luttermann*, ZIP **1999**, 45/48.

Nähe zu diesen Regelungen erscheint es auch bei einer Abfindung ausgeschiedener Minderheitsaktionäre nur folgerichtig, auf den Börsenkurs abzustellen.

Hinzu kommt, dass der Börsenkurs auch international bei der Rechnungsauslegung eine anerkannte Größe ist und auch bei der EU als bilanzrechtlicher Standard erwogen wird[720]. Bei internationalen Unternehmenszusammenschlüssen ist ein Ausgehen vom Börsenpreis gängige Praxis[721]. Damit steht die internationale Bedeutung und Akzeptanz des Börsenkurses als maßgebende Bewertungsgrundlage fest. Durch die internationalen Märkte gewinnt die marktorientierte Unternehmenskultur auch in Deutschland starken Einfluss. Der Realität multinational gestalteter Wirtschaft kann sich unsere Rechtsordnung nicht verschließen. Ihre Aufgabe ist, durch internationale Wettbewerbsfähigkeit zugleich die Wettbewerbsfähigkeit unternehmerischer Tätigkeit in und von Deutschland aus zu sichern. Dazu gehört vor allem die Leistungskraft des deutschen Kapitalmarkts. Dies spricht dafür, den Börsenkurs bei der Anteilsbewertung zu berücksichtigen. Ansonsten bestünde die Gefahr, dass bei einem bedingungslosen Festhalten an der Ertragswertmethode sinnvolle Fusionen und Transaktionen am Auseinanderfallen der Bewertung nach Ertragswertmethode und Börsenkurs scheitern.

ee) Einwände gegen den Börsenkurs

Gegen die Berücksichtigung des Börsenkurses wird vorgebracht, dass für Minderheitsaktionäre stets die Gefahr bestünde, dass der Mehrheitsaktionär durch gezielte Kursbeeinflussungen den Wert der Abfindung verringert. Dies gelte umso mehr, da der Mehrheitsaktionär oftmals einen Informationsvorsprung gegenüber der Minderheit hat.

Hiergegen lässt sich aber einwenden, dass liquide Märkte gegen Kursmanipulationen weitgehend resistent sind[722]. Im übrigen gibt es ausreichend Möglichkeiten auf etwaige Kursmanipulationen zu reagieren. Was den Missbrauch von Insiderkenntnissen betrifft, so sind ausdrückliche Verbote in letzter Zeit eingeführt worden[723]. Somit kann dies kein Argument für eine völlige Ignorierung des Börsenkurses sein.

Gegen die Berücksichtigung des Börsenkurses könnte auch sprechen, dass der Mehrheitsaktionär im Regelfall allein darüber entscheiden kann, wann er die abfindungsverpflichtende Maßnahme durchführt. Es besteht insofern die Gefahr, dass Kursschwächen bzw. Unterbewertungen gezielt ausgenutzt werden, um die Minderheitsaktionäre unangemessen abzufinden.

---

[720] *Luttermann*, EWiR **1998**, 821/822 m.w.N.; *ders.*, ZIP **1999**, 45/50.

[721] *Schiessl*, AG **1999**, 442/446; *Steinhauer*, AG **1999**, 299/302.

[722] *Rodloff*, DB **1999**, 1149/1152.

[723] Siehe dazu die Ausführungen weiter oben.

Allerdings ist das Risiko von Unterbewertungen und Kursschwächen der Investition in Aktiengesellschaften immanent. Es ist kennzeichnend für einen Markt, dass die Preise nicht statisch verbleiben, sondern sich nach Angebot und Nachfrage orientieren. Im übrigen kann der Gefahr von kurzzeitigen Kurssprüngen durch das Zugrundelegen eines ausreichend langen Referenzzeitraums begegnet werden[724].

Speziell gegen die DAT/Altana-Entscheidung wird vorgebracht, dass im Vorfeld von Konzernierungsmaßnahmen der Börsenkurs der betroffenen Aktiengesellschaft wesentlich durch den Aufkauf ihrer Aktien seitens des Mehrheitsaktionärs bestimmt werde[725]. Um die erforderliche Mehrheit zu erreichen, würde der Mehrheitsaktionär nach und nach die am Markt befindlichen Aktien erwerben. Diese Aufkäufe bewirkten regelmäßig ein Ansteigen des Börsenkurse. In diesem Kursanstieg komme aber nicht der Wert der Aktie zum Ausdruck, sondern der Grenznutzen, den der Mehrheitsaktionär aus den erworbenen Aktien zu ziehen erhoffe. Schon dies spreche dagegen, den Börsenkurs der Aktie der betroffenen Aktiengesellschaft als Untergrenze der Abfindung anzusehen[726].
Allerdings liegt diesem Argument eine Missinterpretation der DAT/Altana-Entscheidung zugrunde. Das Bundesverfassungsgericht hat ausdrücklich erklärt, dass ein Anstieg des Börsenkurses, der allein auf den Grenznutzen für den Mehrheitsaktionärs zurückgeht, gerade nicht für die Festlegung der Barabfindung zu berücksichtigen ist[727]. Im übrigen kann auch hier ein ausreichend langer Referenzzeitraum Abhilfe schaffen.

Weiterhin wird angeführt, dass der Minderheitsaktionär im Hinblick auf den Börsenwert zum Stichtag nicht schutzwürdig sei, weil er diesen Wert bewusst nicht realisiert habe[728]. Obwohl er nämlich von der bevorstehenden Maßnahme durch die Ad-hoc-Mitteilung nach § 15 WpHG, spätestens aber aufgrund der Einladung zur Hauptversammlung Kenntnis erhalten hätte, habe er seine Aktien bis zum Stichtag nicht veräußert. Durch den Ausschluss gehe er nur der Möglichkeit verlustig, seine Aktien künftig zu dem Börsenkurs zu veräußern, den sie zum jeweiligen Veräußerungszeitpunkt nach dem Stichtag gehabt hätte, wenn die abfindungsverpflichtende Maßnahme nicht vorgenommen worden wäre. Wenn der Börsenkurs der Aktie die Untergrenze der Abfindung bilden soll, so könnte dies also nur dieser zukünftige hypothetische Börsenkurs sein, nicht aber der Kurs am Stichtag oder während eines Referenzzeitraums davor[729].

---

[724] Siehe dazu unten, § 8 III. 6..
[725] *Riegger*, DB **1999**, 1889.
[726] *Riegger*, a.a.O..
[727] Siehe dazu unten, § 8 III. 7..
[728] *Riegger*, a.a.O..
[729] *Riegger*, a.a.O..

Dem ist entgegenzusetzen, dass es durchaus eine rationale Entscheidung der Minderheitsaktionäre sein kann, die Aktien trotz Kenntnis über das Bevorstehen der entsprechenden Maßnahme nicht zu verkaufen. Es besteht die Möglichkeit, dass die Börsenkurse zu niedrig sind und somit in den Augen der betroffenen Minderheitsaktionäre den wahren Wert ihrer Beteiligung nicht repräsentieren. Auch kann es – insbesondere bei kleineren Gesellschaften – sein, dass in der relativen Kürze der Zeit ein seriöser Käufer nicht zu finden ist. In all diesen Fällen kann es den Minderheitsaktionären nicht zum Vorwurf gemacht werden, wenn sie ihre Beteiligungen nicht verkauft haben. Sie pauschal als nicht schutzwürdig zu bezeichnen, erscheint unangemessen. Auch kann es Situationen geben, in denen es keinesfalls sicher ist, dass die entsprechende Maßnahme von der Hauptversammlung überhaupt beschlossen wird. Würde man der obigen Argumentation folgen, so hätte dies zur Folge, dass die Minderheitsaktionäre bereits bei Ankündigung einer solchen Maßnahme stets gezwungen wären, ihre Beteiligungen zu verkaufen, ohne überhaupt sicher sein zu können, dass hierzu auch ein Anlass besteht. Dies dürfte mit dem Gedanken des Minderheitenschutzes nicht zu vereinbaren sein. Dem Vorschlag, auf einen künftigen hypothetischen Börsenkurs abzustellen, ist zu entgegnen, dass eine verlässliche Ermittlung dieses Kurses unmöglich ist. Kein Analyst ist in der Lage eine genaue Kursentwicklung vorherzusagen. Noch mehr als bei der Ertragswertmethode wäre dieser hypothetische Börsenkurs von Spekulationen und Prognoseunsicherheiten geprägt.

Somit können die vorgebrachten Einwände allesamt nicht als Rechtfertigung für eine generelle Ablehnung des Börsenkurses bei der Bestimmung der Barabfindung dienen.

ff) Zwischenergebnis

Nach alledem muss man für börsennotierte Unternehmen zu dem Ergebnis kommen, dass der Börsenkurs grundsätzlich bei der Bestimmung der Barabfindung zu berücksichtigen ist. Dem Bundesverfassungsgericht ist zuzustimmen, dass die Barabfindung nicht geringer sein darf als der Verkehrswert der betroffenen Aktie. Der Verkehrswert wird aber durch den Preis bestimmt, der im gewöhnlichen Geschäftsverkehr zu erzielen ist. Der Preis, zu dem eine Aktie im gewöhnlichen Geschäftsverkehr hätte veräußert werden können, ist allein der Börsenkurs. Deswegen muss der Börsenkurs Untergrenze der Abfindung sein. Jede niedrigere ertragswertorientierte Abfindung würde der Bedeutung des Börsenkurses auf dem heutigen Kapitalmarkt nicht gerecht werden und zu Unrecht zu Vermögenseinbußen der betroffenen Aktionäre führen. Mit dem verfassungsrechtlich begründeten Gebot der „vollen Entschädigung" stünde dies nicht im Einklang.

c) Einschränkung

Einen bedenkenlosen Rückgriff auf den Börsenpreis streben aber weder dessen Befürworter[730], noch das Bundesverfassungsgericht[731] und der Bundesgerichtshof[732] an. Das Gebot, bei der Festsetzung der angemessenen Entschädigung den Börsenkurs zu berücksichtigen, bedeute nicht, dass er stets allein maßgeblich sein muss. Es könne auch verfassungsrechtlich beachtliche Gründe geben, ihn zu unterschreiten. Da Art. 14 I GG keine Entschädigung zum Börsenkurs, sondern zum „wahren Wert", mindestens aber zum Verkehrswert verlange, komme eine Unterschreitung dann in Betracht, wenn der Börsenkurs ausnahmsweise nicht den Verkehrswert der Aktie widerspiegelt[733]. Dies allerdings müsse das herrschende Unternehmen darlegen und gegebenenfalls beweisen. Das Bundesverfassungsgericht nennt als Beispiel den fehlenden Handel mit Aktien der Gesellschaft sowie eine Marktenge bei der Mehrheitseingliederung, wenn 95 Prozent der Aktien unverkäuflich sind[734]. Es sei dann ungewiss, ob der Minderheitsaktionär seine Aktien tatsächlich zum Börsenkurs hätte verkaufen können. Dem ist zuzustimmen. Diese Ausnahme steht in Einklang mit den Grundsätzen der ECMH. Für die Bestimmung des angemessenen Abfindungsanspruchs lassen sich die Kräfte des Marktes nur dann nutzbar machen, wenn es einen ausreichenden Markt für die betreffenden Aktien gibt. Je weniger liquide der Markt, desto weniger effizient ist die Preisbildung an der Börse, und desto weniger aussagekräftig ist der Börsenpreis[735].

Der Bundesgerichtshof nannte als weiteren Fall, in dem der Börsenwert des Unternehmens nicht herangezogen werden kann, die Manipulation des Börsenpreises[736]. Als weiterer Ausnahmefall ist eine insgesamt schlechte Verfassung der Kapitalmärkte anzuführen. Auch in diesen Fällen hat der Börsenkurs aber eine Indikatorfunktion. Der zur Abfindung verpflichteten Partei bleibt jedoch die Möglichkeit, abweichende Umstände geltend zu machen. Wenn die abfindende Partei nachweisen kann, dass der Börsenpreis so unzuverlässig ist, dass der Ertragswertmethode trotz all der zuvor erwähnten Nachteile der Vorzug zu geben wäre, ist das Abstellen auf das Gutachten eines Wirtschaftsprüfers gerechtfertigt.

---

[730] *Aha*, AG **1997**, 26/28; *Luttermann*, ZIP **1999**, 45/51; *Steinhauer*, AG **1999**, 299/306; *Wilm*, NZG **2000**, 234/238.
[731] *BVerfG*, WM **1999**, 1666/1670 – DAT/Altana.
[732] *BGH*, BB **2001**, 1053/1055 – DAT/Altana.
[733] *BVerfG*, a.a.O..
[734] *BVerfG*, a.a.O..
[735] *Steinhauer*, AG **1999**, 299/307; *Wilm*, NZG **2000**, 234/238.
[736] *BGH*, BB **2001**, 1053/1057 – DAT/Altana.

Für den Normalfall ist aber davon auszugehen, dass dem Börsenkurs indizielle Bedeutung für die Bestimmung der Barabfindung zukommt. Das gilt jedenfalls bei ausreichend liquiden Aktien. Bei den DAX-Werten wird man dies im Grundsatz bejahen können[737].

d) Ergebnis

Es lässt sich also feststellen, dass im Interesse einer größeren Abfindungsgerechtigkeit für die Berechnung der Entschädigung grundsätzlich der Börsenpreis als Maßstab heranzuziehen ist. Allerdings ist im Einzelfall zu prüfen, ob der Markt für das betreffende Papier nicht so verzerrt ist, dass ausnahmsweise die Berechnung nach der Ertragswertmethode vorzuziehen ist. Dabei ist die große Unsicherheit zu berücksichtigen, die die Ertragswertmethode mit sich bringt und die in langwierigen und kostenintensiven Verfahren nur noch vergrößert wird.
Ein grundsätzliches Abstellen auf den Börsenkurs ist letztlich auch im Interesse des Mehrheitsaktionärs. Zum einen ist durch das Abstellen auf den Börsenkurs die Höhe der insgesamt zu leistenden Abfindungen leichter vorhersehbar. Zum anderen kann sich der Mehrheitsaktionär unnötige Spruchstellenverfahren ersparen. In der Vergangenheit hat sich immer wieder gezeigt, dass der Versuch, die Minderheitsaktionäre weit unterhalb des Börsenkurses abzufinden, selten von Erfolg gekrönt ist, stets aber aufwendige und teure Spruchstellenverfahren provoziert[738]. Sollte es dennoch später einmal zu einem Spruchstellenverfahren kommen, verringern sich durch das Abstellen auf den Börsenkurs wenigstens Kosten und Dauer.

4. Exkurs: Wertkategorien

Das Bundesverfassungsgericht hat in der DAT/Altana-Entscheidung auch einen wichtigen Beitrag zur juristischen Wertlehre im Bezug auf Unternehmensbeteiligungen geliefert[739]. Differenziert wurde dabei zwischen verschiedenen Wertkategorien, was im folgenden Satz zum Ausdruck kommt:

„Da Art. 14 Abs. 1 GG keine Entschädigung zum Börsenkurs, sondern zum „wahren“ Wert, mindestens aber zum Verkehrswert verlangt, kommt eine Unterschreitung dann in Betracht, wenn der Börsenkurs ausnahmsweise nicht den Verkehrswert der Aktie widerspiegelt.“ [740]

Somit sind also drei Wertkategorien zu unterscheiden:

---

[737] *Wilm*, NZG **2000**, 234/238 m.w.N..
[738] *Rodloff*, DB **1999**, 1149/1152.
[739] *Piltz*, ZGR **2001**, 185/192.
[740] *BVerfG*, WM **1999**, 1666/1670 – DAT/Altana.

a) „wahrer Wert“

Zum einen gibt es den sogenannten „wahren Wert“ des Anteilseigentums bzw. des Unternehmens. Das Bundesverfassungsgericht hat entschieden, dass eine Entschädigung nur dann als „volle“ bezeichnet werden kann, wenn sie den „wahren Wert“ der Unternehmensbeteiligung widerspiegelt[741]. Eine genaue Definition dieses Begriffs hat das Bundesverfassungsgericht leider nicht vorgenommen. Festgestellt wurde aber, dass sich in der Praxis für die Ermittlung des „wahren“ Unternehmenswerts die sogenannte Ertragswertmethode durchgesetzt hat und dass dies im Prinzip ein verfassungsrechtlich unbedenklicher Ansatz sei[742]. Daraus wird zum Teil die Schlussfolgerung gezogen, dass das Bundesverfassungsgericht mit dem „wahren Wert“ den Ertragswert meint[743]. Hiergegen spricht aber, dass das Bundesverfassungsgericht gleich im Anschluss an die gerade genannte Feststellung ausführlich erörtert, dass es mit Art. 14 I GG unvereinbar sei, wenn der Kurswert der Aktie außer Betracht bleibe[744]. Näher liegt es davon auszugehen, dass das Bundesverfassungsgericht mit dem Begriff des „wahren Wertes“ nicht den Ertragswert gemeint hat, sondern allgemein den Wert der Unternehmensbeteiligung, der exakter Ausdruck einer angemessene Entschädigung für die ausscheidenden Aktionäre ist, wobei eben dieser Wert nach der neuen Rechtsprechung nicht ohne Berücksichtigung des Börsenwertes festgestellt werden kann. Nur so macht die Aussage, dass Art. 14 I GG eine Entschädigung zum „wahren Wert“, mindestens aber zum Verkehrswert verlangt, Sinn. Im übrigen deckt sich diese Auffassung auch eher mit dem Begriff des „wahren Wertes“, wie man ihn von der ECMH her kennt. Dort ist der „wahre Wert“ einer Aktie jener hypothetische Preis, den ein effizienter Markt durch Angebot und Nachfrage unter Berücksichtigung aller vorhandenen Informationen zu einer bestimmten Zeit herausbildet[745].

b) Verkehrswert

Die zweite Wertkategorie ist der Verkehrswert der Aktie. Dieser bestimmt sich nach dem Preis, den der Aktionär „bei einer freien Deinvestitionsentscheidung“ für seine Aktie erhalten hätte. Der Verkehrswert bildet die Untergrenze der „vollen Entschädigung“[746]. Ein Minderheitsaktionär kann gewöhnlich seine Aktien

---

[741] *BVerfG*, WM **1999**, 1666/1669 – DAT/Altana. Anders *Busse von Colbe*, FS Lutter, 1056 und *Reuter*, DB **2001**, 2483/2485, die davon ausgehen, dass es generell keinen wahren Unternehmenswert gibt.

[742] *BVerfG*, a.a.O..

[743] *Piltz*, ZGR **2001**, 185/192f.. Aufgrund dieser Annahme geht Piltz davon aus, dass der Begriff des „wahren Wertes“ im Gegensatz zum Verkehrswert stehe und deshalb aufgegeben werden sollte.

[744] *BVerfG*, a.a.O..

[745] Siehe oben, 3 8 II. 3..

[746] *BVerfG*, a.a.O..

nur zum Börsenkurs verkaufen. Der Mehrheitsaktionär hingegen wird oft auch die Möglichkeit haben, sein Aktienpaket außerbörslich zu verkaufen. Somit kann es durchaus passieren, dass es einen Verkehrswert für die Minderheitsaktionäre und einen anderen für den Mehrheitsaktionär gibt.

c) Börsenwert

Zum dritten gibt es den Börsenkurs. Dieser bestimmt sich nach der Notierung an der Börse. Er ist zwar regelmäßig mit dem Verkehrswert der Aktie identisch, aber keineswegs immer, weil der Börsenkurs ausnahmsweise nicht den Verkehrswert der Aktie widerspiegeln kann.

5. Situation beim Squeeze-out

Nachdem nun festgestellt wurde, wie allgemein eine Barabfindung ausscheidender Minderheitsaktionäre zu bestimmen ist, stellt sich als nächstes die Frage, wie genau die Berechnung der Abfindung beim Squeeze-out abzulaufen hat.

a) Grundsätzliche Übertragbarkeit des gefundenen Ergebnisses

In der DAT/Altana-Entscheidung hat das Bundesverfassungsgericht nur zur Abfindung in Fällen des Beherrschungsvertrages und der Eingliederung Stellung genommen. Mit anderen Fallgruppen einer Abfindung oder Gegenleistung für untergehende Gesellschaftsrechte brauchte es sich mangels Entscheidungserheblichkeit dagegen nicht zu beschäftigen. Es stellt sich daher die Frage, wie weit die oben gefundenen Ergebnisse auf andere Fälle der Abfindung bzw. Gegenleistung für untergehende Gesellschaftsrechte anwendbar sind.

Im Gegensatz zu Verschmelzungsvorgängen, bei denen die Übertragbarkeit der neuen Rechtsprechung des Bundesverfassungsgerichts in der Literatur sehr kontrovers diskutiert wird[747], ist die Situation beim Squeeze-out praktisch unstreitig[748]. Stimmen, die sich gegen eine Übertragung aussprechen, sind nicht zu finden. Der Grund liegt in der systematischen Nähe des Squeeze-out zur Mehrheitseingliederung nach § 320 AktG. Der Squeeze-out schließt sich räumlich unmittelbar an die Bestimmungen zur Eingliederung an. Zudem orientiert sich die Regelung bewusst an der Mehrheitseingliederung[749]. Auch wenn der Squee-

---

747 Für eine Übertragung der Grundsätze sprechen sich aus: *Behnke*, NZG **1999**, 934; *Erb*, DB **2001**, 523/524; *Lutter/Bezzenberger*, AG **2000**, 433/438; *Reuter*, DB **2001**, 2483/2489f.; *Weiler/Meyer*, ZIP **2001**, 2153/2155; dies. NZG **2003**, 669ff.. Dagegen: *Bungert*, BB **2001**, 1163/1166; *Bungert/Eckert*, BB **2000**, 1845ff.; *Hüttemann*, ZGR **2001**, 454 /465; *Riegger*, DB **1999**, 1889/1890; *Wilm*, NZG **2000**, 234/237. Unentschieden *LG München*, DB **2000**, 1016/1017. Zwischen merger of equals und vom Mehrheitsaktionär dominierte Aktion differenzierend *Piltz*, ZGR **2001**, 185/205ff..

748 *Bungert/Eckert*, BB **2000**, 1845/1849.

749 *Allgemeiner Teil der Begründung des Regierungsentwurfs*, BT-Drucksache 14/7034, 32.

ze-out kein Akt der Konzernierung ist und anderen Zielen dient[750], so sind die Gemeinsamkeiten beider Rechtsinstitute doch nicht zu übersehen. Die erforderliche Beteiligungsquote beträgt jeweils 95 Prozent. Der Rechtsübergang der Aktien erfolgt jeweils mit Eintragung in das Handelsregister. Ebenso sind die Vorschriften hinsichtlich der Einberufung und Durchführung der Hauptversammlung nahezu identisch. Zwar sieht der Squeeze-out nur eine Barabfindung als Entschädigung vor. Dies ist jedoch kein Grund, der gegen eine Übertragung der oben gefundenen Ergebnisse spricht. Vielmehr wird diese dadurch sogar erleichtert. Die Berücksichtigung des Börsenwertes macht bei einer Barabfindung im Gegensatz zu einem Ausgleich in Aktien überhaupt keine Probleme. Insofern lassen sich die Argumente, die oben für eine Berücksichtigung des Börsenkurses angeführt wurden, voll und ganz auf den Squeeze-out übertragen.

Somit ist davon auszugehen, dass die oben gefundenen Ergebnisse auch auf das Squeeze-out-Verfahren übertragen werden können[751]. Daher ist auch hier grundsätzlich der Börsenpreis als Maßstab für die Barabfindung heranzuziehen.

b) Besonderheit beim Squeeze-out

Allerdings gibt es beim Squeeze-out eine Besonderheit, die berücksichtigt werden muss. Zwingende Voraussetzung eines Squeeze-out ist eine 95-prozentige Beteiligung des Hauptaktionärs am Grundkapital der Aktiengesellschaft. Angesichts dieser hohen Beteiligungsquote des Hauptaktionärs können zumindest Zweifel aufkommen, dass der Kurs der Aktie dieser Gesellschaft noch ein funktionierendes Wechselspiel von Angebot und Nachfrage an der Börse widerspiegelt. Daran schließ sich die Frage an, wie aussagekräftig dieser Börsenkurs ist, wenn fast alle anderen Aktien in der Hand des Hauptaktionärs liegen.

In der Literatur wird teilweise davon ausgegangen, dass ein funktionierender Aktienhandel bei einem Squeeze-out mangels ausreichender Liquidität dieses Titels am Markt oftmals nicht feststellbar sein wird[752]. Dies hätte zur Folge, dass dann allein eine Unternehmensbewertung nach der Ertragswertmethode in Frage kommt[753]. Die oben gefundenen Ergebnisse zur Bedeutung des Börsenkurses würden hingegen keine Anwendung finden. Der Börsenkurs könne allenfalls noch als Kriterium zur Plausibilisierung des auf andere Weise gewonnenen Er-

---

[750] Siehe oben, § 7 III. 2..

[751] Ähnlich *Hüffer*, § 327b Rn.5; *Schüppen*, WPg, **2001**, 958/974.

[752] *Grunewald*, ZIP **2002**, 18/20; *Habersack*, ZIP **2001**, 1230/1237; *Hanau*, NZG **2002**, 1040/1043; *Kallmeyer*, AG **2000**, 59/60; *Krause*, NJW **2002**, 705/715; *Mattes/Graf von Maldeghem*, BKR **2003**, 531/536f.. Wohl auch *Zinser*, M & A Review **2002**, 17/18.

[753] *Vetter*, AG **2002**, 176/188; *ders.* DB **2001**, 1347/1351; *ders.*, ZIP **2000**, 1817/1822; *ders.*, AG **1999**, 569/571; wohl auch *Kallmeyer*, a.a.O..

gebnisses dienen[754]. Im Ergebnis würde dies bedeuten, dass der vom Bundesverfassungsgericht in der DAT/Altana-Entscheidung genannte Ausnahmefall der Marktenge beim Squeeze-out stets gegeben wäre.

aa) Ausreichende Liquidität als Voraussetzung

In der Tat ist es richtig, dass beim Squeeze-out ein bedenkenloser Rückgriff auf den Börsenpreis nicht erfolgen darf. Auch die Hypothese von der Kapitalmarkteffizienz lässt keinen anderen Schluss zu. Wenn die ECMH erklärt, dass an effizienten Märkten der Börsenpreis dem „wahren Wert“ einer Aktie entspricht, dann folgt daraus zugleich, dass der Kurs dann keine Garantie für den Wert des Papiers mehr beinhaltet, wenn der Markt nicht effizient ist. Dies ist aber so lange nicht weiter bedenklich, wie der Börsenpreis immer noch zuverlässiger ist als jedes Wirtschaftsprüfergutachten mit seinen aufgeführten Nachteilen. Die entscheidende Frage ist nicht, ob Kapitalmärkte effizient sind, sondern wie effizient sie sind. Daraus lassen sich dann Schlüsse für die Aussagekraft des Börsenpreises ziehen. Hinsichtlich des Abfindungsanspruchs beim Squeeze-out gilt es deshalb festzustellen, ob der Markt so effizient ist, dass der Börsenpreis ein gutes Abbild des wirklichen Aktienwerts darstellt, oder ob der Markt so sehr von Ineffizienzen geprägt ist, dass dem Börsenpreis nicht zu trauen und ein Sachverständigengutachten vorzuziehen ist. Auch wenn ein Börsenpreis also nicht das Ideal des „wahren Wertes“ einer Aktie anzeigt, weil der Markt nicht vollkommen effizient ist, ist er doch heranzuziehen, solange er im Vergleich mit den Berechnungen eines Gutachters die bessere Näherung bildet. Dazu ist eine hinreichende Liquidität erforderlich. Wird eine Aktie nur selten oder in geringem Umfang gehandelt, ist ein Vertrauen darauf, dass der Handelspreis dem Wert der Aktie entspricht, nicht gerechtfertigt[755].

Entscheidendes Kriterium für die Höhe der Barabfindung ist nicht der von einem einzelnen Aktionär realisierbare Verkehrswert seiner wenigen Aktien. Entscheidend ist vielmehr der Verkehrswert, der von der Gesamtheit der ausgeschlossenen Minderheitsaktionäre bei realistischer Betrachtung innerhalb eines überschaubaren Zeitraums durch Veräußerung ihrer Aktien hätte realisiert werden können[756]. Dies allein ist der Wert der ihnen infolge des Squeeze-out verloren geht. Voraussetzung hierfür ist aber ein funktionierender Handel mit der betreffenden Aktie an der Börse. Andernfalls kann man nicht davon ausgehen, dass die Minderheitsaktionäre zu einer Deinvestition in der Lage gewesen wären. In diesem Fall kann der Börsenkurs daher kein verlässliches Indiz abgeben.

[754] *Vetter*, AG **1999**, 569/571.

[755] Zu den betriebswirtschaftlichen Hintergründen hierfür siehe ausführlich *Krog*, 282f..

[756] Vgl. *Wilm*, NZG **2000**, 1070/1072.

Auch das WpHG und die anderen kapitalmarktschützenden Vorschriften betreffen vornehmlich die zum amtlichen Handel zugelassenen Unternehmen[757]. Umfassender Schutz gegen Missbrauch und Transparenz sind nur dort gewährleistet. Auch sonst sind Kursentwicklungen, die gegen Manipulationen resistent sind, nur bei breiten, liquiden Märkten zu erwarten[758]. Nur unter diesen Voraussetzungen kann der Börsenkurs einen zuverlässigen Wertmaßstab liefern.

Für die Bestimmung des angemessenen Abfindungsanspruchs lassen sich die Kräfte des Marktes folglich nur dann nutzbar machen, wenn es einen ausreichenden Markt für die betreffenden Aktien gibt. Je weniger liquide der Markt, desto weniger effizient ist die Preisbildung an der Börse, und desto weniger aussagekräftig ist der Börsenpreis. Wenn der Börsenpreis so unzuverlässig ist, dass einem Gutachter trotz all der zuvor erwähnten Nachteile der Vorzug zu geben wäre, ist das Abstellen auf die Ertragswertmethode gerechtfertigt.

bb) Bestimmung einer ausreichenden Liquidität

Zu klären ist nun aber, wann eine ausreichende Liquidität der betreffenden Aktien anzunehmen ist. Weder der Entscheidung des Bundesverfassungsgerichts noch der des Bundesgerichtshofs lässt sich hierzu eine konkrete Antwort entnehmen. Allerdings legte der Bundesgerichtshof in seiner DAT/Altana-Entscheidung die Kriterien für den vom Bundesverfassungsgericht geschaffenen Ausnahmefall der Marktenge fest, in dem lediglich ein marginaler Handel mit Aktien möglich ist und aufgrund dessen der Börsenpreis den Verkehrswert der Aktien nicht widerspiegelt. So sei zu beachten, ob der Handel zu irgendeinem Zeitraum über längere Zeit geruht habe[759]. Hierbei wird es offensichtlich schon als ausreichend erachtet, wenn ein Handel an acht Tagen im Monat stattfindet[760]. Ein Anzeichen für eine Marktenge läge weiterhin vor, wenn das für den Handel verfügbare Volumen geringer als 5 Prozent ist. Schematisierende Betrachtungen, die ein Mindesthandelsvolumen von 3 bis 5 Prozent und einen Handel an mindestens jedem zweiten Tage im Monat fordern, lehnte der Bundesgerichtshof ausdrücklich ab[761].

[757] Beispielsweise bestehen gemäß § 21 II WpHG die Mitteilungs- und Veröffentlichungspflichten bei Veränderungen des Stimmrechtsanteils nur für Gesellschaften, die zum amtlichen Handel zugelassen sind.

[758] *Steinhauer*, AG **1999**, 299/307; *Wilm*, NZG **2000**, 234/238.

[759] *BGH*, BB **2001**, 1053/1057 – DAT/Altana.

[760] *BGH*, a.a.O.: Der Bundesgerichtshof sah es als ausreichend an, dass die Aktien der DAT AG im Jahre 1988 im April an jeweils 15, im Juni an neun und im Mai und Juli an acht Tagen gehandelt wurden.

[761] *BGH*, BB **2001**, 1053/1058 – DAT/Altana. Zustimmend *Piltz*, ZGR **2001**, 185/202.

In der Literatur wird jedoch die Ansicht vertreten, dass gewisse Handelsfrequenzen und ein gewisser Mindesthandelsumfang in den Aktien des Unternehmens vorauszusetzen seien, damit der Börsenkurs einen Aussagewert für den Verkehrswert hat. Es komme nicht so sehr darauf an, wie viele Aktien sich tatsächlich in den Händen außenstehender Aktionäre befinden, als vielmehr darauf, wie viele Aktien tatsächlich umgesetzt werden und wie stetig der Handel ist[762]. So sei z.B. denkbar, dass der Anteil der außenstehenden Aktionäre relativ hoch ist, aber dennoch so gut wie kein Handel in den Aktien der betroffenen Gesellschaft stattfindet. In diesen Fällen könne dem Börsenkurs keine Indizfunktion für einen realisierbaren Verkehrswert zukommen. Vielmehr seien die festgestellten Börsenkurse dann eher durch andere Faktoren beeinflusste Zufallswerte. Anders könne es dagegen sein, wenn trotz einer nur geringen Zahl außenstehender Aktionäre ein steter Handel stattfindet, der auch durch entsprechende Umsätze gestützt wird. In diesen Fällen könne dem Börsenkurs durchaus eine gewisse Indizfunktion für den realisierbaren Verkehrswert der Aktie zukommen. Daher müsse der Umsatz in den betroffenen Aktien im letzten Jahr vor Bekanntgabe der zur Abfindung verpflichtenden Maßnahme zumindest annähernd der Zahl der von den abfindungsberechtigten Aktionären insgesamt gehaltenen Aktien entsprechen[763]. Ebenso müssten die Gesamtumsätze des letzten Jahres eine gewisse absolute Mindestgrenze überschreiten und ein regelmäßiger Handel stattfinden[764]. Diese absolute Mindestgrenze müsse man bei einem Gesamtumsatzvolumen in einer Größenordnung von ca. drei bis fünf Prozent der ausgegebenen Aktien ziehen. Außerdem müsse man einen Börsenhandel an zumindest im Durchschnitt jedem zweiten Börsentag verlangen, da andernfalls der Handel zu unstetig ist[765]. Sei dies nicht gegeben, könne auf den Börsenwert nicht zurückgegriffen werden.

Allerdings ist zu bedenken, dass das Bundesverfassungsgericht nicht auf den Verkehrswert des Unternehmens als solches, sondern auf den für die ausscheidenden Minderheitsaktionäre realisierbaren Verkehrswert abstellt. Daher kommt der Beteiligungsquote der abfindungsberechtigten Minderheitsaktionäre an der Gesellschaft im Gegensatz zur eben dargestellten Literaturansicht durchaus eine Bedeutung zu. Ist diese nämlich relativ hoch, wird man auch eine stärkere Regelmäßigkeit des Handels und ein größeres Handelsvolumen fordern müssen, um daraus einen für die Minderheitsaktionäre realisierbaren Verkehrswert ableiten zu können. Ist der Anteil der Minderheitsaktionäre besonders niedrig, wird dagegen ein geringeres Handelsvolumen der Aktien ausreichen. Dabei wird man nach der jeweiligen konkreten Maßnahme differenzieren müssen, die den Grund für die Feststellung der Entschädigung bildet. Ist z.B. der Grund für die Bewer-

---

762 *Wilm*, NZG **2000**, 234/238.
763 *Wilm*, a.a.O..
764 *Wilm*, a.a.O..
765 *Bungert*, BB **2001**, 1163/1164.

tung der Abschlusses eines Unternehmensvertrages gemäß § 291 AktG, so kann die Zahl der Aktien im Streubesitz größer sein. Beim Squeeze-out hingegen kann ein Handel der betreffenden Aktie an der Börse infolge der Tatsache, dass sich mindestens 95 Prozent des Grundkapitals im Besitz der Hauptgesellschaft befinden, zwangsläufig nur auf einem niedrigen Umsatzniveau stattfinden. Dennoch kann dieser Handel stetig sein. Dem wird man bei der Formulierung der Anforderungen eines regelmäßigen Börsenhandels und einer entsprechenden Liquidität zur Feststellung des Verkehrswerts der Aktie Rechnung tragen müssen.

Des weiteren sind auch die Probleme der Unternehmensbewertung durch Gutachten zu berücksichtigen. Daher sollten die Grenzen für die Relevanz des Börsenkurses auch beim Squeeze-out nicht allzu eng gezogen und auf die Ertragswertmethode nicht vorschnell zurückgegriffen werden[766].

Angesichts dessen erscheint es im Falle des Squeeze-out ungeeignet, pauschal ein Mindesthandelsvolumen von 3 bis 5 Prozent zu fordern. Dies würde dem zwangsläufig niedrigeren Umsatzniveau nicht gerecht werden. Ansonsten wäre das Risiko für die Minderheitsaktionäre zu hoch, dass der Börsenwert vollständig ignoriert wird und sie nach der Ertragswertmethode unter Wert abgefunden werden. Im übrigen können auch bei einem Handelsvolumen von unter 3 bis 5 fünf Prozent bei großen Unternehmen Börsenwerte in der Größenordnung von mehreren hundert Millionen Euros verlagert werden. In solchen Fällen befinden sich mehr Aktien dieses Unternehmens im Handel als manch andere börsennotierte Gesellschaft insgesamt hat[767]. Es wäre nicht ersichtlich, weshalb bei einem Handel mit so hohen Beträgen pauschal der Börsenkurs ignoriert werden soll. Vielmehr ist es notwendig eine Lösung zu finden, die allen beteiligten Parteien gerecht wird, die die besondere Lage beim Squeeze-out berücksichtigt und die sich auch in die Systematik des Gesetzes einfügt.

Zu überlegen ist, ob auf die delisting-Regeln als Maßstab zurückgegriffen werden kann. Ein Grund für den Widerruf der Börsenzulassung liegt nach § 43 IV 1 BörsG dann vor, wenn ein ordnungsgemäßer Börsenhandel auf Dauer nicht mehr gewährleistet ist und der Börsenvorstand die amtliche Notierung eingestellt hat[768]. Ein ordnungsgemäßer Börsenhandel ist dann nicht mehr gewährleistet, wenn die Anzahl der Aktionäre einer börsennotierten Aktiengesellschaft auf eine sehr geringe Zahl herabsinkt. Allerdings liegen keine festen Werte vor, die vorgeben, wann dies der Fall ist[769]. Eine Entscheidung über den Widerruf der

---

[766] Ähnlich *Ehricke/Roth*, DStR **2001**, 1120/1123.

[767] Vgl. z.B. *LG Dortmund*, AG **2001**, 544/545.

[768] Vgl. auch *Mülbert*, ZHR **2001**, 104/108.

[769] Dagegen sehen beispielsweise die marketplace rules für den NASDAQ rule 4310, subparagraph (c)(6) vor, dass für die Aufrechterhaltung einer Börsennotierung von US-amerikanischen und kanadischen Aktien an der NASDAQ 300 Aktionäre erforderlich sind,

Zulassung steht vollständig im Ermessen der Zulassungsstelle der Börse. Einen brauchbaren Maßstab liefert § 43 IV 1 BörsG damit nicht.

Zu berücksichtigen ist aber, dass der Squeeze-out als Teil des neuen Gesetz zur Regelung von öffentlichen Angeboten zum Erwerb von Wertpapieren und von Unternehmensübernahmen in das Aktiengesetz eingefügt worden ist. Bedeutenster Bestandteil dieses Gesetzes ist das WpÜG. Dieses trat zeitgleich mit der Einführung der Squeeze-out-Regelung am 1. Januar 2002 in Kraft. Die thematische Nähe beider Regelungsbereiche ist offensichtlich. Somit macht es Sinn auf das WpÜG und die entsprechenden Rechtsverordnungen zurückzugreifen, um nach einer brauchbaren Lösung zu suchen.

Einen guten Maßstab bildet § 5 IV der Verordnung über den Inhalt der Angebotsunterlage, die Gegenleistung bei Übernahmeangeboten und Pflichtangeboten und die Befreiung von der Verpflichtung zur Veröffentlichung und zur Abgabe eines Angebots (WpÜG-Angebotsverordnung)[770]. Danach hat die Bestimmung der Höhe der Gegenleistung auf der Grundlage einer Unternehmensbewertung der Zielgesellschaft zu erfolgen, wenn für die Aktien der Zielgesellschaft in den vergangenen drei Monaten an weniger als einem Drittel der Börsentage Börsenkurse festgestellt worden sind und mehrere nacheinander festgestellte Börsenkurse um mehr als fünf Prozent voneinander abweichen. Nach der Gesetzesbegründung zielt diese Regelung ausdrücklich darauf ab, die Liquidität der betreffenden Aktien sicherzustellen, da es ansonsten nicht sachgerecht sei, zur Bewertung der Gegenleistung auf den Börsenkurs abzustellen[771]. Diese Regel stellt damit auch beim Squeeze-out eine tragfähige Grundlage dar[772].
Natürlich kann auch hier bezweifelt werden, dass mittels schematisierender Betrachtungen zuverlässig beurteilt werden kann, ob bei einer bestimmten Aktie ein effektiver Börsenhandel gegeben ist oder nicht.
Andererseits ist es wenig einleuchtend, wenn in einem thematisch eng verwandten anderen Regelungsbereich detaillierte Mindestkriterien bestehen, ohne die ein liquider Börsenhandel keinesfalls gegeben ist, die aber für Anwendungsbereich des § 327b AktG ohne jede Bedeutung sein sollen.

---

die jeweils mindestens 100 Aktien halten. Gleiches gilt für ausländische Aktien gemäß rule 4320, subparagraph (c)(4) der marketplace rules.

[770] BGBl. I **2001**, 4263.

[771] *Begründung des Regierungsentwurfs zur Rechtsverordnung zum Wertpapiererwerbs und Übernahmegesetz*, BT-Drucksachen 14/7034, 80.

[772] Ähnlich *Fuhrmann/Simon*, WM **2002**, 1211/1215; *KK-WpÜG-Hasselbach*, § 327b Rn.18; *Steinmeyer/Häger*, § 327b Rn.5.

Nach alledem bleibt somit festzustellen, dass beim Squeeze-out als Kriterium für eine ausreichende Liquidität der betreffenden Aktien § 5 IV WpÜG-Angebotsverordnung heranzuziehen ist.

cc) Ergebnis

Zusammenfassend lässt sich also sagen, dass es beim Squeeze-out verfehlt wäre, allein aus der Tatsache, dass nur noch bis zu fünf Prozent der Aktien gehandelt werden können, die Schlussfolgerung zu ziehen, dass automatisch der Ertragswertmethode der Vorzug zu geben ist[773]. Auch hier kann es einen steten Handel mit einem hohen Börsenumsatz geben. Auch das Bundesverfassungsgericht hat in seiner DAT/Altana-Entscheidung deutlich gemacht, dass im Falle eines 95-prozentigen Aktienbesitzes des Hauptaktionärs dem Börsenkurs nicht jede Eignung zur Feststellung des Werts der Unternehmensbeteiligung fehle, solange die Aktien an der Börse gehandelt werden[774]. Am Markt spiegeln sich die zukünftigen Ertragserwartungen grundsätzlich besser wider als in Sachverständigengutachten. Daher sollte auch beim Squeeze-out der Börsenpreis nicht von vornherein ausgeschlossen werden. Auch hier hat der Börsenkurs grundsätzlich indizielle Bedeutung für die Bestimmung der Barabfindung.
Für die Bestimmung des angemessenen Abfindungsanspruchs lassen sich die Kräfte des Marktes allerdings nur dann nutzbar machen, wenn es einen ausreichenden Markt für die betreffenden Aktien gibt. Maßstab für eine ausreichende Liquidität der betreffenden Aktien ist § 5 IV WpÜG-Angebotsverordnung. Wenn für die Aktien der Gesellschaft in den vergangenen drei Monaten an weniger als einem Drittel der Börsentage Börsenkurse festgestellt worden sind und mehrere nacheinander festgestellte Börsenkurse um mehr als fünf Prozent voneinander abweichen, ist der Börsenkurs keine zuverlässige Grundlage mehr für die Bestimmung der Barabfindung nach §§ 327a I 1, 327b I 1 AktG. Die Beweislast hierfür hat aber der abfindungsverpflichtete Hauptaktionär. Hat der Hauptaktionär selbst seine Aktien kurz vor dem Ausschluss an der Börse erlangt, so wird dieser Beweis oftmals nur schwer zu führen sein.

c) Keine ausreichende Liquidität

Als nächstes stellt sich nun die Frage, was geschieht, wenn dem Hauptaktionär der Nachweis nach § 5 IV WpÜG-Angebotsverordnung gelingt, dass der Börsenkurs nicht dem Verkehrswert entspricht und daher als taugliches Kriterium zur Bestimmung der Barabfindung ausscheidet. Verschiedene Vorgehensweisen sind möglich.

---

773 Vgl. auch *Behnke*, NZG **1999**, 934; *Geibel/Süßmann-Grzimek*, § 327b Rn.31.
774 *BVerfG*, WM **1999**, 1666/1670 – DAT/Altana.

Teilweise wird vorgeschlagen, bei einem nicht repräsentativen Börsenkurs auf Börsenwerte zu einer Zeit zurückzugreifen, als der Markt noch aussagekräftig war[775]. Andere wollen eine Marktsituation simulieren, die einem Kauf/Verkauf so nahe wie möglich kommt[776].

Allerdings dürften diese Vorgehensweisen von einer erheblichen Unsicherheit geprägt sein. Es wird sich nur selten ein exakter Zeitpunkt bestimmen lassen, an dem der Markt seine Liquidität verloren hat. Insofern werden die so ermittelten Kurse stets den Anschein von Zufälligkeit und Willkür besitzen. Dass die anhand dieser Kurse ermittelten Abfindungen dann von Minderheitsaktionären gerichtlich angegriffen werden, erscheint zwangsläufig. Was die Simulation eines repräsentativen Kurses angeht, so lässt sich sagen, dass es hierfür keine verlässliche Methode gibt. Einen hypothetischen Börsenwert zu ermitteln ist noch mehr von Prognoseunsicherheiten geprägt als das Schätzen zukünftiger Erträge bei der Ertragswertmethode. Bei der Ertragswertmethode ist es wenigstens möglich, Rückschlüsse aus den in der Vergangenheit erzielten Ergebnissen zu ziehen. Dagegen ist es nicht möglich, aus vergangenen Börsenkursen die Entwicklung in der Zukunft herzuleiten. Es ist die zentrale Aussage der schwachen Form der ECMH, dass in Wertpapierpreisen immer schon alle Informationen verarbeitet sind, die sich aus der vergangenen Preisentwicklung gewinnen lassen[777]. Diese Hypothese ist heute praktisch unbestritten. Danach ist klar, dass sich durch den Rückblick auf die vergangene Kursentwicklung keine Schlüsse für die zukünftige Entwicklung der Preise gewinnen lassen, weil alle Informationen aus dem bisherigen Kursverlauf bereits in die Bildung des aktuellen Wertpapierpreises miteingeflossen sind

Andere Stimmen in der Literatur wollen auf Preise zurückgreifen, die im außerbörslichen Handel erzielt wurden[778]. Auch diese stellten einen Marktpreis dar.

Hiergegen ist aber zunächst einzuwenden, dass es für Minderheitsaktionäre in aller Regel unmöglich sein wird, einen außerbörslichen Handel abzuschließen. Außerbörslich erzielte Preise basieren meist auf einer besonderen Beziehung der Beteiligten. Sie sind nicht von jedem Minderheitsaktionär erzielbar. Bei der Bestimmung der Barabfindung kommt es aber nicht auf den Verkehrswert an, der von einem einzelnen Aktionär realisiert werden kann, sondern auf den Verkehrswert, der von der Gesamtheit der ausgeschlossenen Minderheitsaktionäre hätte erzielt werden können[779]. Das individuelle Verhandlungsgeschick eines einzelnen Aktionärs kann keinen Einfluss auf die Abfindung aller Minderheits-

---

775 *Piltz*, ZGR **2001**, 185/202.
776 *Müller*, FS Bezzenberger, 713/716.
777 Siehe oben, § 8 II. 5. a).
778 *Behnke*, NZG **1999**, 934.
779 Siehe oben, § 8 III. 5. b) aa).

aktionäre haben. Somit kann ein solcher Preis auch nicht die Grundlage für eine angemessene Barabfindung für alle Minderheitsaktionäre darstellen.

Zu denken wäre noch an ein Verfahren, wie es bei der Festlegung eines Emissionskurses anlässlich eines Börsengangs vorgenommen wird. Dort, wo erstmals Preise festgelegt werden müssen, werden Verfahren gewählt, die eine möglichst große Marktnähe garantieren. Bei den sogenannten Initial Private Offerings (IPO) hat sich das Verfahren des Bookbuilding durchgesetzt, das im Rahmen festgelegter Bandbreiten einen marktnahen Preis ermittelt[780].
Allerdings unterscheidet sich die Situation bei einem IPO grundliegend von der bei einem Squeeze-out. Bei einem IPO gibt es einen Markt für die neue Aktie. Es gibt Interessenten, die die neue Aktie erwerben wollen, und es gibt mit der Gesellschaft, die den IPO durchführt, einen Verkäufer. Damit liegt ein funktionierender Markt vor. Es kommt nur darauf an, sicherzustellen, dass der Preis der neuen Aktie allen beteiligten Parteien gerecht wird. Somit können die bei einem IPO verwendeten Bewertungsverfahren nicht auf die hier vorliegende Situation übertragen werden, bei der es gerade keinen ausreichenden Markt gibt.

Aufgrund dieser Probleme will die überwiegende Mehrheit in der Literatur bei einem nicht repräsentativen Börsenkurs die Barabfindung mittels der Ertragswertmethode bestimmen[781].
Falsch wäre es anzunehmen, dass die Ertragswertmethode seit DAT/Altana-Entscheidung des Bundesverfassungsgerichts jegliche Bedeutung verloren hat. Das Bundesverfassungsgericht hat im Gegenteil in der DAT/Altana-Entscheidung ausdrücklich die Ertragswertmethode als verfassungsrechtlich unbedenklich eingestuft[782]. In der DAT/Altana-Entscheidung wurde nur festgelegt, dass der Börsenpreis typischerweise die Wertuntergrenze darstellt und als erste, transparente Bewertungsrichtschnur dient. Eine bestimmte Bewertungsmethode wurde damit aber nicht fest vorgeschrieben[783]. Somit ist die Ertragswertmethode mit der neuen Rechtsprechung nicht obsolet geworden. Dies dürfte dabei nicht nur für die Ertragswertmethode in ihrer klassischen Form, sondern auch für die Discounted-Cash-Flow-Methode gelten, da auch letztere auf dem vom Bundes-

---

[780] Vgl. *Harrer/Heidemann*, DStR **1999**, 254/257f.; *Hein*, WM **1996**, 1ff..

[781] *Kallmeyer*, AG **2000**, 59/60; *Kossmann*, NZG **1999**, 1198/1202. *Vetter*, AG **2002**, 176/188; *ders.* DB **2001**, 1347/1351; *ders.*, ZIP **2000**, 1817/1822; *ders.*, AG **1999**, 569/570. Zurückhaltend *Busse von Colbe*, FS Lutter, 1065.

[782] *BVerfG*, WM **1999**, 1666/1669 – DAT/Altana. Siehe auch: *OLG Düsseldorf*, AG **2003**, 329/332; *Drüke*, DB **2000**, 713; *Hüttemann*, ZGR **2002**, 454/457; *Riegger*, DB **1999**, 1889; *Vetter*, AG **1999**, 569/570; *Weiler/Meyer*, ZIP **2001**, 2153/2154; *Wilm*, NZG **2000**, 234/235.

[783] Ähnlich *Hüttemann*, ZGR **2001**, 454 /460, der ausdrücklich darauf hinweist, dass mit der Entscheidung des Bundesverfassungsgerichts nicht entschieden wurde, dass der Börsenkurs nun eine eigene Bewertungsgrundlage darstellt.

verfassungsgericht als unbedenklich bezeichneten Ansatz basiert, dass sich der Wert eines Unternehmens nach der Summe der künftigen Erträge richtet[784].

Des weiteren ist zu berücksichtigen, dass nach § 327c II 2 AktG die Angemessenheit der Barabfindung durch sachverständige Prüfer zu überprüfen ist. Diese Sachverständigen, in aller Regel Wirtschaftsprüfer, werden sich auf die betriebswirtschaftlich fest verankerte Ertragswertmethode stützen. Somit ist davon auszugehen, dass bei jedem normalen Ablauf eines Squeeze-out-Verfahrens sowieso Gutachten vorliegen, die auf der Ertragswertmethode basieren. Es macht daher Sinn auf die Ertragswertmethode zurückzugreifen, wenn sich der Börsenkurs als nicht repräsentativ erweist.

Im Falle eines unbrauchbaren Börsenkurses ist somit die Ertragswertmethode das beste Verfahren, um die Höhe der Barabfindung zu bestimmen.

d) Höherer Ertragswert

Unklar ist auch, was passiert, wenn die Prüfung nach § 327c II 2 AktG ergibt, dass die Abfindung nach der Ertragswertmethode über dem maßgeblichen Börsenkurs liegt.

Das Bundesverfassungsgericht hat ausdrücklich erklärt, dass Art. 14 I GG „keine Entschädigung zum Börsenkurs, sondern zum „wahren“ Wert, mindestens aber zum Verkehrswert“[785] verlangt. Eine Überschreitung sei verfassungsrechtlich unbedenklich. Wie das Bundesverfassungsgericht weiter klargestellt hat, ist es verfassungsrechtlich nicht geboten, einen existierenden Börsenkurs als Obergrenze der Bewertung der Gesellschaft heranzuziehen[786]. Die Gerichte seien daher von Verfassungs wegen frei, der Gesellschaft, etwa bei einer schlechten Verfassung der Kapitalmärkte, einen höheren Wert beizumessen als den Börsenwert. Daher dürfte die DAT/Altana-Entscheidung so zu verstehen sein, dass ein Börsenkurs, der den nach der Ertragswertmethode festgestellten quotalen Wert des Unternehmens unterschreitet, für die Abfindung nicht maßgebend ist, sondern dass diese sich dann nach dem höheren Wert des Wirtschaftsprüfergutachtens zu richten hat.
Dem haben sich der Bundesgerichtshof[787] sowie einige Stimmen in der Literatur angeschlossen[788]. Art. 14 I GG gebiete nicht, bei einer börsennotierten Gesellschaft nur deren niedrigeren Börsenwert als Verkehrswert heranzuziehen, wenn

---

784 Ebenso *Hüttemann*, ZGR **2001**, 454/457f..
785 *BVerfG*, WM **1999**, 1666/1670 – DAT/Altana.
786 *BVerfG*, a.a.O..
787 *BGH*, BB **2001**, 1053/1055f. – DAT/Altana.
788 *Geibel/Süßmann-Grzimek*, § 327b Rn.30; *Reuter*, DB **2001**, 2483/2485; *Wilm*, NZG **2000**, 234/235.

dieser unter dem Ertragswert der Gesellschaft liegen sollte. Hier würden vielmehr weiterhin die allgemeinen Prinzipien der Unternehmensbewertung gelten, d.h. es bleibt bei der Ermittlung des Ertragswertes zur Bestimmung der Abfindung.
Andere lehnen dies jedoch ab[789]. Bei dieser Betrachtungsweise erhielte der Minderheitsaktionär mehr als bei einer freien Deinvestitionsentscheidung. Er würde mehr bekommen, als die Aktie für ihn am Stichtag an Geldwert darstellt. Denn er könne zu keinem anderen Preis als dem Börsenkurs verkaufen. Der Leitgedanke der DAT/Altana-Entscheidung sei, dass der Aktionär eine Entschädigung für das erhalten soll, was er verliert. Derjenige, dem eine Aktie mit Börsenkurs 100, aber Ertragswert von 60 entzogen wird, verliere 100. Der Eigentümer einer Aktie mit Börsenkurs 60, aber einem Ertragswert von 100 verliere dagegen 60 und nicht 100. Denn den Ertragswert von 100 hätte er niemals zu Geld machen können. Der Ertragswert sei in diesem Fall, solange der Markt ihn nicht durch Bezahlen eines entsprechenden Preises bestätigt, aus der Sicht des Minderheitsaktionärs lediglich eine Wunschvorstellung, auf die er keinen verfassungsrechtlichen Anspruch hat. Eine andere Betrachtungsweise würde zu einem Ungleichgewicht führen. Der Ertragswert würde den Börsenkurs nach oben korrigieren, nicht aber nach unten.
Allerdings ist dagegen zunächst einmal anzuführen, dass der Ertragswertmethode durchaus bei fehlender Liquidität – wie eben dargestellt - eine nach unten korrigierende Wirkung zukommt. Des weiteren hat die Erfahrung in der Vergangenheit gezeigt, dass Barabfindungen nach der Ertragswertmethode in aller Regel deutlich niedriger lagen als die jeweiligen Börsenkurse[790]. Sollte der umgekehrte Fall eintreten, so ist davon auszugehen, dass das Unternehmen am Aktienmarkt massiv unterbewertet ist. Auch hier kann man von einem Marktversagen[791] sprechen, so dass es gerechtfertigt erscheint auf die Ertragswertmethode als Korrektiv zurückzugreifen. Der „wahre Wert" ist dann nicht der Börsenwert, sondern eben der Ertragswert. Dieser ist dann weit mehr als eine „Wunschvorstellung".
Im übrigen ist auch nicht einzusehen, warum dem Hauptaktionär die Möglichkeit offen stehen soll, darzulegen und zu beweisen, dass der Börsenkurs nicht repräsentativ und daher die Abfindung nach der Ertragswertmethode zu bestimmen ist, während dies den Minderheitsaktionären von vornherein verschlossen bleibt. Auch die Minderheitsaktionäre müssen die Möglichkeit haben, nachzuweisen, dass ihre Aktien mehr wert sind als der Börsenkurs.

Gegen die Auffassung, dass ein höherer Gutachtenwert dem Börsenkurs vorzuziehen ist, wird außerdem geltend gemacht, dass dies zu unliebsamen Konse-

---

789 *Piltz*, ZGR **2001**, 185/196f.. Skeptisch auch *Busse von Colbe*, FS Lutter, 1064.
790 Siehe dazu oben, § 8 III. 3. a).
791 Zur Definition des Marktversagens siehe auch *von Hagen/von Stein*, 241.

quenzen führen würde. Jeder Minderheitsaktionär wäre praktisch gezwungen zu behaupten, dass der Ertragswert höher läge als der Börsenkurs, und dass deswegen vom Gericht doch ein Gutachten in Auftrag gegeben werden müsste[792]. Hiergegen spricht aber, dass nach § 327c II 2 AktG die Angemessenheit der Barabfindung durch sachverständige Prüfer zu überprüfen ist. Somit liegen Gutachten nach der Ertragswertmethode sowieso vor. Eine zusätzliche Belastung für den Hauptaktionär ist nicht gegeben.

Schließlich könnte man Bedenken dahingehend äußern, dass es für die Minderheitsaktionär zur Lotterie werden könnte, ob sie bei der Frage der Annahme eines Angebots auf einen höheren Unternehmenswert spekulieren sollen oder nicht.
Allerdings ist nach § 327c I Nr.2 AktG bereits bei der Einberufung der Hauptversammlung, bei der über den Squeeze-out entschieden wird, die vom Hauptaktionär festgelegte Barabfindung anzugeben. Vom Tag der Einberufung der Hauptversammlung an sind zudem gemäß § 327c III Nr.3 und 4 AktG der Bericht des Hauptaktionärs sowie die Prüfungsberichte der Sachverständigen zur Einsicht auszulegen. Mit der vorgesehenen Barabfindung und den Gutachten liegen somit zwei Indikatoren vor, nach denen die Minderheitsaktionäre beurteilen können, ob das Unternehmen am Aktienmarkt unterbewertet ist. In Anbetracht der umfassenden Fragerechte während der Hauptversammlung ist daher davon auszugehen, dass die Minderheitsaktionäre in der Lage sind, eine rationale Entscheidung zu treffen.

Damit bleibt festzustellen, dass ein Börsenkurs, der den nach der Ertragswertmethode ermittelten quotalen Wert des Unternehmens unterschreitet, für die Abfindung nicht maßgebend ist, sondern dass diese sich dann nach dem höheren Gutachtenwert zu richten hat.

e) Manipulation des Börsenkurses

Grundsätzlich kann davon ausgegangen werden, dass die kapitalmarktschützenden Regelungen, insbesondere die Ad-hoc-Publizitätspflichten, eingehalten werden. Wenn dagegen nachweislich Börsenpreise manipuliert oder kurserhebliche Informationen pflichtwidrig zurückgehalten wurden, darf der Börsenpreis nicht ohne weiteres als Maßstab für die Bestimmung der Barabfindung herangezogen werden. Es greift dann der andere vom Bundesgerichtshof genannte Ausnahmefall. Nach der Rechtsprechung des Bundesgerichtshofes gilt das gleiche für außergewöhnliche Tagesauschläge oder sprunghafte Entwicklungen binnen weniger Tage, die sich nicht verfestigen[793].

---

[792] *Piltz*, ZGR **2001**, 185/197.
[793] *BGH*, BB **2001**, 1053/1056 – DAT/Altana.

Es stellt sich dann die Frage, ob eine Unternehmensbewertung nach der Ertragswertmethode vorzunehmen ist oder ob eine korrigierende Berechnung des Börsenpreises, der sich ohne die Kursmanipulation bzw. den Verstoß gegen die Ad-hoc-Publizitätspflicht ergeben hätte, möglich ist[794]. Dieses Problem unterscheidet sich von der gerade diskutierten Situation der fehlenden Liquidität. Es geht hier nicht darum, einen hypothetischen Kurs zu berechnen, sondern nur darum, einen bestehenden Kurs von einem singulären Ereignis zu bereinigen. Es dürfte durchaus möglich sein, einen solchen bereinigten Börsenkurs zu ermitteln, indem z.B. Durchschnittskurse zugrunde gelegt und Vergleiche mit den Börsenkursen anderer Unternehmen, insbesondere der gleichen Branche, gezogen werden. Daher ist im Fall einer Kursmanipulation nur in Ausnahmefällen die Bestimmung der Barabfindung nach der Ertragswertmethode vorzunehmen.

f) Rechtsvergleich

Zu erörtern bleibt noch, ob die hier gefundene Lösung auch internationalen Standards gerecht wird.

aa) USA

Hilfreich ist in diesem Zusammenhang insbesondere ein Vergleich mit dem US-amerikanische Gesellschaftsrecht, das sich schon seit langer Zeit mit dem Problem der Abfindung ausscheidender Aktionäre befasst hat.
Auch in den USA stellt sich bei einem freeze-out die Frage, wie die ausgeschlossenen Minderheitsaktionäre zu entschädigen sind[795]. Wie bereits oben erläutert wurde, stellt in diesem Zusammenhang das appraisal right den wichtigsten Rechtsschutz dar[796]. Indem die Minderheitsaktionäre dieses appraisal right ausüben, können sie die Barabfindung als Gegenleistung für ihren Ausschluss durch ein Gericht festlegen lassen und die Zahlung dieser Summe von der Gesellschaft verlangen. Im Unterschied zur deutschen Regelung ist somit Schuldner das Unternehmen und nicht der Mehrheitsaktionär. Der Grund hierfür liegt darin, dass das US-amerikanische Recht kein spezielles freeze-out-Verfahren kennt, sondern man sich der normalen Strukturmaßnahmen bedient, bei denen es nur auf das Unternehmen selbst ankommt.

(1) Bewertung

Hauptzweck des appraisal-Verfahrens beim freeze-out ist es, den Wert der Anteile der ausscheidenden Minderheitsaktionäre zu bestimmen. Genauso wie in Deutschland legen die corporation statutes in den USA nicht fest, wie die Anteile zu bewerten sind[797]. Vorgegeben ist nur, dass die Minderheitsaktionäre beim

---

794 So *Piltz*, ZGR **2001**, 185/202.
795 *Klein/Coffee*, 203.
796 Siehe oben, § 3 V..
797 Vgl. *Fletcher*, 452; *Oesterle*, 15.

freeze-out einen angemessenen Preis (fair value) für ihre Beteiligung erhalten müssen[798]. Ziel ist es auch hier den Minderheitsaktionären den Wert zukommen zu lassen, den sie für ihre Anteile bei einem Verkauf auf dem freien Markt vor dem freeze-out hätten erzielen können[799]. Grundlage der Bewertung ist dabei stets der Wert des gesamten Unternehmens[800].

(a) Delaware-Block-Methode

Lange Zeit legten die Gerichte ihrer Bewertung eine Kombination von Substanzwert (net asset value), Marktwert (market value) und Ertragswert (earning value) zugrunde[801]. Für diese Bewertungsmethode hat sich, dem historischen Ursprung wegen, der Begriff „Delaware Block" eingebürgert.

Dabei versteht man unter net asset value die Summe der jeweiligen Marktwerte der einzelnen Vermögensgegenstände des Unternehmens[802]. Diesem Wert kommt dann eine erhebliche Bedeutung zu, wenn es sich abzeichnet, dass das Unternehmen in naher Zukunft einen Großteil des Betriebsvermögens veräußern wird. Im allgemeinen wird der net asset value aber nur eine geringe Relevanz haben, da das Unternehmen das Betriebsvermögen eher nutzen wird, als es zu verkaufen[803].

Unter market value wird der Börsenwert der Anteile des Unternehmens vor Ankündigung des freeze-out verstanden[804]. Ähnlich wie in Deutschland waren die Gerichte in den USA lange Zeit sehr zurückhaltend mit der Berücksichtigung von Börsenkursen in Abfindungsfragen. Als Gründe wurden auch hier die Abhängigkeit von Zufällen und der spekulative Charakter von Aktien genannt[805]. Nach und nach gingen die Gerichte dann aber dazu über, Börsenkurse zumindest

[798] § 7.21 ALI Principles of Corporate Governance; siehe auch *Eisenberg*, 1069.
[799] *Tri-Continental Corp. v. Battye*, 74 A.2d 71/72 (Del. Ch. **1950**): "The basic concept of value under the appraisal statute is that the stockholder is entitled to be paid for that which has been taken from him, viz., his proportionate interest in a going concern."
[800] Vgl. *Le Beau v. M.G. Bancorporation, Inc.*, Civ. Action 13414, WL 44993 (Del. Ch. **1998**); *In re Shell Oil Co.*, 607 A.2d 1213 (Del. **1992**). Siehe auch Official Comment 2, § 13.01 RMBCA.
[801] *Tri-Continental Corp. v. Battye*, 74 A.2d 71/72 (Del. Ch. **1950**) wird oftmals als erste Anwendung dieses Bewertungsverfahrens zitiert; *Klein/Coffee*, 203; *Lipton/Steinberger*, 441; *Seligman*, 1073 m.w.N..
[802] *Clark*, 453; *Seligman*, 1078ff..
[803] *Gibbons v. Schenley Industries, Inc.*, 339 A.2d 460/473 (Del. Ch. **1975**).
[804] Vgl. § 912 (a) (11) N.Y. Bus. Corp. Law; *Clark*, 453; siehe auch *Fletcher*, 466 m.w.N.; *Ross/Westerfield/Jordan*, 64f..
[805] Vgl. z.B. *Chicago Corp. v. Munds*, 172 A. 452/455 (**1934**).

dann verstärkt zu berücksichtigen, wenn sie verlässlich sind[806]. So kam es, dass der market value in der Bewertungspraxis immer wichtiger wurde. Insbesondere bei umsatzstarken Aktien wurde er mehr und mehr der entscheidende Faktor. Werden die Aktien jedoch nicht regelmäßig gehandelt und ist der Markt nicht ausreichend liquide und effizient (thin market), kommt dem market value bei der Bewertung nur eine eingeschränkte Bedeutung zu[807]. Das gleiche gilt bei Marktstörungen, deren Ursachen in dem Verhalten des Managements oder des Mehrheitsaktionärs liegen. Die Gefahr eines thin market ist dabei aufgrund der dominierenden Stellung des Mehrheitsaktionärs bei einem freeze-out besonders groß.

Der earning (oder investment) value wird festgestellt, indem die zukünftigen Erträge des Unternehmens prognostiziert und anschließend diskontiert werden, wobei der Diskontierungszins den Zinssatz von Regierungsanleihen, das Risiko der Ertragsprognose im Hinblick auf das betreffende Unternehmen sowie das erwartete Wachstum der Erträge reflektiert[808]. Im Normalfall legten die Gerichte ihrer Ertragsprognose die durchschnittlichen Erträge der letzten fünf Jahre zugrunde. Außergewöhnliche Ereignisse werden ignoriert[809]. Damit entspricht dieses Bewertungsverfahren weitestgehend der deutschen Ertragswertmethode[810].
Um den earning value des Unternehmens zu errechnen, werden die so ermittelten durchschnittlichen Erträge mit einem Multiplikator verrechnet. Der Multiplikator ist dabei der Umkehrwert des Diskontierungszinses[811]. Oftmals fließen bei dessen Festlegung noch die Marktpreise und die Ertragswerte vergleichbarer Unternehmen mit ein[812]. Bei letzteren ist aber häufig zwischen den Beteiligten umstritten, welche Unternehmen als vergleichbar anzusehen sind. Die Gerichte haben den so errechneten earning value in der Vergangenheit eine große Bedeutung beigemessen[813].

---

[806] *Piemonte v. New Boston Garden Corp.*, 387 N.E.2d 1145 (Mass. **1979**); *Mills v. Electric Auto-Lite Co.*, 552 F.2d 1239/1247 (7th Cir. **1977**).

[807] *Bell v. Kirby Lumber Corp.*, 413 A.2d 137/141 (Del. **1980**); *In re Valuation of Common Stock of Libby, McNeil & Libby*, 406 A.2d 54 (Me. **1979**); *Fletcher*, 463; *Seligman*, 1076.

[808] *In re Valuation of Common Stock of Libby, McNeil & Libby*, 406 A.2d 54 (Me. **1979**); *Clark*, 453f.; *Eisenberg*, 413f..

[809] *Universal City Studios, Inc. v. Francis I. DuPont & Co.*, 334 A.2d 216/218 (Del. **1975**); *Gibbons v. Schenley Indus.*, Inc., 339 A.2d 460/468ff. (Del. Ch. **1975**); *Application of Delaware Racing Ass'n*, 213 A.2d 203/212 (Del. **1965**); *Clark*, 454; *Seligman*, 1080.

[810] Siehe oben, § 8 III. 1..

[811] Der Umkehrwert des Diskontierungszinses (Z) ist 1/Z. Eine Dividierung mit dem Diskontierungszinssatz ist daher gleichzusetzen mit einer Multiplikation mit 1/Z. 1/Z ist der Multiplikator. Siehe dazu *Eisenberg*, 414.

[812] *Universal City Studios Inc. v. Francis I. du Pont & Co.*, 334 A.2d 216/219ff. (Del. Ch. **1975**); *Gibbons v. Schenley Indus.*, 339 A.2d 460/471 (Del. Ch. **1975**).

[813] *Buffet*, 19 Cardozo L. Rev. 159 **(1997)**; *Clark*, 454.

Allerdings wird gegen die Berücksichtigung des earning value auch Protest erhoben[814]. Die Kritik führt vor allem Prognoseschwierigkeiten an und deckt sich größtenteils mit den Argumenten, die auch in Deutschland gegen die Ertragswertmethode vorgebracht werden[815].

Nachdem der net asset value, market value und earning value ermittelt wurden, multipliziert die Delaware-Block-Methode jeden dieser drei Werte mit der Prozentzahl, die das Gericht dem jeweiligen Wert zubilligt (weighting process). Dieser weighting process basiert auf der Annahme, dass jede Bewertungsmethode für sich genommen unzuverlässig ist. Indem nun unterschiedliche Gewichtungen der einzelnen Werte vorgenommen werden, sei es wahrscheinlicher ein gerechtes Ergebnis zu erzielen[816]. Die Verteilung der einzelnen Gewichtungen hängt dabei stets von den Umständen des Einzelfalls ab[817]. Die Summe der so gewichteten Werte stellt dann den fair value der Anteile dar. Zur Veranschaulichung mag folgendes Beispiel dienen:

	Errechneter Wert	Gewichtung	Gewichteter Wert
net asset value	80 US-$	10 %	8 US-$
market value	70 US-$	50 %	35 US-$
earnings value	40 US-$	40 %	16 US-$
		fair value	59 US-$

(b) Kritik

Die Delaware-Block-Methode führt dazu, dass der höchste Wert, den ein Unternehmen nach einer Bewertungsmethode erlangt, mit anderen viel niedrigeren Werten abgeglichen wird. Kritisiert wird hieran, dass diese Vorgehensweise vernachlässigt, dass Unternehmen am Markt im Regelfall zu ihren höchsten Werten gekauft und verkauft werden[818]. Daher würde die Delaware-Block-Methode den Anteilen der Minderheitsaktionäre einen unrealistisch niedrigen

814 *Fischel*, Am. B. Found. Res. J. 875/891 (**1983**).
815 Siehe *Clark*, 454f.; *Seligman*, 1080f..
816 *Endicott Johnson Corp. v. Bade*, 338 N.E.2d 614/616 (**1975**).
817 *In re Valuation of Common Stock of Libby, McNeil & Libby*, 406 A.2d 54 (Me. **1979**); siehe auch *Lipton/Steinberger*, 441.
818 *Klein/Coffee*, 203.

Wert beimessen[819]. Dies würde die Minderheitsgesellschafter unangemessen benachteiligen.

Zudem bestehen zwischen den drei aufgeführten Bewertungsmethoden erhebliche Unterschiede im Hinblick auf die Ergebnisse. Empirische Untersuchungen haben ergeben, dass der earning value fast immer wesentlich niedriger ist als der market value bzw. der asset value[820]. Damit decken sich die Erfahrungen mit dem earning value mit denen, die man in Deutschland mit der Ertragswertmethode gemacht hat[821].

(c) Weinberger v. Uop, Inc.

Die Defizite der Delaware-Block-Methode blieben auch den Gerichten nicht verborgen. Der Delaware Supreme Court hat schließlich in Weinberger v. UOP, Inc. Abstand von der Delaware-Block-Methode genommen und die Rechtsprechung Delawares für neue betriebswirtschaftliche Erkenntnisse geöffnet[822]. Die Gerichte sind nun in der Lage, bei der Beurteilung des fair value der Anteile alle Techniken und Methoden zu nutzen, die allgemein in der Finanzwelt akzeptiert sind. Entscheidend ist, dass das Abfindungsverfahren fair ist und sich der Abfindungspreis am wirklichen Wert der Anteile orientiert.

Andere Bundesstaaten folgten dem Beispiel Delawares und passten ihre Spruchpraxis entsprechend an. In New York wurde sogar das Gesellschaftsrecht entsprechend modifiziert[823]. Gleiches gilt für den RMBCA[824] und die ALI Principles of Corporate Governance[825].

---

[819] *Eisenberg*, 1070. Vgl. auch Note, *Using Capital Cash Flows to Value Dissenters' Shares in Appraisal Proceedings*, 112 Harv. L. Rev. 2099/2104 **(1998)**.

[820] Note, *Valuation of Dissenters' Stock under Appraisal Statutes*, 79 Harv. L. Rev. 1453/1469ff. **(1966)**.

[821] Siehe oben, § 8 III. 3. a).

[822] 457 A.2d 701/713 (Del. **1983**). Wörtlich heißt es:" Accordingly, the standard ‚Delaware block' or weigthed average method of valuation, formerly employed in appraisal and other stock valuation cases, shall no longer exclusively control such proceedings. We believe that a more liberal approach must include proof of value by any techniques or methods which are generally considered acceptable in the financial community and otherwise admissible, subject to our Interpretation of 8 Del. C. § 262 (h)".

[823] § 623 (h) (4) N.Y. Bus. Corp. Law: "In fixing the fair value of the shares, the court shall consider, …, the concepts and methods then customary in the relevant securities and financial markets for determining fair value of shares of a corporation …".

[824] § 13.01 (4) RMBCA: "'Fair value' means the value of the corporation's shares determined: … (2) using customary and current valuation concepts and techniques generally employed for similar businesses in the context of the transaction requiring appraisal …".

[825] § 7.22 (a) ALI Principles of Corporate Governance: "… fair value should be determined using the customary valuation concepts and techniques generally employed in the relevant

Seitdem stellen vor allem die Gutachten von Finanzanalysten und Investmentbankern die Grundlage der Bewertung in einem appraisal-Verfahren dar. In der Praxis zeichnet sich dabei ab, dass diese Gutachten vor allem auf der Discounted-Cash-Flow-Methode basieren, bei der der erwarteten Cash-flow des Unternehmens kapitalisiert wird[826]. Diese Bewertungsmethode wurde bereits oben dargestellt[827]. Insofern kann darauf verwiesen werden. Diese Bewertungstechnik wird heute hauptsächlich anstelle der earning value-Methode verwendet[828].

Daneben wird auch noch eine Technik angewandt, bei der der angebotene Abfindungspreis mit anderen gezahlten Preisen in ähnlichen Akquisitionen verglichen wird (comparative company approach)[829]. Schwerpunkt des Vergleichs ist unter anderem der earning value und der Börsenkurs der Unternehmen.

Allerdings ist die Delaware-Block Methode nicht vollends bedeutungslos geworden[830]. Sie stellt auch heute noch ein anerkanntes Bewertungsverfahren dar[831]. Die Weinberger-Entscheidung hat insofern nur klargestellt, dass der fair value der Anteile nach der bestmöglichen Bewertungsmethode zu ermitteln ist[832].

Zudem wird noch von Seiten der Literatur eine verstärkte Berücksichtigung des Börsenkurses propagiert[833]. Diese Ansicht stützt sich auf die Annahme, dass jeder feststellbare Marktpreis, unabhängig davon wie eingeschränkt das Handels-

---

securities and financial markets for similar businesses in the context of the transaction giving raise to appraisal."

826 *Cavalier Oil Corp. v. Harnett*, 564 A.2d 1137/1145f. (Del. **1989**); *Alabama By-Products Corp. v. Neal*, 588 A.2d 255/258 (Del. **1991**); *Radiology Assoc., Inc. Litig.*, 611 A.2d 485/490 (Del. Ch. **1991**). Zu den maßgeblichen Kriterien bei der Analyse: *Ross/Westerfield/Jordan*, 220. Kritisch zur Discounted-Cash-Flow-Methode: *Buffet*, 19 Cardozo L. Rev. 159/160 (**1997**).

827 Siehe oben, § 8 III. 1. b).

828 *Seligman*, 1116.

829 *Le Beau v. M.G. Bancorporation, Inc.*, Civ. Action 13414, WL 44993 (Del. Ch. **1998**); *Clark*, 527.

830 *Eisenberg*, 403; *Seligman*, 1094; *Soderquist*, 245. Zurückhaltender: *Calio*, 32 Am. Bus. L.J. 1/44 (**1994**).

831 Siehe *Rosenblatt v. Getty Oil Co.*, 493 A.2d 929/940 (Del. **1985**); *Leader v. Hycor, Inc.*, 395 Mass. 215, 479 N.E.2d 173 (**1985**).

832 *In re Valuation of Common Stock of McLoon Oil Co.*, 565 A.2d 997/1004f. (Me. **1989**); *Leader v. Hycor, Inc.*, 395 Mass. 215, 479 N.E.2d 173 (**1985**).

833 *Fischel*, Am. B. Found. Res. J. 875/892 - 894 (**1983**); *Oesterle*, 15; *Seligman*, 1081; *Wertheimer*, 47 Duke L.J. 613/ 648f. (**1998**), der allerdings stets den Börsenkurs nach oben hin anpassen will, um einen bereits im Preis enthaltenen minority discount auszugleichen. Zurückhaltender *Eisenberg*, 412 m.w.N..

volumen ist, immer noch besser als künstliche Bewertungsmethoden geeignet ist, den fair value der Anteile zu ermitteln.

Alles in allem ist nach der Weinberger-Entscheidung weitestgehend offen, auf welche Art und Weise die Abfindung festzulegen ist. Voraussetzung ist lediglich, dass die jeweilige Technik in der Finanzwelt allgemein akzeptiert ist. Welcher Bewertungsmethode konkret der Vorzug zu geben ist, hängt somit letztlich immer von den Umständen des Einzelfalls und den von den Parteien vorgelegten Beweisen ab[834].

(2) Minority Discount

Teilweise wurde nach der Weinberger-Entscheidung vertreten, dass bei der Bewertung von Anteilen von Minderheitsaktionären ein Abzug vorzunehmen sei, da diese nur eingeschränkt handelbar seien (minority discount bzw. nonmarketability discount)[835]. Die meisten Gerichte haben sich jedoch geweigert einen derartigen Abzug vorzunehmen, da dies Minderheitsaktionäre nur aufgrund ihrer schwächeren Stellung bestrafen und den Mehrheitsaktionär unangemessen begünstigen würde[836]. Auch der RMBCA[837] sowie die ALI Principles of Corporate Governance[838] lehnen ausdrücklich einen minority discount ab.

(3) Ergebnis

Insgesamt bleibt festzustellen, dass bei der Bewertung der Anteile ausscheidender Minderheitsaktionäre große Ähnlichkeiten zwischen den USA und Deutschland bestehen: Ziel ist es auch hier den Minderheitsaktionären den Wert zukommen zu lassen, den sie bei einem Verkauf ihrer Anteile auf dem freien Markt hätten erzielen können. Dabei versuchen die amerikanischen Gerichte sich möglichst eng an dem Marktpreis zu orientieren. Die stock market exception[839] sowie die starke Berücksichtigung des market value in Rechtsprechung und Lehre sind Indizien dafür, dass auch hier die primäre Bedeutung des Börsenwertes für die Anteilsbewertung anerkannt wurde. Würde der Börsenhandel als ein perfekter und effizienter Markt funktionieren, wäre allein der Börsenkurs maßgebliches Bewertungskriterium[840]. Allerdings ist man sich ebenfalls in den

[834] *Gonsalves v. Straight Arrow Publishers*, 701 A2d 357 (Del. **1997**); *Bell v. Kirby Lumber Corp.*, 413 A.2d 137 (Del. **1980**); *Wertheimer*, 47 Duke L.J. 613/628 (**1998**).

[835] *Colombia Management Co. v. Wyss*, 765 P.2d 207 (Or Ap **1988**).

[836] *Cavalier Oil Corp. v. Harnett*, 564 A.2d 1137/1144f. (Del. **1989**); *In re Valuation of Common Stock of McLoon Oil Co.*, 565 A.2d 997/1004f. (Me. **1989**); *Mt Properties, Inc. v. CMC Real Estate Corp.*, 481 N.W.2d 383 (Minn.App. **1992**). Siehe auch Official Comment 2, § 13.01 RMBCA.

[837] § 13.01 (4) (iii) RMBCA.

[838] § 7.22 (a) ALI Principles of Corporate Governance.

[839] Siehe oben, § 3 V. 4..

[840] So bereits *Brudney*, 4 J. Corp. L. 63/64f. (**1978**).

USA bewusst, dass es Situationen geben kann, in denen der Börsenkurs nicht den wahren Wert des Unternehmens widerspiegelt. Derartige unzuverlässige Börsenkurse treten dabei besonders häufig bei einem freeze-out auf. Dann ist es notwendig, unabhängige Bewertungen einzuholen, um den Marktpreis zu korrigieren. Die verwendeten Bewertungsmethoden sind vergleichbar bzw. nahezu identisch mit der deutschen Ertragswertmethode und ihren Variationen. Somit entspricht sowohl das US-amerikanische Bewertungsverfahren, als auch die dahinterstehende Wertung weitestgehend der hier für das deutsche Squeeze-out vorgeschlagenen Vorgehensweise.

bb) Großbritannien

Auch in Großbritannien ist Voraussetzung für eine compulsory acquisition, dass die Minderheitsaktionäre für ihr Ausscheiden aus der Gesellschaft eine Gegenleistung erhalten.

(1) Takeover Offer

Im Gegensatz zum deutschen und US-amerikanischen Ausschlussverfahren wird im britischen Companies Act allerdings nicht explizit gefordert, dass die Abfindung der ausscheidenden Aktionäre fair bzw. angemessen sein muss. Stattdessen gibt der Bieter die Abfindungshöhe zunächst durch sein Übernahmeangebot einseitig vor. Um den Ausschluss von Minderheitsaktionären zu erreichen, ist er aber auf die Akzeptanz des Angebots von 90 Prozent der außenstehenden Aktionäre angewiesen[841]. Betrachten die Aktionäre die angebotene Gegenleistung nicht als angemessen, verfehlt der Bieter die nötige Zustimmung. In diesem Fall wird der Bieter in aller Regel ein höheres Angebot vorlegen, sofern er an dem Ausschluss noch interessiert ist. Erst wenn 90 Prozent der außenstehenden Aktionäre das (nachgebesserte) Angebot des Bieters akzeptieren, kann der Ausschluss erfolgen. Hintergrund dieser Regelung ist die Annahme, dass es eines angemessenen Angebots bedarf, bevor 90 Prozent der außenstehenden Aktionäre zustimmen.

Handelt es sich bei der Zielgesellschaft um ein börsennotiertes Unternehmen, so ist davon auszugehen, dass der Bieter sich bei der Festlegung der Gegenleistung an dem Börsenkurs orientieren wird. Ansonsten würde wohl kaum ein außenstehender Aktionär das Angebot annehmen. In den meisten Fällen wird es sogar notwendig sein ein Angebot abzugeben, das den gegenwärtigen Börsenkurs übersteigt, um so einen deutlichen Anreiz zur Annahme zu schaffen.

---

[841] Siehe oben, § 4 II. 2..

(2) Bewertung
Hat der Bieter mit seinem Angebot aber die Akzeptanz von 90 Prozent der außenstehenden Aktionäre gefunden, dann gehen die Gerichte im allgemeinen davon aus, dass das Angebot fair ist. Daher wird es auch für die verbleibenden Minderheitsaktionären als zumutbar angesehen, zu denselben Konditionen aus der Gesellschaft auszuscheiden. Eine Korrektur der Abfindung wird von den Gerichten nur in Ausnahmefällen vorgenommen[842]. Im Falle einer börsennotierten Aktie sehen die Gerichte im übrigen den gegenwärtigen Börsenkurs der Anteile als den zwingenden, wenngleich nicht endgültigen Ausdruck des wahren Wertes der Beteiligung an[843]. Dem asset value der Zielgesellschaft wird demgegenüber keinerlei Bedeutung beigemessen[844].

(3) Ergebnis
Das britische Recht hat sich auf den ersten Blick für ein Ausschluss- und Abfindungsverfahren entschieden, das sich durch die Verknüpfung mit einem takeover offer stark von der deutschen und US-amerikanischen Lösung unterscheidet. Bei näherer Betrachtung werden jedoch Parallelen sichtbar. Auch hier ist durch die Verknüpfung der compulsory acquisition mit einem öffentlichen Übernahmeangebot gewährleistet, dass die Minderheitsaktionäre Abfindungen erhalten, die dem Börsenkurs entsprechen und ihn im Regelfall sogar übersteigen. Damit wurde auch in Großbritannien die primäre Bedeutung des Börsenkurses für die Abfindung über den Umweg des takeover offer anerkannt.

cc) Abschließende Betrachtung
Der Vergleich mit den USA und auch Großbritannien zeigt, dass auch dort dem Börsenkurs eine elementare Rolle bei der Festlegung der Abfindung der ausscheidenden Minderheitsaktionäre zukommt. Genau so wie bei der hier vorgeschlagenen Vorgehensweise ist man dort bemüht, bei einem zuverlässigen Markt die Abfindung auf der Grundlage des Börsenwertes festzustellen. Nur wenn dies nicht möglich ist, greift man auf Bewertungsmethoden zurück, die der deutschen Ertragswertmethode entsprechen bzw. ihr zumindest nahe kommen.

Würde man beim deutschen Squeeze-out den Börsenkurs von vornherein ignorieren und statt dessen stets den im Regelfall niedrigeren Ertragswert heranziehen, so würden die Minderheitsaktionäre in Deutschland wesentlich anders als Minderheitsaktionäre in den USA und Großbritannien behandelt werden. Erklärtes Ziel der neuen Squeeze-out-Regelung ist es den Finanzplatz Deutschland den

[842] Siehe oben, § 4 II. 3..
[843] *Re Grierson, Oldham & Adams Ltd* **[1968]** Ch 17; **[1967]** 1 WLR 385; **[1967]** 1 All ER 192 (Ch); *Boyle & Birds'*, § 16.27.
[844] *Re Press Caps Ltd* **[1949]** Ch 434 CA; *Re Grierson, Oldham & Adams Ltd* **[1968]** Ch 17.

internationalen Standards anzupassen[845]. In Anbetracht dessen erschiene es inkonsequent, wenn ausgeschlossene Minderheitsaktionäre in Deutschland gegenüber ausgeschlossenen Minderheitsaktionären in den USA und Großbritannien eine deutlich schlechtere Stellung hätten.

Teilweise wird jedoch geltend gemacht, dass rechtsvergleichende Betrachtungen für Aktivitäten des Gesetzgebers nützlich sein können, nicht jedoch für die Feststellung des Regelungsinhalts bestehender Gesetze[846]. Dieser Einwand dürfte aber so nicht haltbar sein. Angesichts der Globalisierung des Wirtschaftslebens kommt der Wettbewerbsfähigkeit der deutschen Rechtsordnung eine entscheidende Bedeutung zu. Deshalb macht es Sinn, Erfahrungen anderer Rechtsordnungen auszuwerten, die entscheidend für die Positionierung Deutschlands auf dem internationalen Kapitalmarkt sein können[847]. Allein auf dem Kapitalmarkt wird nämlich entschieden, bei welchen Gesellschaften Investitionen stattfinden und von welchen Gesellschaften Investitionen abgezogen werden.

Kapitalmarkttauglichkeit heißt dabei nicht weltweite Uniformität und auch nicht Absenkung des gesellschaftsrechtlichen Schutzes auf Mindeststandards. Auch müssen nicht alle systematischen Unterschiede eingeebnet werden. Erforderlich ist vielmehr, unsere Rechtsordnung so weiterzuentwickeln und flexibel zu machen, dass sie Kapitalmarkttransaktionen nicht im Wege steht und die Attraktivität für ausländische Investoren nicht beeinträchtigt wird.

Die Internationalisierung des Anteilsbesitzes ist heute eine Tatsache, der sich auch das deutsche Recht nicht entziehen kann[848]. Großunternehmen nehmen heute ihr Eigenkapital auf den internationalen Finanzmärkten auf. Viele der großen Publikumsgesellschaften in Deutschland gehören immer öfter auch ausländischen institutionellen und privaten Investoren. Dabei vertreten die ausländischen Anleger regelmäßig Minderheitspositionen[849]. Die Kapitalmärkte bewerten deswegen Systeme, die Defizite im Schutz der Investoren aufweisen, mit Risikoabschlägen. Das regulatorische Umfeld des kapitalnachfragenden Unternehmens erlangt so Bedeutung für dessen Eigenkapitalkosten und stellt damit

---

[845] *Allgemeiner Teil der Begründung des Regierungsentwurfs*, BT-Drucksache 14/7034, 27 und 31.

[846] So *OLG Stuttgart*, ZIP **1995**, 1515/1518f.. Sehr kritisch hinsichtlich des Einflusses des anglo-amerikanischen Rechtsdenkens auf das deutsche Gesellschaftsrecht auch: *Schulze-Osterloh*, ZIP **2001**, 1433ff..

[847] Der Supreme Court der Vereinigten Staaten berücksichtigt und zitiert in seiner neueren Rechtsprechung Entscheidungen europäischer Gerichtshöfe, vgl. dazu *Tushnet*, 108 Yale L.J. 1225/1230ff. **(1999)**.

[848] Vgl. z.B. *Report of the High Level Group of Company Law Experts on Issues related to Takeover Bids*, 76; *Peemöller/Kunowski/Hillers*, WPg **1999**, 621; *Picot*, 1f..

[849] *Hecker/Wenger, ZBB* **1995**, 321/324.

einen Wettbewerbsparameter dar. Wenn das deutsche Aktienrecht langfristig in dem dadurch eröffneten Wettbewerb der Regelsysteme bestehen will, muss es daraus die notwendigen Konsequenzen ziehen. Dies bedeutet im Hinblick auf den Squeeze-out, dass ein Verfahren zu wählen ist, das einen Ausschluss von Minderheitsaktionären zu ähnlichen Konditionen wie in den USA und Großbritannien ermöglicht. Durch die Ausrichtung an den international anerkannten Methoden der Anteilsbewertung verlieren nämlich die strukturellen Unterschiede zwischen nationalen Kapitalmärkten an Bedeutung. Damit entfällt aber auch die Notwendigkeit zur Zahlung zusätzlicher Prämien, die ausländische Investoren trotz möglicherweise weniger vorteilhafter Rahmenbedingungen am deutschen Kapitalmarkt zur Durchführung einer Transaktion bewegen sollen. Die primär marktorientierte Bewertung dient damit letztlich dazu, internationale Investitionen in Deutschland erheblich zu erleichtern.

Auch ein Rechtsvergleich spricht daher dafür, Börsenkurse bei der Bestimmung der Barabfindung auch beim Squeeze-out nicht vollends zu ignorieren.

g) Ergebnis

Zusammenfassend lässt sich also folgendes feststellen: Das oben gefundene Ergebnis zur Bedeutung des Börsenkurses bei der Bestimmung von Abfindungen ist auch auf das Squeeze-out-Verfahren zu übertragen. Danach ist auch hier grundsätzlich davon auszugehen, dass dem Börsenkurs indizielle Bedeutung für die Bestimmung des Verkehrswertes und damit der Barabfindung zukommt. Eine Ausnahme davon ist allerdings dann zu machen, wenn es keinen ausreichenden Markt für die betreffenden Aktien gibt. Dies ist bei einer fehlender Liquidität anzunehmen. Verfehlt ist es, allein aus der Tatsache, dass beim Squeeze-out nur noch bis zu fünf Prozent der Aktien gehandelt werden können, die Schlussfolgerung zu ziehen, dass automatisch der Börsenkurs unzuverlässig ist. Auch hier kann es einen steten Handel geben. Daher ist auch beim Squeeze-out der Börsenpreis nicht von vornherein auszuschließen. Als Maßstab für eine ausreichende Liquidität der betreffenden Aktien ist § 5 IV WpÜG-Angebotsverordnung heranzuziehen. Wenn für die Aktien der Gesellschaft an weniger als einem Drittel der Börsentage Börsenkurse festgestellt worden sind und mehrere nacheinander festgestellte Börsenkurse um mehr als fünf Prozent voneinander abweichen, ist der Börsenkurs keine zuverlässige Grundlage mehr für die Bestimmung der Barabfindung nach §§ 327a I 1, 327b I 1 AktG. Die Beweislast hierfür trägt aber allein der abfindungsverpflichtete Hauptaktionär. Dies dient im übrigen dazu auch die Eigenverantwortung der Verfahrensbeteiligten zu stärken. In Zukunft werden daher die Bewertungsgutachten des Hauptaktionärs über die Gesellschaft regelmäßig um eine allgemeine Kapitalmarktanalyse sowie um die spezifische Auswertung der Börsenkursentwicklung der Aktie der zu bewertenden Gesellschaft erweitert werden müssen. Gelingt dem Hauptaktionär der

Nachweis im obengenannten Sinne, so ist die Barabfindung nach der Ertragswertmethode zu bestimmen.
Ergibt die Überprüfung der Barabfindung durch die Sachverständigen nach § 327c II 2 AktG, dass die Barabfindung nach der Ertragswertmethode höher ist als der entsprechende Börsenkurs, so ist allein der höhere Gutachtenwert maßgebend.
Im Falle einer Kursmanipulation gilt es zunächst den Börsenkurs zu bereinigen. Nur in Ausnahmefällen ist die Bestimmung der Barabfindung nach der Ertragswertmethode vorzunehmen.
Dieses Vorgehen hat für sich, dass zum einen die verfassungsrechtlichen Vorgaben der DAT/Altana-Entscheidung berücksichtigt werden, zum anderen aber ein Automatismus vermieden wird, der flexible Lösungen von vornherein ausschließt. Schließlich entspricht eine solche Verfahrensweise auch am ehesten den Standards, wie sie bei Ausschlussverfahren in anderen maßgeblichen Rechtsordnungen üblich sind, was eine Verbesserung der Position Deutschlands auf dem internationalen Kapitalmarkt zur Folge haben dürfte.

6. Feststellung des Börsenkurs

Nachdem nun festgestellt wurde, dass beim Squeeze-out der Börsenkurs grundsätzlich als Maßstab für die Bestimmung der Barabfindung dient, liegt das nächste Problem darin, festzustellen, wie genau der Börsenpreis zu ermitteln ist. In der DAT/Altana-Entscheidung hat das Bundesverfassungsgericht diese Frage ausdrücklich offengelassen[850]. Entscheidend sei allein, dass die Zivilgerichte durch die Wahl eines entsprechenden Referenzkurses einem Missbrauch beider Seiten begegnen.

a) Maßgeblicher Börsenpreis

Zunächst ist zu erörtern, welcher Preis der Bestimmung der Abfindung zugrunde zulegen ist.

aa) Die Ansicht von Schiessl

Schiessl schlägt vor, entsprechend § 54a I Nr.2 der Börsenordnung für die Frankfurter Wertpapierbörse[851], der die Voraussetzungen eines delisting regelt, auf den höchsten Börsenkurs der letzten sechs Monate abzustellen[852].

bb) Die Ansicht des OLG Düsseldorf

Das OLG Düsseldorf beabsichtigte in seiner Entscheidung vom 25. Mai 2000 auf den mittleren Börsenkurs am Tag der Beschlussfassung der Hauptversamm-

[850] *BVerfG*, WM **1999**, 1666/1670 – DAT/Altana.
[851] Die Börsenordnungen sind Satzungen der öffentlich-rechtlichen Anstalt Börse.
[852] *Schiessl*, AG **1999**, 442/451.

lung abzustellen[853]. Wegen der Divergenz zu anderen Entscheidungen desselben Gerichts legte der Senat die sofortigen Beschwerden der Parteien dem Bundesgerichtshof zur Entscheidung vor.

cc) Die Ansicht des Bundesgerichtshofes

Der Bundesgerichtshof leitete aus den Vorgaben des Bundesverfassungsgerichts ab, dass grundsätzlich sowohl das Zugrundelegen des Börsenkurses zum Stichtag als auch ein auf den Stichtag ermittelter durchschnittlicher Aktienkurs verfassungsrechtlich unbedenklich seien[854]. Entgegen dem vorlegenden OLG Düsseldorf sprach er sich aber gegen die Berücksichtigung des Aktienkurses zum Stichtag aus und griff stattdessen auf einen Durchschnittkurs zurück. Damit stimmt der Bundesgerichtshof mit der wohl herrschenden Meinung in der Literatur überein[855].

dd) Stellungnahme

Gegen einen Durchschnittkurs wird vorgebracht, dass die Festlegung auf eine spezielle Zeitspanne schon deshalb Schwierigkeiten bereite, weil die Aussagekraft des Börsenkurses – auch über einen längeren Zeitraum betrachtet – stark davon abhänge, in welchem Maße die Aktien der betreffenden Gesellschaft überhaupt an der Börse gehandelt werden[856].

Nach der hier vertretenen Ansicht kommt aber beim Squeeze-out die Berücksichtigung des Börsenkurses sowieso nur in Betracht, wenn eine ausreichende Liquidität vorhanden ist. In diesen Fällen ist aber die Feststellung eines Durchschnittskurses ohne weiteres möglich.

Des weiteren wird eingewandt, dass die Minderheitsaktionäre bei einer Deinvestitionsentscheidung nie einen Durchschnittskurs aus einem längeren Zeitraum hätten erzielen können[857]. Wenn ihnen dennoch ein Durchschnittskurs zugebilligt werden würde, bedeute dies, dass für sie das Risiko der spekulativen Kapitalanlage Aktie abgeschwächt wird.

---

[853] *OLG Düsseldorf*, ZIP **2000**, 1525/1527f.; *LG Dortmund*, AG **2001**, 544/545; zustimmend *Bilda*, JR **2002**, 17f.; *ders.*, NZG **2000**, 296/299f.; *Hüttemann*, ZGR **2001**, 454 /462f.; *Piltz*, ZGR **2001**, 185/200ff., der allerdings stets den Börsenkurs auf Manipulationen untersuchen will, wobei Vergleiche mit den Börsenkursen anderer Unternehmen, insbesondere der gleichen Branche, angestellt werden sollen. Ähnlich auch für Verschmelzungen *Weiler/Meyer*, ZIP **2001**, 2153/2157f., sofern ein offensichtlicher Missbrauch nicht vorliegt.

[854] *BGH*, BB **2001**, 1053/1056 – DAT/Altana.

[855] *Behnke*, NZG **1999**, 934; *Ehricke/Roth*, DStR **2001**, 1120/1123; *Henze*, Rn.411; *KK-WpÜG-Hasselbach*, § 327b Rn.19; *Luttermann*, EWiR **1998**, 965/966; *ders.*, ZIP **1999**, 45/51; *Meilicke/Heidel*, DB **2001**, 973/974; *Rodloff*, DB **1999**, 1149/1153; *Wilm*, NZG **2000**, 234/238. So nun auch: *OLG Düsseldorf*, AG **2003**, 329/330.

[856] *Hüffer/Koch*, NZG **2000**, 748.

[857] *Bilda*, JR **2002**, 17/18; *Hüttemann*, ZGR **2001**, 454 /462.

Gegen die Heranziehung eines einzelnen Tageskurses, sei es der höchste Börsenkurs in den letzten sechs Monaten oder der Börsenkurs am Tag der Beschlussfassung der Hauptversammlung, spricht aber, dass dieser in erheblichen Maße von zufälligen Marktbedingungen abhängig ist. Extreme Kursveränderungen an dem maßgeblichen Tag wären möglich und würden zu Kursen führen, die zum sonstigen Börsenverlauf in keinem Zusammenhang stehen. Diese Kursveränderungen sind auch nicht Ausdruck des spekulativen Charakters der Aktie, sondern stellen eine Marktverfälschung dar. Es ist kaum anzunehmen, dass die Gesamtheit der Minderheitsaktionäre ihre Anteile zu einem solchen extremen Kurs veräußert hätte.
Zudem ist ein einzelner Börsenkurs viel anfälliger für Kursmanipulationen. Die Befürchtungen, bei Zugrundelegung eines einzelnen Börsenwertes könnten Marktteilnehmer den Börsenkurs gezielt in ihrem Interesse beeinflussen, sind nicht von der Hand zu weisen. Aus Gründen der Rechtssicherheit kommt daher ein einzelner Tageskurs als Mittel zur Bestimmung der Barabfindung nicht in Betracht[858].
Dagegen kommt einem Börsenkurs dann eine wesentlich höhere Aussagekraft für den Verkehrswert der Aktie zu, wenn er sich als Durchschnittskurs über eine längere Referenzperiode ergibt. Aus diesem Grund sieht auch § 31 I 2 WpÜG vor, dass bei der Bestimmung der Gegenleistung bei einem Übernahmeangebot der durchschnittliche Börsenkurs zu berücksichtigen ist. Wieso hiervon beim Squeeze-out abgewichen werden soll, ist nicht ersichtlich.

Teilweise wird kritisiert, dass der Durchschnittswert bei sich bewegenden Kursen einen Vergangenheitswert abbilde[859]. Auf den Vergangenheitswert hätten die Aktionäre keinen Anspruch, weder wenn er höher noch wenn er niedriger ist als der Stichtagswert.
Dem ist aber entgegenzuhalten, dass die Heranziehung eines Durchschnittskurses der Ermittlung eines aktuellen repräsentativen Börsenwertes dient. Der Durchschnittskurs stellt keinen längst vergangenen Kurs dar, sondern knüpft direkt an die Gegenwart an. Er ist Ausdruck des bereinigten, gegenwärtigen Börsenwertes.

Eventuell könnte man auch den Wortlaut des § 327b I 1 AktG gegen einen Durchschnittskurs anführen. Parallel zum Beherrschungsvertrag nach § 305 III 2 AktG und zur Mehrheitseingliederung nach § 320b I 5 AktG legt § 327b I 1 AktG für den Squeeze-out fest, dass bei der Abfindung die Verhältnisse der Gesellschaft im Zeitpunkt der Beschlussfassung der Hauptversammlung zu berücksichtigen sind (Stichtagsprinzip).

---

858 Siehe auch *BGH*, BB **2001**, 1053/1056 – DAT/Altana; *Meilicke/Heidel*, DB **2001**, 973/974; *Wilm*, NZG **2000**, 234/ 238.
859 *Piltz*, ZGR **2001**, 185/201. Vgl. auch *LG Dortmund*, AG **2001**, 544/546.

Diesbezüglichen Bedenken ist aber bereits das Bundesverfassungsgericht in seiner DAT/Altana-Entscheidung entgegengetreten, indem es erklärte, dass zu den im Berücksichtigungszeitpunkt maßgeblichen Verhältnissen nicht nur der Tageskurs, sondern auch ein auf diesen Tag bezogener Durchschnittswert gehört[860].

Weiterhin ist zu beachten, dass beim Squeeze-out allein der Hauptaktionär über den Zeitpunkt des Ausschlusses entscheidet. Oftmals wird auch der Hauptaktionär über bessere Kenntnisse hinsichtlich der künftigen Entwicklung des Unternehmens verfügen. Insofern besteht die Gefahr, dass der Ausschluss gezielt zu einem Zeitpunkt durchgeführt wird, an dem das Unternehmen am Markt unterbewertet ist. Eine solche Vorgehensweise wird aber zumindest erschwert, wenn ein durchschnittlicher Referenzkurs gewählt wird.

Somit spricht vieles dafür, einen Durchschnittskurs der Berechnung zugrunde zu legen. Dieser stellt ein effizientes Mittel dar, um extremen Kursveränderungen und Kursmanipulationen zu begegnen. Zugleich lässt er einen Rückschluss auf den maßgeblichen Verkehrswert der Aktien zu, der für Minderheitsaktionäre bei einer freiwilligen Deinvestition realisierbar gewesen wäre.

b) Dauer des Referenzzeitraums

Als nächster Schritt ist nun festzustellen, wie lang die Referenzperiode, die die Grundlage des Durchschnittskurses bildet, sein soll. Auch hierzu machte das Bundesverfassungsgericht in seinem DAT/Altana-Beschluss keine konkreten Vorgaben. Die Festlegung sollte ausdrücklich den Zivilgerichten überlassen bleiben[861]. In der nach der Entscheidung veröffentlichten Rechtsprechung und Literatur besteht über die angemessene Dauer des Referenzzeitraums keine Einigkeit. So wird gefordert, dass der Referenzzeitraum fünf bis zehn Börsentage[862], 30 oder 100 Tage[863], drei Monate[864], fünf Monate[865], sechs Monate[866], zwölf Monate[867], zwei Jahre[868], zwei bis drei Jahre[869] beträgt. Der Bundesge-

[860] Vgl. *BVerfG*, WM **1999**, 1666/1670 – DAT/Altana.
[861] *BVerfG*, a.a.O..
[862] *Busse von Colbe*, FS Lutter, 1063.
[863] *Wilken*, ZIP **1999**, 1443/1444.
[864] *LG Dortmund*, AG **2001**, 544/545.
[865] *OLG Stuttgart*, DB **2000**, 709/710. Eingeräumt wurde aber, dass die Betrachtung der Entwicklung des Börsenkurses über einen Zeitraum von zwei bis drei Jahren wünschenswert wäre. Allerdings war dies im zu entscheidenden Fall nicht geboten, da von keiner Seite ein höherer Durchschnittswert für den relevanten Zeitraum vorgetragen wurde.
[866] *Vetter*, DB **2001**, 1347/1351.
[867] *LG München I*, ZIP **2000**, 1055/1056; *Müller*, FS Bezzenberger, 718; *Bungert/Eckert*, BB **2000**, 1845/1849; *Wilm*, NZG **2000**, 234/239.
[868] *OLG Stuttgart*, BB **2000**, 1313; EWiR, **2000**, 209f..

richtshof hat schließlich in seiner DAT/Altana-Entscheidung vertreten, dass der Referenzkurs aus Börsenkursen der letzten drei Monate zu bilden ist[870]. Dagegen lehnte der Bundesgerichtshof einen Referenzzeitraum von mehr als drei Monaten, insbesondere von mehr als sechs Monaten ausdrücklich ab[871]. Eine nähere Begründung lieferte er hierfür leider nicht.

aa) Gesetzliche Vorbilder

Um die Dauer des Referenzzeitraums beim Squeeze-out zu ermitteln, ist es sinnvoll, zunächst nach gesetzlichen Vorbildern zu suchen, die eine Orientierungshilfe bieten können.

Zwar gibt es eine ganze Reihe von Bestimmungen, die auf den Börsenpreis abstellen, etwa §§ 385, 1221, 1235 II, 1295 BGB, 376 II HGB, 821 ZPO. Zur Anwendung kommt in diesen Fällen jedoch lediglich ein nicht näher definierter Börsen- oder Marktpreis. Eine Entscheidungshilfe bieten diese Vorschriften damit nicht.

Auch das Übernahmegesetzes sieht im Gegensatz zu den Vorentwürfen[872] in § 31 I 2 WpÜG nur vor, dass bei einem Übernahmeangebot der „durchschnittliche Börsenkurs der Aktien der Zielgesellschaft" zu berücksichtigen ist. Darüber hinaus muss die Gegenleistung „angemessen" sein (§ 31 I 1 WpÜG). Von einer näheren gesetzlichen Regelung der Höhe der Gegenleistung im Gesetz wurde aber abgesehen. Vorbild sind die umwandlungsrechtlichen Regelungen zur Barabfindung (§ 29 I 1, § 207 I 1 UmwG), die ebenfalls auf das Erfordernis der Angemessenheit einer Barabfindung verweisen, ohne im Einzelnen auszuführen, welche Kriterien zur näheren Bestimmung der Angemessenheit heranzuziehen sind.

Der Gesetzgeber hat jedoch erkannt, dass aus Gründen der Rechtssicherheit und zur Vermeidung von Rechtsstreitigkeiten die rechtsverbindliche Festlegung von Eckpunkten zur Bestimmung der Angemessenheit und insbesondere des durchschnittlichen Börsenkurses wünschenswert ist. Diese Eckpunkte müssen zudem

---

869 *Vetter*, AG **1999**, 569/571f.; *Luttermann*, ZIP **1999**, 45/51, der allerdings in JZ **1999**, 945//946 nur einen Mindestzeitraum von zwölf Monaten verlangt.

870 *BGH*, BB **2001**, 1053/1056 – DAT/Altana, hinsichtlich eines Beherrschungs- und Gewinnabführungsvertrages; dem folgend: *OLG Düsseldorf*, AG **2003**, 329/330; *OLG Frankfurt a.M.*, AG **2003**, 581/582; ebenfalls zustimmend *Krieger*, BB **2002**, 53/56; *Meilicke/Heidel*, DB **2001**, 973/974.

871 *BGH*, BB **2001**, 1053/1058 – DAT/Altana.

872 § 16 III des Vorentwurfs des WpÜG stellte auf den gewichteten durchschnittlichen inländischen Börsenkurs der stimmberechtigten Aktien während der letzten sechs Monate vor Veröffentlichung der Entscheidung zur Abgabe eines Übernahmeangebots ab.

bei Bedarf kurzfristig modifiziert werden können, um die in der Praxis gewonnenen Erfahrungen zu berücksichtigen. Um diesen Zielen Rechnung zu tragen, ist in § 31 VII WpÜG festgelegt, dass das Bundesministerium der Finanzen in einer Rechtsverordnung nähere Bestimmungen über die Angemessenheit der Gegenleistung erlassen kann. Dem ist man durch den Erlass der bereits erwähnten WpÜG-Angebotsverordnung nachgekommen. § 5 I WpÜG-Angebotsverordnung sieht vor, dass im Falle eines Übernahmeangebots die Gegenleistung mindestens dem gewichteten durchschnittlichen inländischen Börsenkurs der Aktien der Zielgesellschaft während der letzten drei Monate vor der Bekanntmachung der Angebotsabsicht des Bieters nach § 10 I 1 WpÜG oder der Anzeige des Kontrollerwerbs an der Zielgesellschaft nach § 35 I 1 WpÜG entsprechen muss. Sind die Aktien der Zielgesellschaft zum Zeitpunkt der Veröffentlichung noch keine drei Monate zum Handel an einem organisierten Markt im Inland zugelassen, so muss nach § 5 II WpÜG-Angebotsverordnung der Wert der Gegenleistung mindestens dem gewichteten durchschnittlichen inländischen Börsenkurs seit der Einführung der Aktien in den Handel entsprechen. Entsprechendes gilt gemäß § 6 WpÜG-Angebotsverordnung bei der Berücksichtigung ausländischer Börsenkurse.

bb) Übertragbarkeit auf den Squeeze-out

Angesichts der bereits oben erwähnten Nähe des Squeeze-out zum WpÜG[873] liegt es nahe, analog § 5 I WpÜG-Angebotsverordnung auch beim Squeeze-out einen Referenzzeitraum von drei Monaten zugrunde zu legen.

Allerdings ist zu berücksichtigen, dass bei einem dreimonatigen Referenzzeitraum nur maximal 60 bis 70 Handelstage in Betracht kommen. Aufgrund der Tatsache, dass 95 Prozent der Aktien dem Hauptaktionär gehören, wird beim Squeeze-out oftmals ein täglicher Handel von Aktien des betroffenen Unternehmens nicht stattfinden. Insofern könnte man bei einem dreimonatigen Referenzzeitraum bezweifeln, ob die verbleibende Zahl von Tageskursen überhaupt eine ausreichende Grundlage zur Ermittlung eines repräsentativen Durchschnittskurses bildet.
Zu beachten ist aber, dass der Börsenkurs sowieso nur dann ein taugliches Bewertungskriterium darstellt, wenn eine ausreichende Liquidität der betreffenden Aktie gewährleistet ist. Maßstab dafür ist nach der hier vertretenen Ansicht § 5 IV WpÜG-Angebotsverordnung. Damit ist sichergestellt, dass in einem Zeitraum von drei Monaten Börsenkurse an mindestens einem Drittel der Börsentage festgestellt werden konnten. Selbst im ungünstigsten Fall liegen daher mindestens 20 Börsenkurse vor. Dies stellt eine ausreichende Grundlage dar, um

873 Siehe oben, § 8 III. 5. b) bb).

einen Durchschnittskurs zu bilden, der geeignet ist Kursmanipulationen und extremen Kursschwankungen zu begegnen.
Im übrigen ist gerade der Aktienmarkt von der Schnelligkeit seiner Transaktionen geprägt. Insofern muss der Durchschnittskurs auf einem Zeitraum basieren, der in gewisser Nähe zum maßgeblichen Stichtag liegt[874]. Das Erfordernis dieser Nähe lässt es geboten erscheinen, einen nicht zu langen Zeitraum zu wählen.

Somit ist auch beim Squeeze-out von einem Referenzzeitraum von drei Monaten auszugehen[875].

Der Bundesgerichtshof wies in seiner DAT/Altana-Entscheidung am Ende noch darauf hin, dass im Falle eines Handels an mehreren inländischen Börsen die Kurse aller Börsen zu ermitteln und ein Durchschnittskurs aus den Kursfestsetzungen aller Börsen zu errechnen sei[876]. So könne ein ausgeglichenes Ergebnis erzielt werden. Dem ist zu folgen[877].

Schließlich muss noch beachtet werden, dass bei der Ermittlung des Durchschnittskurses der Aktie nicht unmittelbar die jeweiligen Tagesschlusskurse in die Berechnung einbezogen werden dürfen. Es bietet sich parallel zu § 5 I WpÜG-Angebotsverordnung vielmehr an, auf die gewichteten Kurse abzustellen, um den zu den einzelnen Kursen getätigten effektiven Börsenumsätzen angemessen Rechnung zu tragen[878].

c) Der Endpunkt der Referenzperiode

Zuletzt muss noch geklärt werden, auf welchen Endzeitpunkt sich die Referenzperiode zu erstrecken hat.

aa) Tag der Hauptversammlung

Der Bundesgerichtshof hat in seiner DAT/Altana-Entscheidung die Ansicht vertreten, dass sich die Referenzperiode grundsätzlich unmittelbar vor dem Tag der Hauptversammlung zu erstrecken hat[879].

bb) Tag der Bekanntgabe

Dagegen stellen mehrere instanzgerichtliche Entscheidungen[880] sowie die überwiegende Ansicht in der Literatur[881] beim Endzeitpunkt der Referenzperiode

---

874 Vgl. *BGH*, BB **2001**, 1053/1056 – DAT/Altana; *LG Dortmund*, AG **2001**, 544/546.
875 So auch *KK-WpÜG-Hasselbach*, § 327b Rn.19.
876 *BGH*, BB **2001**, 1053/1058 – DAT/Altana.
877 Zustimmend auch *Bungert*, BB **2001**, 1163/1166.
878 Vgl. *KK-WpÜG-Hasselbach*, § 327b Rn.19; *Vetter*, DB **2001**, 1347/1351; einschränkend: *OLG Düsseldorf*, AG **2003**, 329/331.
879 *BGH*, BB **2001**, 1053/1056 – DAT/Altana.

nicht auf den vor Tag der Hauptversammlung, sondern auf den Tag vor der Bekanntmachung der abfindungsverpflichtenden Maßnahme ab. Im Regelfall wird dabei die Bekanntgabe nach § 15 WpHG erfolgen. Dieser Zeitpunkt muss nicht notwendigerweise identisch mit dem Zeitpunkt der Einberufung der Hauptversammlung sein. Vielmehr kann er im Hinblick auf die Pflichten nach § 15 WpHG bereits deutlich früher liegen[882].

cc) Stellungnahme

Die Auffassung des Bundesgerichtshofs hätte zur Konsequenz, dass die Auswirkungen, die das Bekanntwerden des Squeeze-out auf die Entwicklung des Aktienkurses hat, bei der Ermittlung des Durchschnittkurses berücksichtigt werden müssten[883]. Derartige Kursveränderungen wären nämlich im Regelfall gerade keine „sprunghaften Entwicklungen binnen weniger Tage, die sich nicht verfestigen“ [884]. Der Börsenkurs als Untergrenze der Abfindung soll aber den Minderheitsaktionären den Zustand garantieren, der bestehen würde, wenn die zur Ausgleichsleistung verpflichtende Maßnahme nicht vorgenommen worden wäre. Das Bundesverfassungsgericht verlangt zu Recht, dass die Minderheitsaktionäre für ihre Aktien nicht weniger erhalten dürften, als sie „bei einer freien Deinvestitionsentscheidung“, d.h. also ohne die zur Entschädigung verpflichtende Intervention des Mehrheitsaktionärs erlöst hätten[885]. Dem kann nur eine Festsetzung des Referenzkurses genügen, die auf Börsenkurse abstellt, die unbeeinflusst sind von der Bekanntgabe des Squeeze-out und der entsprechenden Barabfindung. Dies ist nur zu erreichen, wenn man einen Durchschnittskurs vor der (Ad-hoc-)Bekanntgabe heranzieht. Dies ist letztlich auch im Interesse des Hauptaktionärs, da so verhindert werden kann, dass die Kurse nachhaltig in die Höhe getrieben werden.

Zudem führt die Ansicht des Bundesgerichtshofs zu technischen Probleme beim Squeeze-out. Um anlässlich der Hauptversammlung beschlossen werden zu können, muss der Squeeze-out als Gegenstand der Tagesordnung bekannt gegeben werden. Die Tagesordnung der Hauptversammlung ist aber nach § 124 I 1 AktG bereits bei der Einberufung in den Gesellschaftsblättern bekanntzugeben.

---

880 *OLG Stuttgart*, DB **2000**, 709/710; *LG Dortmund*, ZIP **2001**, 739/742; *LG München I*, DB **2000**, 1016/1017.

881 *Behnke*, NZG **1999**, 934; *Bungert/Eckert*, BB **2000**, 1845/1849; *Drüke*, DB **2000**, 713/714; *Hüffer/Koch*, NZG **2000**, 748/749; *KK-WpÜG-Hasselbach*, § 327b Rn.20; *Krieger*, BB **2002**, 53/56; *Meilicke/Heidel*, DB **2001**, 973/974f.; *Vetter*, DB **2001**, 1347/1349; *Wilken*, ZIP **1999**, 1443/1444; *Wilm*, NZG **2000**, 234/239; unentschieden: *Piltz*, ZGR **2001**, 185/201.

882 Siehe *Wilm*, NZG **2000**, 234/239 m.w.N..

883 *Angerer*, BKR **2002**, 260/264; *Meilicke/Heidel*, DB **2001**, 973/975; *Vetter*, DB **2001**, 1347/1348. Vgl. auch *LG Dortmund*, AG **2001**, 544/546.

884 Vgl. *BGH*, a.a.O..

885 *BVerfG*, WM **1999**, 1666/1669 – DAT/Altana.

Die Einberufungsfrist beträgt nach § 123 I AktG mindestens einen Monat, wobei die Satzungen oftmals längere Fristen vorsehen[886]. Gemäß § 327c I Nr.2 AktG muss die Bekanntmachung die vom Hauptaktionär festgelegte Barabfindung angeben. Dies bedeutet, dass die Barabfindung, die auf dem durchschnittliche Börsenkurs basiert, mindestens einen Monat vor dem Tag der Hauptversammlung im Bundesanzeiger veröffentlicht werden muss. Dies ist aber schlechthin unmöglich, wenn sich dieser durchschnittliche Börsenkurs erst am Tag der Hauptversammlung aufgrund der bis zu diesem Tag eingetretenen Kursentwicklung feststellen lässt[887]. Am Tag, an dem die Hauptversammlung offiziell nach § 123 I AktG einberufen wird und an dem die Abfindungshöhe feststehen muss, wäre nur ein Teil der Referenzperiode abgelaufen. Die weitere Kursentwicklung bis zur Hauptversammlung würde vollends ignoriert werden. Damit würde die genaue Höhe der Barabfindung als zentraler Bestandteil des Squeeze-out nicht feststehen. Die Folge wäre eine Abfindungsregelung, die systembedingt bis zum Tag der Hauptversammlung nur vorläufigen Charakter hat und stets dem Risiko ausgesetzt ist, dass sie möglicherweise wieder korrigiert werden muss. Diese Lösung ist weder für den Hauptaktionär praktikabel noch werden auf dieser Basis unterbreitete Abfindungsangebote bei den Minderheitsaktionären hohe Akzeptanz finden können. Von Berechenbarkeit und Rechtssicherheit kann hier nicht gesprochen werden.

Dasselbe Problem stellt sich bei der aus § 327c II 1 AktG resultierenden Pflicht des Hauptaktionärs, der Hauptversammlung einen schriftlichen Bericht zu erstatten, in dem er die Angemessenheit der Barabfindung erläutert und begründet. Nach § 327c II 2 AktG ist zudem die Angemessenheit der Barabfindung durch Wirtschaftsprüfer zu prüfen. Eine solche Erläuterung und Prüfung dürfte jedoch mehrere Wochen vor Ablauf des für den relevanten Durchschnittsaktienkurses maßgeblichen Erhebungszeitraums nicht oder nur mit Vorbehalt möglich sein, so dass die Berichte zwangsläufig in einem wesentlichen Teil ohne brauchbare Aussage bleiben müssen. Gleiches gilt für das Erfordernis, dass Vorstand und Aufsichtsrat zu jedem Gegenstand der Tagesordnung, über den die Hauptversammlung beschließen soll, Vorschläge zu machen haben (§ 124 III 1 AktG). Eine Abfindung zu erläutern bzw. zu kommentieren, deren genaue Höhe noch unbekannt ist, ergibt keinen Sinn. Damit scheidet auch die Einhaltung der Auslegungspflicht der Berichte nach § 327c III Nr. 3 und 4 AktG aus.

Es bleibt also festzustellen, dass, wenn man der Ansicht des Bundesgerichtshofs folgt, zum Zeitpunkt der Einberufung der Hauptversammlung weder die genaue Höhe der Abfindung bekannt ist, noch diesbezügliche Erläuterungen, Berichte

---

[886] *Vetter*, DB **2001**, 1347/1350. Vgl. zum zeitlichen Ablauf: *Vossius*, ZIP **2002**, 51ff.

[887] *Vossius*, ZIP **2002**, 511/514 spricht davon, dass von den Wirtschaftsprüfern „prophetische Gaben“ abverlangt werden.

von Wirtschaftsprüfern sowie Vorschläge von Vorstand und Aufsichtsrat vorgelegt werden können. Die wesentlichen Details des Squeeze-out wären den Aktionären nicht bekannt. Den gesetzlichen Erfordernissen würde man damit in keiner Weise gerecht werden

Gegen ein Abstellen auf den Tag der Bekanntgabe des Squeeze-out könnte jedoch der Wortlaut des § 327b I 1 AktG sprechen, wonach bei der Abfindung die Verhältnisse der Gesellschaft im Zeitpunkt der Beschlussfassung der Hauptversammlung zu berücksichtigen sind (Stichtagsprinzip).
Allerdings geht die Gesetzesbegründung mit keinem Wort auf diese Formulierung ein[888]. Dies legt den Verdacht nahe, dass man sich hier einfach am Wortlaut des § 305 III 2 AktG und des § 320b I 5 AktG orientiert hat, ohne sich über die Konsequenzen im Klaren zu sein. Stattdessen betont die Gesetzesbegründung, dass § 327b I 1 AktG eine volle wirtschaftliche Kompensation gewährleisten soll, wobei ausdrücklich auf die DAT/Altana-Entscheidung des Bundesverfassungsgerichts Bezug genommen wird[889] Um die Anforderungen dieser Entscheidung zu erfüllen, ist es aber, wie oben dargestellt, erforderlich auf einen Durchschnittskurs vor Bekanntgabe des Squeeze-out abzustellen. Insofern ist § 327b I 1 AktG verfassungskonform auszulegen.

Somit kann der Tag vor der Hauptversammlung nicht der maßgebliche Stichtag für das Ende der Referenzperiode darstellen. Maßgeblicher Bezugszeitpunkt für die Referenzperiode ist stattdessen der letzte Börsenhandelstag bevor die Gesellschaft den Squeeze-out durch z.B. eine entsprechende Ad-hoc-Mitteilung gemäß § 15 WpHG öffentlich bekannt gibt.

d) Rechtsvergleich

Auch in den USA gibt es keine einheitliche Vorgehensweise, um einen verlässlichen Börsenkurs zu bestimmen. In Kalifornien und Delaware wird der fair market value der Aktien auf der Grundlage des letzten Handelstages vor Verkündung des freeze-out festgelegt[890]. Damit weist diese Verfahrensweise deutliche Ähnlichkeiten zur hier vertretenen Lösung auf. In New York ist hingegen der fair value am letzten Handelstag vor der Abstimmung der Aktionäre maßgeblich[891]. Der RMBCA sieht sogar vor, dass der fair value erst unmittelbar vor Wirksamwerden der entsprechenden Maßnahme festgestellt werden soll[892].

---

[888] Siehe *Besonderer Teil der Begründung des Regierungsentwurfs*, BT-Drucksache 14/7034, 72.

[889] Siehe *Besonderer Teil der Begründung des Regierungsentwurfs*, a.a.O..

[890] § 1300 (a) California Corporations Code. *Levin v. Midland-Ross Corp.*, 194 A2d 50 (Del. Ch. **1963**).

[891] § 624 (h) (4) N.Y. Bus. Corp. Law.

[892] § 13.01 (4) (i) RMBCA.

Alle Verfahrensweisen in den genannten Staaten stimmen indes darin überein, dass grundsätzlich ein Tageskurs heranzuziehen ist[893]. Das Zugrundelegen einer Referenzperiode ist dem US-amerikanischen Gesellschaftsrecht dagegen bisher weitestgehend unbekannt. Allerdings wird an diesem Vorgehen auch in den USA zunehmend Kritik geübt[894]. Zudem dürfte sich dieser Unterschied in der Praxis als nicht allzu schwerwiegend erweisen. Somit ist davon auszugehen, dass sich die hier vertretene Lösung für den deutschen Squeeze-out im internationalen Vergleich behaupten kann.

e) Ergebnis

Nach alledem bleibt festzustellen, dass zur Berechnung des maßgeblichen Börsenkurses ein Durchschnittskurs zugrunde zu legen ist. Dabei erscheint es sinnvoll im Regelfall von einer Referenzperiode von drei Monaten auszugehen. Bezugszeitpunkt der Referenzperiode ist der letzte Börsenhandelstag vor der öffentlichen Bekanntgabe des Squeeze-out.

7. Zuschläge

Beim Squeeze-out wird es oftmals Situationen geben, in denen der Mehrheitsaktionär einen über den normalen Börsenkurs hinausgehenden Zuschlag zahlt, um eine Beteiligung von 95 Prozent zu erlangen und so zum Hauptaktionär zu werden. Bei genauerer Betrachtung sind zwei Konstellationen zu unterscheiden[895]:

In der ersten hält der Mehrheitsaktionär schon seit längerer Zeit eine Beteiligung knapp unter der für ein Squeeze-out erforderlichen Quote von 95 Prozent. Anschließend erwirbt er die fehlenden Aktien, um diese kritische Grenze zu erreichen. Für diese „letzten“ Aktien wird er oftmals bereit sein, einen besonderen Zuschlag zu zahlen.

In der zweiten Konstellation verfügt der Erwerber über keine nennenswerte Beteiligung am Unternehmen. Daher sieht er sich gezwungen ganze Aktienpakete zu kaufen, um die 95-prozentige Beteiligung zu erreichen. Dieser Fall wird insbesondere dann eintreten, wenn der Squeeze-out die zweite Stufe einer zweistufigen Unternehmensübernahme bildet[896]. Größere Aktienbeteiligungen werden aber in der Praxis regelmäßig nur mit einem Zuschlag auf den Börsenkurs (Paketpreis) abgegeben[897].

---

893 Vgl. *Calio*, 32 Am. Bus. L.J. 1/36 **(1994)**.

894 Note, *Using Capital Cash Flows to Value Dissenters' Shares in Appraisal Proceedings*, 112 Harv. L. Rev. 2099/2102 **(1998)**.

895 Vgl. *Piltz*, ZGR **2001**, 185/197; *Wilm*, NZG **2000**, 234/240.

896 Siehe oben, § 2 I.. Zu beachten ist, dass ein Teilangebot, das sich nur auf einen Teil der Aktien der Zielgesellschaft erstreckt, nach § 32 WpÜG unzulässig ist.

897 *Vetter*, AG **1999**, 569/572.

Daraus ergibt sich die Frage, ob diese gezahlten Zuschläge bei der Ermittlung der Barabfindung der ausscheidenden Minderheitsaktionäre zu berücksichtigen sind. In den USA ist die Berücksichtigung solcher Zuschläge (premiums) bei der Anteilsbewertung teilweise anerkannt[898].

a) Keine Berücksichtigung

In der DAT/Altana-Entscheidung entschied das Bundesverfassungsgericht, dass sogenannte „Paketzuschläge"[899], d.h. Zuschläge für Aktien mit denen der Erwerber ein bestimmtes Quorum erreicht, unberücksichtigt bleiben sollen[900]. Dem haben sich einige Stimmen in der Literatur[901] und der Rechtsprechung[902] angeschlossen.

b) Volle Berücksichtigung

Teilweise wird aber in der Literatur gefordert, derartige Zuschläge bei der Berechnung der Abfindung einzubeziehen[903]. Es wird geltend gemacht, dass der gezahlte Preis ein Marktpreis sei und zu diesem Zeitpunkt den Wert der Anteile darstelle. Es sei nicht einzusehen, wie eine angemessene Abfindung diesen Wert ignorieren könne und warum die zum Ausscheiden gezwungenen Minderheitsaktionäre wesentlich weniger erhalten sollen

c) Stellungnahme

Für eine Berücksichtigung von Zuschlägen beim Squeeze-out wird geltend gemacht, dass nach § 4 WpÜG-Angebotsverordnung der Bieter bei einem Übernahme- oder Pflichtangebot verpflichtet ist, als angemessene Gegenleistung mindestens den höchsten Preis zu bieten, den er für Vorerwerbe innerhalb der letzten drei Monate vor Abgabe des Übernahmeangebots anderweitig gezahlt hat. Wenn dies aber schon bei öffentlichen Übernahme- und Pflichtangeboten

---

898 *Rapid American Corp. v. Harris*, 603 A.2d 796/806f. (Del. **1992**); *Le Beau v. M.G. Bancorporation, Inc.*, Civ. Action 13414, WL 44993 (Del. Ch. **1998**).

899 Normalerweise wird der Terminus „Paketzuschlag" für den außerbörslich gezahlten Preis einer größeren Beteiligungsquote verwendet, wenn der Preis die Summe des Börsenwertes der gekauften Aktien überschreitet. Im entschiedenen Fall ging es allerdings darum, die „letzten" verbliebenen Aktien zu erwerben. Insofern ist der hier vom Bundesverfassungsgericht verwendete Begriff eigentlich inkorrekt.

900 *BVerfG*, WM **1999**, 1666/1669 – DAT/Altana.

901 *Hüffer/Koch*, NZG **2000**, 748/749; *Piltz*, ZGR **2001**, 185/199; *KK-WpÜG-Hasselbach*, § 327b Rn.24; wohl auch *Ehricke/Roth*, DStR **2001**, 1120/1123f..

902 *OLG Düsseldorf*, AG **2003**, 329/331.

903 *Busse von Colbe*, FS Lutter, 1061f.; *DAV-Handelsrechtsausschuß-Vorschlag*, 1538; *Müller*, FS Bezzenberger, 717; wohl auch *Krieger*, BB **2002**, 53/57; ähnlich *Kossmann*, NZG **1999**, 1198/1203, der zumindest Aufschläge im Zusammenhang mit einem öffentlichen Übernahmeangebot berücksichtigen will.

vorgeschrieben sei, wäre es für den zwangsweisen Ausschluss aus einer Aktiengesellschaft erst recht angemessen[904].
Das Bundesverfassungsgericht argumentiert demgegenüber, dass derartige Zuschläge grundsätzlich zu dem „wahren Wert" des Anteilseigentums in der Hand des Minderheitsaktionärs regelmäßig keine Beziehung hätten[905]. Sie würden nicht für einen kapitalmäßigen Anteil an dem Unternehmen bezahlt, sondern für die Herrschaft im Unternehmen. In ihnen komme der Grenznutzen zum Ausdruck, den der Mehrheitsaktionär aus den erworbenen Aktien ziehen kann.

Die Gegenseite wendet nun wiederum ein, dass Grenznutzenüberlegungen jeder Preisbildung, auch der an der Börse, zugrunde lägen[906].
Der Unterschied zu Grenznutzenüberlegung, wie sie auch an der Börse vorkommen, liegt hier allerdings darin, dass die gezahlten Zuschläge ausschließlich auf Grenznutzenüberlegungen basieren. Ein Zusammenhang zu den normalen Preisbildungsmechanismen an der Börse besteht dagegen nicht.

Das Bundesverfassungsgericht weist ferner darauf hin, dass außerbörslich gezahlte Preise auch zu dem Verkehrswert des Aktieneigentums regelmäßig keine Beziehung haben. Der Mehrheitsaktionär akzeptiere allein deshalb einen bestimmten (überhöhten) Preis für die ihm für ein Quorum noch fehlenden Aktien, weil ihm sonst die beabsichtigte Maßnahme unmöglich wäre. Eine solche Erwägung sei aber nur für den Mehrheitsaktionär bestimmend, während sie für Dritte keine Bedeutung hätte. Aus der Sicht des Minderheitsaktionärs ist der vom Mehrheitsaktionär außerbörslich bezahlte (erhöhte) Preis mithin nur erzielbar, wenn es ihm gelingt, seine Aktien gerade an den Mehrheitsaktionär zu veräußern. Darauf habe er aber verfassungsrechtlich keinen Anspruch[907]. Dem ist zuzustimmen. Die Minderheitsaktionäre haben keine rechtliche Handhabe, genau ihre Aktien an den Mehrheitsaktionär gegen Zahlung eines Zuschlags zu verkaufen. Die Realisierung etwaiger Zuschläge ist damit ihrer Einflusssphäre entzogen. Es obliegt grundsätzlich allein der Entscheidung des Mehrheitsaktionärs, von wem er die Anteile erwirbt.
Für den Fall der Zahlung eines Paketpreises gilt das gleiche. Auch hier schlägt das Argument durch, dass die Minderheitsaktionäre diesen Marktwert gegenüber dem Börsenkurs nicht hätten erzielen können. Aus diesem Grund, kann der Paketpreis aber auch keine Maßgröße für die Abfindung der Minderheitsaktionäre sein[908].

904 *Krieger*, BB **2002**, 53/57; ähnlich auch *DAV-Stellungnahme Referentenentwurf*, 420/431.
905 *BVerfG*, WM **1999**, 1666/1669 – DAT/Altana.
906 *Müller*, FS Bezzenberger, 717.
907 *BVerfG*, WM **1999**, 1666/1669 – DAT/Altana; zustimmend *Hüffer/Koch*, NZG **2000**, 748/749.
908 Vgl. auch *Piltz*, ZGR **2001**, 185/199.

Insgesamt sprechen somit die besseren Gründe dafür, der Ansicht des Bundesverfassungsgerichts zu folgen. Vom Mehrheitsaktionär gezahlte Zuschläge sind bei der Berechnung des Referenzkurses nicht zu berücksichtigen.

8. Synergieeffekte

Sehr kompliziert ist die Frage, ob es so etwas wie Synergieeffekte beim Squeeze-out gibt und ob diese gegebenenfalls bei der Festlegung der Abfindung zu berücksichtigen sind.

a) Ausgangslage

Bei der Mehrheitseingliederung machen seit jeher ausgeschiedene Anteilseigner geltend, dass die Hauptgesellschaft durch den Verbund mit dem eingegliederten Unternehmen beträchtliche wirtschaftliche Vorteile erzielt[909]. Unter Hinweis darauf, dass der Mehrerfolg erst durch ihr Ausscheiden ermöglicht werde, fordern sie eine angemessene Beteiligung an diesen Synergievorteilen (Verbundberücksichtigungsprinzip). Das herrschende Unternehmen hält dem entgegen, dass solche Vorteile kaum greifbar seien und ihre Realisierung ausschließlich auf den unternehmerischen Anstrengungen der Konzernspitze beruhe. Die Ermittlung der Abfindungshöhe müsse deshalb unter Ausschluss möglicher Synergieeffekte erfolgen (Stand-alone-Prinzip).

Gesellschaftsrecht und Betriebswirtschaftslehre haben sich wiederholt mit den Argumenten beider Seiten auseinandergesetzt, ohne dass sich bislang eine einvernehmliche Meinungsbildung abzeichnet. Bewertungsprobleme sind, wo immer sie auch Rechtsfolgen auslösen, Rechtsprobleme[910]. Der Konflikt zwischen dem Verbundberücksichtigungs- und dem Stand-alone-Prinzip ist folglich nach rechtlichen Grundsätzen zu entscheiden. Dazu bedarf es freilich einer Grundvorstellung von den betriebswirtschaftlichen Wirkungsmechanismen.

b) Betriebswirtschaftliche Betrachtungsweise

Im folgenden sollen nun die betriebswirtschaftlichen Grundlagen von Synergieeffekten dargestellt werden.

aa) Synergiebegriff

Der IDW S1 definiert Synergien nun als „die Veränderung der finanziellen Überschüsse, die durch den wirtschaftlichen Verbund zweier oder mehrerer Unter-

---

[909] *Fleischer*, ZGR **1997**, 368/370.

[910] Siehe oben, § 8 III. 1..

nehmen entstehen und von der Summe der isoliert entstehenden Überschüsse abweichen“[911]. In der Sache geht es darum, dass eine Unternehmensverbindung eine leistungsfähigere Wirtschaftseinheit hervorbringen kann, die höhere Erträge erwirtschaftet als die ehemals unverbundenen Teileinheiten. Ursächlich für diesen Wertzuwachs ist die gemeinsame Nutzung von Ressourcen[912].

bb) Synergiedimensionen

Die Betriebswirtschaft unterscheidet zur näheren Klassifizierung des weiteren zwischen operativen, strategischen und finanzwirtschaftlichen Synergien[913]:

Operative Synergien ergeben sich durch die Effizienzsteigerung im bestehenden Geschäft. Sie entstehen primär durch die Konsolidierung gleichartiger Geschäftsaktivitäten, z.B. im Vertriebsnetz, in den Abwicklungs- bzw. Serviceeinheiten oder in EDV-Entwicklung und –Betrieb. Teilweise ergeben sie sich auch aus der Nutzung komplementärer Ressourcen wie etwa der wechselseitigen Ergänzung der Produktpalette.

Strategische Synergien erschließen dem Unternehmen neue Wachstums- und Ertragsoptionen, etwa durch die Öffnung neuer regionaler Absatzmärkte oder Kundensegmente sowie die Nutzung einer starken Marke.

Finanzwirtschaftliche Synergien entstehen schließlich durch eine bessere Nutzung des Eigenkapitals sowie fusionsbedingte Refinanzierungs- bzw. Steuervorteile.

c) Rechtliche Betrachtungsweise

In der Rechtswissenschaft wird vor allem zwischen echten und unechten Verbundvorteilen unterschieden[914]:

Echte Verbundvorteile sind Vorteile, die zu erzielen dem in den Verbund einbezogenen Unternehmen allein nicht möglich wäre, sondern die nur durch den Hinzutritt des abfindungsverpflichteten herrschenden Unternehmens zustande kommen.

Sogenannte unechte Synergieeffekte sind dagegen dadurch gekennzeichnet, dass sie sich auch unabhängig vom wirtschaftlichen Verbund des Unternehmens mit einem anderen Unternehmen realisieren lassen.

Im Gegensatz zur vorherigen HFA-Stellungnahme 2/1983 folgt dieser Einteilung nun auch der für Wirtschaftsprüfer maßgebliche aktuelle IDW S1[915], so dass die vormals bestehenden Unterschiede zwischen Betriebswirtschaft und

---

911 *IDW S1*, Abschnitt 4.4.2.2..

912 *Bühner*, 12f..

913 Siehe *Gerke/Steiner*, 936f..

914 *BGH*, BB **2001**, 1053/1056 – DAT/Altana; *Werner*, FS Steindorff, 314.

915 Siehe *IDW S1*, Abschnitt 4.4.2.2..

Rechtswissenschaft hinsichtlich der Klassifizierung von Synergien in diesem Punkt überwunden sind.

Unechte Verbundvorteile fließen nach allgemeiner Ansicht stets in den Ertragswert der betroffenen Aktiengesellschaft ein[916]. Die Berücksichtigung echter Verbundvorteile ist hingegen in Rechtsprechung und Schrifttum stark umstritten[917].

d) Besonderheit beim Squeeze-out

Zu prüfen ist nun, wie die Situation beim Squeeze-out aussieht. Die spezifischen Besonderheiten der §§ 327a ff. AktG stehen einer simplen Übertragung des Konflikts von der Mehrheitseingliederung auf das Squeeze-out entgegen.

Zunächst einmal sind zwei verschiedene Arten von Vorteilen beim Squeeze-out zu unterscheiden. Zum einen kann es Verbundeffekte geben, die auf strukturellen und konzernrechtlichen Veränderungsprozessen basieren, die einem Squeeze-out vorangehen. Zum anderen sind Vorteile denkbar, die ausschließlich auf den Ausschluss der Minderheitsaktionäre zurückzuführen sind.

aa) Vorherige Synergieeffekte

Ein Squeeze-out wird oftmals nicht isoliert durchgeführt, sondern ist Bestandteil eines weitreichenden Veränderungsprozesses innerhalb des Unternehmens[918]. Häufig wird der Minderheitsausschluss einer vorausgegangenen Unternehmensübernahme nachfolgen und so gewissermaßen den Abschluss bilden. Möglich ist aber auch, dass andere Struktur- und Konzernierungsmaßnahmen einem Squeeze-out vorhergegangen sind. Häufig wird es infolge dieser Maßnahmen zu echten Synergieeffekten gekommen sein, die zu einer Steigerung des Börsenkurses bzw. des Unternehmenswertes geführt haben. Wird nun später ein Squeeze-out durchgeführt, so ist bei der Festlegung der Barabfindung dieser Wertzuwachs zu berücksichtigen. Die so manifestierten Synergieeffekte sind Ausdruck des Anteilswertes im Zeitpunkt des Ausschlusses. Der oben erwähnte Konflikt zwischen Stand-alone-Prinzip und Verbundberücksichtigungsprinzip ergibt sich hier nicht. Hätten sich die Minderheitsaktionäre freiwillig zu einer Deinvestition entschlossen, so bekämen sie für ihre Anteile einen Preis, der die Wertsteigerung berücksichtigt. Um dem verfassungsrechtlichen Gebot der „vollen Entschädigung“ gerecht zu werden, ist es daher notwendig, die synergiebedingt höheren Werte zur Grundlage der Barabfindung zu machen.

---

[916] *BGH*, a.a.O.; *Werner*, FS Steindorff, 315. Siehe nun auch *IDW S1*, Abschnitt 4.4.2.2..

[917] Auch dem IDW S1 ist hierzu keine eindeutige Aussage zu entnehmen.

[918] Siehe oben, § 2 I..

bb) Vorteile, die auf dem Squeeze-out basieren

Ein Squeeze-out bringt Vorteile mit sich, die allein auf der Tatsache basieren, dass die Minderheitsaktionäre das Unternehmen verlassen mussten. Zu klären ist nun, ob es sich auch hierbei um Synergieeffekte handelt.

Auf den ersten Blick scheint bereits der Begriff dagegen zu sprechen. Kennzeichnend für Synergieeffekte ist, dass sie auf einem Verbund zweier Unternehmen basieren. Nur durch dieses Zusammenkommen verschiedener Gesellschaften werden sie überhaupt erst möglich. An einem solchen Verbund fehlt es beim Squeeze-out. Beteiligt ist nur ein einzelnes Unternehmen.
Andererseits ist zu berücksichtigen, dass auch bei einem Verbund zweier Unternehmen Synergieeffekte nicht in gleicher Weise bei den beteiligten Unternehmen auftreten. Oftmals dürften Verbundvorteile deutlich sichtbar nur bei der übernehmenden bzw. beherrschenden Unternehmen auftauchen, während sie bei der Zielgesellschaft bzw. dem beherrschten Unternehmen nur schwach ausgeprägt bzw. überhaupt nicht vorhanden sind[919]. Diese Situation ist durchaus mit der beim Squeeze-out vergleichbar. Dort profitiert das Unternehmen, das vom Hauptaktionär beherrscht wird, von dem Ausschluss der Minderheitsaktionäre, wohingegen die Minderheitsaktionäre keine Möglichkeit haben, an den Vorteilen des Squeeze-out zu partizipieren.

Nachdem der Squeeze-out erfolgreich durchgeführt wurde, kontrolliert der Hauptaktionär das Unternehmen vollständig. Er erlangt somit die stärkste Stellung, die überhaupt vorstellbar ist. Durch den Fortfall von Informations- und Ausgleichspflichten reduzieren sich die laufenden Kosten des Unternehmens. Die Unternehmensführung wird erheblich erleichtert. Auf andere Mitaktionäre braucht von nun an keine Rücksicht mehr genommen zu werden. Viele Strategien und unternehmerische Entscheidungen können daher realisiert werden, die sich vorher gegen den Willen von Minderheitsaktionären nicht oder nur schwer verwirklichen ließen. In Betracht kommen z.B. die Durchführung riskanter, aber aussichtsreicher Investitionen sowie weitreichender Reformen, die die Unternehmensführung bei Vorhandensein von Minderheitsaktionären nicht wagen mochte. Durch den Squeeze-out ist eine Effizienzsteigerung möglich, von der das Unternehmen an sich profitiert. All dies kann eine wesentlich bessere Positionierung des Unternehmens auf dem Markt zur Folge haben. Damit sind diese Vorteile mit traditionellen operativen Synergien zumindest vergleichbar.
Durch die 100-prozentige Kontrolle des Unternehmens werden sich im Regelfall auch die Beziehungen zu den finanzierenden Banken verbessern. So wird der Hauptaktionär beispielsweise viel eher geneigt sein umfassende Sicherheiten für die Gesellschaft zu bieten, was günstigere Finanzierungskonditionen zur Folge

---

919 Vgl. *Werner*, FS Steindorff, 305.

hat. Diese Folgen können mit finanzwirtschaftlichen Synergien gleichgesetzt werden.

Weiterhin ist zu beachten, dass der Hauptaktionär oftmals die volle Kontrolle im Unternehmen erwirbt, um bisher ungenutzte Potentiale freizumachen und seine strategischen Vorstellungen von der Unternehmensführung durchzusetzen. Ob sich diese Ziele aber letztlich als echte Synergieeffekte in Folge einer Struktur- bzw. Konzernierungsmaßnahme oder als Vorteile in Folge eines Squeeze-out realisieren, dürfte für ihn keinen Unterschied machen. Insofern ist es auch nicht angezeigt, sie rechtlich unterschiedlich zu behandeln.

Somit bleibt festzustellen, dass die Vorteile, die der Hauptaktionär durch den Squeeze-out erlangen kann, echten Synergieeffekten gleichzusetzen sind. Der Einfachheit halber wird für diese Vorteile im Folgenden der Begriff Synergieeffekte verwendet[920].

e) Berücksichtigung von Synergieeffekten bei der Barabfindung

Parallel zur Mehrheitseingliederung ist es denkbar, dass ausgeschlossene Minderheitsaktionäre argumentieren, dass die durch den Squeeze-out hervorgerufenen Synergieeffekte erst durch ihr Ausscheiden ermöglicht werden und sie daher angemessen an ihnen zu beteiligen sind. Im Folgenden soll nun diskutiert werden, ob es gerechtfertigt ist, diese Synergieeffekte bei der Bestimmung der Barabfindung zu berücksichtigen.

aa) Stand-alone-Prinzip

Die Rechtsprechung hat sich bisher ganz überwiegend gegen eine Einbeziehung von Verbundvorteilen ausgesprochen[921]. Dem hat sich auch die herrschende Meinung in der Rechtswissenschaft angeschlossen[922]. Hauptsächlich wird dabei auf Schwierigkeiten bei der Synergiebemessung verwiesen.

---

920 Vgl. *Geibel/Süßmann-Grzimek*, § 327b Rn.32, der ebenfalls den Terminus Synergieeffekte verwendet.

921 *BGHZ* 138, 136/140f.; *BayObLG*, AG **1996**, 176/177; *OLG Celle*, AG **1978**, 230/233; *OLG Düsseldorf*, ZIP **1984**, 586/589f.; *OLG Frankfurt a.M.*, AG **1989**, 442/443; *OLG Hamburg*, AG **1980**, 163/165.

922 *Bungert*, NZG **1998**, 990; *Drüke*, DB **2000**, 713/714; *Henze*, Rn.405; *Hüffer* § 305 Rn.22; *Kallmeyer*, AG **2000**, 59/60; *Kölner Kommentar-Koppensteiner*, § 305 Rn.34; *Kort*, ZGR **1999**, 402/415ff.; *Mertens*, AG **1992**, 321/330ff.; *Münchener Kommentar-Bilda* § 305 Rn.82; *Ränsch*, AG **1984**, 202/207; *Seetzen*, WM **1994**, 45/49; *Vetter*, DB **2001**, 1347/1349; *Werner*, FS Steindorff, 317; *Weiler/Meyer*, ZIP **2001**, 2153/2158.

bb) Verbundberücksichtigungsprinzip

Allerdings fordert eine Mindermeinung in der Literatur eine angemessene Beteiligung an den Synergieeffekten[923]. Es sei willkürlich, wenn die gesamten Vorteile der zum Ausschluss der Minderheit führenden Maßnahmen der Mehrheit zugesprochen werden würden.

cc) Stellungnahme

Die Vertreter des Stand-alone-Prinzips weisen zunächst darauf hin, dass eine genaue Bezifferung der Verbundvorteile nicht möglich ist[924]. Es liege völlig in den Planungen des Unternehmens, welche Konsequenzen es aus der abfindungsverpflichtenden Maßnahme ziehen will. Jede zahlenmäßige Vorwegnahme des Ergebnisses dieser Planungen wäre reine Spekulation. Dies gelte umso mehr, da es keinerlei rechtliche Bindung des Unternehmens gibt, an seinen Planungen auch festzuhalten. Zudem würden die Bewerter auch nur über einen eingeschränkten Informationshorizont verfügen. Schließlich könne der Hauptaktionär nicht gezwungen werden, dem Bewerter die von ihm geplante Unternehmenspolitik und damit die zu erwartenden Synergieeffekte offenzulegen[925].

Hiergegen wird von den Vertretern des Verbundberücksichtigungsprinzips eingewandt, dass sich in einer ganzen Reihe von Fällen Verbundvorteile ohne größere Mühe beziffern lassen[926]. Zudem hätte die betriebswirtschaftliche Forschung bei der konzeptionellen Erfassung von Synergievorteilen in den vergangenen Jahren erhebliche Fortschritte gemacht[927].

Dem ist im Hinblick auf den Squeeze-out entgegenzusetzen, dass es vielleicht möglich ist, die durch den Ausschluss hervorgerufene Kostenersparnis zu schätzen. Die Vorteile, die auf der erleichterten Unternehmensführung basieren, werden sich hingegen niemals ohne weiteres quantifizieren lassen. Diese Synergien sind nicht automatische Folge des Ausschlusses an sich, sondern hängen vom weiteren unternehmerischen Vorgehen des Hauptaktionärs bzw. des von ihm kontrollierten Unternehmens ab. Wie genau sich aber ein Unternehmen in Zukunft verhalten wird, bei dem der Hauptaktionär die alleinige Kontrolle erlangt hat, kann nicht zuverlässig vorhergesagt werden.

Hinsichtlich der Fortschritte bei der Erfassung von Synergieeffekten ist zu sagen, dass sich die betriebswirtschaftlichen Messverfahren vor allem auf die Er-

---

923 *B/J/M/S-Ballwieser*, 7f.; *Böcking*, FS Moxter, 1419ff.; *Busse von Colbe*, FS Lutter, 1062; *Drukarczyk*, AG **1973**, 357/360f.; *Ehricke/Roth*, DStR **2001**, 1120/1123; *Fleischer*, ZGR **2001**, 1/27; *ders.*, ZGR **1997**, 368/378ff.; *Hüttemann*, ZHR 162 (**1998**), 563/587; *Münchner Handbuch-Krieger* § 70 Rn. 107.

924 *Kölner Kommentar-Koppensteiner*, § 305 Rn.34; *Ränsch*, AG **1984**, 202/207; *Seetzen*, WM **1994**, 45/49; *Werner*, FS Steindorff, 317.

925 *Kort*, ZGR **1999**, 402/417; *Ränsch*, a.a.O.; *Werner*, a.a.O..

926 *Fleischer*, ZGR **1997**, 368/380.

927 *Böcking*, FS Moxter, 1424ff; *Reuter*, DB **2001**, 2483/2487.

tragswertmethode bzw. das Discounted-Cash-Flow-Verfahren beziehen. Dagegen ist unklar, wie Synergieeffekte berücksichtigt werden sollen, wenn der Börsenkurs die Grundlage der Barabfindung bildet. Einen vom Markt hervorgebrachten Börsenkurs so zu modifizieren, dass er potentielle Synergieeffekte berücksichtigt, die selbst allenfalls geschätzt werden können, dürfte schlechthin unmöglich sein.

Weniger hilfreich dürften in diesem Zusammenhang allgemeine Hinweise der Art sein, dass der Gesetzestext selbst keinerlei Anhaltspunkte für die Berücksichtigung von Synergieeffekten enthielte[928]. Weder die § 327a ff. AktG noch die Gesetzesbegründungen gehen in irgendeiner Form auf Synergien ein. Daher ist nicht davon auszugehen, dass der Gesetzgeber den Streit in dem einen oder anderen Sinne entscheiden wollte.
Überzeugender ist hingegen der Hinweis auf das Stichtagsprinzip, wie es auch § 327b I 1 2. Halbsatz AktG für den Squeeze-out festlegt, wonach die Barabfindung die Verhältnisse der Gesellschaft im Zeitpunkt der Beschlussfassung berücksichtigen muss[929]. Eine solche Formulierung ist ein Indiz dafür, dass zukünftige Verbundvorteile bei der Bemessung der Abfindungshöhe außer Betracht bleiben müssen.

Des weiteren wenden die Befürworter des Stand-alone-Prinzips ein, dass der Mehrheitsgesellschafter seine erhöhte Einflussmöglichkeit und die damit verbundenen Vorteile nicht durch eine Zuwendung oder gar Opfer der Minderheitsgesellschafter erlange[930].
Dem ist für den Squeeze-out zuzustimmen. Das Zustandekommen eines Squeeze-out ist anders als der Abschluss eines Unternehmensvertrages unter Zuhilfenahme von Stimmen der Minderheitsaktionäre ausgeschlossen. Nach der eindeutigen Regel des § 327a I 1 AktG muss der Hauptaktionär selbst über mindestens 95 Prozent der Aktien verfügen. Der Hauptaktionär erlangt also seine erhöhte Einflussmöglichkeit und die damit verbundenen Vorteile nicht durch eine Zuwendung der Minderheitsaktionäre, sondern allein durch die Nutzung seiner eigenen bereits vorhandenen Mehrheit. Die Vorteile sind kein gemeinsamer Gewinn, sondern Gewinn des Hauptaktionärs. Die Minderheit unter diesen Umständen an Vorteilen, die dem Hauptaktionär zufallen, zu beteiligen, wäre nicht sachgerecht.

Aber selbst wenn man das Ausscheiden der Minderheit als elementare Voraussetzung des Zustandekommens späterer Synergien ansieht, ist keine andere Beurteilung gerechtfertigt. Abfindungsregeln haben das Ziel, dem Minderheitsak-

---

[928] Vgl. *Mertens*, AG **1992**, 321/331f..
[929] *OLG Celle*, AG **1999**, 128/130; *OLG Hamburg*, AG **1980**, 163/165.
[930] *Mertens*, AG **1992**, 321/327f.; *Werner*, FS Steindorff, 318f..

tionär ein Aussteigen ohne wirtschaftliche Nachteile zu ermöglichen[931]. Der Ausscheidende ist so zu stellen, wie er ohne die zur Ausgleichsleistung verpflichtende Maßnahme stünde. Das Bundesverfassungsgericht hat ausdrücklich festgelegt, dass Minderheitsaktionäre das erhalten müssen, was sie bei einer freien Deinvestitionsentscheidung erlangt hätten[932]. Art. 14 I GG schützt den Aktionär aber nur mit seiner Beteiligung am bereits erworbenen Unternehmensvermögen. Auch verfassungsrechtlich haben die Minderheitsaktionäre daher nur Anspruch darauf, eine Entschädigung für das zu erhalten, was sie gehabt haben. Logischerweise können sie keine Entschädigung für etwas verlangen, was sie nie hätten haben können. Positive Effekte, die erst aufgrund der Maßnahme eintreten, welche die Abfindung begründet, sind grundsätzlich nicht zu berücksichtigen[933]. Der Anspruch auf eine angemessene Entschädigung beinhaltet somit kein Recht an Vorteilen beteiligt zu werden, die sich ohne den Squeeze-out gar nicht ergeben hätten.

Zuletzt sind noch die praktischen Konsequenzen zu beachten, die eine Anwendung des Verbundberücksichtigungsprinzips beim Squeeze-out mit sich bringen würde. Die Schwierigkeiten der Synergiebemessung würden es unmöglich machen, die Barabfindung auf sicherer Grundlage zu bestimmen. Dass derartige Abfindungen Angriffspunkte in Spruchstellenverfahren bieten würden, ist offensichtlich. Es erscheint sogar unausweichlich, dass unter solchen Umständen eine langwierige gerichtliche Überprüfung der Barabfindung von der Ausnahme zur absoluten Regel wird. Der Squeeze-out würde damit viel von seiner Attraktivität verlieren. Hauptaktionäre könnten daher abgehalten werden, einen an sich sinnvollen Ausschluss durchzuführen.

Nach alledem bleibt somit festzustellen, dass das Verbundberücksichtigungsprinzip beim Squeeze-out nicht überzeugen kann. Synergieeffekte sind daher bei der Bestimmung der Barabfindung nach § 327b I 1 AktG nicht zu berücksichtigen.

f) Rechtsvergleich

Zu prüfen bleibt letztlich noch, ob das gefundene Ergebnis auch internationalen Standards gerecht wird. Nützlich könnte in diesem Zusammenhang eventuell erneut ein Seitenblick auf das US-amerikanische Gesellschaftsrecht sein.

Lange Zeit zeigten sich die führenden Jurisdiktionen in den USA hinsichtlich der Berücksichtigung von Synergieeffekten generell sehr zurückhaltend. So

931 *Kölner Kommentar-Koppensteiner*, § 305 Rn.34; *Winnefeld*, DB **1975**, 457/459.
932 *BVerfG*, WM **1999**, 1666/1669 – DAT/Altana.
933 *BGHZ* 138, 136/140; *Drüke*, DB **2000**, 713/714; *Kort*, ZGR **1999**, 402/415; *Wilm*, NZG **2000**, 1070/1071.

schlossen die corporation statutes von Kalifornien[934], New York[935] und Delaware[936] die Berücksichtigung von Synergieeffekten ausdrücklich aus. Auch der RMBCA lehnte noch im Jahre 1984 die Berücksichtigung von Synergieeffekten ab[937].

Sei einigen Jahren zeichnet sich jedoch eine gewisse Trendwende ab. Die Ansicht, dass das Synergiepotential eines Unternehmens ein allen Anteilseignern zustehendes Vermögensgut ist, wurde schon früh in der Wissenschaft vertreten[938]. Bundesgerichte übernahmen diesen Gedanken teilweise in die obergerichtliche Rechtsprechung[939]. Auch Delaware ist dem in Weinberger v. Uop, Inc. im eingeschränkten Maße gefolgt und hat den entgegenstehenden Wortlaut des § 262 (h) Delaware General Corporation Law sehr eng ausgelegt[940]. Danach sind nur reine Spekulationen von der Berücksichtigung ausgeschlossen[941]. Die ALI Principles of Corporate Governance legen sogar fest, dass grundsätzlich auch Verbundvorteile bei der Bemessung der Abfindungshöhe berücksichtigt werden können[942]. Auch der 1999 neu gefasste RMBCA enthält nun keine Vorschrift mehr, wonach Synergieeffekte ausdrücklich abgelehnt werden[943].
Allerdings ist zu berücksichtigen, dass die genannten Vorschriften allesamt in Zusammenhang mit einem appraisal right stehen. Das appraisal right findet aber nicht nur bei einem freeze-out Anwendung, sondern bei nahezu allen wichtigen Umstrukturierungen innerhalb eines Unternehmens (fundamental changes), un-

---

[934] § 1300 (a) California Corporations Code.
[935] § 623 (h) (4) N.Y. Bus. Corp. Law [Prior Version].
[936] § 262 (h) Delaware General Corporation Law.
[937] § 13.01 (3) RMBCA [Prior Version] aus dem Jahre 1984.
[938] *Brudney/Chirelstein*, 88 Harv. L. Rev. 297 (**1974**); *Lorne*, 126 U. Pa. L. Rev. 955/957 (**1978**).
[939] *Mills v. Electric Autolite Co.*, 552 F.2d 1239 (7th Cir. **1977**).
[940] 457 A.2d 701/713 (Del. **1983**). So heißt es: "Only the speculative elements of value that may arise from the 'accomplishment or expectation' of the merger are excluded. We take this to be a very narrow exception to the appraisal process, designed to eliminate use of pro forma data and proportions of a speculative variety relating to the completion of a merger. But elements of future value, including the nature of the enterprise, which are known or susceptible of proof as of the date of the merger and not the product of speculation, may be considered".
[941] *Weinberger v. Uop, Inc.*, 457 A.2d 701/713f. (Del. **1983**): "Clearly, there is a legislative intent to fully compensate shareholders for whatever their loss may be, subject only to the narrow limitation that one can not take speculative effects of the merger into account".
[942] § 7.22 (c) ALI Principles of Corporate Governance: "... In determining what such a buyer would pay, the court may include a proportionate share of any gain reasonably to be expected to result from the combination unless special circumstances would make such an allocation unreasonable."
[943] Vgl. nun § 13.01 (4) RMBCA.

ter anderem auch bei einer normalen Verschmelzung[944]. Dass sich aber in diesem Zusammenhang das Problem des Auftretens von Synergien viel akuter stellt als bei einem eigens geschaffenen Squeeze-out-Verfahren, ist offensichtlich. Deswegen überrascht es nicht, wenn die entsprechenden appraisal-Verfahren eher dazu neigen, Synergien zu berücksichtigen. Eine klare Aussage, dass Synergien auch und gerade bei einem freeze-out zu berücksichtigen sind, ist auch im US-amerikanischen Recht nicht zu finden. Zwingende Rückschlüsse für die deutsche Squeeze-out-Regelung lassen sich daraus nicht ziehen.

g) Ergebnis

Das Problem der Berücksichtigung von Synergieeffekten ist auch bei einem Squeeze-out von Bedeutung. Eine Betrachtung der Vorteile, die der Hauptaktionär durch einen Squeeze-out erlangen kann, lässt es gerechtfertigt erscheinen, diese echten Synergieeffekten gleichzusetzen. Für die Festlegung der Barabfindung müssen sie jedoch außer Betracht bleiben.

IV. Sonderfall § 327b I 3 AktG-RegE

1. Konzeption des Regierungsentwurf

Der Regierungsentwurf des Gesetzes zur Regelung von öffentlichen Angeboten zum Erwerb von Wertpapieren und von Unternehmensübernahmen vom 11. Juli 2001 sah ursprünglich vor, dass der Hauptaktionär bei einem Squeeze-out unter bestimmten Bedingungen von einer gesonderten Bestimmung der Barabfindung absehen kann. Nach § 327b I 3 AktG-RegE sollte dies der Fall sein, wenn die Position des Hauptaktionärs innerhalb von sechs Monaten vor dem Übertragungsbeschluss der Hauptversammlung aufgrund eines Angebotes nach dem WpÜG erlangt wurde[945]. In diesem Fall sollte eine im Rahmen dieses Angebotes offerierte Geldleistung als angemessene Barabfindung anzusehen sein, sofern dieses Angebot von mindestens 90 Prozent der Adressaten angenommen wurde.

---

[944] Vgl. § 262 (b) Delaware General Corporation Law; § 1300 (a) California Corporations Code; § 13.02 RMBCA; § 7.21 ALI Principles of Corporate Governance.

[945] In § 2 I WpÜG findet sich eine Definition des Begriffs „Angebot". Danach sind Angebote „freiwillige oder auf Grund einer Verpflichtung nach diesem Gesetz erfolgende öffentliche Kauf- oder Tauschangebote zum Erwerb von Wertpapieren einer Zielgesellschaft". Das WpÜG unterscheidet drei Arten von öffentlichen Übernahmeangeboten: Das „normale" öffentliche Angebot zum Erwerb von Wertpapieren (§§ 10ff. WpÜG), das freiwillige Übernahmeangebot (§§ 29ff. WpÜG) und das Pflichtangebot (§§ 35ff. WpÜG). Beim freiwilligen Übernahmeangebot und bei Pflichtangebot ist der Bieter stets verpflichtet, ein Vollangebot abzugeben (§§ 32 bzw. 39 WpÜG). Dagegen ist im Fall des öffentlichen Erwerbsangebots auch ein Teilangebot zulässig (§ 19 WpÜG). Mit einem Teilangebot kann sowohl der Erwerb einer Beteiligung unterhalb der Kontrollschwelle als auch die Konsolidierung der Beteiligung aus einer bereits bestehenden Kontrollstellung heraus erreicht werden. Die Kontrollschwelle beträgt nach § 29 II WpÜG 30 Prozent der Stimmrechte der Zielgesellschaft.

Während der Diskussionsentwurf noch eine generelle Überprüfbarkeit auch dieser Barabfindung im Spruchstellenverfahren vorsah, schloss der folgende Referentenentwurf eine gerichtliche Kontrolle vollends aus[946]. Der Regierungsentwurf hat hieran jedoch nicht festgehalten. Die gerichtliche Überprüfung der Angemessenheit der Barabfindung blieb aber ausgeschlossen. Der Regierungsentwurf ging davon aus, dass bei einer Zustimmungsquote von 90 Prozent zu einem zeitnah erfolgten Angebot eine unwiderlegbare Vermutung bestünde, dass es sich um einen marktgerechten Preis handelt, der auch den Interessen der Minderheitsaktionäre angemessen Rechnung trägt[947]. Möglich war es danach nur die tatbestandlichen Voraussetzungen der unwiderlegbaren Vermutung in einem Spruchstellenverfahren überprüfen zu lassen[948].

Dieser Regelung gingen ähnlich lautende Vorschläge in der Literatur voraus. So vertrat Kossmann die Ansicht, dass im Falle eines öffentlichen Pflichtangebots, das von einer bedeutenden Mehrheit unabhängiger Aktionäre angenommen wurde, der festgestellte Börsenpreis die richtige Abfindungshöhe darstelle[949]. Es sei unter keinem Gesichtspunkt fair, die gegen Barabfindung auszuschließenden Aktionäre besser oder schlechter abzufinden als die große Mehrheit der Aktionäre, die ein öffentliches Kaufangebot angenommen haben. Schließlich sei der Squeeze-out die Kehrseite des Pflichtangebots[950].

Des weiteren schien sich die Regelung auch in gewisser Weise an die Lösung des britischen Companies Act anzulehnen[951]. Auch für die compulsory acquisition der sections 428 – 430F CA ist es erforderlich, dass ein öffentliches Übernahmeangebot abgegeben wird, welches mindestens 90 Prozent der außenstehenden Aktionäre annehmen[952]. Auch hier liegt der Gedanke zugrunde, dass eine Zustimmung von 90 Prozent die Fairness der Abfindung garantiert.

Allerdings sollte die 90-Prozent-Quote der deutschen Regelung nach der eindeutigen Gesetzesbegründung allein auf die Kopfzahl der außenstehenden Aktionä-

---

946 *DAV-Stellungnahme zum Referentenentwurf*, 420/432.

947 *Besonderer Teil der Begründung des Regierungsentwurfs*, BT-Drucksache 14/7034, 72. Siehe auch *Möller/Pötzsch*, ZIP **2001**, 1256/1262.

948 *Möller/Pötzsch*, ZIP **2001**, 1256/1262.

949 *Kossmann*, NZG **1999**, 1198/1202.

950 *Kossmann*, NZG **1999**, 1198/1203. Allerdings sollte der Preis für ein vorangegangenes öffentliches Übernahmeangebot nur dann als Maßstab geeignet sein, wenn zum Zeitpunkt des Unternehmensangebotes 50 Prozent des Kapitals der Zielgesellschaft sich im freien Handel befänden und nicht in der Hand des Übernehmers.

951 Vgl. *Rühland*, NZG **2001**, 448/450ff..

952 Zu den Einzelheiten siehe oben, § 4 II..

re dagegen nicht auf den von diesen gehaltene Kapitalanteil abstellen[953]. Des weiteren war die 90-prozentige Zustimmung der Adressaten allein nicht ausreichend, sondern es musste durch das Angebot nach dem WpÜG gerade die Hauptaktionärsstellung erreicht worden sein. Aufgrund dessen war § 327b I 3 AktG-RegE bereits von seiner Grundkonzeption nicht mit der britischen Lösung vergleichbar.

2. Kritik

Die Regelung des § 327b AktG-RegE wurde von Teilen der Literatur[954], vom Bundesrat[955] und von Aktionärsschutzvereinigungen nachhaltig kritisiert.

Bedenken wurden vor allem dagegen vorgebracht, dass eine gerichtliche Überprüfung der Abfindung mittels eines Spruchstellenverfahren im Fall des § 327 I 3 AktG-RegE nicht vorgesehen war. Es sollte allein der den anderen Aktionären gezahlte Kaufpreis maßgebend sein. Ausgeschlossene Minderheitsaktionäre wären so gestellt worden, als hätten sie das Angebot doch angenommen – auch wenn sie den Kaufpreis für nicht angemessen hielten. Dies wurde von vielen als eine massive Lücke im Eigentumsschutz interpretiert[956].

Es wurde darauf hingewiesen, dass es einer guten Tradition des Gesellschaftsrecht entspräche, bei allen Gesetzen, die Abfindungen vorsehen, eine gerichtliche Überprüfung in Spruchstellenverfahren zu ermöglichen[957]. Die hohe Erfolgsquote von Spruchstellenverfahren zeige, dass die gebotenen Abfindungen häufig keine angemessene Entschädigung darstellen würden. Aktionäre, die aus ihrer Gesellschaft herausgedrängt werden, müssen aber im Hinblick auf Artikel 14 I GG wirtschaftlich voll entschädigt werden und tatsächlich erhalten, was ihre Beteiligung an dem arbeitenden Unternehmen wert ist. Dieser verfassungsrechtliche Eigentumsschutz stehe auch nicht zur Disposition der Mehrheit. Eigentumsschutz sei immer Individualschutz. Er bestehe unabhängig davon, ob andere Aktionäre eine Maßnahme für angemessen halten oder nicht[958].

---

953 *Besonderer Teil der Begründung des Regierungsentwurfs*, BT-Drucksache 14/7034, 72. Siehe auch *Hüffer*, § 327b Rn.1; *KK-WpÜG-Hasselbach*, § 327b Rn.27; *Möller/Pötzsch*, ZIP **2001**, 1256/1262; *Wenger/Kaserer/Hecker*, ZBB **2001**, 317/331. Anders offenbar *Rühland*, NZG **2001**, 448, der davon ausgeht, dass sich die 90-Prozent-Quote auf das Grundkapital bezieht und damit zum Ergebnis kommt, dass die Regelung aus rechnerischen Gründen größtenteils überhaupt nicht anwendbar ist.

954 *Ehricke/Roth*, DStR **2001**, 1120/1127; *Heidel/Lochner*, DB **2001**, 2031/2032f.; *Wenger/Kaserer/Hecker*, ZBB **2001**, 317/331f.. Siehe auch *Zinser*, M & A Review **2002**, 17/19.

955 *Stellungnahme des Bundesrates*, BT-Drucksachen 14/7034, 86f.. Siehe auch ZIP **2001**, 1787/1788.

956 *Stellungnahme des Bundesrates*, BT-Drucksachen 14/7034, 87.

957 *Heidel/Lochner*, DB **2001**, 2031/2032. A.A.: *Krieger*, BB **2002**, 53/57.

958 *Heidel/Lochner*, DB **2001**, 2031/2033.

Zudem würden Mehrheitsaktionäre regelmäßig Angebote unter dem eigentlichen Wert der Beteiligung anbieten. Übernahmeangebote würden oft bei nachhaltiger Unterbewertung der Zielgesellschaft am Markt abgegeben werden[959]. Daher sei die Chance hoch, dass ein Angebot akzeptiert würde, das geringfügig über Marktwert, doch weit unter dem wahren Wert der Aktien liege. Hinzu komme, dass sich auch die Börsenlandschaft seit der Annahme des Angebotes so sehr verändert haben kann, dass der damals gezahlte Preis in keinem Bezug mehr zum realen Börsenwert steht.

Auch seien Missbräuche bzw. Manipulationen des gezahlten Preises bei einer erfolgreichen Übernahme vor allem bei einem Erwerb von Aktien des betreffenden Unternehmens von Konzernunternehmen nicht auszuschließen[960].

Im übrigen ergäben sich selbst bei einem marktgerechten Angebot Probleme. Aktionäre haben nämlich nicht nur Anspruch auf den Verkehrswert ihrer Aktien. Vielmehr müssten sie bei allen Maßnahmen, bei denen ihnen Abfindungen garantiert sind, erhalten was immer höher ist: entweder den an der Börse gebildeten Verkehrswert der Aktie oder den quotal auf die Aktie bezogenen Unternehmenswert[961]. Diese Abfindung zum „wahren Wert" ist aber nicht anders zu realisieren als durch die vollständige gerichtliche Überprüfung in Spruchstellenverfahren.

Zuletzt wurde auch darauf hingewiesen, dass die 90-Prozent-Quote durch das Abstellen auf die Kopfzahl in all den Fällen von vornherein ausgeschlossen ist, in denen Inhaberaktien in nicht einsehbaren Bankdepots eingelagert sind[962].

Der Ausschluss der Kontrolle bei § 327b I 3 AktG-RegE wurde somit insgesamt als eine beträchtliche Lücke im Rechtschutzsystem angesehen, die im Hinblick auf Art. 14 I GG verfassungsrechtlich sehr bedenklich sei.

3. Streichung des § 327b I 3 AktG-RegE

Teilweise wurde versucht dieser Kritik zu begegnen, indem die Regelung des § 327b I 3 AktG-RegE als widerlegbare Vermutung aufgefasst wurde[963]. Danach

---

959 *Heidel/Lochner*, a.a.O.. Vgl. auch *Stellungnahme des Bundesrates*, BT-Drucksachen 14/7034, 87.

960 *Ehricke/Roth*, DStR **2001**, 1120/1127.

961 Siehe oben, § 8 III. 5. d). *Heidel/Lochner*, DB **2001**, 2031/2033.

962 *Hüffer*, § 327b Rn.1; *Wenger/Kaserer/Hecker*, ZBB **2001**, 317/332.

963 *Stellungnahme des Bundesrates*, BT-Drucksachen 14/7034, 87; *Ehricke/Roth*, DStR **2001**, 1120/1123; *Rühland*, NZG **2001**, 448/454f., der sich allerdings auf § 327f III AktG-RefE bezieht; *Schüppen*, WPg, **2001**, 958/974. Für eine widerlegbare Vermutung auch: *Sellmann*, WM **2003**, 1545/1547f..

sollte es den Minderheitsaktionären freistehen, die Unangemessenheit der Barabfindung darzulegen und zu beweisen[964].
Allerdings wurde dieser Vorschlag von offizieller Seite nicht aufgenommen. Aufgrund der massiven Kritik empfahl stattdessen der federführende Finanzausschuss des Bundestages die Streichung des § 327b I 3 AktG-RegE[965]. Dem ist der Bundestag nachgekommen, als er am 15. November 2001 das Gesetz verabschiedete[966]. Ebenso wurde auch die Bezugnahme auf diesen Satz in § 327c II 2 AktG-RegE gestrichen.

Ob einer entsprechende Regelung jedoch angesichts der in Art. 14 V der geplanten EU-Übernahmerichtlinie vorgesehenen Fiktion wiederbelebt wird, bleibt abzuwarten[967]. Zu berücksichtigen ist, dass die dortige Regelung im Gegensatz zu § 327b I 3 AktG-RegE die 90-Prozent-Schwelle an das Grundkapital und nicht an die Kopfzahl der außenstehenden Aktionäre anknüpft. Zudem gewinnt hier die verfassungsrechtliche Problematik eine andere Dimension. Auf EU-Richtlinien beruhende Vorschriften sind nämlich nach der Rechtsprechung des Bundesverfassungsgerichts nicht vom Bundesverfassungsgericht am Grundgesetz, sondern vom Europäischen Gerichtshof an den entsprechenden Grundrechtsgewährleistungen des EU-Rechts zu messen[968].

V. Verzinsung

Nach § 327b II 1.Halbsatz AktG ist die Barabfindung von der Bekanntmachung der Eintragung des Übertragungsbeschlusses in das Handelsregister an mit jährlich 2 Prozent über dem jeweiligen Basiszinssatz zu verzinsen[969]. Ein Verzug des Hauptaktionärs ist nicht erforderlich. Damit ist die früher umstrittene Frage[970], ob den Minderheitsaktionären neben dem eigentlichen Abfindungsanspruch auch ein Anspruch auf Verzinsung des Barabfindungsbetrags zusteht, für den Squeeze-out eindeutig entschieden. Die ausgeschiedenen Minderheitsaktionäre erlangen auf diesem Weg Ausgleich dafür, dass sie gemäß § 327e III 1

---

964 *Ehricke/Roth*, DStR **2001**, 1120/1123: Allerdings seien an die Widerlegung relativ hohe Anforderungen zu stellen. So sollte es zur Widerlegung nicht ausreichen, dass das Gericht einen anderen Unternehmenswert als angemessener ansehe. Es müsste die Abfindung anhand der gesetzlichen Vermutung vielmehr als geradezu unvertretbar erachten. Die Minderheitsaktionäre müssten Umstände darlegen und beweisen, aus denen auf die Abweichung des Angebotspreises vom Verkehrswert zu schließen sei.

965 *Beschlussempfehlung und Bericht des Finanzausschusses*, BT-Drucksache 14/7477, 3.

966 Kritisch hierzu *Krieger*, BB **2002**, 53/57.

967 Siehe oben, § 5 III..

968 *BVerfGE*, 73, 339/378ff.; *Krause*, BB **2004**, 113/118.

969 Bezugsgröße für den Basiszinssatz ist der Zinssatz für längerfristige Refinanzierungsgeschäfte der Europäischen Zentralbank.

970 Dafür: z.B. *OLG Celle*, WM **1979**, 1336/1342. Dagegen *LG Hannover*, AG **1977**, 346/349; *Dielmann/König*, AG **1984**, 57/66.

AktG unmittelbar mit der Eintragung des Squeeze-out ihre Mitgliedschaftsrechte verlieren. Zudem wird man mit dieser Regelung internationalen Standards gerecht. So ist auch in den USA und in Großbritannien die Verzinsung der Barabfindung anerkannt[971].

Gemäß § 327b II 2.Halbsatz AktG kann der ausgeschiedene Minderheitsaktionär zwar auch Ersatz eines durch § 327b II 1.Halbsatz AktG nicht ausgeglichenen Schadens verlangen. Doch ist die Vorschrift selbst keine Anspruchsgrundlage[972]. Sie stellt vielmehr nur fest, dass insbesondere §§ 280 II i.V.m. 286 BGB durch den Anspruch auf Verzinsung nicht verdrängt wird. Ersatz eines weitergehenden Schadens kann daher nur bei Verzug des Hauptaktionärs beansprucht werden.

VI. Verjährung

Der Anspruch auf Barabfindung verjährt gemäß § 195 BGB grundsätzlich in drei Jahren. Nach § 199 I Nr.1 BGB beginnt die Verjährung mit dem Schluss des Jahres, in dem der Anspruch entstanden ist. § 327a I 1 AktG legt fest, dass die Hauptversammlung den Squeeze-out „gegen Gewährung einer angemessenen Barabfindung beschließen" kann. Daher ist davon auszugehen, dass der Anspruch auf Barabfindung bereits mit dem Hauptversammlungsbeschluss entsteht[973]. Insofern weicht die Regelung von der Mehrheitseingliederung ab, wo nach § 320b I 1 AktG erst die „ausgeschiedenen" Aktionäre einen Anspruch auf Abfindung haben und deswegen die herrschende Meinung davon ausgeht, dass der Anspruch erst mit der Eintragung der Eingliederung in das Handelsregister entsteht[974].

VII. Prüfung der Angemessenheit der Abfindung

Im vorausgehenden Regierungsentwurf war gemäß § 327 c II 3 AktG-RegE vorgesehen, die Prüfung der Angemessenheit der Abfindung einem oder mehreren sachverständigen Prüfern zu überlassen, die allein vom Hauptaktionär bestellt werden[975]. Diese Regelung entsprach zwar inhaltlich der Regelung von § 320 III AktG für die Eingliederung durch Mehrheitsbeschluss, ging aber zum Beispiel einen anderen Weg als § 293c I 1 AktG. Im übrigen erklärte § 327c II 4 AktG-RegE die Vorschriften des § 293c hinsichtlich der Bestellung der Vertragsprüfer für entsprechend anwendbar.

---

971 Hinsichtlich der USA: § 262 (h) Delaware General Corporation Law; § 7.23 (e) ALI Principles of Corporate Governance. Hinsichtlich Großbritanniens: Section 430 (10) CA.

972 So auch *Geibel/Süßmann-Grzimek*, § 327b Rn.36.

973 A.A.: *KK-WpÜG-Hasselbach*, § 327b Rn.10: Anspruchsentstehung erst mit der Eintragung des Übertragungsbeschlusses im Handelsregister.

974 *E-H-Habersack* § 320b Rn14; *Münchener Kommentar-Grunewald* § 320b Rn.2.

975 Eine Ausnahme war nur für den Sonderfall des § 327b I 3 AktG-RegE vorgesehen.

Diese Regelung wurde von Seiten der Literatur kritisiert[976]. Ziel der Bestellung eines unabhängigen sachverständigen Prüfers sei es, die Angemessenheit der vom Hauptaktionär festgelegten Barabfindung zu überprüfen, um damit nicht nur zum besseren Schutz der Minderheitsaktionäre, sondern letztlich auch zur Entlastung des Spruchverfahrens beizutragen. Trotz der Verpflichtung des Prüfers zur unparteiischen Wahrnehmung seiner Aufgabe, wie dies § 323 I HGB, der nach § 327c II 4 AktG-RegE i.V.m. § 293d II 1 AktG insoweit entsprechend anzuwenden ist, ausdrücklich bestimmt, sei davon auszugehen, dass die Minderheitsaktionäre einem allein vom Hauptaktionär bestellten Sachverständigen weniger Vertrauen entgegenbringen würden. Das Risiko der Einleitung eines Spruchstellenverfahrens zur gerichtlichen Überprüfung der Bewertung werde damit ohne Not erhöht[977].

Der federführende Finanzausschuss reagierte bei der Diskussion des Regierungsentwurfs auf diese Kritik, indem ein neuer § 327c II 3 AktG eingeführt wurde. Danach werden die sachverständigen Prüfer auf Antrag des Hauptaktionärs vom Gericht ausgewählt und bestellt[978]. Ziel dieser Änderung ist es, dem Eindruck der Nähe der Prüfer zum Hauptaktionär von vornherein entgegenzuwirken und damit die Akzeptanz des Prüfungsergebnisses für die Minderheitsaktionäre zu erhöhen[979]. Zudem soll dadurch die Zahl der gerichtlichen Spruchstellenverfahren zur Überprüfung der Angemessenheit der Abfindung verringert werden. Wenn dennoch später einmal ein Spruchstellenverfahren durchgeführt wird, ergebe sich ein ganz erheblicher Beschleunigungseffekt, da dort ein weiteres Sachverständigengutachten vermieden oder jedenfalls auf solche Punkte beschränkt werden kann, die nach dem früheren Prüfungsbericht noch offengeblieben sind.

Nach §§ 327c II 4 i.V.m. 293c I 3 bis 5 AktG ist das Landgericht für die Bestellung zuständig, in dessen Bezirk das Unternehmen seinen Sitz hat. Ist bei dem Landgericht eine Kammer für Handelssachen gebildet, so entscheidet deren Vorsitzende an Stelle der Zivilkammer. Für die Auswahl der Prüfer gilt nach §§ 327c II 4 i.V.m. 293d I AktG die Regelung des § 319 I HGB, d.h. es kommen

---

976 *Baums, Ausschluss von Minderheitsaktionären*, 129, der sich dafür ausspricht die Prüfer durch die Minderheitsaktionäre bestellen zu lassen; *Lutter/Bezzenberger*, AG **2000**, 433/438; *Vetter*, ZIP **2000**, 1817/1822. Kritisch hinsichtlich der Tätigkeit von Wirtschaftsprüfern bei der Festlegung von Abfindungen allgemein: *Wenger/Kaserer/Hecker*, ZBB **2001**, 317/327f..

977 *Vetter*, a.a.O..

978 Artikel 2 und 4 des Spruchverfahrensneuordnungsgesetzes sieht nunmehr vor die gerichtliche Bestellung der sachverständigen Prüfer auch für sämtliche anderen Struktur- und Konzernierungsmaßnahmen einzuführen. Siehe unten, § 8 IX. 5..

979 *Beschlussempfehlung und Bericht des Finanzausschusses, Einzelbegründung*, BT-Drucksache 14/7477, 54. Kritisch hierzu allerdings *Geibel/Süßmann-Grzimek*, § 327c Rn.18.

nur Wirtschaftsprüfer und Wirtschaftsprüfergesellschaften in Frage. Bei der Bestellung der Prüfer wird das Landgericht im Verfahren der freiwilligen Gerichtsbarkeit tätig[980]. Die gerichtliche Bestellung ist mit der sofortigen Beschwerde angreifbar, beschwerdeberechtigt ist allein der Hauptaktionär.

Gegenstand der Prüfung ist nach § 327c II 2 AktG im Gegensatz zu § 320 III 1 AktG nicht der Squeeze-out an sich, sondern allein die Angemessenheit der Barabfindung. Aufgrund des eindeutigen Wortlauts erstreckt sich die Prüfung daher nicht auf die Einhaltung der Voraussetzungen des Squeeze-out. Diese sind nur Gegenstand des schriftlichen Berichts des Hauptaktionärs nach § 327c II 1 AktG. Allerdings kann es im Hinblick auf die Entlastungsfunktion der Prüfung für nachfolgende Spruchstellenverfahren und den engen Zusammenhang zwischen dem Berichtsinhalt und der Frage der Angemessenheit der Abfindung sinnvoll sein, im Rahmen der Prüfung auf den schriftlichen Bericht des Hauptaktionärs einzugehen[981].

Gemäß §§ 327c II 4 i.V.m. 293e AktG haben die Prüfer über das Ergebnis der Prüfung schriftlich zu berichten. Der Inhalt des Berichts bestimmt sich nach § 293e AktG. § 327c II 4 AktG legt dabei fest, dass die Schutzklausel des § 293a II AktG und die Verzichtsmöglichkeit des § 293a III AktG auch hinsichtlich des Prüfungsberichts zur Anwendung gelangen[982].

Verletzen die Prüfer ihre Verpflichtung zur gewissenhaften und unparteiischen Prüfung, so kann dies nach §§ 327c II 4 i.V.m. 293d II AktG, § 323 HGB Schadensersatzansprüche nach sich ziehen.

VIII. Stellungnahme des Vorstands

Dem Vorstand kommt nach der Konzeption des Gesetzes eine nicht unwesentliche Stellung innerhalb des Ausschließungsverfahrens zu. So hat er nicht nur die Hauptversammlung einzuberufen und für die Auslage der in § 327c III AktG genannten Unterlagen zu sorgen. Er hat auch den Aktionären innerhalb der Hauptversammlung Auskünfte zu erteilen und bei einer etwaigen Anfechtung des Übertragungsbeschlusses das Unbedenklichkeitsverfahren nach §§ 327e II i.V.m. 319 VI AktG zu betreiben. Schließlich hat er auch nach § 327e I 1 AktG den Übertragungsbeschluss zur Eintragung in das Handelsregister anzumelden.

Darüber hinaus wird in der Literatur jedoch vom Vorstand des Unternehmens eine ausdrückliche Stellungnahme über die Angemessenheit der Barabfindung

---

[980] *Geibel/Süßmann-Grzimek*, § 327c Rn.20.
[981] So auch *Geibel/Süßmann-Grzimek*, § 327c Rn.16.
[982] Hinsichtlich der Auswirkung auf den Übertragungsbeschluss, falls die Prüfer die Angemessenheit der Barabfindung nicht bestätigen, siehe *Ott*, DB **2003**, 1615/1616f..

verlangt[983]. Dies sei nicht nur eine Frage der breiten und möglichst objektiven Information der betroffenen Minderheitsaktionäre über die Angemessenheit des ihnen unterbreiteten Abfindungsangebots, sondern beruhe auch auf einem sachgerechten Umgang mit den Treuepflichten des Vorstandes gegenüber allen Aktionären[984].
Dem ist zugute zu halten, dass es sei nicht einzusehen ist, dass bei einem Squeeze-out die Verpflichtungen des Vorstandes der betroffenen Gesellschaft gegenüber den Minderheitsaktionären anders zu beurteilen sind als im Falle eines öffentlichen Übernahmeangebotes, wo nach § 27 I WpÜG der Vorstand eine begründete Stellungnahme zu dem Übernahmeangebot sowie zu jeder Änderung abzugeben hat. Dies gilt um so mehr, als sich beim Squeeze-out der Eingriff in die Rechtsstellung der Minderheitsaktionäre weitaus gravierender auswirkt als bei einem öffentlichen Übernahmeangebot.

Ferner ist zu beachten, dass sich der Vorstand ohnehin mit dem Squeeze-out und der festgelegten Abfindung auseinanderzusetzen hat, da er nach § 124 III 1 AktG verpflichtet ist, der Hauptversammlung einen Beschlussvorschlag zu unterbreiten[985]. Zudem muss er auch auf etwaige Fragen in der Hauptversammlung antworten, die die Abfindung zum Gegenstand haben. Somit ist mit einer ausdrücklichen Stellungnahme auch keine besondere Härte für den Vorstand verbunden.

Damit ist eine Verpflichtung des Vorstandes der betroffenen Aktiengesellschaft anzunehmen, zu der vom Hauptaktionär angebotenen Barabfindung begründet Stellung zu nehmen. Es bietet sich an, diese Stellungnahme den Aktionären zusammen mit dem in § 327c II 1 AktG vorgesehenen schriftlichen Bericht des Hauptaktionärs zur Einsicht in den Geschäftsräumen der Gesellschaft zur Verfügung zu stellen bzw. ihnen auch auf Wunsch in Abschrift zuzusenden.

IX. Gerichtlicher Rechtsschutz

Beim Squeeze-out ist den betroffenen Minderheitsaktionären das klassische Kontroll- und Abwehrmittel, nämlich das Recht zur Anfechtung rechtswidriger Mehrheitsbeschlüsse, weitestgehend aus der Hand genommen. Gemäß § 327f I 1 AktG können sie den Hauptversammlungsbeschluss über den Squeeze-out nicht

---

[983] *Ehricke/Roth*, DStR **2001**, 1120/1125; *Vetter*, AG **2002**, 176/187; *ders.*, ZIP **2000**, 1817/1823. Ähnlich *Hüffer*, § 327d Rn.4, der verlangt, dass alle in § 327c AktG genannten Unterlagen vom Vorstand erläutert werden. Zurückhaltender: *KK-WpÜG-Hasselbach*, § 327b Rn.4. A.A.: *Krieger*, BB **2002**, 53/59: Die Angemessenheitsprüfung durch Wirtschaftsprüfer und gegebenenfalls durch ein Gericht sei ausreichend.
[984] *Ehricke/Roth*, DStR **2001**, 1120/1125; *Vetter*, AG **2002**, 176/187; *ders.*, ZIP **2000**, 1817/1823. Siehe auch *Martens*, FS Beusch, 1993, 529/549.
[985] Siehe oben, § 7 IV. 6..

mit der Begründung anfechten, dass die als Kompensation angebotenen Leistung zu gering ist.

Bei einem Squeeze-out greift der Hauptaktionär aber einseitig und eigenmächtig in die Rechtsstellung des Minderheitsaktionärs ein. Da die Minderheitsaktionäre eine angemessene Kompensation hierfür nicht selbständig im Verhandlungswege durchsetzen können, sind sie im besonderen Maße auf einen justizförmigen Rechtsschutz angewiesen.

1. Spruchstellenverfahren

Daher sah §§ 327f I 2 i.V.m. 306 AktG a.F. die Möglichkeit der Durchführung eines Spruchstellenverfahrens vor. Ist die Barabfindung unangemessenen, so legt das Gericht eine angemessene Abfindung fest. Wie wichtig das Spruchstellenverfahren in der Praxis ist, zeigt sich daran, dass die zunächst angebotene Leistung im Zuge dieses gerichtlichen Verfahrens oft erheblich heraufgesetzt wird, also ursprünglich unangemessen gering war[986]. Das Spruchstellenverfahren ist somit ein wesentliches Element des Minderheiten- und Anlegerschutzes[987]. Andererseits hat es für den Hauptaktionär den Vorteil, dass es anders als die Anfechtungsklage, einer Eintragung des Hauptversammlungsbeschlusses beim Handelsregister nicht entgegensteht[988].

Nach § 327f I 3 AktG a.F. konnte die Einleitung eines Spruchstellenverfahrens auch dann beantragt werden, wenn der Hauptaktionär eine Barabfindung nicht oder nicht ordnungsgemäß angeboten hat und eine hierauf gestützte Anfechtungsklage entweder nicht innerhalb der Frist des § 246 I AktG erhoben oder zwar erhoben, aber zurückgenommen oder rechtskräftig abgewiesen worden ist. In all diesen Fällen schloss zwar § 327f I 1 AktG a.F. eine Anfechtung des Hauptversammlungsbeschlusses nicht aus. Das Spruchstellenverfahren stand aber subsidiär zur Verfügung.

Jeder ausgeschiedene Minderheitsaktionär konnte innerhalb von zwei Monaten, nachdem die Eintragung des Übertragungsbeschlusses in das Handelsregister im Bundesanzeiger und einem anderen Blatt veröffentlicht worden war, einen Antrag auf gerichtliche Überprüfung der Abfindung stellen, § 327f II 1, 2 AktG

---

[986] *Dörfler/Gahler/Unterstraßer/Wirichs*, BB **1994**, 156/159f.; *Lutter/Bezzenberger*, AG **2000**, 433/435.

[987] *Lutter/Bezzenberger*, AG **2000**, 433/434.

[988] In der Literatur wird die Verweisung ins Spruchstellenverfahren fast ausnahmslos begrüßt: *Halm*, NZG **2000**, 1162/ 1165; *Land/Hasselbach*, DB **2000**, 557/562; *Vetter* in ZIP **2000**, 1817/1823. A.A.: *Kallmeyer*, AG **2000**, 59/61, der im Squeeze-out eine Parallele zur Zwangseinziehung sieht und eine Kontrolle mittels Anfechtungsklage als ausreichend erachtet.

a.F.. Eine Antragsstellung vor Eintragung des Übertragungsbeschlusses wurde von Gerichten in der Vergangenheit dagegen als unzulässig angesehen[989]. Ebenso verneinten Gerichte die Antragsberechtigung, wenn die Eintragung des Inhabers einer Namensaktie im Aktienregister nicht nachgewiesen werden konnte[990]. Zuständig war nach §§ 327f II 3 i.V.m. 306 I 1 AktG a.F. das Landgericht, in dessen Bezirk das Unternehmen seinen Sitz hat. Antragsgegner war nicht die Aktiengesellschaft, sondern vielmehr allein der Hauptaktionär, da dieser Schuldner der Barabfindung ist und auch die Verfahrenskosten zu tragen hat[991].

Der Antrag auf Durchführung eines Spruchstellenverfahrens war nach §§ 327f II 3 i.V.m. 306 III 1 AktG a.F. vom zuständigen Landgericht in den Gesellschaftsblättern bekannt zu machen. Damit war gewährleistet, dass alle Minderheitsaktionäre von der Einleitung des Verfahrens Kenntnis nehmen und sich gegebenenfalls daran mit eigenen Anschlussanträgen beteiligen können. Die Kosten trug nach §§ 327f II 3 i.V.m. 306 VII 7 AktG a.F. – vom Ausnahmefall des § 306 VII 8 AktG a.F. einmal abgesehen – der Hauptaktionär[992].

Grundsätzlich waren gemäß §§ 327f II 3 i.V.m. 306 II AktG a.F. die Vorschriften des FGG anzuwenden, soweit das AktG nicht ein anderes bestimmt. Damit war sichergestellt, dass nach § 12 FGG der Amtsermittlungsgrundsatz zur Anwendung gelangte.

Soweit sich außenstehende Aktionäre an einem eingeleiteten Verfahren nicht selbst beteiligen, bestellte das Gericht für sie nach §§ 327f II 3 i.V.m. 306 IV 2 AktG a.F. den sogenannten gemeinsamen Vertreter. Dieser konnte für die nicht am Verfahren beteiligten Aktionäre Anträge stellen. So sollte erreicht werden, dass die Aufbesserung der Abfindung auch diesen Aktionären zugute kam.

Die gerichtliche Entscheidung wirkte gemäß §§ 327f II 3 i.V.m. 306 II AktG a.F. mit Rechtskraft gegen jedermann (inter-omnes-Wirkung). Wurde also durch das Gericht eine höhere Abfindung festgesetzt, so kam dies sämtlichen ausgeschiedenen Aktionären zugute, d.h. auch denjenigen, die bereits ihre Aktienurkunden gegen Leistung der angebotenen Abfindung ausgehändigt hatten. Letztere hatten somit einen sogenannten Abfindungsergänzungsanspruch[993]. Dies stellte einen erheblichen Unterschied zum US-amerikanischen Recht dar. Dort kommt ein im appraisal-Verfahren festgestellter höherer Anteilswert nur den

---

989 *LG Berlin*, ZIP **2003**, 1300f..

990 *OLG Hamburg*, ZIP **2003**, 2301ff..

991 *Krieger*, BB **2002**, 53/57; *KK-WpÜG-Hasselbach*, § 327f Rn.8; *Vetter*, AG **2002**, 176/190. A.A.: *Hüffer*, § 327f Rn.5: Schuldner ist die Aktiengesellschaft.

992 *Ehricke/Roth*, DStR **2001**, 1120/1127; *Grunewald*, ZIP **2002**, 18/20.

993 *Geibel/Süßmann-Grzimek*, § 327f Rn.31.

Minderheitsaktionären zugute, die dieses Verfahren auch angestrengt haben. Dies birgt natürlich die Gefahr, dass Mehrheitsaktionäre von Anfang an unangemessen niedrige Abfindungen unterbreiten und darauf spekulieren, dass nur ein kleiner Teil der Minderheitsaktionäre ihr appraisal right wahrnimmt. Dies Gefahr bestand beim deutschen Squeeze-out-Verfahren nicht[994].

2. Nachteile

Allerdings wiesen Spruchstellenverfahren in der Vergangenheit auch erhebliche Mängel auf[995].

Der Hauptnachteil war ihre an Rechtsverweigerung grenzende Dauer[996]. Nicht selten vergingen mehrere Jahre bis zur Entscheidung der ersten Instanz. Der rechtskräftige Abschluss in der zweiten Instanz wurde in nicht wenigen Fällen erst nach mehr als zehn Jahren erreicht[997]. Das Bundesverfassungsgericht hat hierzu festgestellt, dass selbst eine siebenjährige Dauer eines Spruchstellenverfahren verfassungsrechtlich noch nicht bedenklich ist[998].

Ferner konnten gerade bei einer großen Zahl potentiell anspruchsberechtigter Aktionäre sehr hohe Ausgleichsbeträge auf das Unternehmen zukommen. Dies führte dazu, dass die Gesellschaft eventuell jahrelang mit Folgezahlungen rechnen muss, was eine unvorteilhafte Bewertung auf den Kapitalmärkten nach sich zieht.

Waren hingegen nur wenige Minderheitsaktionäre vorhanden, so konnte es passieren, dass die Kosten eines Spruchstellenverfahren gänzlich in keinem Verhältnis zu den sich insgesamt zusätzlich ergebenden Abfindungszahlungen standen.

3. Ursachen

Die eben erwähnten Nachteile, insbesondere die lange Dauer von Spruchstellenverfahren, gingen auf mehrere Ursachen zurück.

---

[994] Hinsichtlich des Verhältnisses zu anderen Spruchverfahren vgl. *KK-WpÜG-Hasselbach*, § 327f Rn.14; *Schiffer/Rossmeier*, DB **2002**, 1359ff..

[995] Zu den Problemen des Spruchverfahrens allgemein: *Lutter/Bezzenberger*, AG **2000**, 433/436ff..

[996] *Bilda*, NZG **2000**, 296; *Forum Euopaeum Konzernrecht*, ZGR **1998**, 673/748; *Lutter/Bezzenberger*, AG **2000**, 433/ 436; *Schiessl*, AG **1999**, 442/446; *Sellmann*, WM **2003**, 1545/1552; *Steinhauer*, AG **1999**, 299/301.

[997] *BayObLG*, WM **1996**, 526/527: 13 Jahre; *OLG Zweibrücken*, AG **1995**, 421: 9 Jahre; *OLG Düsseldorf*, WM **1988**, 1052/1053: 10 Jahre. Eine Übersicht über die Dauer von Spruchstellenverfahren findet sich bei *Wenger/Kaserer/Hecker*, ZBB **2001**, 317/333.

[998] *BVerfG*, WM **1999**, 1012.

a) Amtsermittlungsgrundsatz

Nach §§ 327f II 3 i.V.m. 306 II AktG a.F. unterlag das Spruchstellenverfahren in seiner Ausgestaltung den Vorschriften des FGG, soweit nichts anderes bestimmt ist. Dies bedeutete, dass der Amtsermittlungsgrundsatz des § 12 FGG galt. Dies führte dazu, dass der antragsstellende Aktionär sich darauf beschränken konnte – und dies geschah in der Praxis auch[999] – nur die Angemessenheit der Abfindung in Abrede zu stellen und deren Überprüfung zu beantragen. Alles andere hatte dann das Gericht von Amts wegen zu veranlassen. Der verfahrensbeschleunigende Effekt einer vorbereitenden und auf die entscheidungserheblichen Punkte konzentrierten Aufbereitung des Sachverhalts durch den antragsstellenden Aktionär war in solchen Fällen natürlich nicht vorhanden.

b) Zeitaufwendige Beweisverfahren

Eine weitere Ursache konnte in der Dauer notwendiger Beweisverfahren liegen. Gelangte das Gericht zu der Überzeugung, dass die Einholung eines neuen Sachverständigengutachtens erforderlich ist, waren diesbezügliche Beweisaufnahmen die notwendige Folge. Hierbei wurde ein zeitaufwendiger Verfahrensabschnitt eingeleitet. Bereits die Suche nach geeigneten Sachverständigen und die gerichtliche Moderation bei der Vereinbarung marktüblicher Vergütungssätze (§ 7 ZSEG) konnte Monate dauern[1000]. Hinzu kam dann noch die Zeit der eigentlichen Gutachtenerstellung, die ebenfalls mehrere Monate in Anspruch nehmen konnte. Nicht selten konnten dabei sogar Jahre vergehen. Die sich anschließende Auseinandersetzung über die Ansätze und Ergebnisse des Gutachtens und die sich daraus häufig ergebende Notwendigkeit, das Gutachten schriftlich ergänzen zu lassen oder den Sachverständigen persönlich anzuhören, konnte eine weitere erhebliche Zeitspanne beanspruchen.

c) Fehlendes Kostenrisiko

Nachteilig konnten sich auch die Kostenregelungen auswirken. Um das Verfahren einzuleiten, bedurfte es keiner anwaltlichen Vertretung. Ein Gebührenvorschuss für den Anwalt fiel deswegen nicht zwingend an.

d) Verhaltensbedingte Gründe

Sowohl bei dem antragstellenden Aktionär, als auch bei dem Antragsgegner lagen teilweise subjektive Verhaltensweisen vor, die einen geordneten Verfahrensablauf behinderten.

Antragsstellenden Aktionären wurde in der Vergangenheit häufig vorgeworfen, das Verfahren eingeleitet und in der Folgezeit kostenerheblich verzögert zu ha-

---

[999] *Bilda*, NZG **2000**, 296.

[1000] *Bilda*, NZG **2000**, 296/297.

ben, um dadurch ein Lästigkeitspotential aufzubauen und ständig zu erhöhen[1001]. Der Antragsgegner sollte auf diese Weise dazu gebracht werden, den antragstellenden Aktionär durch hohe Abstandszahlungen zur Rücknahme seiner Verfahrensanträge und damit zum Abschluss des Verfahrens zu bewegen[1002].

Verfahrensverzögerungen konnten andererseits aber auch ihre Ursache in dem Verhalten des Antragsgegners haben. So wird bisweilen vermutet, dass Unternehmen die angebotenen Barabfindungen bewusst zu niedrig ansetzten, um den Kapitalfluss möglichst lange hinauszuzögern.

4. Situation beim Squeeze-out

In Anbetracht dieser Ausgangssituation wurde bei der Regelung des Squeeze-out versucht, den Nachteilen eines Spruchstellenverfahrens bereits im Vorfeld beizukommen.

a) § 327c II 2 AktG

Nach § 327c II 2 AktG ist der Hauptaktionär verpflichtet, die Angemessenheit der Barabfindung durch Sachverständige überprüfen zu lassen. In deren Prüfungsbericht muss dazu Stellung genommen werden, wie die Abfindung ermittelt wurde und ob sie angemessen ist (§§ 327c II 4 i.V.m. 293e AktG). Dadurch hat sich der Gesetzgeber eine Entlastungsfunktion für die Spruchstellenverfahren erhofft[1003].

b) § 327c II 3 AktG

§ 327c II 3 AktG wurde nach umfangreicher Diskussion in den Bundestagsausschüssen dahingehend geändert, dass die sachverständigen Prüfer nunmehr ausschließlich vom Gericht ausgewählt und bestellt werden[1004]. Dies stellt eine erhebliche Veränderung zum vorausgehenden Regierungsentwurf dar, welcher vorsah, dass die Prüfer vom Hauptaktionär bestellt werden. Ziel dieser Änderung war es, das Verfahren objektiver zu gestalten und damit die Akzeptanz des Prüfungsergebnisses für die Minderheitsaktionäre zu erhöhen[1005]. Dadurch soll

---

[1001] *Bilda*, a.a.O..

[1002] *Hüffer*, § 306 Rn.7, der allerdings einräumt, dass das Erpressungspotential hier insgesamt geringer zu veranschlagen ist als bei Anfechtungsklagen gegen eintragungsbedürftige Hauptversammlungsbeschlüsse. Noch zurückhaltender: *Kölner Kommentar-Koppensteiner*, § 306 Rn.4.

[1003] Siehe auch *Besonderer Teil der Begründung des Regierungsentwurfs*, BT-Drucksache 14/7034, 73.

[1004] Siehe oben, § 8 VII..

[1005] *Beschlussempfehlung und Bericht des Finanzausschusses, Einzelbegründung*, BT-Drucksache 14/7477, 54.

vor allem die Zahl der gerichtlichen Spruchverfahren zur Überprüfung der Angemessenheit der Abfindung verringert werden.

Ferner geht die Gesetzesbegründung davon aus, dass selbst dann, wenn später einmal ein Spruchstellenverfahren durchgeführt wird, sich ein ganz erheblicher Beschleunigungseffekt ergibt, da dort ein weiteres Sachverständigengutachten vermieden oder jedenfalls auf solche Punkte beschränkt werden kann, die nach dem früheren Prüfungsbericht noch offengeblieben sind[1006]. An dieser Argumentation wird die Intention des Gesetzgebers deutlich, die Sachverständigengutachten nach § 327c II 2, 3 AktG grundsätzlich den in gerichtlichen Beweissicherungsverfahren erstatteten Gutachten gleichzustellen. Die Gerichte werden sich daher im Normalfall im Spruchstellenverfahren auf die Sachverständigengutachten nach § 327c II 3 AktG als zuverlässige und neutrale Bewertungsgrundlage berufen können. Hält das Gericht aber dennoch eine weitere Sachaufklärung für notwendig, so liegt es nahe die Verfasser dieser Gutachten um schriftliche und mündliche Erläuterungen zu bitten[1007]. Dies würde im übrigen auch die Tragfähigkeit der vorgelagerten Prüfung verbessern. Die Wirtschaftsprüfer wüssten von Anfang an, dass ihre Rolle nicht mit der Abgabe des Prüfungsberichts an die Gesellschaft endet, sondern dass sie ihre Berichte und damit ihr fachlich-berufliches Renommee eventuell in einem anschließenden Gerichtsverfahren gegenüber kritischen Minderheitsaktionären und deren Anwälten verteidigen müssen.

c) Einschränkung der Missbrauchsmöglichkeiten

Um zu verhindern, dass Spruchstellenverfahren nur zu dem Zweck eingeleitet und betrieben werden, den Antragsgegner zu veranlassen eine hohe Abstandssumme für die Rücknahme der verfahrenseinleitenden Anträge zu zahlen, hat der Gesetzgeber die alleinige Dispositionsbefugnis der antragstellenden Aktionäre über den Fortgang des Verfahrens eingeschränkt. Während früher die antragstellenden Aktionäre durch Rücknahme ihrer Anträge das Spruchstellenverfahren beenden konnten, erhielt jetzt der gemeinsame Vertreter, der von Amts wegen für die nicht antragstellenden außenstehenden Aktionären zu bestellen ist, gemäß §§ 327f II 3 i.V.m. 306 IV 10 AktG a.F., 308 III 1 UmwG das Recht, das Verfahren auch nach Rücknahme der Anträge durch die Antragsteller fortzuführen. Ohne Mitwirkung des gemeinsamen Vertreters war daher ein vorzeitiger Abschluss des Verfahrens nicht zu erreichen. Dadurch verlor das Lästigkeitspotential eines Spruchstellenverfahrens als Druckmittel erheblich an Gewicht.

[1006] *Beschlussempfehlung und Bericht des Finanzausschusses, Einzelbegründung*, a.a.O..

[1007] Vgl. *Bilda*, NZG **2000**, 296/300; *Wolf*, ZIP **2002**, 153/159.

d) Verzinsung

Durch die Pflicht die Barabfindung nach § 327b II AktG zu verzinsen ist dem Hauptaktionär jeglicher Anreiz genommen, durch bewusst niedrige Abfindungsangebote und Verschleppung des Verfahrens den Kapitalfluss hinauszuzögern.

5. Spruchverfahrensneuordnungsgesetz

Die Defizite des Spruchverfahrens und die fortlaufende Kritik[1008] daran wurden auch bei den verantwortlichen Stellen zur Kenntnis genommen. Aus diesem Grund wurde am 12. Juni 2003 das Gesetz zur Neuordnung des gesellschaftsrechtlichen Spruchverfahrens (Spruchverfahrensneuordnungsgesetz) verabschiedet, das am 17. Juni 2003 in Kraft trat[1009]. Ziel dieses Gesetzes ist es, das Spruchstellenverfahren im allgemeinen effizienter auszugestalten[1010].

Mit Artikel 1 des Spruchverfahrensneuordnungsgesetz wurde dabei das eigentliche Gesetz über das gesellschaftsrechtliche Spruchverfahren (Spruchverfahrensgesetz – SpruchG) eingeführt. Dadurch wurde erstmals das Spruchverfahren in ein einheitliches neues Gesetz gekleidet, nachdem die Vorschriften bislang zersplittert und über mehrere Gesetze verteilt waren (AktG, UmwG, FGG). Artikel 2 Nr. 7 änderte darüber hinaus § 327f AktG dahingehend, dass ein Verweis auf § 2 Spruchverfahrensgesetz eingefügt und der zweite Absatz komplett gestrichen wurde.

Nach § 17 II SpruchG sind allerdings für Verfahren, in denen ein Antrag auf gerichtliche Entscheidung vor dem 1. September 2003 gestellt worden ist, weiter die entsprechenden bis zu diesem Tag geltenden Vorschriften des Aktiengesetzes und des Umwandlungsgesetzes anzuwenden. Demnach gelten für die zahlreichen Squeeze-out-Verfahren, die umgehend nach dem Inkrafttreten des Gesetzes zur Regelung von öffentlichen Angeboten zum Erwerb von Wertpapieren und von Unternehmensübernahmen am 1. Januar 2002 initiiert wurden, die obigen Ausführungen.

Ziel der Neuordnung ist es, bislang bewährte Elemente (Zuständigkeit der Kammer für Handelssachen, Rechtsinstitut des gemeinsamen Vertreters, inter-omnes-Wirkung der Entscheidung) beizubehalten, aber die lange Verfahrensdauer zu verkürzen und damit den Rechtsschutz der betroffenen Anteilseigner

---

1008 *Bilda*, NZG **2000**, 296ff.; *Lutter/Bezzenberger*, AG **2000**, 433/436ff.. Beide mit umfangreichen Reformvorschlägen.

1009 BGBl. I **2003**, 838. Der Referentenentwurf ist abgedruckt in NZG **2002**, 25ff.. Siehe dazu *Neye*, NZG **2002**, 23f..

1010 Siehe zu der Neuregelung insgesamt *Büchel*, NZG **2003**, 793ff.; *Bungert/Mennicke*, BB **2003**, 2021ff.; *Meilicke/Wienand*, DB **2003**, 2267ff.; *Vetter*, ZHR **2004**, 8ff..

erheblich zu verbessern[1011]. Erreicht werden soll dies dadurch, dass bei Umstrukturierungsmaßnahmen nun generell – wie es beim Squeeze-out gemäß § 327c II 3 AktG von Anfang an der Fall war - die sachverständigen Prüfer vom Gericht ausgewählt und bestellt werden (Artikel 2 und 4 des Spruchverfahrensneuordnungsgesetz)[1012]. Den Sachverständigen soll zudem eine veränderte Rolle zuteil werden. Nach Möglichkeit sollen keine flächendeckenden Gesamtgutachten erstellt, sondern gezielt spezielle Einzelfragen beurteilt werden[1013]. Weiterhin können nun Fristen für das Vorbringen der Parteien gesetzt werden, die ihren Prozessstoff selbst vortragen und vorhandene Unterlagen einreichen müssen (§ 7 SpruchG). Der Antragsteller ist nach § 4 II SpruchG gehalten, konkret darzulegen, in welchem Punkten und aus welchen Gründen er die Angemessenheit der angebotenen Leistung des Antragsgegners in Zweifel zieht. Die bloße Behauptung, diese sei nicht angemessen, ohne nähere Begründung ist also künftig nicht mehr ausreichend. In § 9 SpruchG wurde eine allgemeine Verfahrensförderungspflicht statuiert. Verspätete Stellungnahmen sind ausgeschlossen, wenn sie den Rechtsstreit verzögern (§ 10 SpruchG). Die bisher geltende Amtsermittlung des Gerichts mit der Pflicht zur umfassenden und oft mühsamen Aufklärung des Sachverhalts wird damit erheblich eingeschränkt[1014]. Andererseits wurde in § 4 I Nr. 3 SpruchG die Antragsfrist von zwei auf drei Monate verlängert[1015]. Für den Squeeze-out ist schließlich noch bedeutsam, dass in § 5 Nr. 3 SpruchG nunmehr als Antragsgegner eindeutig der Hauptaktionär festgelegt ist. Als Rechtsmittelverfahren ist ausschließlich die sofortige Beschwerde vorgesehen (§ 12 SpruchG).

6. Ergebnis

Minderheitsaktionäre haben beim Squeeze-out nach §§ 327f 2 AktG i.V.m. § 2 SpruchG die Möglichkeit der Durchführung eines Spruchstellenverfahrens, um die Barabfindung auf ihre Angemessenheit hin von einem Gericht überprüfen zu lassen. Bisher wies das Spruchstellenverfahren jedoch einige Nachteile auf, vor allem die extreme lange Verfahrensdauer. Der Gesetzgeber hat versucht diesen Defiziten bereits bei der Regelung des Squeeze-out beizukommen. Insbesondere die gerichtliche Bestellung der sachverständigen Prüfer soll zu einer wesentlichen Entlastung beitragen. Weitere Veränderungen brachte im übrigen die vollständige Neuregelung des Spruchstellenverfahrens durch das Spruchverfahrensneuordnungsgesetz. Ob diese Maßnahmen aber letztlich geeignet sind, das

---

[1011] *Allgemeine Begründung des Spruchverfahrensneuordnungsgesetzes*, NZG **2002**, 28.
[1012] Kritisch hierzu *Büchel*, NZG **2003**, 793/801f..
[1013] *Allgemeine Begründung des Spruchverfahrensneuordnungsgesetzes*, a.a.O..
[1014] Vgl. *Büchel*, NZG **2003**, 793/795.
[1015] Zur Höhe des Geschäftswerts bei Rücknahme des Antrags siehe *OLG Stuttgart*, DB **2003**, 2693/2694.

Spruchstellenverfahren zu einem effizienteren Rechtsbehelf auszugestalten, kann nur die Zukunft zeigen.

X. Sicherungsvorkehrungen

Da die Aktien der Minderheitsaktionäre kraft Gesetzes auf den Hauptaktionär übergehen, muss sichergestellt sein, dass die Minderheitsaktionäre die Barabfindung auch tatsächlich erhalten. Vor allem gilt es das Risiko der Zahlungsunfähigkeit des Hauptaktionärs auszuschalten.

1. Bankgarantie

Deswegen sieht § 327b III AktG vor, dass der Hauptaktionär vor Einberufung der Hauptversammlung dem Vorstand die Erklärung eines in Deutschland zum Geschäftsbetrieb befugten Kreditinstituts übermitteln muss[1016]. In der Erklärung muss das Kreditinstitut die Gewährleistung für die Erfüllung der Verpflichtung des Hauptaktionärs übernehmen, den Minderheitsaktionären nach Eintragung des Übertragungsbeschlusses unverzüglich die festgelegte Barabfindung für die übergegangenen Aktien zu zahlen. Damit wird den Minderheitsaktionären ein unmittelbarer Anspruch gegen ein Kreditinstitut eingeräumt und die Durchsetzung ihres Abfindungsanspruchs erleichtert. Dabei hat der Hauptaktionär das Kreditinstitut für eigene Rechnung zu beauftragen[1017].

2. Nachzahlung

Unklar ist, was geschehen soll, wenn das Gericht im Spruchstellenverfahren einen höheren Erwerbspreis und damit eine Nachzahlung anordnet. Nach dem eigentlichen Wortlaut des § 327b III AktG wird eine derartige Nachzahlung nicht von der eigentlichen Bankgarantie erfasst[1018].

Teilweise wird vorgeschlagen, dass die Sicherstellung am besten dadurch erfolgen kann, dass die Gesellschaft neben dem Hauptaktionär als Gesamtschuldner für die Zahlungsverpflichtung eintritt[1019]. Wenn die Gesellschaft die Differenz, einschließlich Verzinsung, auszahlt, habe sie einen Erstattungsanspruch gegen den Hauptaktionär. Damit nicht auf ihre Kosten der Erwerbspreis vervollständigt wird, soll die Gesellschaft verpflichtet sein, diesen Anspruch geltend zu machen.

[1016] Die Regelung wurde mit dem Regierungsentwurf eingeführt. Genauer hierzu *Vossius*, ZIP **2002**, 511/512.

[1017] Einen Formulierungsvorschlag für die Garantieerklärung bietet *KK-WpÜG-Hasselbach*, § 327b Rn.35.

[1018] *OLG Hamburg*, ZIP **2003**, 2076/2079; NZG **2003**, 978/979f.; *OLG Stuttgart*, DB **2004**, 63; *LG Hamburg*, ZIP **2003**, 947/951 haben dies jeweils ausdrücklich für verfassungsrechtlich unbedenklich erklärt. Siehe auch *KK-WpÜG-Hasselbach*, § 327b Rn.131; *Singhof/Weber*, WM **2002**, 1158/1168.

[1019] *DAV-Handelsrechtsausschuß-Vorschlag*, 1538.

Allerdings wird hiergegen vorgebracht, dass eine Haftung der Gesellschaft für Verbindlichkeiten ihres Hauptaktionärs in einem Spannungsverhältnis zu den Kapitalschutzregeln nach § 57 AktG steht[1020]. Zudem würden Aktiengesellschaft und Hauptaktionär gerade keinen Vertrag schließen. Der Squeeze-out sei vielmehr allein Sache des Hauptaktionärs[1021].

Überzeugender erscheint hingegen der Vorschlag, die Bankgarantie dahingehend zu ergänzen, dass auch eine im Spruchstellenverfahren festgelegte Nachzahlung abgesichert ist[1022]. Dies würde auch nicht zu einer Unübersehbarkeit der Haftung führen. Schließlich bezieht sich die Bankgarantie immer nur auf den Wert der Aktien der herausgedrängten Minderheitsaktionäre von höchstens 5 Prozent des Unternehmenswerts. Dies ist ein Risiko, dass sowohl der Hauptaktionär als auch die kreditgebenden Banken abschätzen können.

3. Unbekannte Minderheitsaktionäre

Ungeregelt ist auch, was in Fällen passieren soll, in denen ausgeschlossene Aktionäre nicht oder erst mit großer zeitlicher Verzögerung von ihrem Ausschluss erfahren.

In Großbritannien ist die Zielgesellschaft verpflichtet, die vom Bieter erbrachte Gegenleistung treuhänderisch für die zwangsweise aus der Gesellschaft ausgeschiedenen Aktionäre zu halten (section 430 (9) CA). Parallel hierzu ist es auch in Deutschland denkbar, dass die Barabfindung durch einen Treuhänder aufbewahrt wird[1023]. Als Treuhänder dürfte dabei die Aktiengesellschaft selbst, das absichernde Kreditinstitut oder auch ein unbeteiligter Dritter in Frage kommen.

Als Alternative bietet sich noch eine Hinterlegung der Barabfindung unter Verzicht auf die Rücknahme an[1024]. Nach § 372 S. 2 BGB ist der Schuldner zur Hinterlegung berechtigt, wenn er ohne Fahrlässigkeit über die Person des Gläubigers im Ungewissen ist. Um den Fahrlässigkeitsvorwurf zu entgehen, ist hierbei analog § 214 AktG vorzugehen.

[1020] *Krieger*, BB **2002**, 53/58.
[1021] *Geibel/Süßmann-Grzimek*, § 327f Rn.29.
[1022] *Meilicke*, DB **2001**, 2387/2389. Ähnlich *Steinmeyer/Häger*, § 327f Rn.15, 23.
[1023] *Ehricke/Roth*, DStR **2001**, 1120/1126.
[1024] *Vossius*, ZIP **2002**, 511/514f..

§ 9 Fazit

Die Einführung eines Squeeze-out-Verfahrens in Deutschland ist insgesamt sehr zu begrüßen.

Das Vorhandensein einer sehr kleinen Restminderheit von Aktionären stellt eine erhebliche Belastung für eine Aktiengesellschaft dar. Insbesondere der damit verbundene beträchtliche Formalaufwand sowie der Missbrauch von Anfechtungsklagen stehen einer effizienten Unternehmensführung oftmals im Wege. Vor diesem Hintergrund ist die Ermöglichung eines Squeeze-out ökonomisch sinnvoll und geeignet, den gegenwärtigen Missständen beizukommen.

Zwar stellt der Ausschluss von Minderheitsaktionären im Zuge eines Squeeze-out-Verfahrens einen Eingriff in deren Rechte aus Art. 14 I GG dar. Der Squeeze-out seinerseits ist jedoch eine rechtmäßige Inhalts- und Schrankenbestimmung des Art. 14 I GG. Daher liegt eine verfassungsrechtliche Rechtfertigung des Eingriffs vor. Eine Einführung eines Squeeze-out begegnet somit keinen verfassungsrechtlichen Bedenken.

Nach dem bisherigen Recht gab es in Deutschland keine ausreichenden rechtlichen Möglichkeiten Minderheitsaktionäre gegen eine Abfindung aus der Gesellschaft herauszudrängen und damit dem Hauptaktionär die alleinige Kontrolle über das Unternehmen zu ermöglichen

Obwohl sich die neue Regelung stark an der Mehrheitseingliederung orientiert, handelt es sich um ein gänzlich neues Rechtsinstitut eigener Art. Die einzelnen Regelungen vermögen insgesamt zu überzeugen. So ist sowohl an der 95-Prozent-Schwelle, als auch an dem Erfordernis eines Hauptversammlungsbeschlusses festzuhalten. Gleiches gilt für die Verknüpfung des gesetzlichen Rechtsübergangs der Aktien mit der Handelsregistereintragung des Übertragungsbeschlusses. Dagegen ist es richtig, ein öffentliches Übernahmeangebot nicht zu einer Voraussetzung für einen Ausschluss zu machen. Notwendig ist es zudem, den Squeeze-out auch auf Wertpapierrechte mit Umtauschrecht in Aktien zu erstrecken.

Die wichtigste Voraussetzung des Squeeze-out ist die Festlegung einer angemessenen Barabfindung. Hierbei ist grundsätzlich davon auszugehen, dass dem Börsenkurs indizielle Bedeutung für die Bestimmung des Verkehrswertes und damit der Barabfindung zukommt. Verfehlt wäre es, allein aus der Tatsache, dass nur noch bis zu fünf Prozent der Aktien gehandelt werden können, die Schlussfolgerung zu ziehen, dass automatisch der Ertragswertmethode der Vorzug zu geben ist. Eine Ausnahme davon ist allerdings dann zu machen, wenn es keinen ausreichenden Markt für die betreffenden Aktien gibt. Dies ist bei einer fehlenden Liquidität anzunehmen. In diesem Fall stellt der Börsenkurs keine zuverlässige Grundlage mehr für die Bestimmung der Barabfindung dar. Die Beweislast hierfür trägt allein der Hauptaktionär. Gelingt dem Hauptaktionär dieser Nachweis, so ist die Barabfindung nach der Ertragswertmethode zu bestimmen. Das gleiche gilt, wenn der Ertragswert höher liegt als der Börsenkurs.

Bildet der Börsenkurs die Grundlage der Abfindung, so ist ein Durchschnittskurs zugrunde zu legen. Grundsätzlich ist hierbei von einer Referenzperiode von drei Monaten auszugehen. Maßgeblicher Bezugszeitpunkt ist der letzte Börsenhandelstag vor der öffentlichen Bekanntgabe. Etwaige vom Hauptaktionär gezahlte Zuschläge sind nicht zu berücksichtigen. Gleiches gilt für die Vorteile, die sich aus dem Squeeze-out selbst ergeben.

Sollten die Minderheitsaktionäre mit der Höhe der Barabfindung unzufrieden sein, steht ihnen zur gerichtlichen Überprüfung das Spruchstellenverfahren zur Verfügung. Der Gesetzgeber hat versucht, den bekannten Nachteilen des Spruchstellenverfahrens schon bei der Regelung des Squeeze-out beizukommen.

Insgesamt bietet die Squeeze-out-Regelung einen verlässlichen Rechtsrahmen, der praktikabel ist und die unterschiedlichen Interessen der beteiligten Parteien in angemessener Weise berücksichtigt. Die Regelung schafft faire Bedingungen für den Ausschluss von Minderheitsaktionären. Es ist daher davon auszugehen, dass die anderen Ausschlussverfahren in Zukunft stark in den Hintergrund gedrängt werden. Eine Vielzahl von Konzernen, in denen Gesellschaften mit geringem Streubesitz vorhanden sind, wird den Squeeze-out benutzen, um unbedeutende Restminderheiten gegen angemessene Abfindung aus der Gesellschaft auszuschließen. Zudem kann der Squeeze-out, im Gegensatz zur Mehrheitseingliederung, auch von ausländischen Investoren und von Hauptaktionären in Anspruch genommen werden, die nicht die Rechtsform der Aktiengesellschaft haben.

Die Möglichkeit eines zwangsweisen Ausschlusses von Minderheitsaktionären stellt einen wesentlichen Beitrag zur Stärkung und Weiterentwicklung des deutschen Kapitalmarktrechts dar. Deutschland passt sich mit den neuen Regeln dem internationalen Umfeld an. Alle bedeutenden Finanzmärkte verfügen über die Möglichkeit des Ausschlusses von Minderheitsaktionären. Das deutsche Squeeze-out-Verfahren orientiert sich an internationalen Standards, ohne den Bezug zum nationalen Recht zu verlieren.

Deutschland besitzt insgesamt mit dem Squeeze-out ein Ausschlussverfahren, das den internationalen Vergleich nicht zu scheuen braucht. Insofern kann der zu erwartenden EU-weiten Regelung mit Zuversicht entgegengesehen werden.

Literaturverzeichnis

Aha, Christof — Aktuelle Aspekte der Unternehmensbewertung im Spruchstellenverfahren, Zugleich Anmerkungen zu der Paulaner-Entscheidung des BayObLG, in AG 1997, S. 26 - 36

Altmeppen, Holger — Neutralitätspflicht und Pflichtangebot nach dem neuen Übernahmerecht, in ZIP 2001, S. 1073 - 1084

Angerer, Lutz — Der Squeeze-out, in BKR 2002, S. 260 - 268

Assmann, Heinz-Dieter — Verhaltensregeln für freiwillige öffentliche Übernahmeangebote, Der Übernahmekodex der Börsensachverständigenkommission, in AG 1995, S. 563 - 572

Baetge, Jörg/
Krause, Clemens — Die Berücksichtigung des Risikos bei der Unternehmensbewertung, Eine empirisch gestützte Betrachtung des Kalkulationszinses, in BFuP 1994, S. 433 - 456

Ballwieser, Wolfgang/
Jacob, Hans-Joachim/
Mollenhauer, Michael/
Schmidt, Matthias — Unternehmensbewertung im Wandel, Vorträge und Diskussionen zum 16. Münsterischen Tagesgespräch des Münsteraner Gesprächskreises Rechnungsauslegung und Prüfung e.V. am 11. Mai 2000,
Düsseldorf 2001
zitiert: B/J/M/S-Autor

Ballwieser, Wolfgang — Aktuelle Aspekte der Unternehmensbewertung, in WPg 1995, S. 119 - 129

Bauer, Patrick — Anmerkung zum Beschluß des BVerfG vom 23. 8. 2000, in NZG 2000, S. 1214 - 1215

Baumann, Karl-Hermann — Übernahmegesetz schafft Wettbewerbsgleichheit, Fairneß und Transparenz/Regelung zum „Squeeze out" ein Muß, in WM 1999, S. 1968

Baums, Philipp A. — Ausschluss von Minderheitsaktionären, Diss. Universität Greifswald 2001

Baums, Philipp A. — Der Ausschluss von Minderheitsaktionären nach §§ 327 a ff. AktG n.F., Einzelfragen, in WM 2001, S. 1843 - 1850

Baums, Theodor — Empfiehlt sich eine Neuregelung des aktienrechtlichen Anfechtungs- und Organhaftungsrechts, insbesondere der Klagemöglichkeiten von Aktionären?, Gutachten für den 63. Deutschen Juristentag, Band I, Gutachten, Teil F München 2000

Baums, Theodor — Aktienoptionen für Vorstandsmitglieder, in Festschrift für Carsten Peter Claussen: Zum 70. Geburtstag, herausgegeben von Klaus Peter Martens, Harm Peter Westermann, Wolfgang Zöllner, S. 3 - 48 Köln, Berlin, Bonn, München 1997

Baums, Theodor/ **Vogel**, Hans-Gert/ **Tacheva**, Maja — Rechtstatsachen zur Beschlusskontrolle im Aktienrecht, in ZIP 2000, S. 1649 – 1655

Bayer, Walter — Kein Abschied vom Minderheitenschutz durch Information, Plädoyer für eine restriktive Anwendung des § 16 Abs. 3 UmwG, in ZGR 1995, S. 613 - 625

Becker, Michael — Der Ausschluss aus der Aktiengesellschaft, in ZGR 1986, S. 383 - 417

Behnke, Thorsten — Anmerkung zum Urteil des BVerfG vom 27. 4. 1999, in NZG 1999, S. 934

Bestmann, Uwe — Finanz- und Börsenlexikon, 4. Auflage, München 2000

Bilda, Klaus
Anmerkung zum Urteil des BGH vom 12. 3. 2001, in JR 2001, S. 17 - 18

Bilda, Klaus
Zur Dauer der Spruchstellenverfahren, in NZG 2000, S. 296 - 301

Birds, John/**Ferran**, Eilis/ **Villiers**, Charlotte
Boyle and Birds' Company Law. Third Edition, Bristol 1995 zitiert: Boyle and Birds'

Black, Henry Campbell
Blacks Law Dictionary, Definitions of the Terms and Phrases of American and English Jurisprudence, Ancient and Modern, Sixth Edition, St. Paul, Minnesota 1990

Bloomenthal, Harold S./ **Wolff**, Samuel
Securities and Federal Corporate Law, Second Edition, St. Paul, Minnesota 2001

Böcking, Hans-Joachim
Das Verbundberücksichtigungsprinzip als Grundsatz ordnungsgemäßer Unternehmensbewertung, in Bilanzrecht und Kapitalmarkt: Festschrift zum 65. Geburtstag von Adolf Moxter, herausgegeben von Wolfgang Ballwieser, Hans-Joachim Böcking, Jochen Drukarczyk, Reinhard H. Schmidt, S. 1407 – 1434, Düsseldorf 1994

Bolte, Christian
Squeeze-out: Eröffnung neuer Umgehungstatbestände durch die §§ 327a ff. AktG, Herbeiführen des Squeeze-out mittels Zwischenschaltens einer BGB-Gesellschaft bzw. eines Treuhänders?, in DB 2001, S. 2587 – 2591, und in DB 2002, S. 1256 - 1257

Borden, Arthur M.
Going Private – Old Tort, New Tort or No Tort?, 49 N.Y.U. L. Rev. 987 (1974)

von Braunschweig, Philipp — Going Private und De-listing nach einem Mehrheitserwerb, in M& A Review 1999, S. 165 - 171

Bredow, Günther M./ **Tribulowsky**, Maik — Auswirkungen von Anfechtungsklage und Squeeze-Out auf ein laufendes Spruchstellenverfahren, in NZG 2002, S. 841 - 846

Brudney, Victor — Efficient Markets and Fair Values in Parent Subsidiary Mergers, in 4 J. Corp. L. 63 (1978)

Brudney, Victor/ **Chirelstein**, Marvin A. — A Restatement of Corporate Freezeouts, in 87 Yale L.J. 1354 (1978)

Brudney, Victor/ **Chirelstein**, Marvin A. — Fair Shares in Corporate Mergers and Takeovers, in 88 Harv. L. Rev. 297 (1974)

Brüls, Christine — Minderheitenschutz nach der Take-Over-Richtlinie, in RIW 2000, S. 889 - 892

Bruse, Matthias — Going Private/Delisting durch Private Equity Investoren und neues Übernahmerecht, in M & A Review 2001, S. 257 - 259

Büchel, Helmut — Neuordnung des Spruchverfahrens, in NZG 2003, S. 793 - 804

Buffet, Warren — The Essays of Warren Buffet, 19 Cardozo L.Rev. 159 (1997)

Bühner, Rolf — Betriebswirtschaftliche Organisationslehre, 8. Auflage, München 1996

Bungert, Hartwin — DAT/Altana: Der BGH gibt der Praxis Rätsel auf, in BB 2001, S. 1163 - 1166

Bungert, Hartwin — Anmerkung zum Beschluss des OLG Celle vom 31. Juli 1998, in NZG 1998, S. 990 - 991

Bungert, Hartwin/ **Mennicke**, Petra — Das Spruchverfahrensneuordnungsgesetz, in BB 2003, S. 2021 - 2030

Bungert, Hartwin/
Eckert, Jan
Unternehmensbewertung nach Börsenwert: Zivilgerichtliche Umsetzung der BVerfG-Rechtsprechung, in BB 2000, S. 1845 - 1849

Burgess, Robert
Corporate Finance Law, Second Edition, London 1992

Busse von Colbe, Walther
Der Vernunft eine Gasse: Abfindung von Minderheitsaktionären nicht unter dem Börsenkurs ihrer Aktien, in Deutsches und europäisches Gesellschafts-, Konzern- und Kapitalmarktrecht: Festschrift für Marcus Lutter zum 70. Geburtstag, herausgegeben von Uwe H. Schneider, Peter Hommelhoff, Karsten Schmidt, Wolfram Timm, Barbara Grunewald, Tim Drygala, S. 1053 – 1067, Köln 2000

Busse von Colbe, Walther
Zur Maßgeblichkeit des Börsenkurses für die Abfindung der bei einer Umwandlung ausscheidenden Aktionäre, in AG 1964, S. 263 - 267

Byrd, Sharon
Einführung in die anglo-amerikanische Rechtssprache, Introduction to Anglo-American Law & Language, München 1997

Calio, Joseph Evan
New Appraisals of Old Problems: Reflections on the Delaware Appraisal Proceeding, in 32 Am. Bus. L.J. 1 (1994)

Canaris, Claus-Wilhelm
Grundrechte und Privatrechte, in AcP 184 (1984), S. 201 - 246

Clardy, Don S.
Valuation of Dissenters' Stock Under the Appraisal Remedy - Is the Delaware Block Method Right for Tennessee?, 62 Tenn. L. Rev. 285 (1995)

Clark, Robert Charles
Corporate Law,
Fifth Printing,
Boston, Toronto 1994

Cox, James D./
Hillman, Robert W./
Langevoort, Donald C.
Securities Regulation,
Cases and Materials,
Second Edition,
New York, New York 2001

Decher, Christian E.
Die Überwindung der Registersperre nach § 16 Abs. 3 UmwG, Erste praktische Erfahrungen mit einem neuartigen Verfahren, in AG 1997, S. 388 - 396

Dette, Guido
Kursbildung am deutschen Aktienmarkt,
Wiesbaden 1998,
Zugl.: Diss. Privatuniversität Witten/Herdecke 1997

Diekmann, Hans
Hinweise zur Anwendung des Übernahmekodexes der Börsensachverständigenkommission, in WM 1997, S. 897 - 904

Dielmann, Heinz J./
König, Andreas
Der Anspruch ausscheidender Minderheitsaktionäre auf angemessene Abfindung, in AG 1984, S. 57 - 66

Dimke, Andreas W./
Heiser, Kristian J.
Neutralitätspflicht, Übernahmegesetz und Richtlinienvorschlag 2000, in NZG 2001, S. 241 - 259

Dörfler, Wolfgang/
Gahler, Wolfgang
Unterstraßer, Stefan/
Wirichs, Robert
Probleme bei der Wertermittlung von Abfindungsangeboten, Ergebnisse einer empirischen Untersuchung, in BB 1994, S. 156 – 162

Drukarczyk, Jochen
Unternehmensbewertung,
3. Auflage,
München 2001

Drukarczyk, Jochen — Zum Problem der angemessenen Barabfindung bei zwangsweise ausscheidenden Anteilseignern, in AG 1973, S. 357 - 365

Drüke, Heiner — Anmerkung zum Beschluß des OLG Stuttgart vom 4. 2. 2000, in DB 2000, S. 713 - 716

Drygala, Tim — Die Vorschläge der SLIM-Arbeitsgruppe zur Vereinfachung des Europäischen Gesellschaftsrechts, in AG 2001, S. 291 - 299

Ehricke, Ulrich/ **Roth**, Markus — Squeeze-out im geplanten deutschen Übernahmerecht, in DStR 2001, S. 1120 - 1127

Eickhoff, Wolfgang — Der Gang an die Börse – und kein Weg zurück?, in WM 1988, S. 1713 - 1717

Eisenberg, Melvin Aron — Corporations and Other Business Organizations, Eighth Edition, New York, New York 2000 zitiert: Eisenberg

Eisenberg, Melvin Aron — The Structure of the Corporation: A Legal Analysis, Boston, Massachusetts 1976 zitiert: Eisenberg, Structure of the Corporation

Elton, E.J./**Gruber**, M.J. — Modern Portfolio Theory and Investment Analysis, Fifth Edition, New York, New York 1995

Emmerich, Volker/ **Habersack**, Mathias — Aktien- und GmbH-Konzernrecht, 3. Auflage, München 2003, zitiert: E/H-Bearbeiter

Emmerich, Volker/ **Sonnenschein**, Jürgen/ **Habersack**, Mathias — Konzernrecht, Das Recht der verbundenen Unternehmen bei Aktiengesellschaft, GmbH, Personengesellschaften, Genossenschaft, Verein und Stiftung, Ein Studienbuch, 7. Auflage München 2001

Erb, Günther — Der Börsenkurs als Untergrenze der Abfindung auch in Verschmelzungsfällen, Zum Anwendungsbereich der Grundsätze des Beschlusses des Bundesverfassungsgerichts vom 27. 4. 1999 bei Unternehmensverbindungen im Wege der Verschmelzung, in DB 2001, S. 523 - 524

Fama, E. — Efficient Capital Markets: A Review of Theory and Empirical Work, in Journal of Finance 1970, S. 383 - 417

Fischel, Daniel R. — The Appraisal Remedy in Corporate Law, in Am. B. Found. Res. J. 875 – 902 (1983)

Fleischer, Holger — Das neue Recht des Squeeze out, in ZGR 2002, S. 757 - 789

Fleischer, Holger — Grundfragen der ökonomischen Theorie im Gesellschafts- und Kapitalmarktrecht, in ZGR 2001, S. 1 - 32

Fleischer, Holger — Anmerkung zum Beschluß des BVerfG vom 23. 8. 2000 – Moto Meter, in DNotZ 2000, S. 876 - 880

Fleischer, Holger — Die Barabfindung außenstehender Aktionäre nach den §§ 305 und 320b AktG: Stand-alone-Prinzip oder Verbundberücksichtigungsprinzip, in ZGR 1997, S. 368 - 400

Fletcher, William Meade — Fletcher Cyclopedia of the Law of Private Corporations,
Volume 15, Chaps. 61 – 62,
Merger, Acquisition, Reorganization
St. Paul, Minnesota 1999

Fuhrmann, Lambertus/ **Simon**, Stefan — Der Ausschluss von Minderheitsaktionären, Gestaltungsüberlegungen zur neuen Squeeze-out-Gesetzgebung, in WM 2002, S. 1211 - 1217

Garz, Hendrik
Prognostizierbarkeit von Aktienrenditen. Die Ursachen von Bewertungsanomalien am deutschen Aktienmarkt,
Wiesbaden 2000,
Zugl.: Diss. Universität Erlangen-Nürnberg, 1999

Gebauer, Wolfgang/ **Rudolph**, Bernd
Aktienmärkte im Finanzsystem,
Frankfurt/M, 1994
zitiert: Gebauer/Rudolph-Autor

Geibel, Stephan/ **Süßmann**, Rainer
Wertpapiererwerbs- und Übernahmegesetz (WpÜG), Kommentar, mit WpÜG-Angebotsverordnung und den geänderten Vorschriften in AktG, WpHG, KAGG, AuslInvestmentG, KWG, VerkProspG, VerkProspVO, GKG und BRAGO,
München 2002
zitiert: Geibel/Süßmann-Autor

Gerke, Wolfgang/ **Steiner**, Manfred
Handwörterbuch des Bank- und Finanzwesens,
3. Auflage,
Stuttgart 2001

Gesmann-Nuissl, Dagmar
Die neuen Squeeze-out-Regeln im Aktiengesetz,
in WM 2002, S. 1205 - 1211

Geßler, Ernst/ **Hefermehl**, Wolfgang
Aktiengesetz, Kommentar,
Band VI, §§ 291 – 410,
13. Lieferung, §§ 319 – 358a),
München 1991,
zitiert: G/H-Bearbeiter

Goldenberg, Philip
Guide to Company Law,
Third Edition,
Oxfordshire, 1990

Goo, S. H.
Minority Shareholders' Protection, A Study of Section 459 of the Companies Act,
London, 1994

Götz, Hans Norbert	Referat anlässlich der Sitzung der Abteilung Wirtschaftsrecht des 63. Deutschen Juristentages am 27. September 2000, S. O 39 – O 53
Götz, Hans Norbert	Entschädigung von Aktionären abseits der Kapitalmarktbewertung? Unkonventionelles zur konventionellen Behandlung von deutschen Aktionären in Spruchstellenverfahren, in DB 1996, S. 259 - 265
Greene, Edward F.	Corporate Freeze-out Mergers: A Proposed Analysis, 28 Stan. L. Rev. 487 (1976)
Grier, Nicholas	UK Company Law, Chichester, West Sussex 1998
Großfeld, Bernhard	Barabfindung und Ausgleich nach §§ 304, 305 AktG, in NZG 2004, S. 74 - 75
Großfeld, Bernhard	Unternehmens- und Anteilsbewertung im Gesellschaftsrecht, 4. Auflage, Köln 2002
Großfeld, Bernhard	Börsenkurs und Unternehmenswert, in BB 2000, S. 261 - 266
Grunewald, Barbara	Die neue Squeeze-out-Regelung, in ZIP 2002, S. 18 – 22
Habersack, Mathias	Der Finanzplatz Deutschland und die Rechte der Aktionäre, Bemerkungen zur bevorstehenden Einführung des „Squeeze Out“, in ZIP 2001, S. 1230 - 1239
Halasz, Christian/ **Kloster**, Lars	Nochmals: Squeeze-out – Eröffnung neuer Umgehungstatbestände durch die §§ 327a ff. AktG?, in DB 2002, S. 1253 - 1256
Halm, Dirk	„Squeeze-Out“ heute und morgen: Eine Bestandsaufnahme nach dem künftigen Übernahmerecht, in NZG 2000, S. 1162 - 1165

Hamilton, Robert W. — Corporations,
4th Edition,
St. Paul, Minnesota 1997
zitiert: Hamilton, Corporations

Hamilton, Robert W. — The Law of Corporations in a Nutshell,
4th Edition,
St. Paul, Minnesota 1996
zitiert: Hamilton, Nutshell

Hanau, Hans — Der Bestandsschutz der Mitgliedschaft anlässlich der Einführung des „Squeeze out“ im Aktienrecht, Zur Verfassungsmäßigkeit des Zwangsausschlusses, in NZG 2002, S. 1040 - 1047

Handelsrechtsausschusses des Deutschen Anwaltvereins e.V. — Stellungnahme des Handelsrechtsausschusses des DAV e.V. vom April 2001, Zum Referentenentwurf des BMF für ein Gesetz zur Regelung von öffentlichen Angeboten zum Erwerb von Wertpapieren und von Unternehmensübernahmen (WÜG), in NZG 2001, S. 420 - 432
zitiert: DAV-Stellungnahme Referentenentwurf

Handelsrechtsausschusses des Deutschen Anwaltvereins e.V. — Vorschlag zur Ergänzung des Aktiengesetzes durch einen Titel „Aktienerwerb durch den Hauptaktionär”, in WM 1999, S. 1536 – 1540
zitiert: DAV-Handelsrechtsausschuß-Vorschlag

Harrer, Herbert/ **Heidemann**, Dieter — Going Public – Einführung in die Thematik, in DStR 1999, S. 254 - 260

Hazard, Geoffrey C./ **Taruffo**, Michele — American Civil Procedure, An Introduction, New Haven, Connecticut 1993

Hecker, Renate/ **Wenger**, Ekkehard — Der Schutz von Minderheiten im Vertragskonzern, Ein Betriebsunfall des Aktienrechts, in ZBB 1995, S. 321 - 341

Heidel, Thomas/ **Lochner**, Daniel — Squeeze-out ohne hinreichenden Eigentumsschutz, in DB 2001, S. 2031 - 3034

Hein, Thomas — Rechtliche Fragen des Bookbuildings nach deutschem Recht, in WM 1996, S. 1 - 7

Hennrichs, Joachim — Vorbelastungshaftung und Unternehmensbewertung nach der Ertragswertmethode, Besprechung der Entscheidung BGH ZIP 1998, 2151, in ZGR 1999, S. 837 - 856

Henze, Hartwig — Aspekte und Entwicklungstendenzen der aktienrechtlichen Anfechtungsklage in der Rechtsprechung des BGH, in ZIP 2002, S. 97 - 108

Henze, Hartwig — Konzernrecht: Höchst- und obergerichtliche Rechtsprechung, Köln 2001

Henze, Hartwig — Leitungsverantwortung des Vorstands – Überwachungspflicht des Aufsichtsrats, BB 2000, S. 209 - 216

Hirte, Heribert — Grenzen der Vertragsfreiheit bei aktienrechtlichen Unternehmensverträgen, Besprechung der Entscheidung BGHZ 122, 211, in ZGR 1994, S. 644 - 664

Hirte, Heribert/ **von Bülow**, Christoph — Kölner Kommentar zum WpÜG mit AngebVO und §§ 327a – 327f AktG, Köln, Berlin, Bonn, München 2003, zitiert: KK-WpÜG-Bearbeiter

Hoffmann-Becking, Michael — Münchner Handbuch des Gesellschaftsrechts, Band 4, Aktiengesellschaft, 2. Auflage, München 1999, zitiert: Münchner Handbuch-Bearbeiter

Hommelhoff, Peter/ **Timm**, Wolfram — Aufwandspauschalen für Anfechtungskläger?, in AG 1989, S. 168 - 170

Hommelhoff, Peter/ **Witt**, Carl-Heinz — Bemerkungen zum deutschen Übernahmegesetz nach dem Scheitern der Richtlinie, Zugleich ein Blick auf Italien, in RIW 2001, S. 561 - 569

Hommelhoff, Peter/
Hopt, Klaus J./
Lutter, Marcus/
Doralt, Peter/
Druey, Jean-Nicolas/
Wymeersch, Eddy
Konzernrecht für Europa, Forum Europaeum Konzernrecht, in ZGR 1998, S. 672 – 772
zitiert: Forum Europaeum Konzernrecht

Hopt, Klaus J.
Grundsatz- und Praxisprobleme nach dem Wertpapiererwerbs- und Übernahmegesetz, in ZHR 2002, S. 383 - 432

Hopt, Klaus J.
Aktionärskreis und Vorstandsneutralität, in ZGR 1993, S. 534 - 566

Hopt, Klaus J./
Wiedemann, Herbert
Aktiengesetz, Großkommentar,
4. Auflage
11. Lieferung: §§ 92 – 94
Berlin 1999
zitiert: Großkommentar-Bearbeiter

Hüffer, Uwe
Aktiengesetz,
5. Auflage,
München 2002

Hüffer, Uwe/**Koch**, Jens
Anmerkung zum Beschluß des OLG Stuttgart vom 4. 2. 2000, in NZG 2000, S. 748 - 749

Hülsmann, Christoph
Gesellschafterabfindung und Unternehmensbewertung nach der Ertragswertmethode im Lichte der Rechtsprechung, in ZIP 2001, S. 450 - 455

Hüttemann, Rainer
Börsenkurs und Unternehmensbewertung, in ZGR 2001, S. 454 - 478

Hüttemann, Rainer
Unternehmensbewertung als Rechtsproblem, in ZHR 162 (1998), S. 563 - 593

Jarass, Hans D./
Pieroth, Bodo
Grundgesetz für die Bundesrepublik Deutschland, Kommentar,
6. Auflage, München 2002,
zitiert: Jarass/Pieroth

Johnson, Charles J./ **McLaughlin**, Joseph — Corporate Finance and the Securities Laws, Second Edition, New York, New York 1997

Jonas, Martin — Unternehmensbewertung: Zur Anwendung der Discounted-Cash-flow-Methode, in BFuP 1995, S. 83 - 98

Kaen, Fred R. — Corporate Finance, Concepts and Policies, Cambridge, Massachusetts 1995

Kallmeyer, Harald — Zum neuen Kommissionsvorschlag für eine Übernahmerichtlinie, in DB 2002, S. 2695 - 2696

Kallmeyer, Harald — Ausschluß von Minderheitsaktionären, in AG 2000, S. 59 – 61

Kallmeyer, Harald — Aktienoptionspläne für Führungskräfte im Konzern, in AG 1999, S. 97 - 103

Keenan, Denis/**Riches**, Sarah — Business Law, Sixth Edition, Harlow, Essex 2002

Keidel, Theodor/ **Kuntze**, Joachim/ **Winkler**, Karl — Freiwillige Gerichtsbarkeit: Kommentar zum Gesetz über die Angelegenheiten der freiwilligen Gerichtsbarkeit, 14. Auflage, München 1999, zitiert: Keidel/Kuntze/Winkler

Kelly, David/**Holmes**, Ann/ **Hayward**, Ruth — Business Law, Third Edition, London 2000

Keul, Thomas — Anmerkung zum Urteil des LG Berlin vom 17. 2. 2003, in DB 2003, S. 708 - 709

Keul, Thomas — Anfechtungsklage und Überwindung der Registersperre im Rahmen eines Squeeze-out, in ZIP 2003, S. 566 - 569

Kiesewetter, Matthias
Befreiung vom Pflichtangebotsverfahren bei anschließendem Squeeze Out?, in ZIP 2003, S. 1638 - 1641

King, Richard
Corporate Finance, Second Edition, London 1995

Kirchner, Christian
Funktionsdefizite des Übernahmekodex der Börsensachverständigenkommission, in AG 1998, S. 105 - 116

Kirsch, Hans-Jürgen/ **Krause**, Clemens
Kritische Überlegungen zur Discounted-Cash-Flow-Methode, in ZfB 1996, S. 793 - 812

Klein, William/**Coffee**, John
Business Organization and Finance, Legal and Economic Principles, Fifth Edition, Westbury, New York 1993

Klenke, Hilmar
Der Rückzug mehrfach notierter Unternehmen von den deutschen Regionalbörsen, in WM 1995, S. 1089 - 1101

Kort, Michael
Ausgleichs- und Abfindungsrechte (§§ 304, 305 AktG) beim Beitritt eines herrschenden Unternehmens zu einem Beherrschungsvertrag, Besprechung der Entscheidung BGH NJW 1998, 1866, in ZGR 1999, S. 402 - 426

Kosfeld, Reinhold
Kapitalmarktmodelle und Aktienbewertung: eine statistisch-ökonometrische Analyse, Wiesbaden 1996, Zugl.: Habil.-Schrift, Universität Kassel 1996

Kossmann, Alfred
Ausschluß („Freeze-out“) von Aktionären gegen Barabfindung, in NZG 1999, S. 1198 – 1203

Krause, Hartmut
BB-Europareport: Die EU-Übernahmerichtlinie – Anpassungsbedarf im Wertpapiererwerbs- und Übernahmegesetz, in BB 2004, S. 113 - 119

Krause, Hartmut — Der Kommissionsvorschlag für die Revitalisierung der EU-Übernahmerichtlinie, in BB 2002, S. 2341 - 2346

Krause, Hartmut — Das neue Übernahmerecht, in NJW 2002, S. 705 - 716

Krause, Hartmut — Die geplante Takeover-Richtlinie der Europäischen Union mit Ausblick auf das geplante deutsche Übernahmegesetz, in NZG 2000, S. 905 - 913

Krieger, Gerd — Squeeze-out nach neuem Recht: Überblick und Zweifelsfragen, in BB 2002, S. 53 - 62

Krog, Markus — Marktorientierung und gesellschaftsrechtliche Unternehmensbewertung, Aktienkurse als Determinante von Abfindungen und Umtauschverhältnissen,
Wiesbaden 2000,
Zugl.: Diss. European Business School, Oestrich-Winkel 1999

Kropff, Bruno/ **Semler**, Johannes — Münchener Kommentar zum Aktiengesetz,
Band 8 (§§ 278 – 328),
Band 9/1 (§§ 327a – 327f AktG, WpÜG)
2. Auflage,
München 2004,
zitiert: Münchener Kommentar-Bearbeiter

Krumnow, Jürgen/ **Gramlich**, Ludwig — Gabler-Bank-Lexikon: Bank-Börse-Finanzierung,
12. Auflage
Wiesbaden 1999

Kübler, Friedrich — Gesellschaftsrecht: Die privatrechtlichen Ordnungsstrukturen und Regelungsprobleme von Verbänden und Unternehmen, Ein Lehrbuch,
5. Auflage,
Heidelberg 1998

Kühn, Wolfgang — Probleme mit Minderheitsaktionären in der Aktiengesellschaft, in BB 1992, S. 291 - 299

Kümpel, Siegfried — Bank- und Kapitalmarktrecht, 2. Auflage, Köln 2000

Land, Volker — Das neue deutsche Wertpapiererwerbs- und Übernahmegesetz, Anmerkungen zum Regierungsentwurf, in DB 2001, S. 1707 - 1713

Land, Volker/ **Hasselbach**, Kai — "Going Private" und "Squeeze-out" nach deutschem Aktien-, Börsen- und Übernahmerecht, in DB 2000, S. 557 – 562

Land, Volker/ **Hasselbach**, Kai — Das neue deutsche Übernahmegesetz, Einführung und kritische Anmerkungen zum Diskussionsentwurf des BMF, in DB 2000, S. 1747 - 1755

Langenkämper, Christof — Unternehmensbewertung: DCF-Methoden und simulativer VOFI-Ansatz, Wiesbaden 2000, Zugl.: Diss. Westfälische Wilhelms-Universität zu Münster 1999

Leigh, L.H./**Joffe**, V.H./ **Goldberg**, D. — Introduction to Company Law, Forth Edition, London 1987

Lehmann, Jürgen — Die gesetzlichen Minderheitenrechte in Aktiengesellschaften, in AG 1983, S. 113 - 119

Lipton, Martin/ **Steinberger**, Erica H. — Takeovers and Freezeouts, Release 1, New York, New York 1979, update 1981

Loderer, Claudio/**Jörg**, Petra/ **Pichler**, Karl/**Roth**, Lukas/ **Zgraggen**, Pius — Handbuch der Bewertung, Praktische Methoden und Modelle zur Bewertung von Projekten, Unternehmen und Strategien, Zweite Auflage, Frankfurt 2002

Lorne, Simon M. A Reappraisal of Fair Shares in Controlled Mergers, in 126 U. Pa. L. Rev. 955 (1978)

Lowenstein, Louis Management Buyouts, 85 Colum. L. Rev. 730 (1985)

Lüke, Wolfgang/ **Blenske**, Holger Kurzkommentar zum Beschluss des BayObLG vom 7. 4. 1997, in EWiR 1998, S. 581 - 582

Lutter, Marcus Umwandlungsgesetz, Kommentar, Band I, §§ 1 – 151, 2. Auflage, Köln 2000, zitiert: Lutter-Bearbeiter

Lutter, Marcus/ **Bezzenberger**, Tilman Für eine Reform des Spruchverfahrens im Aktien- und Umwandlungsrecht, in AG 2000, S. 433 - 447

Lutter, Marcus/ **Leinekugel**, Rolf Planmäßige Unterschiede im umwandlungsrechtlichen Minderheitenschutz, Eine Besprechung des Beschlusses des Bayerischen Obersten Landesgerichts vom 17. September 1998, ZIP 1998, 2002 – Magna Media, in ZIP 1999, S. 261 - 267

Luttermann, Claus Kurzkommentar zum Beschluss des OLG Stuttgart vom 4. 2. 2000, in EWiR 2000, S. 209 - 210

Luttermann, Claus Anmerkung zum Beschluss des BVerfG vom 27. April 1999, in JZ 1999, S. 945 - 947

Luttermann, Claus Zum Börsenkurs als gesellschaftsrechtliche Bewertungsgrundlage, Die Maßgeblichkeit des Marktpreises im Zivil- und Steuerrecht, in ZIP 1999, S. 45 - 52

Luttermann, Claus Kurzkommentar zum Beschluß des OLG Celle vom 31. 8. 1998, in EWiR 1998, S. 821 – 822

Luttermann, Claus Kurzkommentar zum Beschluß des BayObLG vom 29. 9. 1998, in EWiR 1998, S. 965 - 966

Lynton, Jonathan S. — Ballentine's Legal Dictionary and Thesaurus, Albany, New York 1995

Manning, Bayless — The Shareholder's Appraisal Remedy: An Essay for Frank Coker, 72 Yale L.J. 233 (1962)

Markwardt, Karsten — Squeeze-out: Anfechtungsrisiken in „Missbrauchsfällen", in BB 2004, S. 277 - 286

Marsch-Barner, Reinhard — Referat anlässlich der Sitzung der Abteilung Wirtschaftsrecht des 63. Deutschen Juristentages am 27. September 2000, S. O 55 - 72

Martens, Klaus-Peter — Der Einfluß von Vorstand und Aufsichtsrat auf Kompetenzen und Struktur der Aktionäre – Unternehmensverantwortung contra Neutralitätspflicht, in Festschrift für Karl Beusch zum 68. Geburtstag am 31. Oktober 1993, herausgegeben von Heinrich Beisse, Marcus Lutter und Heribald Närger, S. 529 – 556, Berlin, New York 1993

Martens, Klaus-Peter — Die rechtliche Behandlung von Options- und Wandlungs-rechten anlässlich der Eingliederung der verpflichteten Gesellschaft, in AG 1992, S. 209 - 216

Martens, Klaus-Peter — Die Vergleichs- und Abfindungsbefugnis des Vorstands gegenüber opponierenden Aktionären, in AG 1988, S. 118 - 126

Mattes, Sabine/ **von Maldeghem**, Maximilian — Unternehmensbewertung beim Squeeze Out, in BKR 2003, S. 531 - 537

Mayson, Stephen W./ **French**, Derek/ **Ryan**, Christopher L. — Company Law, Seventeenth. Edition, London, 2001

McDermott, Richard T. — Legal Aspects of Corporate Finance, Second Edition, New York, New York 1995

Meilicke, Wienand — Insolvenzsicherung für die Abfindung außenstehender Aktionäre?, in DB 2001, S. 2387 - 2389

Meilicke, Wienand/ **Heidel**, Thomas — Das neue Spruchverfahren in der gerichtlichen Praxis, in DB 2003, S. 2267 - 2275

Meilicke, Wienand/ **Heidel**, Thomas — Anmerkung zum Beschluss des BGH vom 12. 3. 2001, in DB 2001, S. 973 - 975

Merkt, Hanno — Verhaltenspflichten des Vorstands der Zielgesellschaft bei feindlichen Übernahmen, in ZHR 165 (2001), S. 224 - 257

Merkt, Hanno — US-amerikanisches Gesellschaftsrecht, Heidelberg, 1991

Mertens, Hans-Joachim — Zur Geltung des Stand-alone-Prinzips für die Unternehmensbewertung bei der Zusammenführung von Unternehmen, in AG 1992, S. 321 - 335

Mertens, Kai — Der Auskauf von Minderheitsaktionären in gemeinschaftlich beherrschten Unternehmen, in AG 2002, S. 377 - 383

Möller, Andreas/ **Pötzsch**, Thorsten — Das neue Übernahmerecht – Der Regierungsentwurf vom 11. Juli 2001, in ZIP 2001, S. 1256 - 1262

von Morgen, Carl-Christian — Das Squeeze-Out und seine Folgen für AG und GmbH, in WM 2003, S. 1553 - 1560

Moxter, Adolf — Grundsätze ordnungsmäßiger Unternehmensbewertung, 2. Auflage, Wiesbaden 1983

Muche, Thomas — Unternehmensbewertung unter Einbezug von Steuer- und Handelsrecht, Köln 2000

Mülbert, Peter O. Übernahmerecht zwischen Kapitalmarktrecht und Aktien(konzern)recht – die konzeptionelle Schwachstelle des RegE WpÜG, in ZIP 2001, S. 1221 - 1229

Mülbert, Peter O. Rechtsprobleme des Delisting, in ZHR 2001, S. 104 - 140

Müller, Welf Die Unternehmensbewertung in der Rechtsprechung, Zustandsbeschreibung und Ausblick, in Festschrift für Gerold Bezzenberger zum 70. Geburtstag am 13. März 2000, herausgegeben von Harm Peter Westermann und Klaus Mock, S. 705 – 719, Berlin, New York 2000

Müller, Welf Der Wert der Unternehmung, in JuS 1974, S. 424 - 429

Naraschewski, Alexander Verschmelzung im Konzern: Ausgleichs- und Abfindungsansprüche außenstehender Aktionäre bei Erlöschen eines Unternehmensvertrages, in DB 1997, S. 1653 - 1658

Neye, Hans-Werner Die Reform des Spruchverfahrens, in NZG 2002, S. 23 - 32

Neye, Hans-Werner Die EU-Übernahmerichtlinie auf der Zielgeraden, in ZIP 2001, S. 1120 - 1123

Neye, Hans-Werner Der gemeinsame Standpunkt des Rates zur 13. Richtlinie - ein entscheidender Schritt auf dem Weg zu einem europäischen Übernahmerecht, in AG 2000, S. 289 - 296

Neye, Hans-Werner Kurzkommentar zum Beschluß des BVerfG vom 23. 8. 2000 – Moto Meter, in EWiR 2000, S. 913 - 914

Neye Hans-Werner Kurzkommentar zum Beschluss des BVerfG vom 27. 4. 1999 – DAT/Altana, in EWiR 1999, S. 751 - 752

Neye, Hans-Werner
Der Vorschlag 1997 einer Takeover-Richtlinie, in ZIP 1997, S. 2172 - 2173

Oesterle, Dale Arthur
The Law of Mergers and Acquisitions, St. Paul, Minnesota 1999

O'Kelley, Charles R./ **Thompson**, Robert B.
Corporations and Other Business Associations, Cases and Materials, Boston, Toronto, London 1992

Oran, Daniel
Oran's Dictionary of the Law, Second Edition, St. Paul, Minnesota 1991

Ott, Kai-Peter
Reichweite der Angemessenheitsprüfung beim Squeeze-out, in DB 2003, S. 1615 - 1617

Peemöller, Volker H./ **Kunowski**, Stefan/ **Hillers**, Jens
Ermittlung des Kapitalisierungszinssatzes für internationale Mergers & Acquisitions bei Anwendung des Discounted Cash Flow-Verfahrens (Entity-Ansatz), Eine empirische Erhebung, in WPg 1999, S. 621 - 630

Petzer, Martin
Der Kommissionsentwurf für eine 13. Richtlinie über Übernahmeangebote vom 7. 2. 1996, in AG 1997, S. 145 -151

Peters, Thorsten
Übertragung von Gesellschaftsvermögen und „Freezeout" – Konfliktpotential im Minderheitenschutz, in BB 1999, S. 801 - 805

Picot. Gerhard
Mergers & Acquisitions in Germany, Second Edition, New York, New York 2000

Piltz, Detlev J.
Unternehmensbewertung und Börsenkurs im aktienrechtlichen Spruchstellenverfahren, Zugleich Besprechung der Entscheidung BVerfGE 100, 289, in ZGR 2001, S. 185 - 213

Piltz, Detlev J./ **Wissmann**, Eike — Unternehmensbewertung beim Zugewinnausgleich nach Scheidung, in NJW 1985, S. 2673 - 2684

Pötzsch, Thorsten/ **Möller**, Andreas — Das künftige Übernahmerecht, Der Diskussionsentwurf des Bundesministeriums der Finanzen zu einem Gesetz zur Regelung von Unternehmensübernahmen und der Gemeinsame Standpunkt des Rates zur europäischen Übernahmerichtlinie, in WM 2000, Sonderbeilage Nr.2 zu Heft 31/2000, S. 3 - 38

Ränsch, Ulrich — Die Bewertung von Unternehmen als Problem der Rechtswissenschaften, Zur Bestimmung der angemessenen Abfindung für ausscheidende Kapitalgesellschafter, in AG 1984, S. 202 - 212

Reuter, Alexander — Börsenkurs und Unternehmenswertvergleich aus Eignersicht, Gleichbehandlung der Aktionäre, Synergie und die Lage bei Verschmelzungen nach BGH-DAT/Altana, in DB 2001, S. 2483 - 2490

Richard, Jörg/ **Weinheimer**, Stefan — Der Weg zurück: Going Private, in BB 1999, S. 1613 - 1620

Riegger, Bodo — Der Börsenkurs als Untergrenze der Abfindung? Anmerkungen zum Beschluß des Bundesverfassungsgerichts vom 27. 4. 1999, in DB 1999, S. 1889 - 1891

Riegger, Bodo — Das Schicksal eigener Aktien beim Squeeze-out, in DB 2003, S. 541 - 544

Rodloff, Frank — Börsenkurs statt Unternehmensbewertung – Zur Ermittlung der Abfindung in Spruchstellenverfahren, in DB 1999, S. 1149 - 1153

Rosenbaum, Dirk — Beratung und Unternehmensbewertung bei Unternehmenstransfers, in DB 1999, S. 1613 - 1615

Ross, Stephan A./
Westerfield, Randolph W./
Jordan, Bradford D.
Fundamentals of Corporate Finance, Third Edition, Chicago, Illinois 1995

Roth, Markus
Die übertragende Auflösung nach Einführung des Squeeze-out, in NZG 2003, S. 998 - 1005

Rühland, Philipp
Der squeezeout nach dem RefE zum Wertpapiererwerbs- und Übernahmegesetz vom 12. 3. 2001, in NZG 2001, S. 448 - 455

Rühland, Philipp
Die Abfindung von aus der Aktiengesellschaft ausgeschlossenen Minderheitsaktionären, Ein Diskussionsbeitrag zum Entwurf eines Übernahmegesetzes vom Bundesministerium der Finanzen vom 29. 6. 2000, in WM 2000, S. 1884 - 1888

Rümker, Dietrich
Übernahmeangebote – Verhaltenspflichten des Vorstandes der Zielgesellschaft und Abwehrmöglichkeiten, in Festschrift für Theodor Heinsius zum 65. Geburtstag am 25. September 1991, herausgegeben von Friedrich Kübler, Hans-Joachim Mertens und Winfried Werner, S. 683 – 701, Berlin, New York 1991

Säcker, Franz Jürgen
Die Rechte der Aktionäre bei konzerninternen Umstrukturierungen gemäß §§ 304f. AktG, in DB 1988, S. 271 - 277

Schander, Albert A.
Selbstregulierung versus Kodifizierung – Versuch einer Standortbestimmung des deutschen Übernahmerechts in NZG 1998, S. 799 - 807

Schiessl, Maximilian
Ist das deutsche Aktienrecht kapitalmarkttauglich?, in AG 1999, S. 442 - 452

Schiffer, Jack/
Rossmeier, Daniela
Auswirkungen des Squeeze-out auf rechtshängige Spruchverfahren, in DB 2002, S. 1359 - 1362

Schildbach, Thomas — Ein fast problemloses DCF-Verfahren zur Unternehmensbewertung, in ZFBF (Schmalenbach) 2000, S. 707 - 723

Schlaus, Wilhelm — Auskauf opponierender Aktionäre, in AG 1988, S. 113 - 117

Schlitt, Michael — Die neuen Marktsegmente der Frankfurter Wertpapierbörse, Struktur, Zulassungsvoraussetzungen und Folgepflichten, in AG 2003, S. 57 - 69

Schmidbauer, Rainer — Marktbewertung mithilfe von Multiplikatoren im Spiegel des Discounted-Cashflow-Ansatzes, in BB 2004, S. 148 - 153

Schmidt, Karsten — Referat anlässlich der Sitzung der Abteilung Wirtschaftsrecht des 63. Deutschen Juristentages am 27. September 2000, S. O 11 – O 38

Schmidt, Karsten — Gesellschaftsrecht, 4. Auflage, Köln 2002

Schubert, Theo — Verschmelzung: Ausgleichs- und Abfindungsansprüche außenstehender Aktionäre bei vorhergehendem Unternehmensvertrag, Stellungnahme zu der Ausführung von Naraschewski in DB 1997 S. 1653ff.; in DB 1998, S. 761 - 762

Schubert, Werner/ **Hommelhoff**, Peter — Hundert Jahre modernes Aktienrecht, Eine Sammlung von Texten und Quellen zur Aktienrechtsreform 1884 mit zwei Einführungen, Berlin, New York 1985

Schulze-Osterloh, Joachim — Das deutsche Gesellschaftsrecht im Banne der Globalisierung, in ZIP 2001, S. 1433 - 1440

Schulze-Osterloh, Joachim | Das Auseinandersetzungsguthaben des ausscheidenden Gesellschafters einer Personengesellschaft nach § 738 Abs. 1 Satz 2 BGB, Besprechung der Entscheidung BGH WM 1984, 1506, in ZGR 1986, S. 545 - 564

Schumacher, Friedhelm | Zur Problematik der Unternehmensbewertung, in DB 1970, S. 1940 - 1944

Schuhmacher, Rudolf | Private Veräußerungsgeschäfte nach § 23 EStG für Minderheitsaktionäre als steuerliche Folge beim sog. „Squeeze-out"?, in DB 2002, S. 1626 - 1629

Schüppen, Matthias | Übernahmegesetz ante portas! Zum Regierungsentwurf eines „Gesetzes zur Regelung von öffentlichen Angeboten zum Erwerb von Wertpapieren und von Unternehmensübernahmen", in WPg 2001, S. 958 - 976

Schwab, Martin | Abfindungsanspruch außenstehender Aktionäre bei Beendigung des Unternehmensvertrags durch Verschmelzung, Im Blickpunkt: Guano-Beschluss des BGH (BB 1997, 1705) und neue BVerfG-Rechtsprechung, in BB 2000, S. 527 - 531

Schwetzler, Bernhard | Zinsänderungen und Unternehmensbewertung: Zum Problem der angemessenen Barabfindung nach § 305 AktG, in DB 1996, S. 1961 - 1966

Schwichtenberg, Jörg | Going Private und Squeezeouts in Deutschland, in DStR 2001, S. 2075 - 2082

Seetzen, Uwe | Spruchverfahren und Unternehmensbewertung im Wandel, in WM 1999, S. 565 - 574

Seetzen, Uwe | Das „Kochs Adler"-Schiedsgutachten, mit Vorwort von Wolfram Timm, in ZIP 1994, S. 331 (333) - 336

Seetzen, Uwe — Die Bestimmung des Verschmelzungswertverhältnisses im Spruchstellenverfahren, in WM 1994, S. 45 - 51

Seibert, Ulrich/ **Schütz**, Carsten — Der Referentenentwurf eines Gesetzes zur Unternehmensintegrität und Modernisierung des Anfechtungsrechts – UMAG, in ZIP 2004, S. 252 - 258

Seibert, Ulrich — Das „TransPuG", Gesetz zur weiteren Reform des Aktien- und Bilanzrechts, zu Transparenz und Publizität (Transparenz- und Publizitätsgesetz) – Diskussion im Gesetzgebungsverfahren und endgültige Fassung, in NZG 2002, S. 608 - 617

Seibt, Christoph H./ **Heiser**, Kristian J. — Der neue Vorschlag einer EU-Übernahmerichtlinie und das deutsche Übernahmerecht, in ZIP 2002, S. 2193 - 2203

Seligman, Joel — Corporations, Cases and Material, Boston, New York, Toronto, London 1995

Sellmann, Christian — Ausgleichs- und Verfahrensregelungen des Squeeze-out auf dem Prüfstand des Verfassungsrechts, in WM 2003, S. 1545 - 1553

Sharpe, William F. — Capital Asset and Pricing: A Theory of Market Equilibrium Under Conditions of Risk, in Journal of Finance 1964, S. 425 - 440

Sieger, Jürgen J./ **Hasselbach**, Kai — Der Ausschluss von Minderheitsaktionären nach den neuen §§ 327a ff. AktG, in ZGR 2002, S. 120 - 162

Sieger, Jürgen J./ **Hasselbach**, Kai — Ausschluss von Minderheitsaktionären (Squeeze-out) im ausländischen Recht, in NZG 2001, S. 926 - 930

Sieger, Jürgen J./ **Hasselbach**, Kai — „Tracking Stock" im deutschen Aktienrecht im Blickpunkt: Praktische Überlegungen zur Einführung von „subsidiary"/"divisional" shares, in BB 1999, S. 1277 - 1284

Singhof, Bernd/ **Weber**, Christian — Bestätigung der Finanzierungsmaßnahmen und Barabfindung nach dem Wertpapiererwerbs- und Übernahmegesetz, in WM 2002, S. 1158 - 1169

Soderquist, Larry D. — Corporate Law and Practice, Second Edition, New York, New York 1999

Steck, Kai-Uwe — „Going Private" über das UmwG, Das Gesellschaftsrecht des „kalten Delisting", in AG 1998, S. 460 - 466

Steinhauer, Carsten — Der Börsenpreis als Bewertungsgrundlage für den Abfindungsanspruch von Aktionären, Finanztheoretischer Hintergrund einer möglichen Trendwende in der gesellschaftsrechtlichen Praxis, in AG 1999, S. 299 - 308

Steinmeyer, Roland/ **Häger**, Michael — WpÜG: Kommentar zum Wertpapiererwerbs- und Übernahmegesetz mit Erläuterungen zum Minderheitenausschluß nach § 327a ff. AktG, Berlin 2002, zitiert: Steinmeyer/Häger

Stocks, Timothy E. — Corporate Finance: Law and Practice, London 1992

Streit, Georg — Anmerkung zum Urteil des BGH vom 25. 11. 2002 – Macrotron, in ZIP 2003, S. 392 - 395

Strenger, Christian — Das deutsche Übernahmegesetz, Ausgewogenheit zwischen Unternehmens- und Anlegerinteressen als Pflichtprogramm, in WM 2000, S. 952 - 953

Stumpf, Christoph A. — Grundrechtsschutz im Aktienrecht, in NJW 2003, S. 9 - 15

Than, Jürgen
Zwangsweises Ausscheiden von Minderheitsaktionären nach Übernahmeangebot?, in Festschrift für Carsten Peter Claussen: Zum 70. Geburtstag, herausgegeben von Klaus Peter Martens, Harm Peter Westermann, Wolfgang Zöllner, S. 405 - 422
Köln, Berlin, Bonn, München 1997

Thoma, Georg F.
Das Wertpapiererwerbs- und Übernahmegesetz im Überblick, in NZG 2002, S. 105 - 112

Tushnet, Mark
The Possibilities of Comparative Constitutional Law, in 108 Yale L.J. 1225 (1999)

Vetter, Eberhard
Squeeze-out – Der Ausschluss der Minderheitsaktionäre aus der Aktiengesellschaft nach den §§ 327a-327f AktG, in AG 2002, S. 176 - 190

Vetter, Eberhard
Börsenkurs und Unternehmensbewertung, Anmerkung zum Beschluss des BGH vom 12. 3. 2001, in DB 2001, S. 1347 - 1353

Vetter, Eberhard
Squeeze-out nur durch Hauptversammlungsbeschluss?, in DB 2001, S. 743 – 747

Vetter, Eberhard
Squeeze-out in Deutschland, in ZIP 2000, S. 1817 – 1824

Vetter, Eberhard
Die Entschädigung der Minderheitsaktionäre im Vertragskonzern erneut vor dem Bundesverfassungsgericht, in ZIP 2000, S. 561 - 568

Vetter, Eberhard
Anmerkung zum Beschluß des BVerfG vom 27. 4. 1999, in AG 1999, S. 569 – 572

Vetter, Jochen
Ausweitung des Spruchverfahrens, in ZHR 2004, S. 8 - 54

Vollmer, Lothar/ **Grupp**, Alexander
Der Schutz der Aktionäre beim Börseneintritt und Börsenaustritt, in ZGR 1995, S. 459 - 480

von Hagen, Jürgen/ **von Stein**, Johann Heinrich	Geld-, Bank- und Börsenwesen: Handbuch des Finanzsystems, 40. Auflage, Stuttgart 2000
Vossius, Oliver	Squeeze-out – Checklisten für Beschlussfassung und Durchführung, in ZIP 2002, S. 511 - 516
Wallmeier, Martin	Ein neues DCF-Verfahren zur Unternehmensbewertung?, Kritische Anmerkungen zum Beitrag von Thomas Schildbach im Heft 12/2000 der ZFBF, in ZFBF (Schmalenbach) 2001, S. 283 – 288
Wareham, Robert/ **Smailes**, David	Tolley's Company Law Handbook 1997, Croydon 1997 zitiert: Tolley's
Weber, Martin	Die Entwicklung des Kapitalmarktrechts 1998 – 2000: Publizität, Insiderrecht und Kapitalmarktaufsicht, in NJW 2000, S. 3461 - 3473
Weber-Rey, Daniela/ **Schütz**, G. Bernhard	Zum Verhältnis von Übernahmerecht und Umwandlungsrecht, in AG 2001, S. 325 - 330
Weiler, Lothar/**Meyer**, Ingo	Heranziehung des Börsenkurses zur Unternehmensbewertung bei Verschmelzungen, in ZIP 2001, S. 2153 – 2159
Weiler, Lothar/**Meyer**, Ingo	Berücksichtigung des Börsenkurses bei Ermittlung der Verschmelzungswertrelation, in NZG 2003, S. 669 - 671
Weiss, Elliott J.	The Law of Takeout Mergers: A Historical Perspective, in 56 N.Y.U. L. Rev. 624 (1981)
Wenger, Ekkehard/ **Kaserer**, Christoph/ **Hecker**, Renate	Konzernbildung und Ausschluss von Minderheiten im neuen Übernahmerecht: Eine verpasste Chance für einen marktorientierten Minderheitenschutz, in ZBB 2001, S. 317 - 334

Wenger, Ekkehard
Der Fall Girmes – Ein Stück aus dem Tollhaus, in ZIP 1993, S. 321 - 332

Werner, Winfried
Die Behandlung von Verbundeffekten bei Abfindungen nach den §§ 305 und 320 AktG, in Festschrift für Ernst Steindorff zum 70. Geburtstag am 13. März 1990, herausgegeben von Jürgen F. Baur, Klaus J. Hopt und K. Peter Mailänder, S. 303 – 320, Berlin, New York 1990

Wertheimer, Barry M.
The Shareholders' Appraisal Remedy and How Courts Determine Fair Value, in 47 Duke L.J. 613 (1998)

Wiedemann, Herbert
Minderheitsrechte ernstgenommen, Gedanken aus Anlaß der Magna Media-Entscheidung BayObLG ZIP 1998, 2002, in ZGR 1999, S. 857 – 872

Wiedemann, Herbert
Anmerkung zum Beschluss des BVerfG vom 19. 10. 1993, in JZ 1994, S. 411 - 413

Wilhelm, Jan/**Dreier**, Nils
Beseitigung von Minderheitsbeteiligungen auch durch übertragende Auflösung einer AG?, in ZIP 2003, S. 1369 - 1375

Wilken, Oliver
Anmerkung zum Beschluss des BVerfG vom 27. 4. 1999, in ZIP 1999, S. 1443 - 1444

Wilkinson, Jacqueline
Company Law, Second Edition, London 2000

Wilm, Daniel
Nochmals: Abfindung zum Börsenkurs, Kommentar zu OLG Düsseldorf NZG 2000 1075, in NZG 2000, S. 1070 - 1074

Wilm, Daniel
Abfindung zum Börsenkurs – Konsequenzen der Entscheidung des BVerfG, in NZG 2000, S. 234 - 240

Wilsing, Hans-Ulrich/ **Kruse**, Tobias — Anfechtbarkeit von Squeeze-out- und Eingliederungsbeschlüssen wegen abfindungswertbezogener Informationsmängel?, in DB 2002, S. 1539 - 1543

Wilsing, Hans-Ulrich/ **Kruse**, Tobias — Zur Behandlung bedingter Aktienbezugsrechte beim Squeeze-out, in ZIP 2002, S. 1465 - 1470

Winnefeld, Robert — Zukunftsbezogene Wertfaktoren bei der Ermittlung der Barabfindung nach § 305 AktG, in DB 1975, S. 457 - 459

Wirth, Gerhard/ **Arnold**, Michael — Anfechtungsklagen gegen Squeeze-out-Hauptversammlungsbeschlüsse wegen angeblicher Verfassungswidrigkeit, Zugleich Anmerkung zu dem Urteil und dem Beschluss des LG Osnabrück, jeweils vom 5. 7. 2002, in AG 2002, S. 503 - 507

Wolf, Martin — Der Minderheitenausschluss qua „übertragender Auflösung" nach Einführung des Squeeze-out gemäß §§ 327a-f AktG, in ZIP 2002, S. 153 - 160

Xuereb, Peter G. — The Rights of Shareholders, London 1989

Zeidler, Finn — Anmerkung zum Beschluß des BayObLG vom 29. 9. 1998 – März/EKU, in NZG 1998, S. 949 - 950

Zinser, Alexander — Der Ausschluss von Minderheitsaktionären („squeeze-out") nach dem neuen deutschen Übernahmegesetz, in M & A Review 2002, S. 17 - 20

Zöllner, Wolfgang — Kölner Kommentar zum Aktiengesetz, Band 6, 1. Lieferung, §§ 291 – 328, 2. Auflage, München 1987, zitiert: Kölner Kommentar-Bearbeiter

Deutsches und Europäisches Wirtschaftsrecht

Herausgegeben von Jürgen F. Baur

Band 1 Matthias Wolter: Das Tatbestandsmerkmal der Lückenlosigkeit qualitativer Selektivvertriebssysteme im Spannungsverhältnis zwischen Wettbewerbs- und Kartellrecht. 2001.

Band 2 Nicole Hagemann: Rechtsschutz gegen Kennzeichenmissbrauch unter Berücksichtigung der Internet-Domain-Name-Problematik. 2001.

Band 3 Bernd Nelißen: Die Abgrenzung "horizontaler" und "vertikaler" Wettbewerbsbeschränkungen nach der 6. GWB-Novelle. 2001.

Band 4 Silke Rütters: Die neue *Schirm-* Gruppenfreistellungsverordnung (EG) Nr. 2790/1999 der Kommission. Zu den Ursachen der weitreichenden Reform der EG-Wettbewerbspolitik gegenüber vertikalen Wettbewerbsbeschränkungen und deren materiellrechtlichen Grenzen. 2002.

Band 5 Dirk Strohe: Demarkationen und Bezugsbindungen in gewerblichen Energielieferverträgen. 2003.

Band 6 Cyrille de Crozals: Die Anwendung der Artikel 81 und 82 EGV durch die französischen Behörden und Gerichte. 2003.

Band 7 Daniela Seeliger: Geltungsbereich der Zusammenschlusskontrolle und Grundsätze für die Beurteilung von Zusammenschlüssen nach der 6. Novelle des Gesetzes gegen Wettbewerbsbeschränkungen. Ausgewählte Anwendungsprobleme aus der Praxis zu §§ 35 und 36 GWB. 2003.

Band 8 Till Schreiber: Das argentinische Gesetz 25.156 zum Schutz des Wettbewerbs. Eine rechtsvergleichende Darstellung unter besonderer Berücksichtigung des Protokolls zum Schutz des Wettbewerbs im MERCOSUR und der Rechtsprechung der Comisión Nacional de Defensa de la Competencia. 2003.

Band 9 Mathias Mantler: Der GMP-Vertrag aus bauvergaberechtlicher Sicht. 2004.

Band 10 Christoph Renard: Das französische Fusionskontrollrecht. 2004.

Band 11 Anika Gerken: Rechtsschutzmöglichkeiten europäischer Wirtschaftsteilnehmer gegen GATT-widrige Wirtschaftshemmnisse. 2004.

Band 12 Markus Röhrig: Schadensersatzansprüche im deutschen Kartellrecht nach der 6. GWB-Novelle. Eine ökonomische Betrachtung privater Wettbewerbsaufsicht am Beispiel des neuen Mißbrauchsverbots gemäß § 19 GWB. 2004.

Band 13 Christopher Quandt: Squeeze-out in Deutschland. Eine Diskussion der §§ 327a-f AktG unter besonderer Berücksichtigung der Barabfindung ausgeschlossener Minderheitsaktionäre. 2004.

www.peterlang.de